国家出版基金项目
NATIONAL PUBLICATION FOUNDATION

"十四五"时期国家重点出版物出版专项规划项目

中国电力工业史

·核能发电卷·

中国电力企业联合会
中国电机工程学会 编

HISTORY OF CHINA'S ELECTRIC POWER INDUSTRY

中国电力出版社
CHINA ELECTRIC POWER PRESS

图书在版编目（CIP）数据

中国电力工业史. 核能发电卷 / 中国电力企业联合会，中国电机工程学会编. —北京：中国电力出版社，2022.12（2023.8 重印）
ISBN 978-7-5198-7090-4

Ⅰ. ①中… Ⅱ. ①中… ②中… Ⅲ. ①核能发电–电力工业–经济史–中国 Ⅳ. ①F426.61

中国版本图书馆 CIP 数据核字（2022）第 184316 号

出版发行：中国电力出版社
地　　址：北京市东城区北京站西街 19 号（邮政编码 100005）
网　　址：http://www.cepp.sgcc.com.cn
印　　刷：北京盛通印刷股份有限公司
版　　次：2022 年 12 月第一版
印　　次：2023 年 8 月北京第二次印刷
开　　本：787 毫米×1092 毫米　16 开本
印　　张：23.5　　插页　12
字　　数：545 千字
印　　数：1501—2500 册
定　　价：228.00 元

中国核电发展历程

1981 年 10 月 31 日，中国内地第一座核电厂厂址确定选在浙江省嘉兴市海盐县秦山。

历经 34 年（1981—2015 年）的建设，我国建成了由秦山核电一期工程、二期工程、三期工程和方家山核电厂共 9 台核电机组组成的秦山核电基地。

秦山核电厂是中国自行设计、建造和运行管理的第一座 30 万千瓦级压水堆核电厂。1985 年 3 月 20 日开工建设，1991 年 12 月 15 日并网发电。

大亚湾核电厂位于广东省深圳市大鹏半岛，是中国大陆第一座大型商用核电厂，也是首座使用国外技术和资金建设的核电厂。核电厂 2 台百万千瓦级压水堆核电机组已全部建成投产。首台机组于 1987 年 8 月 7 日开工建设，1994 年 4 月 1 日投入商业运行。

秦山核电二期工程是中国首座自主设计、建造、运营、管理的60万千瓦级商用压水堆核电厂。核电厂4台60万千瓦机组已全部建成投产。首台机组于1996年6月2日开工建设，2002年4月15日投入商业运行。

岭澳核电厂位于广东省深圳市大鹏半岛，是继大亚湾核电厂后，在广东地区建设的又一座大型商用核电厂。核电厂4台百万千瓦级压水堆核电机组已全部建成投产。首台机组于1997年5月15日开工建设，2002年5月28日投入商业运行。

秦山核电三期工程是中国首座采用重水堆核电技术的商用核电厂，核电厂 2 台 70 万千瓦级核电机组已全部建成投产。首台机组于 1998 年 6 月 8 日开工建设，2002 年 12 月 31 日投入商业运行。

田湾核电厂位于江苏省连云港市，规划建设 8 台百万千瓦级压水堆核电机组，1~4 号机组采用俄罗斯 VVER-1000 技术，5、6 号机组采用二代改进型压水堆技术，7、8 号机组采用俄罗斯 VVER-1200 技术。1~4 号机组已建成投产，5、6 号机组正在建设中。首台机组于 1999 年 10 月 20 日开工建设，2007 年 5 月 17 日投入商业运行。

红沿河核电厂位于辽宁省大连市瓦房店市，规划建设6台百万千瓦级压水堆核电机组。1~4号机组已建成投产，5、6号机组在建设中。首台机组于2007年8月18日开工建设，2013年6月6日投入商业运行。

福清核电厂位于福建省福清市，规划建设6台百万千瓦级压水堆核电机组。1~4号机组采用二代改进型技术，5、6号机组采用"华龙一号"技术。1~4号机组已建成投产，5、6号机组正在建设中。首台机组于2008年11月21日开工建设，2014年11月22日投入商业运行。

宁德核电厂位于福建省宁德市福鼎市，规划建设 6 台百万千瓦级压水堆核电机组，1~4 号机组已建成投产。首台机组于 2008 年 2 月 18 日开工建设，2013 年 4 月 15 日投入商业运行。

阳江核电厂位于广东省阳江市阳东县，规划建设 6 台百万千瓦级压水堆核电机组。首台机组于 2008 年 12 月 16 日开工建设，2014 年 3 月 25 日投入商业运行。截至 2019 年年底，1~6 号机组已全部投入商业运行。

方家山核电厂位于浙江省嘉兴市海盐县，是秦山核电一期工程的扩建项目，核电厂 2 台百万千瓦级压水堆核电机组已全部建成投产。首台机组于 2008 年 12 月 26 日开工建设，2014 年 12 月 15 日投入商业运行。

三门核电厂位于浙江省台州市三门县，规划建设 6 台百万千瓦级压水堆机组。1、2 号机组为 AP1000 百万千瓦级压水堆核电机组，已建成投产。1 号机组于 2009 年 4 月 19 日开工建设，2018 年 9 月 21 日投入商业运行。

海阳核电厂位于山东省烟台市海阳市，规划建设6台百万千瓦级压水堆核电机组。1、2号机组为AP1000百万千瓦级压水堆核电机组，已建成投产。1号机组于2009年9月24日开工建设，2018年10月22日投入商业运行。

台山核电厂位于广东省江门市台山市，拥有2台单机容量为175万千瓦的EPR（欧洲先进压水堆）核电机组，已全部建成投产。首台机组于2009年11月18日开工建设，2018年12月13日投入商业运行。

昌江核电厂位于海南省昌江县，规划建设 4 台压水堆核电机组。1、2 号机组为 60 万千瓦级压水堆机组，已建成投产。3、4 号机组为“华龙一号”百万千瓦级压水堆核电机组。1 号机组于 2010 年 4 月 25 日开工建设，2015 年 12 月 25 日投入商业运行。

防城港核电厂位于广西壮族自治区防城港市，规划建设 6 台百万千瓦级压水堆核电机组。1、2 号机组采用二代改进型技术，已建成投产。3~6 号机组采用“华龙一号”技术，3、4 号机组正在建设中。首台机组于 2010 年 7 月 30 日开工建设，2016 年 1 月 1 日投入商业运行。

石岛湾高温气冷堆核电厂示范工程位于山东省威海市荣成市，规划建设 1 台 20 万千瓦级高温气冷堆核电机组。2012 年 12 月 9 日开工建设。

漳州核电厂位于福建省漳州市云霄县，规划建设 6 台百万千瓦级压水堆核电机组。1、2 号机组采用“华龙一号”技术，首台机组于 2019 年 10 月 16 日开工建设。

荣成核电厂位于山东省威海市荣成市，规划建设 6 台百万千瓦级压水堆核电机组。1、2 号机组采用“国和一号”三代核电压水堆技术。

太平岭核电厂位于广东省惠州市惠东县，规划建设 6 台百万千瓦级“华龙一号”核电机组。首台机组于 2019 年 12 月 26 日开工建设。

三澳核电厂位于浙江省温州市苍南县，1、2 号机组拟采用百万千瓦级“华龙一号”压水堆技术。

徐大堡核电厂位于辽宁省葫芦岛市兴城市，规划建设 6 台百万千瓦级压水堆核电机组。

巴基斯坦恰希玛核电厂一期工程是中国核电走出国门的第一个核电项目，厂址位于巴基斯坦旁遮普平原。已建成4台30万千瓦级压水堆核电机组。首台机组于1993年8月1日开工建设，2000年6月13日投入商业运行。

巴基斯坦卡拉奇核电厂位于巴基斯坦卡拉奇市以西，2、3号机组采用中国“华龙一号”百万千瓦级压水堆技术。2号机组于2015年8月20日开工建设。

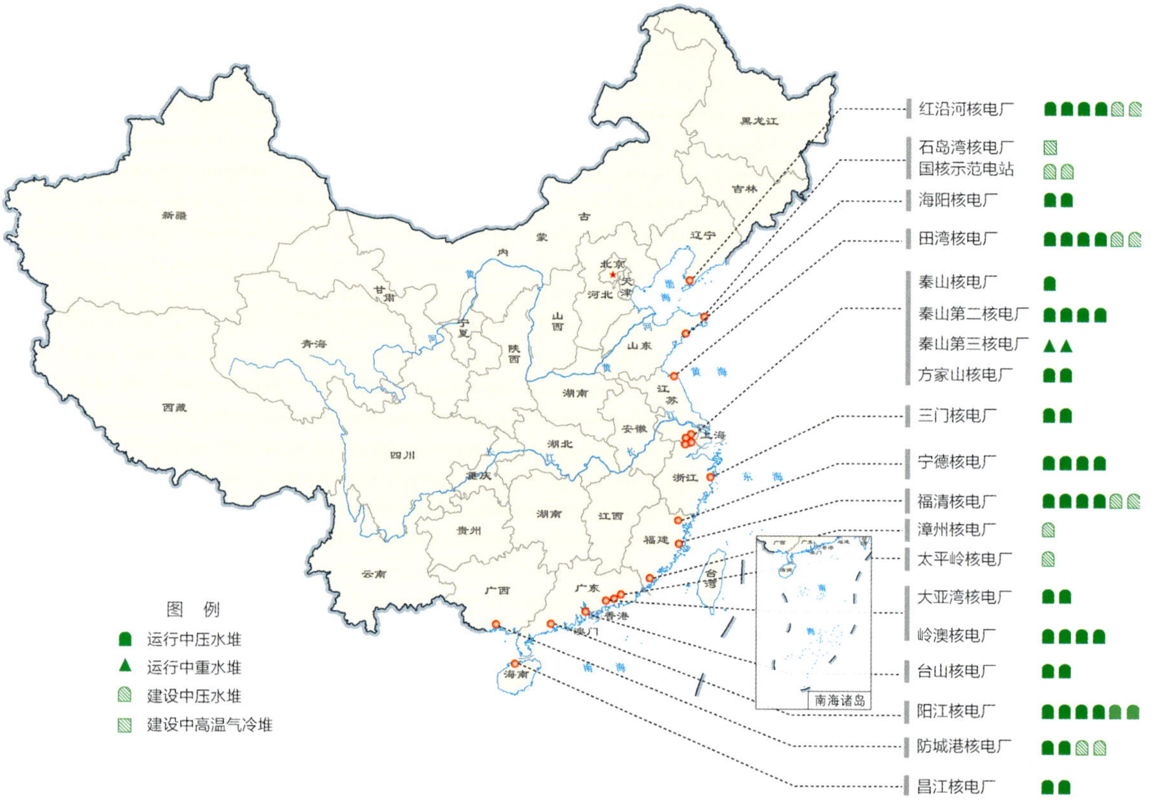

审图号：GS（2021）5485 号

中国大陆核电站分布图（截至 2019 年年底）。

1984 年 1 月 1 日，中国加入国际原子能机构（IAEA）。

2010 年 4 月 12—13 日，首届核安全峰会在美国首都华盛顿举行。

中国核电主要设备

1996 年 7 月 17 日，中国一重制造出中国第一台核电厂反应堆压力容器，结束了中国不能制造核电厂反应堆压力容器的历史。图为反应堆压力容器筒体。

2005 年，东方电气在自贡、武汉等地建设厂房，形成了核岛重型设备、控制棒驱动机构等专业化生产基地。图为控制棒驱动机构外壳。

2012 年，中国一重设计制造出“三合一”反应堆压力容器一体化顶盖组件。图为一体化顶盖组件。

2014 年 12 月，CAP1400 湿绕组主泵样机制造及装配完成，并在试验台上进行首次整机试验。图为湿绕组主泵。

2016 年 1 月 28 日，用于“华龙一号”核电厂的 CF3 燃料组件在秦山第二核电厂 2 号机组完成第一燃料循环辐照考验，开始从堆芯卸出。图为压水堆燃料组件。

2016 年 8 月 29 日，由哈电集团自主设计、制造的国家科技重大专项 CAP1400 屏蔽主泵样机成功交付发运。图为正在试运行的 CAP1400 屏蔽主泵。

2017 年 7 月 12 日，哈电集团、中国核动力研究设计院研制的中国出口海外首堆“华龙一号”机型核电机组 3 台压水堆蒸汽发生器顺利完成出厂验收并发运。图为压水堆蒸汽发生器。

2017 年，哈尔滨电气动力装备有限公司在引进二代技术改进型轴封主泵基础上开发的三代核电“华龙一号”主泵开始制造。图为轴封主泵。

2018 年 5 月 17 日，哈电集团佳电股份、上海鼓风机厂承制的世界首台（套）高温气冷堆核电厂示范工程主氦风机设备出厂试验完成。图为高温气冷堆主氦风机。

2018 年 10 月 31 日，全球首台高温气冷堆蒸汽发生器验收会上，由中国哈电重装总装的高温气冷堆蒸汽发生器通过验收。图为高温气冷堆蒸汽发生器。

2019 年 4 月，福清核电厂 5 号机组堆内构件冷试试验顺利完成。图为堆内构件外形图。

2015—2019 年，全球首条高温气冷堆球形燃料元件生产线先后进行了烧结炉自动上下料装置改造。图为高温气冷堆球形燃料元件及其剖面图。

截至 2019 年年底，三代核电工程建造能力有所提升，实现了中国在三代先进核电建设中 6 大关键技术的突破，整体锻造的一回路主管道制造技术是 6 大关键技术之一。图为反应堆一回路主管道。

截至 2019 年年底，中国已具备百万千瓦级大型压水堆核电机组全部关键设备的制造能力。图为汽轮发电机组。

近十几年来，中国各大型锻件制造厂陆续完成了核电项目主设备大锻件的批量制造和供货。图为稳压器外形图。

《中国电力工业史》
编纂委员会

顾　　问	黄毅诚	史大桢	汪恕诚	柴松岳	吴新雄
	刘振亚				
主　　任	辛保安				
副 主 任	杨　昆	张智刚	孟振平	舒印彪	邹　磊
	温枢刚	刘国跃	江　毅	王　琳	余剑锋
	晏志勇	宋海良	杨勇平	伍　萱	于崇德
	安洪光	王抒祥	郝英杰	江宇峰	魏昭峰
	王志轩				
委　　员	金　炜	刘　巍	吴远海	侯国力	陈海斌
	王　冬	琚立生	徐俊新	杜运斌	魏立军
	陈　功	胡三高	郑　林	王　锋	林铭山
	路书军	王　刚	申彦红	李　明	张廷克
	汪映荣	吴义航			
主　　编	于崇德（兼）				
副 主 编	郝英杰	江宇峰	张天文	郑　林	孙盛鹏

《中国电力工业史》
编 辑 部

《中国电力工业史　核能发电卷》

编纂委员会

名誉主编　丁中智

主　　编　汪映荣

副 主 编　叶奇蓁　汤　搏　秦志军　晏　俊　雷增光

　　　　　胡文泉　王　俊　范霁红　张福宝

审 稿 人　肖　兰　亓艳萍　张大龙　胡顺增　王惠娟

编纂工作组组长　凌全佩

编纂工作组成员　王　聪　任　闯　张雨佳

专家委员会

主任委员　俞卓平

委　　员　孙汉虹　陈　桦　黄小桁　董玉杰　何小剑

　　　　　严嘉鹏　曾　曦　荣　芳

编写组

江小生　雷梅芳　申彦红　石玉博　张蒙镝　梁海静　任　闯

编辑工作组

梁　瑶　曹　荣　马淑范　莫冰莹　杨　扬　崔素媛

前　言

电力工业是国民经济的重要基础工业，是资金密集型、技术密集型的基础产业，是社会公用事业的重要组成部分。

1882 年 7 月 26 日，中国电力工业诞生。从此，被马克思称为“电气火花”的“无比的革命力量”，降临到具有五千年悠久文明史的中国大地，开启了曲折漫长而又波澜壮阔的电气化进程。随着中国社会历史的变迁，经过数代中国电力工作者的不断努力奋斗，中国电力工业从小到大、从弱到强，历经 140 年的发展壮大，已经跃居世界电力工业先进行列。

中国电力工业的历史是一部国家兴衰史。中国电力工业在其发展的前 60 多年里，发展极其缓慢，技术和装备十分落后。旧中国的电力工业史是一部被列强掠夺、饱受战争创伤的辛酸史。新中国的成立，是中国电力工业迅速崛起的里程碑。从此，中国电力工业走向了欣欣向荣的康庄大道。

新中国电力工业的历史是一部艰苦奋斗史。新中国电力工业是从战争的废墟中起步的，中国电力工作者在一穷二白的基础上，发扬愚公移山的精神，依靠自己的力量和聪明才智，独立自主、自力更生、顽强拼搏、不懈努力，创造了一个又一个辉煌。没有艰苦奋斗，就没有发展壮大的中国电力工业。

新中国电力工业的历史是一部改革发展史。中国电力工业跨越式发展得益于改革开放。改革开放破除了体制机制的障碍和藩篱，调动了电力市场主体的积极性和创造性，极大地解放了生产力；改革开放使中国电力工业从引进资金、设备和技术到走向国际市场，赶超世界先进水平。没有改革开放，就没有走向世界的中国电力工业。

新中国电力工业的历史是一部科技进步史。电力工业是技术密集型产业，技术进步是高质量发展的动力。中国电力工业坚持自力更生与引进、消化、吸收、创新相结合，短短几十年突破了众多重大技术、重大工程、重大装备的难关，在发电、输变电、大电网自动控制等多个领域进入世界先进行列。没有科技进步，就没有高质量发展的中国电力工业。

新中国电力工业的历史是在中国共产党领导下创造的历史。新中国成立之初即明确电力工业是国民经济“先行官”的地位。在中国共产党的领导下，中国电力工业开辟了一条中国特色社会主义的发展之路。“人民电业为人民”“能源建设以电力为中心”“四个革命、一个合作”能源安全新战略，引导中国电力工业持续健康和高质量发展。电力工业所取得的辉煌成就，是中国共产党领导中国人民从胜利走向胜利在电力行业的光辉写照。

党的十九大提出，2035 年要基本实现社会主义现代化，2050 年要建成富强民主文明和谐美丽的社会主义现代化强国。电力作为社会发展的生产资料，又是生活资料，也是物质文明和精神文明的基础，将伴随社会经济的发展、人民生活水平的提高而不断发展。“十四五”时期，中国已转向高质量发展阶段，将由全面建成小康社会转向全面建设社会主义现代化国家，处于转变发展方式、优化经济结构、转换增长动力的攻坚期。中国电力工业从总量来看已成为世界第一，技术水平和管理水平都已进入世界先进行列，但中国人均占有电量只有发达国家的 60%左右，人均生活用电仅为发达国家的 35%左右。据初步预测，到 2050 年中国达到现代发达国家水平，从电力需求来说，今后 30 年内需再新增发电容量 30 亿千瓦以上；从技术发展来说，在提高电力智能化、自动化水平上，在煤的清洁高效利用与可再生能源的高效转换上，在电能供应质量和可靠性上，在节能环保和综合能源管理上，都需要科技创新和技术升级。这是所有电力工作者的重要职责和伟大使命。电力工业将始终坚持“创新、协调、绿色、开放、共享”的新发展理念，坚持创新驱动战略，加强核心技术攻关，推动服务模式创新，促进中国电力工业高质量发展，为经济社会健康发展提供坚强支撑。

习近平总书记指出，历史是最好的教科书，要在对历史的深入思考中做好现实工作、更好走向未来。要高度重视修史修志，把历史智慧告诉人们，激发我们的民族自豪感和自信心，坚定全体人民振兴中华、实现中国梦的信心和决心。

在庆祝中国共产党成立 100 周年之际，中国电力企业联合会组织电力行业各单位，编纂了《中国电力工业史》。《中国电力工业史》共分《综合卷》《火力发电卷》《水力发电卷》《核能发电卷》《可再生能源发电卷》《电网与输变电卷》《配电卷》与《用电卷》八卷，以生产力为主线，采用编年体的方式，梳理和阐述了中国电力工业萌芽、成长、壮大的发展历程，记录了中国电力工作者依靠自己的勤劳智慧，克服各种艰难困苦，从胜利走向新的胜利，不断攀登世界电力工业高峰，走出一条具有中国特色的电力工业发展之路；讴歌中国电力工业在党的领导下艰苦奋斗、锐意改革、创新发展的历程，赞美中国电力工业取得的辉煌成就，总结经验教训，探讨电力工业发展的自身规律，传承电力文化，弘扬电力精神，提升民族自信。2021 年，党中央决定在全党开展党史学习教育，学史明理、学史增信、学史崇德、学史力行。结合党史的学习，回顾中国电力工业在党的领导下取得的辉煌成就，将激励电力工作者以更加昂扬的姿态，在全面建设社会主义现代化国家的新征程中取得更加优异的成绩。

2017 年年底，《中国电力工业史》的编纂工作全面启动。中国电力企业联合会党委十分重视《中国电力工业史》的编纂工作，建立了完备的组织协调机制和质量审查保障机制。组建了理事长任主任，各副理事长任副主任的《中国电力工业史》编委会，成立了由中电联专职副理事长兼秘书长负责具体协调，理事会工作部、英大传媒投资集团及各电力集团公司相关人员、电力系统老领导、专家组成的编辑部和编审工作机构，成立了以电网企业、发电企业为供稿单位的分编辑部，形成众人修史的良好氛围。编纂工作以史为据，真实记述，准确评述，坚持唯物史观，以习近平新时代中国特色社会主义思想为指导，贯彻落实《关于建国以来党的若干历史问题的决议》、习近平总书记在庆祝改革开放 40 周年大会上的讲话等文件精神，参考《中国共产党的九十年》等重要文献，确保重大问题与中央精神保持一致。经过三年多的时间，《中国电力工业史》陆续与读者见面，期望为读者展现一部波澜壮阔的中国电力工业史诗。

本卷为《核能发电卷》，2019 年 8 月启动编纂工作，并成立以中国电机工程学会核能发电分会牵头，由国家能源局、国家核安全局等主要核电行业的专家组成的编审委员会，负责统筹协调资料收集、审定编写框架和文稿内容。组建了由我国核电领域资深专家构成的专家委员会，负责审核与甄别核电历史事件，对书稿编写给予了极大的帮助与指导。

核能发电是中国电力工业不可或缺的组成部分。积极发展核电是保存核工业体系的需要，是保障国家能源安全的需要，是能源经济可持续发展的必然选择。中国核电的起步与发展异常曲折与艰辛，取得现在的成就，是几代领导者与建设者锲而不舍、奋斗求索的结果。回顾核电发展的艰辛历程，以史为镜，鉴往知来，中国核电事业必将在已有的成就之上，在能源转型的机遇之下，迎来蓬勃发展的春天。

谨向所有关心、支持和参与《中国电力工业史》编纂的领导、专家和工作人员，以及编辑出版人员表示衷心的感谢！由于史料搜集、研究、编纂和校核的工作量巨大，书中难免存在不妥和疏漏之处，希望广大读者批评指正。

凡　例

一、《中国电力工业史》记述了从1882年中国电力工业发端至2019年中国电力工业建设和发展的历史过程及经验教训。为了更全面地反映中国电力工业的发展脉络，本书共设八卷，分别是《综合卷》《火力发电卷》《水力发电卷》《核能发电卷》《可再生能源发电卷》《电网与输变电卷》《配电卷》与《用电卷》。

二、各卷均包括前言、凡例、绪论、正文、大事年表、附录、索引。本卷的四编对应四个阶段：第一阶段为核电工业的初步发展，即1970—1995年，反映了中国核电从无到有的起步发展历程；第二阶段为核电工业的适度发展，即1996—2005年，这一时期为中国核电持续发展奠定了扎实基础；第三阶段为核电工业的积极发展，即2006—2010年，重点反映中国核电走向自主化建设和批量化建设的发展历程；第四阶段为核电工业的安全高效发展，即2011—2019年，是中国核电发展取得重大突破和能力全面提升的重要时期。

三、在内容的叙述上，为保证各卷的相对独立，部分卷的内容之间有交叉，但从各卷的特点出发各有侧重。

四、本书采用编年体方式记述。各卷的编纂结构大体一致，但不尽相同。一般采用编、章、节、目的形式，并设有附录。

五、正文内容使用规范的现代汉语书面语言。所用汉字除必须用繁体字的以外，一律使用国务院2013年6月公布的《通用规范汉字表》所列的汉字。

六、各卷数字的使用，均执行《出版物上数字用法》（GB/T 15835—2011）的规定。

七、书中计量单位，除引用历史上所用的某些单位外，均执行《中华人民共和国法定计量单位》的规定。在表达量值时采用单位的中文符号。

八、书中的机构名称、名词术语等，均以当时的规定为准，对当时确实存在的不统一、不规范的情况，在相应的文中以注释的方式加以说明。

九、书中所列统计数据，一般未包含台湾、香港和澳门地区的数据，相关内容在《综合卷》第十九章中体现。

十、书中注释采用脚注方式，当页编码，不编通码。

目录

第四编　核电工业的安全高效发展（2011—2019）

绪 论

核能发电（简称核电）是人类历史上一项伟大的发明。1954 年 6 月 27 日，苏联建成世界上第一座核电厂——奥布宁斯克核电厂。1955 年，联合国发起并召开世界第一次和平利用原子能大会，核能逐渐过渡到和平利用的新时期。根据国际原子能机构官方统计，截至 2019 年 12 月底，全世界 30 个国家在运核电机组 443 台，装机容量 39 210 万千瓦，在建核电机组 54 台，装机容量 5740 万千瓦，年发电量约占全球总发电量的 10%。核电在解决人类能源和电力需求，让我们世代繁衍生息的家园拥有一个天蓝、地绿、水净的大美环境等方面，发挥了不可替代的重要作用。

中国大陆核电从 20 世纪 80 年代中期正式起步。秦山核电厂开工建设标志着核电发展拉开序幕。经过近 40 年的发展，截至 2019 年底，中国大陆在运核电机组 47 台，装机容量 4875 万千瓦；在建核电机组 13 台，装机容量 1387 万千瓦，年发电量约占全国总发电量的 4.88%。

中国是近 40 年来世界上唯一没有间断过核电建设的国家。中国核电工业先后经历了起步阶段、适度发展阶段、积极发展阶段和安全高效发展阶段。

一、中国核电工业的起步与适度发展

中国核电工业的起步要追溯到 20 世纪 70 年代，1970 年 2 月 8 日，上海市革命委员会传达周恩来总理同意上海市研制核电厂的指示精神，部署有关工作，并将这一天的日期作为工程代号“728”。“728”工程即后来的秦山核电厂前身。

1983 年 1 月 11 日—18 日，国家计划委员会（简称国家计委）和国家科学技术委员会（简称国家科委）在北京回龙观联合召开核能发展技术政策论证会，史称回龙观会议。这次会议首先确定了中国核电技术发展的方向，即以“发展压水堆”为主的技术路线。在压水堆堆型内，允许多种机型并存，即“一种堆型，多种机型”，以适应市场需求的多样性。其次，会议明确了“引进技术和自主研发相结合”的核电技术发展道路，既要系统完整地引进和学习、掌握国外先进技术，重点引进急需关键技术，又要结合中国实际，加强研发不能从国外引进的技术。回龙观会议的召开是中国核电发展历史上的一个重要里程碑。随后，国务院相继批准中国自行研发设计的秦山核电厂一台 30 万千瓦核电机组和成套引进的广东大亚湾核电厂两台 90 万千瓦级核电机组开工建设。

1985 年 3 月 20 日，秦山核电厂浇灌反应堆主厂房第一罐混凝土，秦山核电厂正式开工，标志着中国核电建设正式起步。秦山核电厂于 1991 年 12 月 15 日首次并网发电，1994 年 4 月 1 日投入商业运行。该工程是中国自主研究设计、自主建造调试、自主运营管理的第一座原型堆核电厂。秦山核电厂的成功建设结束了中国大陆无核电的历史。中国成为世界上少数几个能自行设计、建造和运行核电厂的国家。这一成就，是中国核工业“军转民”在和平利用核能方面取得的重大突破，是高科技转化为社会生产力的突出范例，是坚持“以我为主，中外合作”方针，探索有中国特色核电发展道路的一次成功实践，是核工业第二次创业[1]的里程碑。

大亚湾核电厂是中国大陆首座大型商用核电厂，拥有两台从法国引进的装机容量为98.4 万千瓦的压水堆核电机组，年发电能力近 150 亿千瓦·时，70%的电量销往香港，30%的电量销往广东。该工程于 1987 年 8 月 7 日正式开工，1994 年 5 月 6 日全面建成并投入商业运行。该工程是改革开放初期中国最大的中外合资项目、最大的电力建设项目，也是中国核能利用领域的标志性事件。中外合作建设大亚湾核电厂，开创了对外合作建设能源项目的新模式，是国家改革开放后在大型现代科技工程上引进外资、引进先进技术、引进先进管理的成功范例。大亚湾核电厂的成功建设和安全运行，为粤港经济社会发展提供了安全可靠的电力供应，为我国核电发展积累了宝贵的核电建设和运营管理经验，为后续百万千瓦级核电机组的批量建设奠定了基础。

随着秦山核电厂和大亚湾核电厂的建成投产，中国核电从无到有，技术水平和建设能力取得了跨越式进步。通过秦山和大亚湾核电项目建设，中国在核电工程设计、项目管理、设备制造、建设安装、核燃料元件生产、核电厂调试、运行和维护等管理方面积累了比较丰富的理论和实践经验，培育了一支优秀的科研、设计、制造、运行、管理等人才队伍。核电的发展对带动中国高科技产业发展具有重要意义，同时，对于改造传统产业，特别是冶金、仪表、机电产业具有重要意义。

秦山核电厂建成后，很快打开了国际核电市场。1991 年 12 月 31 日，中国与巴基斯坦签署向巴基斯坦出口 30 万千瓦级核电厂——恰希玛核电厂合同，该合同是当时中国最大的外贸出口合同。恰希玛核电厂 1 号机组于 1993 年 8 月 1 日开工建设，2000 年 8 月 21 日达到满功率运行。恰希玛核电厂一期工程是中国核电走出国门的第一个项目。它的成功建设，是中国核工业在对外开放新领域的标志性成果，被双方领导人誉为“南南合作”的成功典范。

国家“九五”计划期间，中国实行“适度发展核电”的方针，推进小批量核电项目建设，共批复和开工建设 4 个项目 8 台机组，即“以我为主、中外合作”的秦山核电二期工程、在大亚湾压水堆核电机组基础上改进提高的岭澳核电一期工程、引进加拿大重水堆技术的秦山核电三期工程和引进俄罗斯 VVER 技术的田湾核电一期工程。这一批工程，特别是秦山核电二期工程和岭澳核电一期工程的成功建设，对后续中国核电产业的快速发展奠定了坚实的技术和工程实践基础。

1996 年 6 月 2 日，秦山核电二期工程正式开工，2004 年 5 月 7 日全面建成投入商业

[1] 中国核工业历经两次艰苦创业而发展壮大。第一次创业研制成功“两弹一艇”，确立了我国的核大国地位，极大地振奋了民族精神；秦山核电的建成是中国核工业第二次创业的里程碑，它为后续我国核电技术高速发展，跻身世界先进水平奠定了良好的基础。

运行。秦山核电二期工程包括2台60万千瓦压水堆机组，是中国自主设计、自主建造、自主管理、自主运营的首座采用国际先进标准与国际接轨的大型商用压水堆核电项目。秦山核电二期工程是国家“九五”期间唯一采用“以我为主、中外合作”方式建设的国产化核电项目，首次在核电建设领域推行“业主负责制、招投标制、工程监理制”。项目吸收借鉴了国内外核电设计、建造的先进经验，为中国自主设计、建造百万千瓦级核电厂积累了宝贵经验，有力推动了中国核电建设国产化、标准化、系列化的进程。

1997年5月15日，岭澳核电一期工程正式开工，2003年1月8日全面建成投入商业运行。岭澳核电一期工程技术方案是以大亚湾压水堆核电机组为参考进行的改进提高。结合经验反馈、新技术应用和核安全发展的要求，实施了37项重要技术改进，该项目的建设和运营为推进中国核电自主创新、探索，形成自主品牌的百万千瓦级核电技术路线；为全面实施中国百万千瓦级商用核电厂自主化、国产化；为后续批量化自主建设百万千瓦级二代改进机组起到了重要的先行示范作用。

国家“十五”计划期间，核电在中国电力发展中的地位越来越明显。秦山、大亚湾两座核电厂的安全稳定运行，小批量建设阶段核电厂的陆续建成投产，为中国核电建设进入新的发展阶段奠定了良好的技术和经济基础。党和国家领导人站在21世纪的新起点，高瞻远瞩，及时做出重大决策。2003年8月，中国决定引进成熟先进的百万千瓦级压水堆核电机组。9月，国务院成立国家核电自主化工作领导小组，领导招标及技术引进谈判工作。10月24日，全国核电建设工作会议在杭州召开。会议全面总结了中国核电的发展经验，提出了“核电要统一组织领导，统一技术路线，引进国外先进技术，加快自主化建设”的发展思路。2004年3月22日，国务院召开核电发展办公会议，确定招标目标为第三代核电，这对中国核电发展起到了引领方向和政策保证的作用。2004年9月28日，中国面向全世界对三代核电技术进行公开招标，发出“中国第三代核电技术依托项目招标”标书，就国务院批准立项的浙江三门和广东阳江（后期调整为山东海阳）两个核电一期工程项目开展国际招标。

这个时期，国家出台的各项决策部署，以及国内核电技术能力的持续储备和提升，为下阶段中国提出“积极发展核电”的方针奠定了政策和技术基础。

二、中国核电的积极发展与科技进步

国家“十一五”期间，电力工业的发展坚持以科学发展观和构建和谐社会两大战略思想为指导，提高能源效率，保护生态环境，有序发展水电，优化发展煤电，积极推进核电建设。

2007年7月14日，国家发展和改革委员会发布《核电中长期发展规划（2005—2020年）》，确定了“积极推进核电建设”的发展方针，标志着中国核电发展进入新的阶段。在这一方针的指导下，“十一五”期间，一批重大核电项目相继开工建设。国家先后核准了13个核电项目，共34台机组，装机容量3702万千瓦。开工建设核电机组28台，装机容量3097万千瓦，在建规模占当时全球的40%以上。

为在较短时间内赶上国际先进水平，在更高的起点上实现自主化发展，中国决定引进世界先进核电技术，加快推进三代核电自主化发展。2006 年 11 月 2 日，中国政府决定从美国西屋电气公司（Westinghouse Electric Corporation，WEC，简称西屋公司）引进 AP1000 技术，与美国合作建设自主化依托项目 4 台 AP1000 核电机组，在消化、吸收引进技术的基础上自主创新，实现设计并建成具有自主知识产权的“大型先进压水堆核电站”科技重大专项目标，批准成立国家核电技术公司。同时，引进两台法国 EPR 三代核电机组。

2007 年 7 月 24 日，中方与西屋公司联合体签署了《核电自主化依托项目 AP1000 核岛合同》。根据合同约定，中方将购买 4 台 AP1000 核电机组，美方转让 AP1000 设计、设备制造等先进的核电技术。中方完全拥有在引进 AP1000 技术基础上改进和开发的输出功率大于 135 万千瓦的大型非能动核电厂的知识产权。

AP1000 是先进的第三代核电技术，采用模块化的设计与建造技术，最大特点是具有“非能动安全系统”。在紧急情况下，“非能动安全系统”能够利用物质的重力、惯性以及流体的对流、扩散、蒸发、冷凝等物理特性，及时冷却反应堆厂房并带走反应堆产生的余热，而不依靠泵、交流电源、柴油机等借助外界动力驱动的系统，减缓设计工况中有可能发生的意外事故进程和后果，大大提高核电厂的安全性。

2009 年 4 月和 9 月，国务院先后核准三门核电一期工程和海阳核电一期工程建设。2018 年 9 月，全球 AP1000 首堆三门核电厂 1 号机组投入商业运行，2019 年 1 月，4 台 AP1000 机组全面建成。AP1000 技术引进工作基本完成，消化吸收后形成了国产化 CAP1000 技术，项目实施推动了中国核电技术和装备全面提升和跨越发展。

在此期间，国务院批准发布《国家中长期科学和技术发展规划纲要（2006—2020 年）》，将“大型先进压水堆及高温气冷堆核电站”列入国家科技重大专项。中国决定在引进消化吸收 AP1000 三代核电技术的基础上，再创新开发具有自主知识产权、功率更大的非能动大型先进压水堆核电型号［即“国和一号”（CAP1400）］，并建成示范工程。2008 年 2 月，国务院常务会议正式批准“大型先进压水堆核电站重大专项总体实施方案”，研发工作正式启动。围绕型号设计，部署了关键设计技术研究、核岛重大设备技术研究、非能动堆芯冷却系统性能试验和验证等 19 个研究方向，立项 87 个课题。历经 10 余年，在关键设计技术、重大试验验证技术、关键设备设计和制造技术等方面取得了突破。“国和一号”是在引进消化吸收三代非能动压水堆核电技术的基础上，依托工程项目平台实践和国家大型先进压水堆核电站重大专项开发的、具有完全自主知识产权的第三代核电型号，是完全自主设计的中国核电技术品牌。“国和一号”示范工程建设为中国核电发展走向“标准化设计、工厂化预制、模块化建造、专业化管理、自主化建设”提供重要支撑，为中国核电进一步拓展海外市场奠定了基础。

同时，中国加快推动百万千瓦级三代自主化核电技术的研发，成功推出“ACP1000”和“ACPR1000+”两个型号，后续两者融合为“华龙一号”（HPR1000）核电品牌。“华龙一号”是由中国两大核电企业中国核工业集团有限公司（简称中核集团）和中国广核集团有限公司（简称中广核）在 30 余年核电科研、设计、制造、建设和运行经验的基础上研发的先进百万千瓦级压水堆核电技术，是具有完全自主知识产权的三代压水堆核电技术。其研发和成型走过了一条从技术引进到自主创新，从国内建造到出口国外的发展之路，是中国核电走向世界的“国家名片”，是中国核电创新发展的重大标志性成果。“华龙一号”堆型设计采用“能动与非能动”相结合的先进安全设计理念，全面平衡贯彻纵深防御设计原则，设置完善的严重事故预防和缓解措施，主要技术指标和安全指标满足中国和国际最新安全要求，具有完整自主知识产权体系，完全覆盖设计、燃料、装备制造、运行、维护等领域，是中国能独立出口的核电机型之一。“华龙一号”首堆所有核心设备均已实现国产，具备了批量化建设的能力和开拓国际市场的实力。采用“华龙一号”技术的首批机组先后在福建省福清市和广西壮族自治区防城港市开工建设，其中，“华龙一号”全球首堆福清核电厂 5 号机组于 2015 年 5 月 7 日正式开工。

“大型先进压水堆及高温气冷堆核电站”国家科技重大专项的高温气冷堆核电站示范工程采用中国自主研发的具有第四代特征的核电技术，是全球首座球床模块式高温气冷堆商用示范电站。2008 年 2 月，高温气冷堆核电站重大专项实施方案经国务院常务会议批准实施，目标是在山东省荣成市石岛湾建设一座功率为 20 万千瓦的高温气冷堆核电站示范工程，该工程于 2012 年 12 月正式开工。随着高温气冷堆核电站示范工程的施工建设，逐步形成了一批国内外高温气冷堆相关的专利、专有技术、软件著作权等相结合的知识产权体系。

三、中国核电产业及技术装备的跨越式发展

国家“十一五”期间，中国核电建设快速发展，成为全球核电在建规模最大的国家，核电厂的安全性、经济性得到较大提升，核电装备技术能力实现了整体从二代向三代的跨越，部分关键领域填补了国内空白。百万千瓦级核电设备国产化率从大亚湾核电厂的 1% 到岭澳核电一期工程的 30%，再到岭澳核电二期工程的 64%，直至“华龙一号”“国和一号”高达 88%以上，中国核电设备自主化能力得以持续提升。国内装备制造企业立足自主创新，通过关键设备制造技术的消化吸收和国产化实践，实现了关键设备、材料和燃料国产化目标，掌握了核岛主、辅设备制造技术，建成了核电高端装备制造基地，硬件装备达到国际一流水平，形成了三代核电机组国产化设备成套供应能力和供应链体系，具备每年 8～10 台套核电机组装备供货能力。国内装备制造企业围绕先进核电设备国产化总体目标，已经掌握反应堆压力容器、U 型管/螺旋管蒸汽发生器、轴封主泵、主氦风机，以及爆破阀、磁悬浮轴承等 40 余项关键设备的制造技术；成功解决了屏蔽电机主泵和湿绕组电机主泵研制和试验中的一系列问题，掌握了设计和制造技术，实现了国产化供货；成功研制出核级焊材、蒸汽发生器 690 合金传热管等 60 余项关键材料，核级锆材、核级密封件、核级电缆等多项技术填补了国内空白；锻造、铸造和焊接等制造技术实现跨越式发展。同时，制造工艺、成品稳定性，设备及系统集成能力和设备可靠性持续提升，质量水平大幅提高。建立了三代核电设备鉴定设施和管理体系，支撑了国家装备制造能力提升。国家和企业投入大量经费，工程实践实现规模化、系列化，中国核电装备制造能力达到世

界一流水平。

通过三代核电技术的成功研发，中国已具备了型号、技术的整体研发设计能力，并在核电基础研究、设计软件、标准体系建设等方面取得了众多成果。在设计能力方面，已经建立了较为完善的设计平台，拥有专业配置齐全、工程设计经验丰富的核电研发设计队伍，具备了完整的核电工程自主设计能力；在研发能力方面，以国内核电集团为代表，依托国家、地方和企业自身的投入，打造了相对完备的科技研发平台和设施，部分研发装置达到了国际一流水平。中国的核燃料制造供应体系随着核电事业的发展不断完善。通过自主研发、引进、消化、再创新，中国能独立自主地为多种型号的压水堆核电厂提供完整的高质量核燃料组件及相关服务。伴随高温堆核电厂示范工程的建设，中国建成了世界上首条工业规模年产 30 万个高温气冷堆燃料元件生产线。

在中国核电建设持续推进的过程中，培养和造就了一大批核电技术人才，包括核电研发、设计、建造、调试，以及运行、培训、安全管理和在役检查等方面的骨干人才队伍。中国可以为其他需要建设核电的国家提供从建设到运行的一条龙服务，这在出口巴基斯坦的 6 台核电机组工程建设中已有成功实践。核电“走出去”取得重要成果，已具备实现高质量发展和向“核电强国”迈进的坚实基础。

四、中国核电进入安全高效发展阶段

2011 年 3 月 11 日，日本东北部海域发生 9.0 级强烈地震，并由此引发超高海啸，导致福岛第一核电厂发生世界核电历史上第三起严重事故，事故级别达到最高的 7 级。福岛核事故发生后，中国政府高度重视，行业监管机构、各核电集团及其下属设计、运营单位立即开展响应行动。

2011 年 3 月 16 日，国务院召开常务会议，听取应对日本福岛核电厂核泄漏有关情况的汇报。会议强调，要充分认识核安全的重要性和紧迫性，核电发展要把安全放在第一位。会议做出了四项重要决定。一是立即组织对中国核设施进行全面安全检查，二是切实加强正在运行核设施的安全管理，三是全面审查在建核电厂，四是严格审批新上核电项目。

根据国务院常务会议精神，环境保护部（国家核安全局）、国家能源局、国防科工局等联合组织核安全相关领域 50 余名院士、专家组成安全检查团，严格按照国家现行有效的核安全法规和导则，参照国际原子能机构颁布的最新安全标准，对核电厂防洪抗震能力、严重事故预防和缓解、环境监测和应急体系有效性等 11 个领域进行综合检查。在上报国务院的检查报告中指出，中国大陆投运机组均满足现行国家法律法规、标准和技术规范，以及国际当前先进的标准和规范的要求；对在建核电机组，没有发现必须停工整顿的情况。

各在建及运行核电厂在接受核安全综合检查团的全面安全检查后，根据安全检查结果

及国家核安全局下发的改进行动管理要求，结合福岛核事故后经验反馈，开展安全改进行动，按计划推进各改进措施。2012 年，国家核安全局组织各核电厂开展了重要外部事件的安全裕量评价工作，进一步评价核电厂应对超设计基准外部事件的安全裕量，优化和落实改进措施。随着《福岛核事故后核电厂改进行动通用技术要求（试行）》的发布，各核电厂共性的改进行动及采取的策略得到了统一和协调。

中国充分吸取福岛核事故的教训，进一步加强核安全监管，提升安全管理水平，明确提出要安全高效地发展核电。2012 年 10 月，国务院常务会议讨论并通过《核电安全规划（2011—2020 年）》和《核电中长期发展规划（2011—2020 年）》。《核电中长期发展规划（2011—2020 年）》确定，计划至 2020 年运行装机容量达 5800 万千瓦、在建 3000 万千瓦；稳妥恢复核电正常建设，合理把握建设节奏，稳步有序推进；科学布局项目，国家“十二五”期间，只在沿海安排少数经过充分论证的核电项目，不安排内陆核电项目；提高准入门槛，按照全球最高安全要求新建核电项目，新建核电机组必须符合三代安全标准。

中国核电工业经过近 40 年连续不间断的发展，形成了完整的核电基础开发、研究设计、装备制造、工程建设、运行维护和核燃料前后端保障能力及专业人才队伍，率先实现由二代向三代核电技术跨越，成为全球少数几个拥有完整核电工业体系的国家，跻身世界核电大国行列。特别是党中央、国务院决策设立大型先进压水堆和高温气冷堆核电重大专项，并着力打造“华龙一号”民族品牌等部署，对促进中国核电工业体系进一步完善、全产业链能力进一步加强、自主创新能力进一步提升，发挥了重要的推动作用。

中国核电始终保持高水平安全运行业绩，总体水平居世界先进行列。中国核电从未发生国际核事件分级（INES）2 级及以上运行事件，也未发生过对人员或环境造成污染和危害的事件，累计安全运行 300 余堆年，位居国际先进行列。根据世界核电运营者协会公布的 2019 年世界核电 WANO 综合指标排名，中国大陆地区共 23 台机组获得满分 100 分，世界领先。自中国首台核电机组投入商运以来，核能发电量已累计达到 2.6 万亿千瓦 • 时以上，相应减少二氧化碳排放约 21 亿吨，为中国能源安全和经济社会绿色低碳转型作出重要贡献。

2013 年 10 月，国家能源局公布《服务核电企业科学发展协调工作机制实施方案》，对核电企业“走出去”给予方向性指引，并推动将核电“走出去”作为中国与潜在核电输入国双边政治、经济交往的重要议题。

2013 年 11 月 26 日，中国与巴基斯坦核能合作项目、采用“华龙一号”技术的卡拉奇核电项目 K–2/K–3 机组正式开工。“华龙一号”首次走出国门，正式落地巴基斯坦。它既是中国百万千瓦级核电机组走出国门零的突破，也标志着中国成为国际上继美国、俄罗斯和法国后的第四个能独立出口三代核电技术的国家。中国核电走向世界，在拉动中国核电成套设备出口的同时，也带动中国核电标准“走出去”，向世界证明了中国核电出口的实力，核电继高铁之后成为引领中国装备制造业出口的一张闪亮的“国家名片”。

五、中国核电迎来新的发展机遇

2020年9月22日，国家主席习近平在第七十五届联合国大会一般性辩论上代表中国向世界庄严承诺，二氧化碳排放力争于2030年前达到峰值，努力争取2060年前实现碳中和。《中华人民共和国国民经济和社会发展第十四个五年规划和2035年远景目标纲要》中提出，中国将持续改善优化能源资源配置，减少污染物排放，改善生态环境；在2021年3月5日十三届全国人大四次会议上，国务院总理李克强所作的政府工作报告中关于2021年重点工作提出，在确保安全的前提下积极有序发展核电；2021年9月22日发布的《中共中央国务院关于完整准确全面贯彻新发展理念做好碳达峰碳中和工作的意见》提出，“积极安全有序发展核电”“积极稳妥推进核电余热供暖”。一系列政策文件都表明，中国未来能源发展将加速向清洁低碳转型，核能在中国能源体系中将发挥不可替代的重要作用，核能利用将迎来难得的发展机遇。

根据中国核能行业协会发布的数据，截至2021年年底，中国运行核电机组共53台（不含台湾地区），装机容量为5464.7万千瓦（额定装机容量）。2021年核电运行机组全年累计发电量达到4071.41亿千瓦·时，占全国总发电量的5.02%。与燃煤发电相比，核能发电相当于减少燃烧标准煤11 558.05万吨，减少排放二氧化碳30 282.09万吨、二氧化硫98.24万吨、氮氧化物85.53万吨。

自2020年以来，中国核电取得诸多成就。2021年1月30日，“华龙一号”全球首堆——福建福清核电厂5号机组投入商业运行。2021年5月19日，国家主席习近平在北京通过视频连线，同俄罗斯总统普京共同见证两国核能合作项目——田湾核电厂7、8号机组和徐大堡核电厂3、4号机组开工仪式。2021年5月20日，“华龙一号”海外首堆工程——巴基斯坦卡拉奇核电2号（K–2）机组正式投入商业运行，标志着中国自主三代核电技术“走出去”的首台机组顺利建成。2021年12月30日，浙江三澳核电项目2号机组正式开工建设，国内外在运、在建“华龙一号”核电机组达14台。

2020年12月27日，中核集团示范快堆工程2号机组正式开工建设。2021年7月13日，玲龙一号（ACP100）——海南昌江多用途模块化小型堆科技示范工程正式开工。2021年12月20日，国家科技重大专项、全球首座球床模块式高温气冷堆核电厂——石岛湾高温气冷堆核电厂并网发电，标志着全球首座具有第四代先进核能技术特征的球床模块式高温气冷堆，在中国实现了从“实验室”到“工程应用”的跨越。

中国自主三代压水堆核电技术仍将是2035年前后中国核电发展的主力，机型以具有自主知识产权的“华龙”“国和”三代大型压水堆为主。中国正在研发60万千瓦级高温气冷堆并开展前期工作，小型反应堆或将进入全面部署阶段，有效满足供热、供汽、海水淡化、制冷、制氢等需求，正在开展研发具有第四代核能技术特征的其他先进堆型。

作为清洁低碳、安全高效的能源，核电将凭借其突出的优点逐步提升其在中国总发电量中的比例。同时，不断优化的核电技术将显著提高核能利用效率，在减少碳排放方面也将发挥独特的优势。核能进而会在未来的能源产业中占据更为重要的位置，为实现碳达峰碳中和目标作出更大贡献。

第一编

核电工业的初步发展

（1970—1995）

1942 年 12 月，美国在芝加哥大学建成世界上第一座核反应堆，证明实现受控核裂变链式反应的可能性。当时正处于第二次世界大战期间，核能主要为军用服务。美国、苏联、英国和法国为了配合原子弹的研制，先后建成一批钚生产堆，随后开发了潜艇推进动力堆。

从 20 世纪 50 年代初开始，美国、苏联、英国、法国等国家将核能部分转向民用，利用已有军用核技术，开发建造以发电为目的的反应堆，进入核电验证示范阶段。1954 年，苏联建成奥布宁斯克（APS－1）压力管式石墨水冷堆核电厂，1964 年建成新沃罗涅日压水堆核电厂。美国在潜艇动力堆技术基础上，于 1957 年 12 月建成希平港（Shipping Port）压水堆核电厂，又于 1960 年 7 月建成德累斯顿（Dresden－1）沸水堆核电厂，为轻水堆核电发展开辟道路。1956 年 10 月，英国建成卡尔德霍尔（Calder Hall A）产钚、发电两用的石墨气冷堆核电厂。这些核电厂具有比较成熟的技术和低廉的发电成本，为核电商用推广打下坚实的基础。1955 年，联合国发起并召开世界第一次和平利用原子能大会，这之后，原子能的和平利用成为世界潮流。尤其在发达国家，原子能利用由单纯的军备竞赛转为核电技术与核电建设竞赛。

中国与世界核电发达国家一样，高度重视以核电为主的核技术和平利用。1950 年 5 月 19 日，中国科学院设立以著名核物理科学家吴有训❶为所长、钱三强❷为副所长的近代物理研究所，主要从事核科学基础理论研究。1954 年 12 月，第九届联合国大会通过决议，建立国际原子能机构，开始加速并扩大原子能的和平利用进程。1955 年 1 月 15 日，毛泽东主席主持召开中共中央书记处扩大会议，确定大力发展原子能事业的方针。1956 年，周恩来总理在一次会议上满怀激情地说，原子能给人类提供了无比强大的动力源泉，给科学的各个部门开辟了革新的远大前途。这些远见卓识奠定了中国核电发展坚实的思想基础。1956 年，国家制定并发布《1956—1967 年科学技术发展远景规划纲要》（简称《纲要》）原子能的和平利用被列为《纲要》中 12 项重点任务的第一项。中国的核电工业开始起步。

❶ 吴有训（1897 年 4 月 26 日—1977 年 11 月 30 日），中国物理学家、教育家，是中国近代物理学研究的开拓者和奠基人之一。

❷ 钱三强（1913 年 10 月 16 日—1992 年 6 月 28 日），中国核物理学家，是中国原子能科学事业的创始人，中国“两弹一星”元勋，中国科学院院士。

第一章

中国核电的起步（1970—1985）

20 世纪 50 年代，苏联与美国先后实现了原子能发电，开辟出了一条和平利用原子能的道路。1956 年联合国发起并召开了世界第一次和平利用原子能大会[1]。

中国在民用核能领域起步较晚，虽然早在 1955 年制定的《1956—1967 年科学技术发展远景规划》中就明确指出，用原子能发电是动力发展的新纪元，是有远大前途的。1970 年中共中央提出要建核电厂，1974 年 3 月 31 日国务院总理周恩来主持审批了第一座核电厂的建设方案，但是由于种种原因，直到改革开放，中国才正式开始建设核电厂。1985 年 3 月 20 日，中国大陆自行设计的第一座 30 万千瓦级压水堆核电厂在秦山开工建设，开创了中国核电建设的新时代和中国核工业发展的新纪元。1988 年成立的能源部，负责统一规划电力发展，包括核电。能源部根据电力发展规划，确定了中国第一部核电发展规划，并启动了全国范围的核电厂选址工作。

第一节　核电发展的酝酿与决策

中华人民共和国成立以后，开始对核能与核技术加以研究利用，这一时间可以从 1949 年 11 月 15 日中央人民政府接管北平研究院原子学研究所开始算起。中国原子能事业自 20 世纪 50 年代起步于核军事工业，主要为国防建设服务，成功研制了原子弹、氢弹、核潜艇，打破了核大国的核垄断，为保障国家安全、提升中国国际地位做出了历史性贡献。党的十一届三中全会以后，伴随着世界格局的改变，中国对核工业进行战略调整，把工作重点转移到为国民经济建设和人民生活服务上来，开始向“保军转民”的政策转变，后明确为“军民结合”的方针，逐渐开始了核能的和平利用。

一、中国决定发展核电的决策过程

中华人民共和国成立后不久，在着手开展原子能技术研究的同时，党和国家就将发展原子能发电作为燃料动力和电力发展的一项重要任务。1955 年 1 月，毛泽东主持召开中

[1] 世界第一次和平利用原子能大会是由联合国主持，于 1955 年 8 月在日内瓦召开。来自 70 多个国家、地区和 8 个联合国专门机构的代表参加了大会。会议主要内容包括宣读论文、和平利用原子能展览会及放映有关和平利用原子能电影。

共中央书记处扩大会议，确定了大力发展原子能事业的方针，研究决定建设原子能工业。1956 年 11 月 16 日，一届全国人大常委会第五十一次会议通过决定，设立“中华人民共和国第三机械工业部”（简称三机部），主管中国核工业的建设和发展。1958 年 2 月 11 日，一届全国人大五次会议决定，将三机部改名为第二机械工业部（简称二机部）。1956 年制定的《1956—1967 年科学技术发展远景规划纲要》提出了自 1956 年开始的 12 年内国家科学技术发展的重点任务，对核能发电给予高度重视。《1956—1967 年科学技术发展远景规划纲要》所列的“须由国家给以最大的注意，优先保证它们的发展……在人力和物力上都必须优先予以保证”的科学研究重点的第 1 项，就是原子能和平利用。在燃料和动力方面，明确提出了中国必须在短时间内，掌握原子能动力新技术并进一步研究如何提高它的经济性。在 57 项重要的科学技术任务中，两处提到了开展核能发电研究的问题。在第 36 项原子能和平利用任务中，明确提出了尽速建立铀、钍和重水提炼工业，研究和掌握各种反应堆的设计，进行有关热核反应控制的研究，并要求在 12 年内能够着手自建中型的原子能发电站和试验性的用于交通工具的动力堆。在第 20 项“全国能源的合理利用和动力技术的研究”任务中，明确提出了在原子能动力方面，主要是选择动力反应堆类型，并研究相应的传热介质、传热系统和热力系统等。此外，还须研究原子能动力中远距离操纵、安全装置，燃料棒等的取出、清理和重制，各种设备的设计制造等问题。

1955 年 1 月 17 日，苏联发表声明，愿意在促进原子能和平利用的研究方面给予中华人民共和国、波兰人民共和国、捷克斯洛伐克共和国、罗马尼亚人民共和国和德意志民主共和国等国家以科学、技术和工业方面的帮助。1955 年 4 月 27 日，中苏两国政府签订《关于苏维埃社会主义共和国联盟援助中华人民共和国发展原子能核物理研究事业以及为国民经济需要利用原子能的协定》，即苏联援助中国建设“一堆一器[1]”的科研协定，为中国原子能和平利用的科学研究创造了条件。在党中央、国务院的决策下，中国第一个核电计划是“581”工程，意思是 1958 年第一号工程。1958 年，国家计委、国家经济委员会（简称国家经委）、水利电力部（简称水电部）、机械工业部（简称机械部）、高等教育部（简称高教部）和中国科学院联合组成了原子能工程领导小组，热工组负责核电工程可行性调研，电工组负责可控热核反应研究的组织工作。考虑到核电厂建设需要攻克的难题较多，“581”工程计划在争取苏联援助下建设一座采用苏联技术的石墨水冷堆核电厂。后由于中苏关系破裂，苏联终止援助，“581”工程被迫停止。随着国际形势和国民经济调整，中央决定集中力量发展“两弹一星”，中国走上了完全独立自主发展原子能事业的道路。

1958 年 6 月 30 日，中国第一座试验性原子反应堆和回旋加速器正式运转。1958 年 7 月 1 日，二机部和中国科学院共同决定，中国科学院物理研究所改名为中国科学院原子能研究所，调集以钱三强为首的各个专业顶尖专家，率领一批年轻科技人员到该所工作。同年 9 月 27 日，苏联援建的重水研究堆和回旋加速器在该所正式移交生产。1958 年 10 月，

---

[1] 一堆一器是指中国第一座重水反应堆和第一台回旋加速器。1955 年 4 月 27 日，中苏签署关于为国民经济发展需要利用原子能的协定。根据协定，苏联将帮助中国建造一座热功率为 7000 千瓦的实验性重水反应堆和一台直径为 1.2 米的回旋加速器。

上海市以及中国科学院、二机部等单位批准，设立了中国科学院上海理化研究所，开展核能应用的研究工作。清华大学、中国电力科学研究院、北京电力学院等单位就核电开发、设计等进行研究工作，并着手培养和储备核电发展的人才。1961 年，开展为核动力堆开发计算程序，并在零功率装置上进行实验验证。开发堆物理及计算程序，也进行过快堆控制、多普勒效应及临界实验方面的理论和实验工作。同步开展反应堆热工水力研究，1965 年以后，先后建立各种热工水力试验装置，完成压水型动力反应堆的热工水力试验，为日后设计、运行提供了必要的数据。还进行反应堆核燃料元件、材料研究，核动力装置系统及设备结构力学分析研究，水化学研究，以及反应堆安全分析和在役检查，控制测量系统及仪器、设备和反应堆厂址选择研究，为建设核电厂创造了技术条件。

1964 年 10 月 16 日、1967 年 6 月 17 日，原子弹、氢弹分别爆炸成功，1974 年 8 月 1 日，中国首艘核潜艇服役。中国在发展军用核工业的过程中，建立了比较完整的核科技工业体系，造就了一支专业队伍，积累了潜艇核动力的科研试验、工程建设和运行维护的实践经验。中国独立自主发展核工业所取得的这些重大进展，为核电发展打下了基础。1970 年前后，中共中央批准北京市与清华大学建设一座 5 万千瓦级的熔盐增殖堆核电厂，这是中国第二个核电计划，也就是是“820”工程。后因前期研发不到位，材料、技术和工艺不成熟等原因，“820”工程被迫停止。与此同时，二机部提出与水电部合作在陕南秦岭地区建设一座 30 万千瓦级的英国式气冷堆核电厂，代号为“830”工程。两部组成筹建处开展了挑选厂址和调研工作。由于国际上气冷堆核电厂被淘汰，“830 工程”也随之而夭折。

1970 年，在周恩来的倡议和推动下，在核潜艇压水堆技术基础上，以在华东地区建设核电厂为主要目标的“728”工程正式开展，开启了中国独立自主建设核电厂的序幕。在自主研发核电技术的同时，随着国际形势和对外经贸关系的变化，1972 年底，由电力、机械和核工业等部门组成的考察团，对包括日本在内的 5 个已经建设核电厂的国家进行考察，进一步了解了世界大型发电机组和核电的发展状况。从 1970 年开始，经过 8 年左右的时间，在堆型选择、管理体制和国产化的道路诸方面进行了多层次的探索和酝酿，为进入一个新的决策时期做好了准备。

上海是中国重要的工业基地，由于少煤缺电，老工厂面临停产，新工厂不敢开工建设，上海的运输能力已承载不了更多的运载任务。中央着急和担忧，促成了要尽快筹建核电厂的决心。

1970 年 2 月初，周恩来在国务院有关会议上指出，上海的工业产值占全国的 1/6，但上海既没有石油，也没有煤炭，从长远看，要解决能源问题还要靠自己。国外都在搞核电厂，上海也可以研究下，如果可行，可以给予支持。并强调，二机部不能只是爆炸部，要和平利用核能，搞核电厂。此后，上海市根据周恩来的指示，开始组织筹备中国第一座核电厂的设计工作。厂址最后选定在浙江省海盐县的秦山。为研究验证、改进完善设计，解决核电厂建设中的设备与材料问题，先后开展了 400 余项科研试验，为该核电厂的顺利建设打下坚实基础。

党的十一届三中全会以后，党中央、国务院十分重视发展核电事业，在分析研究中国能源供需状况和能源的储量、分布、结构、运输等情况后，确认核电是和平利用核能的一个重要方面，是解决能源需求的一项重要措施，是一种安全、经济、先进的能源，于是把发展核电作为解决中国能源问题和发展电力工业的一条重要方针，并相继作出自行研制建造中国第一座 30 万千瓦级核电厂，以及利用外资引进国外全套设备，建造广东大亚湾 2 台 90 万千瓦核电机组的决策，这是具有战略意义的重大抉择。

这一阶段，中国在要不要发展核电、如何发展核电等问题上，有过一段较长时间的争论，核电事业的发展步履艰难，经过一个曲折坎坷的历程，积累了丰富的经验教训。

二、华东严重缺电呼唤核电

中华人民共和国成立时，全国发电装机容量仅 185 万千瓦，年发电量仅 43 亿千瓦·时。面对这样的局面，党和政府高度重视能源工业特别是电力工业的发展。1958 年，毛泽东主席指出：电力工业是国民经济的“先行官”，电力应该先行一步，这样才能适应工农业生产需要。在电力先行的指导思想下，“一五”期间，安排电力工业限额以上建设项目 107 个，其中电源项目 92 个，建设规模 376 万千瓦，送变电工程项目 15 个。这 107 个项目包括在 156 项重点工程内的有 25 个[1]。到 1965 年底，中国年发电量在世界上的排名从 1949 年的第 25 位上升到第 9 位。电力工业基本满足了经济恢复和发展的需要，提高了人民生活水平。

从 1966 年开始，受“文化大革命”的影响，电力工业的发展速度逐步滞后于国民经济发展速度，电力工业逐渐成为国民经济发展的“瓶颈”，缺电现象开始出现，70 年代初期出现全国性缺电的局面。1969 年底，上海市上报国家的一份紧急报告写道：上海市是中国命脉产业的基地，由于少煤缺电，许多工厂面临停产，更有新办的工厂不敢开工建设，上海的运输能力已承载不了更多的运载任务，仅用煤一项就占用了上海海上运输能力和铁路运输能力的一半还多……

这令中央有关领导着急和担忧，坚定了要尽快筹建核电厂的决心。1970 年前后，能源紧张的情况仍未缓解，各地要求建设核电厂的呼声很高，当时有 12 个省市提出 22 个核电厂预选厂址。到 1978 年，全国发电装机缺口达 1000 万千瓦，发电量缺口达 400 亿千瓦·时。华东地区五省市作为当时中国最发达的地区，缺电形势尤为严峻。

电力供应不足严重地困扰着经济进一步发展，也严重影响了正常的生产生活秩序。由于缺电，许多工厂停二开五甚至停三开四，1/4 到 1/3 的生产能力被迫闲置；由于缺电，农忙时也不能保证电力的正常供应，有些农民不得不拥被而坐，彻夜守候在泵房或场地等待来电抽水或脱粒扬场；由于缺电，一些装饰豪华的饭店和商场，只得点着煤油灯和蜡烛照明营业，甚至有的医院也被迫临时拉闸，停止手术。

东南沿海地区及各省市缺电的情况，引起中央领导和各方广泛关注。为此，国家拨出大

---

[1] 156 项重点工程，是中国第一个五年计划时期从苏联与东欧国家引进的 156 项重点工矿业基本建设项目。该工程起始于 20 世纪 50 年代初，持续约十年，直至中苏关系破裂为止。156 项重点工程奠定了中国初步工业化的部门经济基础。

量资金，加快建设新的电厂，但即使这样，也难以满足经济迅速发展对电力的刚性需求。

水电、火电不能有效解决东南沿海等地区的缺电问题，核电是最可行的替代方案。在各种解决缺电的方案中，水电方案不可行的原因是水资源70%分布在西南地区，西电东送，距离太远，电网损耗太大，且江河流量不稳定带来发电量不稳定。火电方案不可行的原因是东南沿海地区不拥有煤炭资源，大运量长距离运输将给整个铁路和航运带来很大压力，对环境的污染也不容小觑。

在这种情况下，核电作为一种技术成熟、安全、清洁、经济、可持续发展的先进能源，其建设的起步和发展就被提到了议事日程上。

三、“728”工程的确定

1970 年 2 月初，周恩来听取上海市工作汇报时指示，从长远看，要解决上海和华东地区的用电问题，要靠核电。上海市革命委员会传达周恩来同意上海市研制核电厂的指示精神，部署有关工作，并将这一天的日期作为工程代号“728”。

1970 年 7 月 16 日，“728”工程领导小组成员经上海市革命委员会批准产生。“728”工程常设机构为会战办公室，负责工程日常指挥工作，下设总体组、政工组、后勤组，办公地点设在卢湾区永嘉路上。

1970 年 10 月，应上海市请求，二机部派出多名专家组赴沪，参加“728”工程总体设计。

1970 年 11 月 7 日，在中央专门委员会（简称中央专委）会议上，周恩来听取有关“728”工程的情况汇报。他对二机部的工作提出要求：“二机部不能只是‘爆炸部’，除了搞核弹外，还要搞核电厂”；中国发展核电厂的方针是：“安全、适用、经济、自力更生”。[1]要求通过该工程的研究设计建造，掌握技术，取得经验，培养和锻炼队伍，为发展中国的核电打好基础。根据上海市与二机部共同研究的原则，“728”工程由上海市负责，二机部归口业务管理。

1971 年 11 月，中国军用生产堆总设计师欧阳予[2]由二机部指定负责“728”工程设计，后担任“728”工程总设计师。

鉴于压水堆核电厂在国际上技术已经比较成熟，国内已有军用压水堆的经验可以借鉴，1973 年 2 月 10 日，上海市和二机部联合向国务院报送《关于改变“728”核电站工程建设方案的请示报告》，提出工程方案改为建设 30 万千瓦级压水堆核电厂。1974 年 3 月 31 日，周恩来主持中央专委会议，正式批准了这个方案。4 月 13 日，国家计委向二机部、上海市发出《关于上海“728”核电站列入计划的通知》，将“728”工程列入 1974

[1] 中共中央文献研究室编：《周恩来年谱（1949—1976）下卷》，中央文献出版社，2003 年，第 399 页。

[2] 欧阳予，男，1927 年 7 月 26 日出生于四川乐山。1957 年获得苏联莫斯科动力学院技术科学博士学位，之后历任二机部设计院核反应堆工程设计总工程师、二机部设计院副总工程师，“728”工程总工程师，秦山核电公司第一副总经理，中国核工业总公司科技委副主任，巴基斯坦恰希玛核电工程总设计师，1991 年当选为中国科学院学部委员，2000 年当选俄罗斯工程院外籍院士。

年国家基本建设项目。工程对外统一称“728”工程。随后，在上海组建“728”办公室（上海市核电办）、“728”工程设计院（后称上海核工程研究设计院有限公司，简称上海核工院），上海核工院开展“728”工程的设计。会战单位有上海锅炉厂、汽轮机厂、电机厂、闵行发电厂、先锋电机厂、跃龙化工厂、化工机修总厂、上海碳素厂、上海试剂厂、自动化仪表一厂、复旦大学、交通大学、华东化工学院、同济大学、中科院上海原子核研究所、中科院有机化学研究所，中科院材料研究所、中科院工程物理研究所、华东电力设计院等。基于在核动力科研、设计方面的经验，核工业第二研究设计院（简称核二院）选派一支工种齐全的队伍，由核二院副总工程师任雨吉带队，赴上海市支援工程初步设计，承担“三废”❶处理项目的全部设计，同时负责该项目的核安全审查。

“728”工程虽经中央专委批准，但是因种种原因，建设工作迟迟未能起步。1978 年 2 月，经国务院批准，国家计委、国家基本建设委员会（简称国家建委）、国防科学技术委员会（简称国防科委）决定：为尽快建成中国第一座核电厂，“728”工程定为二机部直属项目，由二机部全面归口负责。

1978 年 7 月 8 日，二机部组建“728”工程筹建处筹备小组，为方便工作，对外暂用原名“上海市‘728’工程筹建处”；1980 年 8 月 5 日，二机部发文将“上海市‘728’工程筹建处”改名为“第二机械工业部‘728’工程筹建处”，1981 年，二机部将“上海市‘728’工程筹建处”改名为“第二机械工业部‘728’筹建处”，1982 年“728”工程筹建处正式成立。1982 年 4 月，二机部发文明确“728”工程筹建处为地市级单位。1982 年 12 月 27 日，核工业部命名 30 万千瓦级核电厂为“核工业部秦山核电厂”。1983 年 7 月，秦山核电厂工程指挥部成立。1987 年 3 月，核工业部秦山核电公司成立。

中共十一届三中全会后，胡耀邦等中央领导先后听取了核工业部、水电部、机械部负责同志关于中国核电建设问题的汇报，并就核电发展规划、技术路线等问题提出了许多原则意见。

经过反复调查研究和论证，国务院于 1981 年 11 月再次批准了“728”工程项目。1984 年 1 月 10 日，核工业部秦山核电厂等项目被列入国家重点建设项目。

四、“728”工程堆型的选择

1971—1973 年，二机部、水电部、上海市、清华大学等曾先后提出过建设核电厂的方案，并做了一些调查研究和论证工作。其中，上海市、清华大学和二机部先后提出了 2.5 万千瓦级熔盐堆、20 万千瓦级天然铀石墨气冷堆、13.7 万千瓦级天然铀重水堆以及 10 万～30 万千瓦级压水堆等堆型方案。在研究工程设计方案的过程中，关于上海市最早提出的 2.5 万千瓦级熔盐堆试验电站方案❷，当时这种堆型在全世界范围内尚处于理论研究阶段，技术不够成熟，认识到熔盐堆作为核电厂能源难度大、技术上不成熟、安全性差，

---

❶ “三废”是指液体废物、气体废物和固体废物。

❷ 1971 年 9 月 9 日，国务院总理周恩来主持中央专委会议，听取“728”工程技术方案汇报，原则批准熔盐堆方案。后由于国际上对熔盐堆方案有争议，于是放弃了该方案。

于 1972 年 4 月放弃熔盐堆方案，另行选择比较成熟的、适合工程建设的堆型。

欧阳予带领技术人员经充分调研和论证后，提出用国际上比较成熟且发展势头较好的压水堆方案代替原定的熔盐堆方案，而国内也有压水堆在核潜艇上应用的经验，这个方案得到二机部、上海市的支持，以及彭士禄、朱光亚等众多专家的认可。选定堆型后接着商定规模。经过在全国制造行业实地调研，从设备制造能力、加工制造水平、核工业系统能力等方面得出结论，通过努力可以搞 30 万千瓦核电厂。而且，当时国内火电厂机组能力是 30 万千瓦，表明中国具备 30 万千瓦核电厂常规岛相关设备制造能力。

二机部及一大批技术专家经过两年多反复论证，改进技术路线，确定选用压水堆堆型，功率改为 30 万千瓦。1972 年 10 月 25 日，上海市核电厂工程领导小组提出建造 30 万千瓦压水堆电站方案，并报国防科委、国家计委和国务院。1973 年 2 月 10 日，上海市、二机部向国务院报送《关于改变“728”核电站工程建设方案的请示报告》，提出改变核电站堆型和电功率❶。国务院副总理李先念批示，责请国家计委组织各有关方面共同研究，提出意见。国家计委于 1973 年 8 月会同国防科委、二机部、一机部、水电部、冶金部等听取了上海市关于“728”工程新方案的汇报，共同对科研试验、工程设计、材料设备研制等问题着重进行了研究讨论后，一致同意新的建设方案。随即于 1973 年 10 月由上海市革命委员会和二机部联合向国务院上报了《关于“728”核电站工程建设方案的报告》及其附件《“728”核电站工程设计任务书》，国家计委、国防科委、第一机械工业部（简称一机部）、冶金工业部（简称冶金部）均在报告上会签同意。国务院总理周恩来审阅报告后批示，召开中央专委会进行审批。1973 年 11 月 9 日，周恩来对“728”核电站工程建设方案作出批复，告上海市委和二级部做好准备（包括图纸和模型）之后，即可直接听取他们的汇报。❷

1974 年 3 月 31 日，周恩来亲自主持召开中央专委会，听取“728”工程汇报，审查批准《关于“728”核电站工程建设方案的报告》和《“728”核电站工程设计任务书》❸。国家计委根据专委会决定，于 1974 年 4 月下发《关于上海核电站建设项目列入计划的通知》，其中指出：“中央专委会已审批了上海核电厂（‘728’工程）建设项目，现列入 1974 年基建计划，请即着手筹建工作”，并向中央各有关部门和各有关省市革命委员会下达了科研试验和设备材料研制任务共 226 项。

技术路线确定之后，“728”工程开始设计。

五、“728”工程的设计

“728”工程是中国自行设计和建造的首座原型堆核电工程，动力装置主要由压水堆、一回路系统、二回路系统三个部分组成，核发电机组为双水内冷型，最大设计容量为 33 万千瓦级，机组设计负荷因子 65%，年设计发电量 16.5 亿千瓦·时，设计寿命不短于 30

❶ 王寿君：《中国核工业集团公司发展史（1955—2015）》，原子能出版社，2018 年，第 470 页。

❷ 中共中央文献研究室：《周恩来年谱（1949—1976）下卷》，中央文献出版社，2003 年，第 618 页。

❸ 王寿君：《中国核工业集团公司发展史（1955—2015）》，原子能出版社，2018 年，第 471 页。

年。仅反应堆、一回路、二回路系统就有30多个主辅工艺技术系统、170多个配套系统，牵涉近20个专业；设备有4万多台件，仪器仪表近30万个。整个工程自行设计、施工和安装，许多工作都是从零开始。

“728”工程的设计主要由6个设计单位负责设计，其中“728”设计院为总体设计院，负责总平面、核岛系统、设备设计及电站公用系统的设计；电力工业部华东电力设计院负责常规岛各子项的设计；上海市政设计院负责淡水、海水取排水系统设计；核二院负责固化厂房、固体废物贮存库及洗衣房设计；浙江省钱塘江管理局设计室负责海堤设计；核工业部第四研究设计院负责山体边坡设计。全部工程子项共58项。

20世纪70年代，上海等地几十个工厂就开始研制“728”工程所需设备。上海汽轮机厂设计和制造的第一台30万千瓦级核电汽轮机组用于“728”工程，在调试、试运行、带基本负荷等阶段考核指标均符合设计要求，达到世界先进水平。

从1974年起，在“728”工程总设计师欧阳予的组织带领下，“728”工程设计院、上海原子能研究所、二机部第一研究设计院（简称核一院）、核二院和上海市工厂、学校等30多个单位600余人组成“728”工程设计队，以大会战的形式开展科研设计工作，攻克技术难关。这600多人中有技术人员400多人，他们当中参加过反应堆设计或运行的约占40%。“728”工程设计队与全国100多个科研设计单位、制造厂家及大专院校的广大科技人员经过10年攻关，先后完成了反应堆物理、热工等30个专业420多项重大科研项目，后又陆续增加了一些重要科研试验，开发设计软件11项，建造试验台架22座，技术基建项目12个。科研成果为核电厂的设计提供了可靠的技术数据。

1974年8月，二机部下达核一院14项关键研究任务，包括反应堆物理、热工水力、结构力学、燃料元件组件、堆化学、锆合金和压力容器材料等课题研究。至1976年，核一院承担“728”工程共计22项重大课题，在高通量工程试验堆安排“728”工程束棒元件的堆内综合试验。

1973—1985年，科研人员从理论和实践上攻克材料耐磨损、防疲劳、防腐蚀等13项重要课题，研制成功核反应堆磁力提升式控制棒驱动机构，控制棒升落速度和连续运行次数均居于国际先进水平。“728”设计队历经十年苦战，设计出具有中国特色的世界一流水平的安全壳，承压设计指标是0.5～0.6兆帕。同济大学通过模型试验，证实可以承受0.82兆帕的极限负荷。

1981年2月9日，西南反应堆研究设计院设计建造的功率为12.5万千瓦的高通量工程试验反应堆建成。同年12月17日，该工程项目通过国家验收。第一座大型高通量原子反应堆的建造成功，说明中国具备独立自主设计、制造和建设核电厂的能力。

1981—1982年，欧阳予主持编写了《“728”核电厂开展工程建设的可行性报告》《“728”核电厂选址报告》《“728”核电厂选址环境影响评价报告》，为“728”工程的建设打下了基础。

1983年，秦山核电厂、上海核工院分别与相关设计院签订了项目设计协议。

“728”工程设计前期共投入科研经费8000余万元，后又增至1.3亿元。科研的深化，为核电厂设计提供了可靠的技术数据，特别在磁力提升驱动机构、预应力安全壳、不设调试锅炉完成汽轮机冲转试验等方面取得重大突破，达到国际水平。

秦山核电厂在工程设计上，吸取了国外较成熟的压水堆技术和建造运行经验，始终把安全放在第一位。在初步设计时，坚持“安全第一、质量第一”的方针，遵循“尽力排除事故的根源、防止异常工况扩大为事故、减少事故危害、严格的剂量监测和辐射防护”准则，采取“纵深防御、综合设防、多道屏障、万无一失”的方案，以及保持反应堆运行时具有良好的自稳调节性能等 12 项安全措施。当发生事故时，放射性物质能有效地被包容起来，不发生泄漏，保护环境，保护核电厂工作人员和周围居民的健康。

秦山核电厂在总工程师钱剑秋领导下，顺利完成了全部 251 项调试项目，取得了 6 个具有里程碑意义的重大试验一次试验成功的好成绩，在调试方法和试验深度上均达到了国际先进水平。他主持编写了 500 多万字的中国第一套核电厂主控室及系统岗位的运行规程、事故处理规程和生产管理制度，培养和造就了中国第一代核电厂反应堆操纵员、运行人员和生产管理人员。

六、“回龙观会议”确定中国核电技术发展路线

改革开放后，核电建设的筹备形成了以二机部主导的自主研发的秦山核电厂和以水电部、广东省政府建议的引进法国技术的大亚湾核电厂两个路子同时发展的局面。回龙观会议召开之前，涉及核电发展的核工业部、电力部、机械部三个行业主管部门，在如何发展核电的问题上存在不同意见。核工业部比较强调充分利用已有基础，自主研发；电力部则强调全面引进，整套拿过来，能较快地形成发电能力；机械部则强调合作设计，合作生产，逐步提高国产化比例，形成自主的制造能力。此外，还发生了发展什么堆型的争论，即所谓的“轻重之争”。统一认识、统一步调，是中国核电起步的关键。这一难题随后交给了国家计委和国家科委，由这两个主管部门联合研究如何统筹三部门意见，并达成统一共识。回龙观会议正是在这样的背景下召开的。

1983 年 1 月 11—18 日，由国家计委、国家科委联合召开的“核能发展技术政策论证会”在北京回龙观举行，会议贯彻落实国务院领导同志关于尽早制定中国今后 20 年发展核电技术政策的批示，70 多个单位、108 名专家和领导参加会议，史称“回龙观会议”。

会议通过认真论证和探讨，对发展中国核能的重大技术政策取得了基本一致的意见。会后，两部委联合拟定了《核能发展技术政策要点》，并经国务院颁发实施。《核能发展技术政策要点》强调了中国发展核能的必要性和核能在能源工业中的地位，分析了中国核工业已有的良好基础，提出了要充分利用中国已有的技术条件和物质基础，积极引进和消化国外先进技术，建立完整的核能工业体系和达到国际先进水平的目标。对十个方面作了重要规定：① 堆型选择；② 单堆功率选择；③ 关于 30 万千瓦级原型核电厂；④ 关于引进技术和消化吸收；⑤ 关于核燃料生产和供应；⑥ 关于动力堆核燃料后处理及“三废”处理和最终处置技术的研究开发；⑦ 关于制定核能的技术标准、管理法规和审批程序；⑧ 关于核电厂厂址的选择；⑨ 关于发展核供热堆；⑩ 关于新型堆的研究开发。

回龙观会议的重要成果之一是确定了中国核电技术发展的方向，即以“发展压水堆”为主的技术路线。具体为：在多种堆型中选择发展一种堆型，即压水堆；在压水堆堆型内，允许多种机型并存。这样既避免了同时发展多种反应堆实验体系，可集中全力攻克一种堆型技术，建立一个较好的工业体系；同时又避免了机型过于单一、适应性差的问题。“一种堆型，多种机型”，有利于适应市场需求的多样性。会议另一个重要成果是确定了技术的来源途径，即“引进技术和自主研发相结合”的发展道路。具体为：既要系统完整地引进和学习掌握国外先进技术，又要结合中国实际，重点引进急需关键技术，加强研发某些国外不能引进的技术。

《核能发展技术政策要点》共达成 16 条要点意见，对中国核电发展中的主要问题作出了明确规定，解决了中国发展核电的技术路线、方针政策等一系列重大问题，确定了中国关于核能发展的一系列重要政策，如核电堆型主要采用压水堆，主要发展单机百万千瓦级机组；提出了通过技贸结合、合作生产与国内科研相结合，掌握引进先进技术的方针。回龙观会议为日后指导中国发展核电方面起到了非常重要的作用，为中国核电的健康发展打下了坚实基础。回龙观会议的召开，是中国核电发展历史上一个重要的里程碑。随后国务院相继批准中国自行研发设计的秦山 30 万千瓦级机组和进口法国成套设备的广东大亚湾核电厂 2 台 90 万千瓦级机组开工建设。秦山和大亚湾两大核电工程的正式开工，标志着中国核电发展正式起步。会后不到 8 个月，即 1983 年 9 月 3 日，国务院核电领导小组成立。

中国的核电事业在起步过程中采用了两种模式。一种是自力更生的模式，即由中国自己设计、自己制造为主，适当采用部分国外先进的设备和技术。秦山核电厂第一台 30 万千瓦级机组在 20 世纪 90 年代初投产发电，是中国大陆首台压水堆核电机组。这种模式的成功，极大地提高了中国核电的科研、设计、制造、建设和生产运行水平。另一种模式是由国外提供成套核电设备，并提供相应的买方信贷，用建成发电后所获得的资金来偿还贷款。在引进国外先进设备的同时，引进先进技术和先进管理经验，不断增加国内制造厂家的设备分交比例，以壮大中国制造核电设备的能力，为中国自行建设大型先进核电机组创造条件。这种模式首先应用在广东深圳大亚湾核电厂基地。

七、国务院核电领导小组的成立与撤销

通过“回龙观会议”在技术路线、选择堆型、单机容量等方面取得共识，使中国核电具有了健康发展的基础。1983 年 9 月 3 日，国务院以国办发〔1983〕74 号文下达了《关于成立国务院核电领导小组的通知》（简称《通知》）。《通知》明确了核电领导小组人员组成、主要职能，特别是明晰了国务院相关部门职责分工，为核电在中国的顺利发展作出十分周到的安排。

《通知》确定国务院核电领导小组由国务院及相关部委负责人组成。确定由国务院副总理李鹏任组长，国家计委副主任任副组长，成员有国家计委、国家科委、国防科学技术工业委员会（简称国防科工委）、国家经贸委、外交部、核工业部、水电部、机械部、对外经济贸易部（简称外经贸部）等部门人员共 11 人。《通知》规定核电领导小组的主要任

务是，统一组织领导全国核电发展及核能和平利用各项工作。即提出核电发展方针，确定重大技术方案，统一组织对外谈判，协调各部委之间的矛盾。

为保证核电在中国顺利发展落到实处，《通知》还特别明确了国务院有关部门在核电建设、技术引进和设备设计、制造及成套供货等方面的分工。

水电部负责核电厂的总体设计和建设，核电厂常规岛的工程设计、土建和安装，核电厂的整体调制、运行和管理。核工业部承担核岛部分的土建、安装和调试，燃料组件、核辐射监测仪器等特殊设备，仍由核工业部负责设计，由核工业部和机械部分别制造和供货。机械部承担核电厂成套设备的设计和制造；参加核岛和常规岛的工艺系统设计，并按审查批准的设计进行成套设备的设计和制造，成套供货。根据以上分工原则，水电部、核工业部、机械部分别主持引进相应的技术。核电厂的全部设计文件和资料归三部共有，共同组织消化和使用。在对某些设计、标准、方案有分歧时，先由三部协商，难以解决时，报请核电领导小组研究处理。

《通知》明确，核电领导小组下设办公室，负责小组的日常工作。国务院核电领导小组办公室（简称核电办）成立之初，主要担负领导小组秘书和广东（大亚湾）核电厂的服务工作，同时，积极促进了国家核安全局的组建。随着人员的不断充实，核电办业务逐步扩大到秦山核电厂、秦山核电二期工程、核电国产化科技攻关及核事故应急准备等工作的规划、协调和组织实施。

1983 年 10 月 12 日，国务院核电领导小组举行第一次会议，宣布小组成员名单和工作任务。会上，李鹏宣布了国务院核电领导小组成员名单和核电领导小组办公室负责人，以及核电领导小组的三项任务，并提出近期需研究的几个重大问题，包括广东大亚湾核电厂对外谈判的方针、“728”核电厂的建设方针、大型核电厂的技术引进问题、建立核电安全机构问题、中国参加国际原子能机构代表团的组成问题、核电厂汽轮发电机组的选型问题等。

会议就几个核电方面的重大问题进行了讨论，肯定了广东核电厂在前一段工作中有进展，有成绩。强调对外谈判应该充分利用目前有利的形势，继续坚持货比三家的方针。设备谈判要技贸结合，同时签订购买设备和技术引进两个合同。会议还听取了核工业部关于秦山核电厂的工作汇报。

1993 年国家机构改革时，国务院核电领导小组作为非常设机构撤销。考虑国家核电发展的需要，国务院在《国务院办公厅关于印发国家计划委员会职能配置、内设机构和人员编制方案的通知》（国办发〔1994〕28 号）中明确，按照国务院关于撤销国务院三线建设调整改造规划办公室、核电办公室、以煤代油专用资金办公室，其工作由国家计委承担的决定。考虑到上述三个机构尚未完成的工作任务仍很繁重，且与国家计委现有职能难以兼容，因此，暂作为国家计委的议事协调机构予以保留，将其更名为国家计委三线建设调整办公室、国家计委以煤代油专用资金办公室、国家计委核电办公室（与国家核事故应急办公室一个机构，两块牌子），工作相对独立，任务完成后予以撤销。随后，国家计委发文明确了办公室职能的继承和今后的工作要求，并规定了办公室的主要职责，其中核电部分的主要职责是：提出我国核电发展方针、技术路线及有关政策建议。开展我国核电发展战略研究，协调中长期核电发展规划及有关核电项目管理、经济分析、研究工作。参与审批核电厂、核供热及有关配套项目建议书和可行性研究报告。

八、国务院重大技术装备领导小组、大型核电厂成套设备领导小组的成立

1983 年 7 月 12 日，国务院发布《国务院关于抓紧研制重大技术装备的决定》（简称《决定》），7 月 15 日，国务院重大技术装备领导小组及其办公室正式成立，主持日常工作的国家经委副主任吕东为领导小组组长，国务院副总理李鹏任领导小组顾问，国家计委副主任黄毅诚、机械部部长周建南任副组长。领导小组成员分别组成露天矿设备、电力设备、铁道设备、冶金设备、化工设备、电子设备等 6 个合作小组。领导小组下设办公室，航空航天部部长兼任办公室主任。领导小组还分别组建了 10 个重大技术装备专项领导小组（大型煤化工领导小组尚待成立）。国务院和各专项领导小组成员共 123 人，其中正、副部长 48 人。各小组都明确了奋斗目标。

领导小组明确提出，进口一些建设项目急需的、国内又一时不能生产的设备，是完全必要的、合理的。但是，要在具有十亿人口的中国实现四个现代化，长期地、全部地依靠国外进口设备那是根本不可能的，也是完全没必要的。必须通过重点项目的建设，有意识地、积极主动地带动中国机电工业的发展，尽快提高自我武装的能力。只有这样，才能使中国的经济振兴建立在真正独立自主、坚实牢固的基础上。国务院《决定》的根本目的也在于此。因此，制造部门要全心全意为用户服务，千方百计满足用户要求，处处为用户利益着想，事事为用户方便行事。使用部门要从国家全局和本行业长远利益出发，积极支持中国机电工业的发展，把本行业的发展真正建立在自力更生的基础上。

同时还强调，既要自力更生，艰苦奋斗，又要反对闭关自守，一切从头摸起。中央财经领导小组指出：这类重大技术装备，完全靠自己从头摸起，或全部依靠进口，都不是好办法。要从中国的实际情况出发，走引进技术，合作生产的道路，逐步掌握技术，做到国产化。这是中国目前一个时期实行的重大技术方针，要下决心定下来。1983 年 8 月 26 日，李鹏主持成立了大型核电厂成套设备领导小组，领导小组组长为彭士禄。领导小组提出：根据 20 世纪内建成投产 1000 万千瓦级核电厂的设想，组成了技术引进谈判代表团，已与外商进行技术谈判。确定 90 万千瓦级核岛设备采取技贸结合、引进技术、合作设计、合作制造的办法。

1989 年 3 月 28 日，国务院国家重大技术装备办公室（简称重大办）和国务院核电办（简称核电办）联合给国务委员邹家华起草了《关于核电设备国产化工作由国务院核电办负责的报告》（国重办〔1989〕第 10 号）。

报告中说，遵照国务委员邹家华和国务院副秘书长王书明“关于核电设备国产化工作由核电办来抓，重大办协助”的批示精神，3 月 20 日，重大办和核电办交换了意见：一是核电设备的国产化工作，由国务院核电办全面负责、统筹安排和组织协调，国务院重大办给予协助。二是核电设备国产化工作以核电办主抓之后，重大办及大型核电成套

设备专项领导小组及其办公室已没有经常性的工作，建议大型核电成套设备专项领导小组及其办公室撤销。有关需要重大办协调的工作，由金计环副主任负责与国务院核电办联系。

邹家华和王书明分别批示同意。1989 年 4 月 15 日，国务院核电领导小组办公室《核电简报》转发了该报告及邹家华的批示。

九、苏州热工研究所的成立

1978 年 5 月，水利电力部核电科学研究所成立，它是水电部核电局为国家“六五”计划重点工程建设项目——苏南核电厂的建设而专门成立的部属科研事业单位。1977 年 11 月，水电部成立核电局，组织了苏南核电厂引进项目的对外谈判工作，当时开展了与法国法马通公司合作建造核电厂的谈判，得到国家计委支持。国家计委批准水电部从国外引进 90 万千瓦级压水堆核电厂，并将苏南核电厂列入国家“六五”计划，作为国家重点工程建设项目。为保证中国第一座核电厂建成后顺利投产和安全运行，核电科学研究所应势成立，主要任务是研究解决核电厂安全、组织运行有关的科学技术课题，为全国核电厂建设和生产运行服务。

成立之初，研究所发展的主要依托条件——苏南核电项目受到美国三哩岛、苏联切尔诺贝利核事故影响，加上国内核电发展资金缺乏等多方面问题，曾先后两次下马。其间，伴随着国家机构以及核电管理体制的调整，研究所也几易其名，先后挂牌水电部核电科学研究所、电力工业部核电科学研究所、水电部苏州热工研究所、能源部苏州热工研究所、电力工业部苏州热工研究所。

虽然办公场所几经变迁，但是研究所始终没有放松科研工作，努力寻找发展机遇。起初，研究所以服务核电厂建设和运行为发展方向，积极消化、研究苏南核电项目技术谈判资料，以及翻译、消化国外核电标准规范。同时参加了广东大亚湾核电厂可行性研究，包括设备比选、厂址选择与环境评价等，并在苏南核电项目第二次技术谈判中成为主力军。切尔诺贝利核事故后，研究所的重点发展方向被调整为核电常规岛和火电技术研究，但仍然争取到成为国家核安全局技术后援单位，联合国开发计划署资助的“核电培训中心”也落户研究所。此外，在国家要求科研院所开展市场化改革的背景下，研究所积极到核电和火电市场中寻找机遇，在质量监督、无损检测、环境影响评价、电力安全等专业上积累了技术能力和项目经验，为研究所的后续发展奠定了基础。

1995 年，苏州热工研究所保留电力部行政序列的同时，列入中国广东核电集团序列，接受电力工业部（简称电力部）和中国广东核电集团的共同领导，研究所同时挂牌电力工业部苏州热工研究所（后为国家电力公司苏州热工研究所）、中国广东核电集团苏州核电研究所。从此，研究所以核电研究为主的发展方向得以明确，为中国广核集团服务，同时为电力行业服务。岭澳核电工程建设时，研究所与岭澳核电有限公司签订了长期工程技术服务合同，先后派出 60 多名技术骨干投身岭澳核电项目现场，为岭澳核电工程的自主化管理作出了重要贡献。

第二节　核电建设的探索

1970 年 7 月 16 日，“728”工程领导小组成员经上海市革命委员会批准成立。“728”工程常设机构为会战办公室，负责工程日常指挥工作，下设总体组、政工组、后勤组，办公地点设在卢湾区永嘉路上。至此，“728”工程会战全面铺开。1970 年 8 月 12 日，工程会战的第一批任务下达。华东化工学院与上海原子核所、跃龙化工厂、复旦大学等联合负责核电厂的前、后处理系统工程研究。华东化工学院主要承担熔盐纯化工艺流程的研究，如氟化铍、氟化锂、四氟化钍、四氟化铀的制备、提纯和元素分析，以及这些化合物的熔点、沸点、密度、黏度等性状参数的测定，并对熔盐纯化所需设备的构造、流程提出具体方案。另外，还承担核电厂的工业废水和生活用水的化学分析和处理，确保水质中的放射性水平符合排放标准和不受污染。为此，华东化工学院成立了“728”工程科研组，下设工艺组、设备组等，抽调了校内的技术专家以及复旦大学与上海原子核所的有关人员约 30 人集中进行攻关。所有研究经费由“728”工程会战办公室统一下拨。

一、核电建设的原则与方针

1970 年 12 月 15 日，周恩来主持中央专委会会议，听取“728”工程情况汇报[1]。参加汇报会的领导和专家有 30 多人。周恩来为核电厂建设提出了“安全、适用、经济、自力更生”的原则。周恩来进一步强调指出，第一是安全，第二是实用，第三是经济，第四是自力更生。具体方案可以百花齐放，各有特色。

周恩来在这次汇报会上还对二机部提出核能的军民结合问题，问二机部什么时候搞核电厂？当回答现在还未搞时，周恩来指示，二机部不能只管投不管用，要变有害为有利。根据周恩来的指示，这次会议确定的安全防护原则是“万无一失，不危害国土，不危害人民。”

到了 1980 年，究竟选择怎样的技术路线？是否开展技术引进？决策层还存在很大争议。主管国防科技和核工业的国务院副总理张爱萍将《参考清样》[2]批转给了国防科委张震寰、朱光亚和二机部，请他们研究相关问题。张爱萍的意见是，就算是进口外国技术，自己的原型堆也要搞，并行不悖。12 月 2 日，一机部上书当时的国务院总理，反对国内搞原型堆核电厂，他认为没有必要自己搞，而且也不相信自己能搞出来。国务院总理将这个意见批转给了参加国务院常务会议的同志，并请国务院副总理谷牧牵头组织相关方面负责人和专家就发展核电厂的技术政策展开讨论。12 月 9 日，国防科委在向邓小平等领导人的报告中也提出了反对引进法国成套设备的意见，建议即便是引进外国技术建设核

---

[1] 中共中央文献研究室编：《周恩来年谱（1949—1976）下卷》，中央文献出版社，2003 年，第 409 页。

[2] 1980 年 11 月 21 日，新华社《参考清样》报道了美籍华人、核电厂设计工程师吴晓征关于反对中国引进法国核电成套设备的意见。

电厂，也要继续搞自己的原型堆核电厂研制。1981 年 1 月 5 日，二机部编发简报，再次反映了三位美籍华人核能科技工作者的意见：反对中国引进法国的核电技术。他们认为，向外国买比自己造贵得多，买成套设备学不到东西，应当立足于技术引进，自力更生才是最稳妥的方案。同年 1 月 6 日、7 日、9 日三个下午，谷牧召集了国家计委、国家建委、国家科委、国防科委、国家能源委员会（简称国家能委）、国家机械工业委员会（简称国家机械委）、国家进出口管理委员会（简称国家进出口委）、一机部、二机部、电力部和清华大学 11 个部委、高校召开会议，研究从法国购买 90 万千瓦级核电机组的问题。谷牧在会议总结时表示，购买法国的核电设备，接到了不少的群众来信，提出应采取慎重态度，这是个大项目。会议认为，中国必须有核电厂，应有发展核能的规划，但不能等有了规划再考虑建设核电厂。技术路线上，情况复杂，不同意见多，在座的意见就不完全一致，把相关情况向国务院反映，“这次会议定不下来，下次由更高层领导下决心。”

二、国务院对核电的重大决策

“文化大革命”中后期至 20 世纪 80 年代初，对采用和发展何种堆型，形成了两种不同的意见。经过探索和酝酿后，中国核电的建设仍在三个方面有不同意见：即核反应堆采用重水堆还是压水堆；单机容量从小的起步，还是从 100 万千瓦级大机组起步；从国外引进技术迎头赶上，还是从“自力更生”起步，走逐步发展的道路。核工业部主张发展重水堆核电厂，认为它安全可靠、经济性好，可以用天然铀。电力部和机械部认为国际上压水堆比重水堆运行堆年多，采用压水堆核电厂的国家多，技术较成熟，借鉴容易。同时，结合国内核潜艇技术和设备生产的经验，易于消化和实现国产化。改革开放后，核电建设的筹备形成了以二机部主导的自主研发的“728”工程，和以水电部、广东省建议的引进外国技术的苏南核电（后为大亚湾核电厂）两个路子同时发展的局面。

1978 年 2 月的五届人大一次会议上，国务院总理华国锋所作的政府工作报告中正式提出，要在华东、东北各建设两个 2×90 万千瓦的核电厂。

1978 年 2 月 11 日，国务院批准国家计委、国家建委、国防科委上报国务院并中央专委《关于上海“728”核电厂建设问题的报告》。

1979 年 1 月，谷牧召集国家计委、国防科委、国家建委、一机部、二机部、水电部等部门有关人员开会，研究上海 30 万千瓦级核电厂是否继续搞下去的问题。会上，大家畅所欲言，各抒己见，进行了讨论，谷牧作了总结，并形成了《关于上海核电站（“728”工程）问题的会议纪要》。

谷牧在认真听取各方意见以后指出，“728”工程是个原型核电厂。这个工程主要是为了掌握设计和制造技术，不是为了搞系列化电站。鉴于现在已经铺开摊子，有了初步成绩，在国外技术专利没有拿到以前，这项试验研究工作不宜草率下马。否则，花了近两亿元，毫无成果；今后几年这支科研队伍不继续进行科研，坐等外国专利，这样做是要不得的。所以还是继续搞下去，各有关部门应该支持。现在不下决心下马，要看一看与外国谈判的情况如何，如果短期内能从外国拿到技术，再最后下决心。大家一致同意谷牧的意见。

1979 年 7 月 2 日，二机部向国防科委提交《关于请早日批准建造两座试验性核电站的报告》。1979 年 10 月 22 日，国防科委向全国人大常委会委员长叶剑英并中央专委递交《关于发展核电站问题的请示报告》。邓小平同志于 12 月 30 日，对此报告作了批示，要求中央人民政府政务院财政经济委员会（简称中财委）讨论后，提出具体意见（认为由二机部抓总，较为妥当）。

“文化大革命”结束后，以“728”工程为代表的自主研发核电技术的筹备取得相当的进展，水电部引进国外百万千瓦级核电技术的谈判也取得了较大的进展。随着二机部、水电部等部门对核电筹备工作的深入推进，中共中央、国务院就核电发展的一系列重大原则性问题作出了决策，有力地推进了核电建设。

在国家严重缺电的形势下，建设核电厂在国家战略部署的层面，从科学研究、技术攻关领域逐步发展到了国家建设领域。《1978—1985 年全国科学技术发展规划纲要》中将“建设原子能电站”作为“能源科学技术”的一项任务，被列为 8 个“影响全局的综合性科学技术领域、重大新兴技术领域和带头学科”之一，“要求集中力量，做出突出成绩”。在这份纲要的重点科学技术研究项目中，明确提出了由二机部、水电部、一机部、冶金部共同负责“研究发展核动力堆技术，加速原子能电站建设。”在广泛调研的基础上，水电部制定了《1977—1986 年电力科学技术发展规划纲要》，明确提出发展新能源，建设核电厂的方向。

1981 年 3 月 25 日，国务院总理在国防科委《关于调整原子能工业发展方针的请示》上批示：同意原子能工业逐步转到为国民经济建设服务的方针。

1982 年 10 月，五届全国人大五次会议批准的“六五”计划将“建设 30 万千瓦级核电厂”“研制 30 万千瓦级核电厂设备”列入其中。1983 年 3 月，国务院常务会议专门讨论核电问题。会议决定，未来要大力发展核电，到 20 世纪末建成 1000 万千瓦，先建三套：广东、华东、东北各一套；要与法国谈三套，并谈技术转让；同时试探向苏联购买核电设备的可能性。

三、“728”工程的选址

“728”工程选址于 1973 年开始，厂址原选定在浙江省富阳县，开始开山修路。浙江省对选址富阳提出了意见。1977 年初，国家建委、国家计委、国防科委、二机部、水电部等领导同志研究后，认为原选厂址由于强调战备隐蔽的因素，主厂房放在山沟里，场地狭小、石方量大、施工困难、工期甚长，达成厂址可以变动的一致意见，建议可在上海市范围内建设。上海有关单位组成选厂小组，到上海市郊和江苏、浙江两省沿长江、沿海附近一带进行踏勘。

1977 年 3 月下旬国家建委、国防科委、二机部、水电部等有关单位领导现场踏勘，召开了座谈会，同上海市和江苏省领导分别交换意见后，拟将厂址选定在江苏省江阴县长山地区，报国务院领导批示同意，随即进行了地质、水文、气象、交通、环境保护等勘测调查综合分析工作。1977 年 10 月提出选厂报告，开始修改扩大初步设计。

1978年2月，在国家建委、国家计委、国防科委给国务院报告中，明确“728”工程厂址定在江苏省江阴县长山，提出将当时拟进口的90万千瓦压水堆核电厂也放在长山地区，具体规划另定。1978年6月国家建委与二机部领导去江苏省商谈开展工作时，察觉30万千瓦和进口的90万千瓦核电厂都放在长山，规划工作很难进行。1978年初夏，二机部成立五人小组，由二机部副部长担任指挥，为首座核电厂筹建选址。1978年10月，二机部向国家建委建议在上海市另行选址。经国家建委同意后，在上海奉贤县海滩地进行了地质勘测、试桩和厂址调查等工作。1979年5月，国务院有关领导提出暂时不在北京、上海等大城市建核电厂的意见，在上海选厂址工作便终止了。1979年6月，工作小组发现了秦山厂址，经勘查和论证，认为条件基本具备。

1980年，二机部核电局决定在浙江省进行核电厂厂址预选调查。9月间，“728”工程研究设计院（简称“728”院）和“728”工程筹建处会同浙江省建委及电力局，先后踏勘了浙江省沿海台州、温州及嘉兴3个地区7个县共计16个点。根据核电厂厂址技术要求，结合各点的自然条件、环境情况等方面进行了初步分析比较后认为，嘉兴地区海盐县的秦山和长山两个点较好。

1981年1月，国家建委在杭州召开厂址方案复查会议，初步同意30万千瓦核电厂厂址定点在浙江海盐县秦山。

1981年5月，二机部领导踏勘海盐厂址后与浙江省领导商谈，征得浙江省同意，以海盐的秦山和长山为厂址对象，进行收集资料和地质勘探等工作，地质勘测工作由上海勘察院承担。这些工作得到浙江省建委、水利厅、电力局、钱塘江工程管理局、水利河口研究所、嘉兴地区各有关局、海盐县和海宁县有关部门大力支持，进展比较顺利。在较短时间内完成了初步选址工作。

1981年9月，由“728”院为主负责编写完成《“728”核电站开展工程建设的可行性报告》。报告中将浙江省海盐县秦山和长山两个点作为候选厂址加以论述。此外，也将1977年进行过工作的江苏省江阴厂址的基本情况同时列入，以资比较。

1981年11月，国务院再次批准30万千瓦核电厂建设，国家计委下达了《关于建设30万千瓦级核电站的通知》后，“728”工程设计院编写了《“728”核电站工程选厂报告》，同时编写了《728核电站工程选址环境影响评价报告》。

“728”工程设计院在温州、台州地区预选的厂址中，选了三个点与秦山点一起，作技术经济比较，编写了《浙江省核电站预选厂址的人口调查和分析》。比较分析结果认为，仍以秦山厂址的综合条件最好。又对浙江省东海渔场的情况和杭州湾水文特征进行了初步调查，整理成《浙江省东海渔场初步调查和分析》。结果认为，核电厂建在秦山，不会对舟山渔场产生任何有害影响。

秦山厂址的地震烈度鉴定和工程地质工作，分别由江苏省地震局和中国船舶工业总公司勘察公司承担，于1981年2月和6月先后提出了报告。

1982年6月1日，浙江省委召开扩大会议，专题讨论秦山厂址定点问题，浙江省委书记铁瑛主持会议，二机部部长刘伟、副部长周秩及“728”院林伟贤应邀列席会议。会上听取了核工业部汇报厂址的情况后，浙江省领导及各厅、局领导都表示赞成在浙江省搞核电，只有水产厅对废水排放到杭州湾对舟山渔场的影响有疑虑。铁瑛最后总结发言，欢迎核电厂建在浙江，同意草签，渔场问题要进一步论证，消除疑虑。

在选厂各项补充工作的基础上，1982 年 6 月，“728”院对 1981 年编写的《“728”核电站工程选厂报告》和《“728”核电站工程选址环境影响评价报告》进行了修订。

1982 年 7 月 6—20 日，由核工业部组织，有城乡建设环境保护部、农牧渔业部和浙江省参加的核电厂环境影响考察团赴日本考察。代表团参观访问了高浜发电所、福岛第二原子力发电所、东海第二发电所等 3 个核电厂、2 个核电厂环境影响有关的研究所、2 个独立的核电厂温排水养鱼场、1 个地方监测机构和 5 个其他方面的单位。通过考察参观访问，得出的结论是由于核电厂排出处理过的液体放射性的量很小，一般只有目标值的 1% 至 1‰，对水体的影响在天然本底涨落范围之内，为本底所掩盖，一般是测不出的，因而对环境不会有什么影响，对人类、对海洋生物都未产生不良影响。至于温排水问题，进入海域，很快得到扩散，一般 1～2 千米外，水表面温度即降 1～2 摄氏度，因此，其影响也是有限的。借鉴日本发展核电的经验，结合国情，加强科研及设计，加强设备制造的质量管理，严格施工质量管理和运行管理，加强环境监测，可以做到确保环境安全。

1982 年 9 月 16 日，城乡建设环境保护部在《关于“728”核电站工程选址环境影响评价报告的复函》中称，经邀请全国有关方面专家审议，“728”核电厂厂址确定在海盐县秦山是可行的，请国家经委审批厂址。

1982 年 11 月 4 日，国家经委下文同意定址秦山。同年 12 月 27 日，核工业部命名 30 万千瓦核电厂为“核工业部秦山核电厂”[1]。上海“728”工程设计院也改名为“上海反应堆工程研究设计院”。

四、核燃料立足国内供应

1983 年 3 月 9 日，国务院召开常务会议，研究关于发展核电厂问题。经过讨论，会议议定了一些重要事项，提出了一些重要意见。提到了核燃料立足于国内，建设必须跟上，铀浓缩系统今后主要采用离心法技术。

为了保证核电厂长期稳定运行，核燃料的供应必须立足国内。但是，中国的军用气体扩散厂[2]生产规模小，装置耗电量高。要抓紧扩散厂的技术改造，降低分离功成本。与此同时，要大力开展离心法技术研究，必须组织力量，大力协同，集中攻关。

中共中央、国务院领导对核燃料立足国内供应高度重视。国务院领导指出，核电设备一开始可以买。核燃料如果长期依赖国外，国家就不得不在燃料方面受制于人。买一台设备进来，用它 30 年，而核燃料年年要更换，一旦国际上有风吹草动，人家一卡国家脖子，国内的核电厂就报废了。从发展方针看，从长远看，铀浓缩要靠离心法。要用扩散法来过

---

[1] 王寿君：《中国核工业集团公司发展史（1955—2015）》，原子能出版社，2018 年，第 472 页。

[2] 气体扩散厂，是采用气体扩散法富集铀-235 的工厂。气体扩散富集铀-235 是工业化大规模生产浓缩铀的主要手段之一。

渡，离心法耗电少，成本低，机动性强，技术比较先进，应该作为国家的长远发展方向。增加分离功率，寄希望于离心法，矿冶能力也要同步发展。国家要配套地、同步地建立起完整的核燃料循环系统。

1984 年 3 月 12 日，国务院核电领导小组向国务院提交《关于中国核燃料工业发展方针的报告》，提出了中国发展核电所需核燃料立足国内等方针性意见。

五、三哩岛核电厂事故的影响

三哩岛核电厂（Three Mile Island Nuclear Power Plant，TMINPP）由美国 Babcockand Wilcox（B&W）公司设计，都市爱迪生公司（Metropo litan Edison Company，MTEDM）运行的。核电厂位于美国宾夕法尼亚州首府哈里斯堡东南 16 千米附近。

三哩岛核电厂采用两台电功率分别为 80.2 万千瓦、88 万千瓦的压水堆核电机组。1 号机组于 1974 年 6 月 19 日并网，并于同年 9 月 2 日投入商业运行。2 号机组于 1978 年 12 月 30 日投入商业运行。

1979 年 3 月 28 日，三哩岛核电厂 2 号机组发生了因主给水丧失等一系列事件导致的部分堆芯熔化事故，约 19 吨的堆芯熔融物掉落到压力容器下封头，大量裂变产物释放到安全壳内，发生事故时，刚好是其达到临界状态后的一年。这也是世界上第一起核电厂核泄漏事故。按照国际核事件分级表，事故被定为 5 级。

三哩岛事故中，人员方面仅有运行人员接受了较高的辐射，但是总剂量十分有限。主系统取样人员可能受到 30～40 毫西弗辐照，事故中无人受伤和死亡。核电厂外 80 千米半径内 200 万居民受到的集体剂量当量约为 33 人 • 西弗，平均个体剂量为 0.015 毫西弗。

三哩岛事故虽然发生了堆芯熔化，但是并没有造成严重的厂外后果，说明安全壳作为最后一道安全防线的作用非常重要。安全壳喷淋将绝大多数的碘和铯滞留在安全壳内，从安全壳泄漏的放射性气体经过辅助厂房，大部分的放射性物质被过滤器收集。三哩岛事故使人们认识到堆芯是可以迅速地发生严重熔化的，之后压水堆的严重事故研究引起了高度重视，甚至之后很长一段时间，压水堆安全研究的重心转移到了超设计基准事故。

从反应堆安全角度看，三哩岛 2 号机组事故验证了核电厂多重安全设施的必要性和可靠性，也反映了其在设计、管理和安全研究方面的弱点及不足之处。2 号机组发生事故之后，核电界在人一机关系、检测控制、人员培训和事故分析研究等方面作了许多改进。

三哩岛核电厂事故后，张爱萍在充分听取各方面意见后，向主持中央军委日常工作的副主席叶剑英并中央专委上报了关于发展核电问题的请示报告，其中，对这种新型能源的优越性、积极性、安全性以及中国核电的发展计划与起步等一系列重要问题，进行了全面而系统地阐述。时隔不久，邓小平批示，核电继续搞下去是应该的。[1]

---

[1] 1979 年 12 月 30 日，邓小平在审阅国防科委关于发展核电站的请示报告时，对报告中所提“试验性核电站”（“728”工程）究竟上不上的问题，明确指示：“我认为，继续搞是应该的。”

第三节　核电相关机构的调整与设立

20 世纪 80 年代，中国决定成立国家核安全局，加强对核安全方面的监管；将二机部更名为核工业部，便于和平利用原子能、加强核电厂的研究；成立核动力运行研究所，以适应核电发展的需要；批准成立中国原子能工业公司，授权从事铀产品、核燃料循环设备、核电技术设备的进出口贸易。同时，由钱三强、王淦昌、朱光亚等老一辈“两弹一星”功勋科学家倡议发起，成立了中国核学会。此外，还成立了核电标准化技术委员会辐射防护分会。

一、二机部到核工业部的演变

1979 年 9 月 21 日，二机部决定正式成立核电局，并发出了通知：核电局负责归口二机部有关的核电方面的工作。当前要会同各有关部门着重抓好核电规划和发展核电的前期工作，包括科研、设计、厂址选择，设备试制、人员培训等项，以及其他日常业务和内外联系工作。核电局于 10 月 3 日起开始办公。

1980 年 1 月 7 日，中共中央批转《中央科学研究协调委员会会议纪要》。纪要提出：核电厂的研究应加强，二机部是原子能工业部，和平利用原子能问题应由二机部统一归口，组织协作。

1982 年 5 月 4 日，第五届全国人大常务委员会第 23 次会议通过了国务院机构改革实施方案，将军工口二、三、四、五、六、七机械工业部一律按分工更改名称。第二机械工业部改名为核工业部，从 6 月 1 日起正式启用核工业部印章。至此，二机部改名为核工业部。

二机部原有 15 位副部长，改革后部级领导 1 正 4 副，减少了 11 位副部长；机关编制原有 886 人，改革后，核定编制 762 人，减少了 124 人；部局领导干部也普遍年轻了许多。

二机部改名为核工业部，名副其实地向国内外宣布核工业部是中国核工业的主管部门，有利于核工业对外开放，发展国际科技交流和贸易合作，为贯彻“保军转民”方针，建设核电厂和推广同位素与辐射技术应用，开拓国内外市场提供了更加有利的条件，成为中国核工业第二次创业的起点。核工业部按新机构设定运行，继续贯彻国民经济调整、改革、整顿、提高和核工业保军转民的方针，开展各方面工作。

二、中国原子能工业公司的成立

1980 年 2 月 25 日，国务院批准成立中国原子能工业有限公司，授权从事铀产品、核燃料循环设备、核电技术设备的进出口贸易。它是改革开放后，中国核工业行业内率先成立的实力雄厚的核工业国际贸易公司，是当时中国大陆唯一的核燃料生产商、供应商及贸易服务商，主要从事核燃料产品（铀纯化转化、铀浓缩、元件、专用设备）的生产制造、工程建设、关键技术的研发，以及铀产品、核燃料循环设备、核电技术设备的进出口贸易。

中国原子能工业有限公司成立后，经国家批准开展铀产品出口业务，为秦山核电厂建设提供了启动资金。随着该公司业务的快速发展，贸易逐步延伸到五矿（指金、银、铜、铁、锡，也泛指各种金属）、化工、机电、轻工、纺织等领域。2017 年，中国核燃料有限公司与中国原子能工业有限公司强强联合、合并重组，组建新的中国原子能工业有限公司，实现了核燃料研发、制造、销售和国际贸易服务一体化运营。公司运营管理业务范围迅速扩大，产业发展能力迅速增强，跻身世界核燃料市场，成为具有国际影响力的核燃料产业公司。承担中国主要核电厂技术设备的外贸代理和所有核电厂的核燃料供应；承担中国首座出口核电厂的技术转让和燃料组件供应；可为欧美和亚洲国家核电厂供应核燃料。

三、中国核学会的成立

中国核学会于 1980 年 2 月 28 日正式成立，同年加入中国科学技术协会（简称中国科协）。中国核学会是在中国共产党的领导下，由钱三强、王淦昌、朱光亚等老一辈“两弹一星”功勋科学家倡议发起，核科学技术工作者自愿结成、依法登记，具有法人资格的全国性、学术性、非营利性的社会团体，是党和政府联系核科学技术工作者的桥梁纽带，是发展中国核科学技术事业的重要社会力量。中国核学会是中国科协的重要组成部分，学会挂靠在中国核工业集团有限公司，接受中国科协的业务指导，并接受民政部的监督管理。

1980 年 2 月 22—28 日，中国核学会第一次全国代表大会于北京召开。出席大会的正式代表 345 名，特邀代表 15 名，共 360 名。中国核学会第一届理事长、第二机械工业部副部长王淦昌在大会开幕致辞中阐述了核学会成立的价值和意义。他指出，中国核学会的成立，有利于党和国家对核科学技术工作的领导；有利于原子能工业各部门的协调合作和科学技术工作者的团结；有利于加强学术交流，增进国际交往，促进科学发展，为早日实现中国四个现代化做出贡献。中国核学会应起到两个作用，一是做好党和国家在原子能科学技术方面的参谋；二是组织和团结广大原子能科学技术工作者，加快发展中国的原子能科学技术事业。[1]

四、国家核安全局的成立及发展

改革开放之初，经济快速发展对能源供给提出了更多需求，核能作为一种新型能源被广泛关注。1979 年 1 月中美正式建交，中国核工业的发展也随着国际形势的缓和而面临转型调整，核能的和平开发利用被提上了国家领导人的重要议事日程，建立独立核安全监管的必要性也逐渐成为共识。

核工业部在内部监督过程中曾制定了一部分规章制度，但总体上尚未形成体系。同样，在政府机构设置方面，中国尚没有一个能够代表国家、独立于核能发展部门的核安全监管机构，尤其是引进法国技术的大亚湾核电项目需要独立的核安全监管，因此，成立独立的

[1] 中国核学会：《四十年华载 壮丽篇章 中国核学会成立 40 周年图文纪念集》，中国原子能出版社，2020 年，第 6 页。

核安全监管机构势在必行。在这种共识下，国家科委和核工业部都向国务院提交了有关报告。国务院核电领导小组陆续征求了各有关部门的意见，于 1984 年 1 月 26 日召开会议，经讨论决定，为了保证和促进中国核能事业安全、顺利地发展，需要尽快成立国家核安全管理机构，由国家科委设国家核安全局。会上指派国家科委牵头，联合核工业部成立国家核安全局筹备小组。

1983 年，国家科委开始着手筹备工作。筹建伊始，遇到并解决了主要三个方面的问题。首先，国家核安全局印章使用国徽的问题。国徽是国家的象征和标志，国家核安全局印章上应当设置国徽标志。经过筹备小组不懈地奔走呼吁，最终经国务院批准后报全国人大备案，同意国家核安全局印章设置国徽标志。二是人员管理问题。国家核安全局成立后，具有独立的人事管理权，核工业部副部长、后出任首任国家核安全局局长姜圣阶积极协调，从核工业部和清华大学等单位调入骨干人员。三是经费来源问题。在筹备小组的努力下，由国家下拨专项资金，保证了国家核安全局经费的相对独立。

1984 年 1 月 7—9 日，国务院核电领导小组办公室分别邀请有关单位的专家和司局领导开会，研究成立中国核电安全管理机构的问题。9 日下午，还走访了国家经委国防局的领导，就成立核电安全审批机构问题征求了意见。

经讨论研究，各单位出席会议的人员一致认为，成立中国核电安全审批机构很有必要。这个机构应是一个精干的行政管理机构，负责有关核电安全的立法和监督。在工作中要有一定的独立性，不宜附设在核电建设和运行的部门，这样才能起到核电安全方面的立法执法的作用。大家还建议设立一个直属国务院的局级行政机构，编制 30 人左右，委托国家科委或经委代管。

1984 年 3 月 29 日，《关于组建国家核安全局的请示》（国科发〔1984〕277 号）提交至国务院，对包括国家核安全局的职责任务、编制、经费和干部来源等问题的方案进行汇报。筹备小组参照美国核管会（Nuclear Regulatory Commission， NRC）基本机构的设置，同时参考德国、法国等国的情况，吸收国外监管机构运作的成功经验，再结合过去国内监管机构的工作状态，最后确定三条组建原则：第一，与核能发展部门保持相对的独立性；第二，招收经验丰富的技术骨干，确保国家核安全局人才充裕；第三，保证独立的财政来源。

1984 年 7 月 2 日，《国务院关于设立国家核安全局的批复》（国函字〔1984〕107 号）下达至国家科委。部分原文如下：

“国务院原则同意你委《关于组建国家核安全局的请示》。你委设国家核安全局，主要任务和职责是：根据党和国家的方针、政策和有关法令、法规对中国民用核设施进行核安全审查、监督和管理，以保证中国和平利用核能事业安全、顺利地发展。国家核安全局编制暂定 40 人，所需专业技术干部原则上从核工业部等京内单位调配解决；同意从京外调进 5 人，由核工业部推荐。”

1984 年 1 月 26 日，国务院核电领导小组会议决定成立 5 个专业小组（经济组、安全组、条法组、工程组、综合组）。1984 年 10 月 23 日，任命姜圣阶为国家核安全局局长。

10 月 31 日，国家核安全局召开成立大会，国家科委主任宋健、国家核安全局局长姜圣阶及有关人员参加了会议。次日，《人民日报》《光明日报》等媒体登载国家核安全局成立的消息。

1984 年 11 月 11 日，国家核安全局印章正式启用，根据核安全的方针、任务，国家核安全局下设审批监督处、条例法规处、科学研究处、办公室。至此，一个精干的中国国家核安全局出现在世界的视野之中，正式翻开了中国核安全监管事业的新篇章。

1984 年 12 月 20 日，国务院办公厅发出《国务院办公厅关于设立国家核安全局的通知》（国办发〔1984〕109 号）。

1987 年 2 月，国务院副总理李鹏在国务院核电领导小组办公会上指示，成立核安全后援机构。1987 年 7 月 14 日，经国家科委和水电部批准，成立苏州核安全中心作为国家核安全局的技术支持单位。该中心广泛参与中国核安全相关的法规导则建设、安全监督手册及文件编制、安全分析报告审评、调试监督审查、质量保证审评、核设施许可证取证安全审评等工作。1987 年 7 月 27 日，北京核安全审评中心正式成立，行政上隶属于核二院，业务上受国家核安全局直接领导，承担国家核安全局下达的任务。

建局初期，由于急需机械行业领域的技术人员参与安全监管工作，机械科学研究院下属的可靠性技术研究中心以合同方式，向国家核安全局提供技术支持。该中心是当时机械行业唯一的可靠性研究机构，主要从事机械行业系统、设备和零部件等的可靠性研究及产品开发中的可靠性管理工作。1995 年，该中心正式命名为机械院核设备安全与可靠性技术研究中心，后更名为机械院核设备安全与可靠性中心，主要承担国家核安全局核承压设备的审评，民用核承压设备的设计、制造、安装活动单位的资格核准等工作。

中国核与辐射安全监管体制的发展分为三个阶段：核安全局的成立、核安全局的成熟、核安全局并入国家环境保护总局（简称国家环保总局）。

第一阶段：国家核安全局的创建（1984—1989）。1984 年 10 月国家核安全局成立，独立客观地进行民用核设施核安全监督。核安全局由国家科委代管，国家科委副主任兼任国家核安全局局长。具有独立的人事、外事、财务权以及机关行政管理、基建后勤职能。

第二阶段：国家核安全局的发展（1990—1998）。国家核安全局继续由国家科委代管，国家科委副主任兼任国家核安全局局长。保留独立的人事、外事、财务权以及机关行政管理、基建后勤职能。

第三阶段：国家核安全局并入国家环保总局（1998—2008）。1998 年 3 月 15 日，国家核安全局和国家环保总局合并成立国家环保总局，设立核安全与辐射环境管理司（国家核安全局），负责全国的核安全、辐射安全、辐射环境管理的监管工作。2003 年以后，国家环保总局对外保留国家核安全局的牌子。2008 年 3 月，环境保护部对外保留国家核安全局的牌子。2018 年 3 月，生态环境部对外保留国家核安全局的牌子。

五、核电辐射防护分会的成立与首届年会

1985 年 7 月，中国成立了全国核能标准化技术委员会辐射防护分技术委员会，负责

辐射防护相关标准的编制计划建议、标准审查工作，并对口国际标准化组织核能委员会辐射防护分委员会的技术业务工作。

全国核能标准化技术委员会辐射防护分技术委员会于1985年11月27日—12月4日在桂林市召开首届年会。核工业部、卫生部、水电部、教育部、国家环保局、国家核安全局、中国科学院、中国军事医学科学院、国家计量科学研究院、中国人民解放军防化学院等部门及其下属院、所、厂34个单位68位委员和代表出席了会议。全国核能标准化技术委员会辐射防护分技术委员会副主任潘自强主持了开幕式和全体会议。主任李德平在开幕式上讲话，他指出：标准编制工作应反映国内实际需要和近代科学技术的发展，制定标准必须集思广益，依靠大家一起把工作搞好。潘自强在闭幕式上对这次会议作了总结。本届年会的主要议程是：① 总结1985年工作；② 审查国家标准和专业标准的送审稿；③ 讨论和修改《辐射防护标准体系表（审定稿）》和《辐射防护标准“七五”编制规划（审定稿）》；④ 讨论1986年标准编制计划和分技术委员会工作；⑤ 酝酿调整、充实和新建工作组等。年会原则通过了《辐射防护仪器校准与定度 *x*、*y* 照射量率仪的校准》《α 辐射防护仪器校准与定度 β 剂量率仪的校准》（国家标准）《生物样品灰中 Sr 的分析方法》（国家标准）、《生物样品灰中“3”Cs 的分析方法》（国家标准）、《土壤中钚的分析方法》（国家标准）、《气载放射性物质取样的一般规定》（国家标准）等6项国家标准送审稿和《氚内照射剂量估算及评价方法》1项专业标准送审稿。分技术委员会原则通过了《辐射防护标准体系表（审定稿）》和《辐射防护标准“七五”编制规划（审定稿）》。

六、核动力运行研究所的组建与其他机构的设立和调整

核动力运行研究所的前身是核动力院第五研究所。1982年4月12日，二机部为了适应核电发展的需要，满足核电建设现场技术服务的要求，将核动力研究院（也称为核一院）第五研究所（也称为105所）从核动力研究院独立出来，受二机部（1982年5月改名为核工业部）直接领导。1986年10月，核工业部调整该所发展方向，将该所对外名称改为核动力运行研究所。

核动力运行研究所作为中国专门从事核动力运行技术研究的科研单位，经过近40年的发展，现已建成保障国家核电运行安全的技术支持和后援体系，形成了中国的在役检查技术服务和研究基地、核蒸汽发生器的试验研究基地，技术能力处于国内领先水平。同时，该所的蒸发器和设备维修技术等多项技术也处于国内先进水平。该所的各项技术已经广泛应用于国内外核电领域，同时在火电、石化、机械等行业也有广阔的应用前景。其下主要机构有设备研究设计室、核工业在役检查中心、核电技术运行研究与评估中心等。

设备研究设计室是核动力运行研究所的骨干部门，其前身创建于1958年，是中国第一台核蒸汽发生器的诞生地，也是中国经历了核动力主设备研究设计、工厂监造和运行研究全过程的单位。它已成为中国核蒸汽发生器的研究基地。设备研究设计室参与了中国第一座国产核电厂的初步设计，并为核电厂提供现场技术服务。

核工业在役检查中心是国内最早从事核电厂与核设施役前和在役检查技术、检测设备研究开发及技术服务的单位。随着中国核电事业不断发展，该中心日益发展壮大成为国内有能力全面承担核电厂与核设施役前和在役检查任务的单位。

核电技术运行研究与评估中心主要为中国政府部门、行业主管部门提供运行评估、经验反馈、操纵人员执照考试、应急响应、工程软件开发等方面的技术支持，同时，也为国内外核电厂和国际原子能机构提供与运行安全相关的技术服务。

1973 年 1 月 8 日—3 月 31 日，二机部原子能所中关村分部划归中国科学院，成立高能物理所；兰州近代物理研究所划归中国科学院；上海原子核研究所划归上海市；北京房山的堆工研究所搬迁到四川。

第四节　迈出核电建设的脚步

秦山核电厂是由中国自主研究设计、自主建造调试、自主运营管理的第一座原型堆核电厂，它的建成结束了中国大陆无核电的历史，填补了中国能源领域的空白，标志着中国已掌握核电技术，成为继美国、英国、法国、苏联、加拿大、瑞典之后能自行设计、建造和运行管理本国首座核电厂的国家。这一辉煌成就，是中国核工业“军转民”在和平利用核能方面取得的重大突破，是高科技转化为社会生产力的突出范例，是坚持“以我为主，中外合作”方针，探索有中国特色核电发展道路的一次成功实践，是核工业第二次创业的里程碑。该电站的建设成功是核工业改革开放的一项标志性成就。1989 年 2 月，国务委员邹家华为秦山核电厂题词：“国之光荣”；1995 年 7 月，国务院副总理吴邦国题词：“中国核电从这里起步”。这对于所有参与秦山核电厂建设者来说是最高的荣誉和莫大的鼓舞。秦山核电厂的成功来之不易，更有许多值得铭记的奋斗历程。

秦山核电厂的建设成功，是中央领导、国家各部委和地方领导的亲切关怀和热情支持的结果；是参与建设的各科研院所、设计部门、制造厂家、施工单位大力协同、团结合作的结果；是秦山核电厂和核工业系统广大职工知难而进、顽强拼搏、艰苦奋斗的结果。它以事实雄辩地证明，中国人民在和平利用核能方面是有能力、有志气的。

秦山核电厂是一座历史的丰碑，是民族核电的一面旗帜。它见证了自力更生和改革开放中建造核电厂的历史足迹；体现了核电建设者们为国争光和科学求实的精神；折射着秦山人追求卓越、打造中国核电运营管理第一品牌的奉献境界；实现了中国大陆核电从无到有、从小到大、从原型堆到商用堆、从 30 万千瓦到 100 万千瓦的历史跨越。大亚湾核电厂是中国大陆首座大型商用核电厂，拥有 2 台装机容量为 98.4 万千瓦的压水堆核电机组，年发电能力近 150 亿千瓦·时，70%的电量销往香港，30%的电量销往广东。大亚湾核电厂按照“高起点起步，引进、消化、吸收、创新”“借贷建设、售电还钱、合资经营”的方针开工兴建，1994 年 5 月 6 日全面建成。大亚湾核电厂是改革开放的产物，是现代企业制度的有益尝试。

一、“728”工程（秦山核电厂）的开工建设

秦山核电有限公司是中核集团所属的核电运营管理公司，是中国大陆首座核电厂的建设和运营单位。秦山 30 万千瓦级压水堆核电厂（后也称秦山核电一期工程）是中国首座自行设计和建造的原型示范堆核电厂。该工程于 1983 年 6 月 1 日破土动工，1985 年 3 月 20 日浇灌反应堆主厂房第一罐混凝土，1991 年 12 月 15 日首次并网发电，1993 年末提前两年达到设计发电能力，1994 年 4 月 1 日投入商业运行，1995 年 7 月 13 日通过国家验收。

1984 年 12 月 28 日—1985 年 1 月 8 日，核工业部在北京市召开 1985 年度工作会议。国务院副总理李鹏 1 月 8 日作了重要讲话[1]。他说：我们的铀产品价格在国际市场上没有竞争性，这是因为我们的生产批量小，生产工艺比较落后。还得靠我们搞技术改造、技术革新，千方百计地降低成本，降低电力消耗，这才是最根本的出路……行业长期亏损，就没有生命力了。核电厂的建设问题，整个核电厂的建设，它的最终产品是电力、它和电力系统有着极为密切的关系，所以，国家大型核电厂的建设，仍然是以水电部为主，核工业部承包核岛部分，这个方针也不变。但要实行招标制，实行经济责任制。你们自己经营的秦山核电厂现在已经有了一个好的开端，去年建设任务完成得不错。要求你们能够把这仗打好，把秦山核电厂和将来的几座大型核电厂核岛部分的建设工作抓好。从这个方面积累经验，培养人才。再一方面，把核技术推广到国民经济和社会生活的各个方面应用，寻找更多的出路。有的是提供产品，有的是提供技术。技术可以实行有偿转让。属于发明创造性的可以申请专利，属于一般性技术，则实行有偿转让，这方面大有可为。

国务院核电领导小组为传达贯彻国务委员兼核电领导小组组长邹家华关于“搞好秦山核电二期工程有关设备的对外合作谈判，加强国内组织协调工作”的指示精神[2]，于 1988 年 10 月 17 日召开有关单位座谈会。会上传达了邹家华同志有关指示精神。9 月 15 日，在核电办向国务院领导小组报告秦山核电二期工程与法国、德国两家公司谈判合作情况的报告上，邹家华同志表示：建议招标竞争；凡国内能做的，应自己做，争取合作生产。10 月 6 日，在会见法国法马通公司总裁后谈及核工业总公司与机械电子工业部（简称机电部）在核电设备对外合作谈判通气不够时，邹家华指出由核电办和重大办牵头，组织协调。10 月 8 日，在核电办向邹家华汇报工作，谈及核电设备国产化工作的管理问题时，邹家华指示，核电技术国产化工作，仍由核电办组织协调，重大办协助。核电办要与有关部门商量，牵头抓好这项工作。

1989 年 2 月 23 日，邹家华考察秦山核电工程，并挥笔为秦山核电工程题词：“国之光荣。”邹家华巡视了施工现场，听取了有关介绍。参观后，邹家华对秦山核电公司、上海核工院、中国核工业第二二建设公司、中国核工业第二三建设公司的有关领导讲了话，

---

[1] 《李鹏在核工业部工作会议上讲话时说 核工业要把主要力量转移到民品生产上来》，《人民日报》，1985 年 1 月 9 日，第 4 版。

[2] 摘自 1988 年 11 月 20 日国务院核电领导小组简报第 7 期。

他指出，秦山核电一期工程是开创自己发展核电的道路。邹家华在讲话中对参建各单位重视质量和安全给予了高度赞扬，希望大家“冲刺 100 米，明年建成发电”。考察中在谈到秦山核电厂投资较大问题时，邹家华表示虽然如此也不能用其他电去否定核电。谈到今后发展秦山核电二期、三期工程时他要求大家认真总结一期建设的经验，并指出：一定要坚持以我为主，中外合作的道路。

1989 年 6 月 22 日，邹家华在国核办〔1989〕12 号文上批示：过去中国是否有过一个核电发展规划，是否有过一个核能源利用的规划。如果有过，是否吸收过专家的意见，是否可以组织这方面的专家来研究提出意见，然后提交国家决策。再通过国家计委、国家科委、国务院核电领导小组，最后由国务院甚至中央来批准。这里重要的是科学的、稳定的、长期的核电计划。6 月 28 日，国务院核电办以国核办〔1989〕14 号文正式转发了邹家华关于核电规划的再次批示。

1990 年 4 月 14 日，李鹏同邹家华等一行 16 人在中国核工业总公司（简称中核总）总经理的陪同下，考察了秦山核电项目。李鹏一行先后考察了反应堆、汽轮机、辅助系统、核燃料存放等厂房和主控室，在模型厅观看了核燃料模拟组件，并听取工程情况和秦山核电二期工程前期工作的汇报。李鹏对工程进展表示满意，并作了重要讲话。李鹏说，这座核电厂是我们自己设计施工的第一座核电工程，大家都很关心。这座核电厂的建设成功，将标志着中国的核电事业上了一个新台阶，必将大大鼓舞全国人民。希望大家继续努力，把工作做得更好。李鹏强调一定要保证工程质量，特别是即将开始的调试阶段，不要急于求成，要严格按照程序、标准抓好调试工作，及时发现和解决工程中存在的问题，以保证电厂顺利投产、安全运行。他还要求秦山核电厂高标准、严要求培养运行人员，使他们具备高度的责任心，严谨的工作作风和良好的技术水平。有了这三条，才能保证核电厂正常运行。

二、大亚湾核电厂建设前期的决策与部署

改革开放后，广东省经济、社会发展迅速，各方面急需电力，但省内缺乏能源资源，缺电严重，需要加快电力建设。广东省煤炭资源有限，水量丰沛但落差小，水电发展有限。若发展煤电，北煤南运在当时也是个难题。加之建立经济特区，缺电的矛盾日益突出。为解决电力供应不足的问题，适应广东省改革开放的形势，满足广东省经济社会发展和深圳特区建设对电力的需求，广东省对核电建设有着极大的兴趣，初步提出筹建广东核电厂的设想，这才有了“中港合资、中外合作、借贷建设、售电还钱”发展现代大型商业核电厂的机遇，有了实现“高速度建立中国现代核电产业”的可能。

1984 年，邓小平在视察深圳时指出，深圳要办好两件事，一是建好大亚湾核电厂，二是办好深圳大学。

在党和国家领导人的亲切关怀下，广东省积极争取的、水电部和二机部等国家部委努力推动的、中外合作的大亚湾核电厂，成为当时中国最大的中外合资项目和最大的电力建设项目，也是中国核能利用领域的标志性事件。中外合作建设大亚湾核电厂，开创了对外

合作建设能源项目的一种新模式，也直接促进了中国核工业发展技术政策的制定。大亚湾核电厂是中国大陆第一座具有国际先进水平的大型商用压水堆核电厂，是国家改革开放在大型现代科技工程上引进外资、引进先进技术、引进先进管理的成功范例。大亚湾核电厂所走的引进、消化、吸收、创新之路，也是中国现代核电产业高起点发展的成功之路。大亚湾核电厂的建成和安全、持续、高效运营，不仅为粤港经济社会发展提供了安全可靠的电力、积累了丰富经验和后续发展资金，也为中国现代核电事业的自主创新打下了坚实的人才、科技、工业和管理基础。

1. 大亚湾核电厂筹建

1979 年 6 月，根据中共广东省委的指示，广东省电力工业局与香港中华电力公司协商合资建设核电达成共识。同年 9 月 20 日，广东省、电力工业部联合向国务院提出了与香港合作，利用外资建设核电的想法，香港中华电力公司也积极响应合资建设核电厂的建议。

1979 年 12 月，广东省筹建核电厂领导小组、广东省筹建核电厂办公室先后成立，广东省委书记任省领导小组组长。12 月 15 日，广东省、电力部联合向国务院副总理谷牧汇报了粤港联合建设核电厂的问题。报告提出，从法国引进 2 台 96.5 万千瓦的压水堆机组，资金来源使用设备供应方提供的卖方贷款的 85%，剩下的由广东省和香港双方按持股比例分摊，广东省的贷款主要通过向香港售电的外汇收入偿还，核电厂建成后 2/3 的电量出售给香港。至此，建设广东核电的初步构想方案进入中央领导的视野。为了更好地工作，粤港双方组建了一个临时机构，即核电联络联席会议，组织广东省、电力部的专家与香港中华电力公司、英国电力局和原子能委员会专家进行可行性研究工作。

1980 年 10 月，法国总统德斯坦访华期间，提出了恢复中法两国关于核技术的谈判，并开出了优惠条件，经国务院常务会议讨论同意，当时的国务院总理就恢复谈判与德斯坦总统达成了口头协议。1980 年，在广东省政府的领导下，广东省电力工业局和香港中华电力公司就粤港双方完成合作发展核电进行了 8 次会谈，进行了广东核电项目的选址、安全环境分析系统设计等论证工作和可行性研究，取得了实质性进展。12 月，广东省电力工业总公司与香港中华电力公司完成合营广东核电厂的可行性研究报告，并报国家计委审批。

1981 年 2—5 月，在邓小平、叶剑英等中央军委首长和国务院领导的批示下，海军表态支持广州核电项目选址大亚湾。

1981 年 5 月初，就国务院各部委对广东核电项目可研报告的审查，国务院总理作了“四不一重点”的批示，即重点审查可行性报告是否可行，不审查中国搞不搞核电厂、发展核电厂采取什么堆型、广东是否应该搞核电厂以及是否合营等问题。在“四不一重点”的原则下，从 5 月 27 日—6 月 8 日，在国家进出口委副主任江泽民、国家计委副主任李人俊、能源委副主任汪德方牵头下，组织了 11 个部委和 248 名领导同志、专家、教授，分为 7 个专业组，开展了深入详细的审查。审查会议认为，粤港合营核电厂的办法是可取的，选用 90 万千瓦级机组是能够达到安全稳定运行的，同意设备选购原则，核燃料在初期先由外国供应是可行的；预选厂址地质条件是好的，报告对预选厂址安全评价原则基本上是合理的，对环境影响的安全分析是可行的，核电厂经济上是有利的。也有不少同志提出了不同看法和意见，认为目前条件还不成熟。最后，会议同意已送来的报告可作为“初步可行性研究报告”，同意广东省继续创造条件，开展工作。

1981 年 9 月 25 日，江泽民签发了向国务院呈报的《有关广东合营核电站的汇报提纲》。提纲详细汇报了项目的审查情况、各方意见和与法国方面接触的情况。从审查结果上看，广东核电建设似乎快要落地了。但事实上，这么一个大项目并没有那么简单。就在这次会议上，有关方面的同志提出，解决广东用电问题，开发核电是一个路子，但是投资太大、风险高，能不能建设红水河梯级发电，将电送到广东来替代核电项目。

1981 年 10 月 5 日，国务院常务会议讨论广东合营核电厂问题，意见分歧较大。最后，国务院领导表示，中国从未建设过核电厂，在当前技术条件下，投入大量的资金建设核电厂，一旦出了风险，后果比较严重。应当寻找其他方法解决广东省用电问题。如果红水河电站合算，应当放弃建设核电厂。建议详细研究论证，提出几个方案进行比较，然后再决定是否建设核电厂。与会同志都表示同意国务院领导的意见。会后，国务院总理将会议的纪要向中共中央主席胡耀邦作了汇报。胡耀邦随即将会议纪要和国家进出口管理委员会的报告印发给政治局、书记处和有关部门和广东省的同志。11 月 7 日，国务院召开常务会议听取了广东省和电力部所作的《关于在广东合资兴建核电站的汇报》。会上，国务院领导指出，对核电厂与开发红水河水电要进行技术经济比较论证。

1982 年 4 月，香港中华电力公司副董事长访问北京，他向李鹏表示，香港方面将按合同收购广东核电的电力，只要广东核电的电价合理，即使香港电力负荷发生萎缩，也可以关掉香港的电厂，优先使用核电。同年 5 月，国务院常务会议讨论广东省合营核电厂问题。会议认为，在广东省与香港合营核电厂比其他地区有更多有利条件，广东省与香港合营核电厂，风险不大，值得搞，广东可与外国接触，如无特大问题即可搞下去。会议就与外方谈判问题提出，要本着“为了搞而去接触”的精神，与外商接触，如项目可以成立，即正式提出可行性报告，并按规定程序报国务院批准，再同外商正式签订合同。同时要求核工业部、机械部参与谈判。同月，国务院批准成立了广东核电厂谈判小组，由水电部牵头，广东省政府、核工业部、机械部、外经贸部、财政部、中国银行和国家计委派员参加。水电部由主管电力工作的第一副部长李鹏负责牵头谈判。

1982 年 4 月，水电部向国务院报告复核广东省兴建核电厂和开发红水河水电关系的问题。报告指出，广东省兴建核电厂和开发红水河水电送电广东两者不是对立的，是相辅相成的。同月，国家计委向国务院领导提交了《关于广东省与香港合营核电厂问题的意见》，建议在“六五”期间（1980—1985 年），这个项目不上马为好。1982 年 7 月，胡耀邦和陪同他考察的水电部第一副部长李鹏谈话时，专门提到了广东核电建设问题。胡耀邦指出，能源应该多样化，搞水电，搞火电，还有核电为什么不搞？广东核电，看起来几十亿很吓人，实际上是无本生意。同年 8 月，水电部和广东省分别与法国、英国政府开展谈判。11 月，李鹏率代表团赴英国和法国考察核电。12 月，国务院常务会议原则上批准广东核电厂可行性研究报告，正式确定了广东核电厂项目，并决定该工程由水电部主管。会议决定，成立广东核电厂建设协调小组，水电部第一副部长李鹏牵头，广东省和 8 个部委、中国银行参与。广东省指派一名副省级干部专责此事，技术上由水电部和核工业部负责。同时调派中国船舶工业总公司副总经理、主持核潜艇研发的彭士禄，担任水电部副部长兼广东省委常委，主持广东核电建设工作，又从全国各地抽调 140 名工程师，包括 27 名高级工程师，支援广东核电厂建设。会议要求，李鹏和广东省领导同志要向国务院负责，中央各部委要积极支持，把这个项目作为一个攻关课题，群策群力，认真搞好，在重点建设上闯出一条新路，并明确要求中国核电厂的技术装备政策要尽快定下来。至此，广东省与香港合营核电厂这个改革开放初期最大的对外合作项目，在决策层面正式敲定。12 月 13 日，国务院召开常务会议，会议基本通过广东核电厂的建设项目❶。

1983 年 5 月，彭士禄率代表团对法国核电厂现状、技术水平、合作前景进行考察后，确定聘请法国电力公司（EDF）作为广东核电厂的顾问公司，帮助进行技术和工程管理。12 月 12 日，国务院同意核电领导小组关于由广东与香港合营在广东深圳特区建设引进的大型核电厂的报告。

为推动项目实施，香港中华电力公司组成了香港核电投资有限公司（简称港核投）。广东省成立了广东核电投资有限公司（简称广核投）。经双方共同努力，1984 年完成了合营合同草案。1984 年 12 月国务院核电领导小组审查并原则通过了合营合同。1985 年 1 月 19 日，中外合营广东核电协议在北京签署，广东核电合营有限公司（简称合营公司）同时成立。李鹏出席了签字仪式。合营公司中，广核投拥有 75%股份，出资 3 亿美元，推选 12 名董事；港核投拥有 25%股份，出资 1 亿美元，推选 5 名董事。合营公司领导和主要干部由董事会任命，重大问题由董事会讨论决定，港核投为保护其利益，在董事会享有否决权。1985 年 1 月 19 日，中外合营广东核电协议签字仪式结束后，邓小平在会见香港中华电力公司董事长一行时表示，和香港合营建设广东核电项目，是我们最大的一个项目。这是了不起的事情，甚至在中国恢复对香港行使主权后都会产生影响。它将使内地和香港在经济上的联系更加紧密，对保持香港的繁荣稳定，增加港人的信心有着重要的意义❷。

为了搞好对外谈判，由水电部牵头，包括国家计委、广东省政府、核工业部、机械部、财政部、对外经贸部、中国银行等单位的领导同志参加，组成了广东核电厂谈判协调小组。正式开始广东大亚湾核电厂的对外谈判。

1989 年 7 月 1 日，邹家华召集核电办、中核总、合营公司的负责人，研究了广东省兴建大亚湾核电厂商业贷款筹资问题。中核总副总经理黄齐陶及财务部负责人出席了会议。

---

❶ 李鹏：《李鹏核电日记》，新华出版社，2004 年，第 107 页。

❷《邓小平会见嘉道理祝贺广东核电站合同正式签字 开放政策不会导致资本主义 社会主义比重将始终占优势》，《人民日报》，1985 年 1 月 20 日，第 1 版。

2. 大亚湾核电厂选址

1978 年 4 月，年逾六旬的习仲勋接受中央安排，到广东省主持全面工作，他领导和团结省委、省政府班子，大力推动经济体制改革，探索创办经济特区，支持主管工业的省委书记，开拓进取，解决广东省缺电的瓶颈问题。1979 年 2 月 23 日，广东省电力局向广东省政府汇报了与美国国际核能发电顾问工程公司关于在广东省建设核电厂的座谈情况。广东省委书记王全国大力支持、亲自指导，开启了广东核电厂的可行性研究工作。

1979 年 9 月，广东省正式成立核电厂厂址工作组。全国 30 多个科研机构、院校、设计部门参与了这项工作，直接或间接参加这项工作的科研和工程技术人员达数百人。选址工作采用美国的选址规程，安全保险系数高，重点选址原则包括三个方面：一是要有水源，核电需用大量的冷却水；二要靠近电负荷中心，便于送电；三要避开地震活动区域。30 多位专家、选厂址人员足迹踏遍广东的东江、西江、北江和珠江口以东的大亚湾、大鹏湾的山山水水，跋涉 4 年。其中，最年长的是中国科学院地质研究所古德震老教授，70 多岁，为了弄清大亚湾排牙山的地质结构，同大家一起攀上 700 多米的高山，一块石头一块石头地抠，细细观察，数据取足才下山。积累了上万数据，经历了普查、规划选址、工程选厂定点三个阶段，在全省上千平方千米的范围内把预选择的厂址从二十几个筛选为十几个，又从十几个点筛选到 7 个点，最后推荐大坑和凌角石两个方案。1983 年 7 月 15 日，在深圳召开全国 17 个单位近 50 名专家的厂址会议，会议确定广东核电厂厂址选定在大鹏半岛大亚湾侧的麻岭角（大坑二厂址）。该厂址深部无活动断裂通过，距厂址 8 千米范围内无活动断裂，周围 120 千米海域、50 千米内陆历史上没有发生过 6 级以上地震。

第五节　对外国际核能交流合作大门的打开

国际原子能机构是核领域最重要的政府间组织，肩负和平利用核能和防止核武器扩散两大重要使命。同时，中国政府与多国开展了广泛的合作交流，签订了合作协定。1984 年，中国的改革开放刚刚起步，中国政府就作出了加入国际原子能机构的重要决策，开启了双方合作的历史征程。

一、双边和平利用核能合作协定的签署

1977 年 12 月，南斯拉夫派核能代表团访华探讨合作的可能性，次年二机部派代表团回访，双方于 1980 年 4 月 30 日在北京签订了《中华人民共和国政府和南斯拉夫社会主义联邦共和国政府和平利用原子能合作协定》。1980 年 5 月，二机部部长率代表团应邀访问意大利，与意大利核能委员会签订了关于和平利用原子能科技合作议定书和“第一个两年执行计划”，同时签订了贸易意向书。在第一个“两年执行计划”期间，中国先后派 12 人赴意大利在受控核聚变、快堆和后处理等领域进修。同时，双方还签订了“中意联合设计超钚元素热室”的合同。1982 年和 1984 年，中意双方又分别签订了第二个和第三个“两

年执行计划”。根据第二个“两年执行计划”，中方派 17 人赴意进修快堆技术，签订了中方委托意方成套代购等离子体诊断设备和蒸汽发生器设计咨询两项合同。其中，第一项合同的执行，加快了中国托卡马克装置的建设进程。

1980 年 9 月，二机部副部长应日本原子能行业民间团体日本原子力产业会议的邀请访日。日方提出建议商签日中和平利用核能合作备忘录，并提出了备忘录要点。1981 年 9 月，日本原子力产业会议副会长国城惊寺次郎访华，在北京正式签署了备忘录。1982 年 4 月，双方又进一步商定了 1982—1983 年交流计划。据不完全统计，从 1980—1984 年，中方通过日本原子力产业会议渠道访日的团组有 15 个，共计 1233 人·天；日本原子力产业会议组织的日方访华团组 14 个，共计 1053 人·天。交流的内容主要集中在两个领域：一是围绕核电厂建设的技术交流；二是与日本动力堆与燃料开发事业团之间关于铀矿地质的交流与合作。中日双方于 1984 年 5 月在北京签订了《关于铀矿资源区域普查协议书》。

中日两国在核领域的官方接触始于 1983 年 9 月，在北京举行第三次中日两国政府成员联席会议期间，日方首次提出，希望两国在和平利用核能领域开展合作。同年 12 月，应中国核工业部的邀请，日本科技厅原子能局局长高岗敬展率团访问中国，就可能合作的项目同核工业部交换了意见。1985 年 7 月 31 日，在第四次中日政府成员会议期间，由中方吴学谦外长和日本发信晋太郎外相，在东京签署了《中华人民共和国政府和日本国政府和平利用核能合作协定》。

1982 年 4 月 16 日，中国和罗马尼亚在北京签订了两国政府间《关于和平利用核能合作协定》。早在 1977 年 12 月，罗马尼亚首次派核能小组访华，就两国间开展核能合作的可能性进行探讨。1980 年和 1982 年，两国派部长级代表团互访[1]。

1980 年初，中国同法国在核领域开始恢复接触。1982 年 5 月，法国原子能委员会主席的高级顾问旺德烈斯应邀访华，同中国就重新建立合作关系和签订合作议定书进行了会谈。同年 10 月，中国核工业部副部长率团访法，双方草签了《中国核工业部与法国原子能委员会关于和平利用核能合作议定书》，商定了 1983—1984 年两年执行计划。后于 1982 年 12 月 22 日，双方通过换文正式签署议定书，恢复合作关系。议定书规定，双方将在中小型压水堆科研和安全、铀工艺、铀矿地质和矿石处理、放射性同位素生产和应用等方面进行合作。

1982 年 2 月，联邦德国政府研究技术部（简称研技部）提议，德、中在和平利用核能领域开展合作，并邀请中国派团访联邦德国。同年 10 月，核工业部组织国家科委、水电部、机械部、教育部的有关人员，组成中国核能代表团访联邦德国，双方会谈后签署了会谈纪要。根据纪要，1983 年联邦德国政府派中小型核电厂设计、核电厂厂址选择两个专家组来华参加技术讨论会，中国派 4 人赴联邦德国研究机构进行核电厂安全分析计算程序等专题研究工作，为期一年。此外，中国还派小组赴联邦德国进行核电厂蒸发器更换技术考察，辐照燃料运输容器考察、核电厂换料及核燃料服务考察，均取得较大收获。1983

[1] 《当代中国》编委会：《当代中国的核工业》，中国社会科学出版社，1987 年，第 579 页。

年，德方建议，将拟议中的科技合作协定书改为政府间的和平利用核能合作协定，并于12月12日派团访华，会谈进行得比较顺利。1984年3月，中德第二次会谈，就文本达成了协议。同年5月9日，李鹏访德，与联邦德国外长根舍共同签署了两国政府间《中华人民共和国政府和德意志联邦共和国政府和平利用核能合作协定》，联邦德国成为西方第一个同中国签约的国家。接着，同年5月，德方研技部派团访华，进一步商定了1984—1985年的合作项目。1984年12月4日，德方研技部派7名专家来华，同核工业部就合作进行秦山核电厂的概率风险评价达成意向性协议，从此，双方合作逐步展开，并获得不断的成功。

在核安全方面，中法两国有关方面于1984年5月进行了互访。中国国家核安全局会同核工业部核电局，与法方工业发展和外贸部中央核设施安全局和原子能委员会核安全防护研究所签订了《核安全合作议定书》。议定书规定，双方在平等、互利和互惠的原则下，在核设施的安全管理、安全技术和双方共同感兴趣的其他领域进行交流与合作。1984年10月，中国核工业部部长蒋心雄应邀访法，与法方共同商定了第二个两年（1985—1986年）执行计划❶。

1983年7月11日，中国、美国进行政府间和平利用核能合作协定谈判在华盛顿进行，参加会议的中国首席代表是国家科委委员贾蔚文，美国政府首席代表是理查德·肯尼迪。中方表示可以在协定中保证所进行的合作限于和平利用。美方表示，中国是有核武器国家，将不再要求对中国从美国进口的核材料、核设备进行双边保障监督。同年9月和12月，又在北京和华盛顿举行了第二、三轮会谈，就协议文本的大部分条款取得一致意见。1984年4月，在北京进行了最后一项谈判，终于消除了某些问题的分歧点。4月26日—5月1日，在美国总统里根访华期间，在北京人民大会堂由双方首席谈判代表签署《中华人民共和国政府和美利坚合众国政府和平利用核能合作协定》，中国总理和美国总统里根出席签约仪式。但是，里根总统回国后，美方又节外生枝，一些国会议员提出种种理由来反对这个协定，里根政府也迟迟未将协定提交国会审议，致使协定的正式签字被延迟。后来，美方首席谈判代表再次来华。1985年7月23日，中国国家主席李先念访问美国，国务院副总理李鹏随行。李鹏作为中华人民共和国政府代表，在《中华人民共和国政府和美利坚合众国政府和平利用核能合作协定》上签字❷。

此外，在这个时期，中国还同加拿大、澳大利亚、瑞士、瑞典、丹麦、挪威、荷兰、芬兰、巴基斯坦、伊朗、墨西哥、阿尔及利亚、加蓬、尼日尔等国，以及欧洲共同体之间，主要通过互访考察和派出进修等方式开展了核科技交流，并取得了一定成效。

二、中国加入国际原子能机构

1980年4月3日，国际原子能机构总干事埃克隆德表示，希望中国参加该机构，并愿就此与中国商谈。此后，该机构多次邀请中国派观察员出席其一年一度的全体大会，中

❶《当代中国》编委会：《当代中国的核工业》，中国社会科学出版社，1987年，第528页。
❷《当代中国》编委会：《当代中国的核工业》，中国社会科学出版社，1987年，第534页。

国均未应邀。1982 年 3 月，该机构新任总干事汉斯·布利克斯对中国驻奥地利大使表示，中国若邀他以私人身份访华探讨中国参加事宜，他将十分愿意中国参加，可加强发展中国家的影响和发言权。同年 6 月，77 国集团主席以及阿尔及利亚、巴基斯坦驻奥地利大使均对中国驻奥地利大使表示，希望中国政府积极考虑参加该机构，认为这将增强 77 国集团在该机构中的地位。

1983 年 2 月 9 日，核工业部向国务院办公厅报送了《呈报我部几个重大问题的请示汇报提纲》，就中国关于参加国际原子能机构的问题，介绍了相关情况，提出了注意事项和倾向性意见。

报告指出，国际原子能机构系政府间组织，成立于 1957 年。它的主要活动可以概括为“促进核能的和平利用”和“保障监督”两个方面，它是当前国际上和平利用核能事业的组织协调和学术交流的极其重要的中心，是国际核活动不可忽视的一个实体。它现有成员 112 个，世界上有核活动而未参加该机构的国家只有中国。为了加强中国在核能领域的国际合作与交流，许多著名科学家、专家和科技人员多次建议中国参加该机构。外交部和核工业部也都为此组织有关人员进行过调研，认为已经到了应该考虑加入的时候了。机构每年召开的核能方面专业学术会近 200 次，约 3000 多名科学家参加，总会期 600 天以上。机构每年同成员国签订的研究合同约 200 项，其中 2/3 是交给有研究能力的发展中国家执行。机构还采取提供技术和实物援助，技术咨询、培训人员等各种形式，为成员国提供服务。国际原子能机构是世界上最重要的核技术情报中心，拥有核数据、核情报、能源与电力、核监督技术情报等四个数据库，现存数据 200 万个，花费约三四十亿美元。参加机构后，即可利用其数据库，从而大大节省中国人力，物力和时间，其研究制定的各种辐射防护剂量标准、安全规范和编制能源与核动力计划用的计算机程序等，更为中国发展核电所急需。

从政治上考虑，加入该机构，可以积极支持广大发展中国家维护各国和平利用核能的平等权利。

当然，加入该机构也有一些问题需要考虑和处理。

首先，关于保障监督问题，由于中国是有核武器国，加入机构后，中国自建核工业体系不受监督，至于对核贸易项目的监督，已成为国际惯例，与加入与否无关。

其次，关于机构同中国台湾地区关系问题。台湾方面曾盗用中国名义，成为该机构创始成员。1971 年，机构通过决议接纳中国为正式成员，随即停止了对台湾方面的一切技术活动，但还保留着原来签订的对台核设施的保障监督关系。

再次，关于经费问题。按联合国会费分摊比例（0.88%），中国加入后，应摊会费约为每年 90 万美元。

随着中国核政策的调整，根据当时的国际形势，1983 年 6 月 16 日，国务院批准开始进行加入国际原子能机构的准备工作。1983 年 8 月 12 日，原子能机构总干事汉斯·布利克斯与其法律顾问赖伊纳应邀访华，与中国副外长钱其琛就中国加入该机构问题进行商谈，并达成了谅解。9 月 5 日，吴学谦外长致电国际原子能机构总干事，代表中国政府提出正式申请，并通过中国驻奥地利大使向总干事递交了申请书。应中国请求，罗马尼亚于9月8日向该机构提交了《关于中华人民共和国申请加入国际原子能机构事宜》的议程提案。10月6日，原子能机构举行理事会会议一致通过中国的申请，并推荐给大会批准。10月，原子能机构召开第27届大会，中国派出了以中国驻奥地利大使王殊为首的代表团，王殊以观察员身份出席了大会。10月10日，会上一致通过决议，接纳中国为该机构成员国。这标志着中国已经跻身国际核社会，对于加强中国在和平利用核能领域的国际交流与合作具有重要意义。

中国加入国际原子能机构的目的是推进和平利用核能的国际合作，学习各国的先进技术和发展经验，也为国际合作作出自己的贡献。

1983年9月，国务院决定由核工业部负责参加国际原子能机构的有关具体业务工作。1983年11月15日，核工业部设立国际机构处，承担有关原子能机构具体工作。同年11月30日，国务院批准中国常驻国际原子能机构代表团组成，并任命中国驻奥地利大使王殊任常驻原子能机构首任代表。由于中国在核科学技术领域的国际地位，中国在加入国际原子能机构的第一年即被指定为该机构理事会的指定理事国，中国政府任命核工业部副部长周平为国际原子能机构理事会首任中国理事，并于1984年10月1日，首次出席了该机构1984—1985届理事会第一次会议。

1984年1月1日，中国正式加入国际原子能机构。中国驻国际原子能机构人员由外交部、国家科委、核工业部和其他有关部委协商派出，有关具体业务工作由核工业部负责，重大问题报国家核电领导小组决定。

“728”工程（秦山核电厂）有关批复文件

“728”工程选址讨论会

第二章

核能发电从无到有（1986—1995）

自党的十一届三中全会胜利召开后，全党的工作重点转移到社会主义现代化建设上来，确立了以邓小平同志为核心的第二代中央领导集体，实现了中国历史上具有深远意义的伟大转折。中国经历了从计划经济到商品经济再到市场经济的探索，社会面貌发生了巨变，能源生产、建设、技术进步等取得了举世瞩目的成绩。中国不仅成为能源生产和消费大国，而且能源品种不断丰富，能源消费格局更加多元。

1986 年，国家提出了“以我为主，中外合作”的八字方针，首先要以我为主，同时在改革开放的条件下争取与国外合作。在这样的方针指导下，要搞与国际接轨的、按国际标准建造的商用核电厂。核电厂的建设要由业主、建造者自己去筹资，建成发电以后，要还本付息，实行商业化的运作，要考虑投入产出，讲究经济效益，能与其他能源相竞争。

1991 年 12 月 15 日，随着操纵员按下启动按钮，核电电流并入华东电网，秦山核电厂正式并网发电，结束了中国大陆没有核电的历史。秦山核电厂创造了中国大陆首个具有自主知识产权的核电品牌。1993 年 8 月 31 日，中国大陆第一座引进外资、设备和技术建设的大型商用核电厂——广东大亚湾核电厂 1 号机组也并网发电成功。

第一节　改革开放后的核电发展方针

1978 年是极其不平凡的一年。在这一年里，党的十一届三中全会开启了中国改革开放波澜壮阔的历史画卷，中央对核工业实行战略调整，以军民结合为主，推动核工业投入国民经济建设主战场。同年 12 月，邓小平在会见法国外贸部长后，宣布引进两座法国核电站设备，掀起了改革开放后核电建设的开端。

在秦山核电厂建设的同一时期，作为中国改革开放初期最大的中外合资项目，国家引进了法国 M310 机组，着手建设大亚湾核电厂。该项目于 1987 年开工建设，第一台核电机组于 1994 年 2 月 1 日开始商业运营，是中国最早开始商业运营的商用核电机组。秦山和大亚湾，分别从自主开发和引进吸收的路径，书写了中国核电事业发展历程的开端，并在此基础上，最终造就了中国核电的两大主力：中核集团与中广核集团。尽管中国核电事业起步较晚，但从建设伊始就瞄准世界核电先进水准，始终坚持安全第一，坚持采用压水堆作为中国未来核电厂建设的主要堆型，以发展百万千瓦级机组为主，系统引进国外成熟的核电厂设计和设备制造技术，通过技贸结合、合作生产与国内科研相结合，快速掌握世界先进的核电技术的核电发展路线。

一、改革开放后的核电发展决策

1.“七五”期间的核电决策

“七五”计划实行后，核电迎来了新的发展方向。1989 年 7 月 13 日，国务委员兼国务院核电领导小组组长邹家华召集核电领导小组开会，研究在新的形势下如何充分利用国内已有基础发展核电，继续贯彻“以我为主，中外合作”的方针，做好秦山核电二期工程的前期准备工作。彭士禄在会上做了关于秦山核电二期工程进展情况和下步工作建设的汇报。会后邹家华随即就做好秦山核电二期工程前期准备工作有关问题，书面报告李鹏、姚依林。

报告对这次会议的有关议题讨论情况进行了归纳：① 在发展中国能源工业中，发展核电应作为一个方向确定下来。② 核电技术及其装备不能完全依靠买，立足点要搞国产化，要走“以我为主”发展核电的道路，但也不能离开世界的技术，要注意同国外合作，跟踪世界先进水平。关于核电的发展规模，要根据国家经济实力和可能来做出适当安排。③ 关于核安全监督问题，要坚持“安全第一，质量第一”的方针，这项要求必须严格，不能放松。对于核电厂，要坚持对一个个电站、一套套设备的安全、质量要求都一丝不苟。④ 关于长远核电规划问题。发展核电必须要有一个科学的、稳定的、长期的计划。整个能源工业的发展也需要一个长远的规划。规划设想的时间不能太短，根据核电厂建设项目一般周期较长的特点，制定规划至少要考虑 10 年，从现在起，至少要考虑到 2000 年的需要，这样对设备、原材料的配套也能做出相应的安排。

1989 年 8 月 8 日，邹家华主持召开国务院核电领导小组办公会，听取了合营公司董事长就大亚湾核电厂建设情况和发展核电的几点建议的汇报，研究并进一步明确了中国发展核电的技术路线问题。国务院副秘书长王书明，核电领导小组、核电办、能源部、中核总以及合营公司有关同志参加会议。会上重点强调了几个问题：① 重申 1989 年 7 月 13 日核电领导小组会议意见。② 关于核电厂建设，机组容量的选择问题，考虑到核岛和常规岛配合及其长远的发展，已决定采用 60 万千瓦核电机组作为中国国产化基本机型。这个决策不要动摇。它符合当前中国核电发展和机械制造业的实际，也便于今后向更大型机组过渡。具体技术方案要早日抓紧论证。③ 中国核电技术标准要向国际通用技术靠拢。④ 当前要切实抓好核电三大工程。秦山核电一期和大亚湾核电厂必须切实抓紧抓好，确保工程质量。质量是保证安全的基础，在质量问题上一点不能含糊。同时要组织力量，集中精力抓好秦山核电二期 60 万千瓦级核电厂的设计、建设和设备制造的准备工作。⑤ 如果购买苏联核电机组，只是买“容量”，不全套引进技术。

1989 年 8 月 29 日，国务院核电办会议决定成立核电规划编制领导小组，以统筹核电规划编制方面的工作，将与规划编制有关的行政部门和专家研究小组的力量有机地组织起来。为便于日常工作，在领导小组下设一联络组。国务院核电办经济法规组长杨先庶任联络组组长。联络组设在国务院核电办。

1989 年 9 月 27 日，国家科委工业科技司提出《关于组织编制核电科技发展规划工作的初步意见》。

1989 年 10 月 7 日，邹家华在《秦山核电二期工程总体部署会简报》上批示：要像当年研制“两弹”“核潜”的志气和组织工作那样把秦山核电二期工作安排好。现在的基础比当年不知强了多少，“两弹”“核潜”都能研制成，为什么秦山核电二期自己搞不成？在以我为主方针下，尽力争取必要的外援，包括我们自己的方案，采取一步一步地请国外咨询的办法。

1990 年 3 月 15 日，国务院核电领导小组会议上，研究核电建设发展规划及有关问题。国务院副秘书长王书明、核电领导小组及其有关部门的同志参加会议。

会议听取了核电领导小组办公室关于中国核电建设规划、技术国产化和核事故应急准备工作，以及 1990 年工作中需要请示解决的几个重大问题的汇报，中核总总经理介绍了秦山核电一期工程 30 万千瓦级核电厂、大亚湾 2×90 万千瓦核电厂建设工程的进展情况，国家计委副主任介绍了 2000 年前中国能源、电力及核电发展的设想。会议研究、议定如下意见：① 中国核电建设项目要纳入国家能源建设计划，统筹安排，并理顺各项资金渠道。② 重申当前中国发展核电仍以 60 万千瓦核电机组作为国产化基本机型，核岛每条回路电功率为 30 万千瓦；常规岛是从 30 万千瓦核电机组发展，还是从火电 60 万千瓦机组转化，要根据总体设计要求，由中核总与机电部进一步协商。③ 当前，核电建设要重点抓好秦山、大亚湾两个核电厂的工作。其中，首要的问题还是安全第一，质量第一。当安全和进度发生矛盾时，要首先保证安全。④ 核事故应急准备工作要在现有机构、人员和设施的基础上，坚持“积极兼容”的原则，按照国家、地方和核电厂三级应急准备划分职责，分别做好各自的工作。所需经费，原则上按照分级负责的办法，主要由各级自行筹措。⑤ 鉴于核电厂安全质量要求很高，技术复杂，中国的核电厂由国家委托中核总作为主管部门进行管理。对于地方出资兴建核电厂，如何吸收出资方参与管理，保障出资方的权益等问题，可按国务院有关文件精神，组成董事会加以解决，也请国务院核电办会同有关部门及地方研究，提出实施办法。

2.“八五”期间的核电决策

1990 年 3 月 15 日，国务院办公厅印发了会议纪要。3 月 30 日，国务院总理李鹏在这次会议纪要上批示：建设大亚湾核电二期工程十分有利，可在规划中加以考虑，但要广东省自借自还资金。4 月 30 日，中共中央总书记江泽民批示，李鹏复函钱三强、李觉、姜圣阶、王淦昌四位著名核科学家和老部长，着重指出：把核电纳入国民经济发展规划，落实资金，使核电在下一个世纪为国民经济的发展作出积极贡献确实是一个具有战略意义的重要问题。[1] 12 月 8 日，邹家华主持会议听取中核总的工作汇报，研究落实核电建设资金渠道等问题。国务院副秘书长王书明，国家计委、财政部、国防科工委、能源部、人民银

[1] 李鹏：《李鹏核电日记》，新华出版社，2004 年，第 497 页。

行、国家物价局、建设银行、国务院核电办等部门的领导同志参加了会议。中核总蒋心雄总经理就核工业当前生产调整情况、存在的困难和1991年的主要工作进行了汇报。

会议中提到，当前核工业面临不少困难，各部门要积极帮助解决。会议经过研究，对汇报中提出需要解决的几个问题确定以下意见：① 鉴于核电建设投资大，建设周期长，今后核电建设项目要纳入国家能源建设计划的笼子，不在笼子以外搞专项。国家计委、能源部在编制国家能源建设投资计划时要对火电、水电、核电统筹安排，核电建设投资计划和资金由国家直接下达给中核总，以减少中间环节。搞核电建设要发挥中央和地方两个积极性，其资金来源，除国家投资外，还要采取地方集资等多种方式、多种渠道筹集，以确保中国核电建设的稳定发展。② 请国家计委尽快审批秦山核电厂二期工程计划任务书。秦山核电二期工程1991年所需前期费用1.4亿元及大亚湾核电厂元件生产线1991年所需投资3000万元，由国家计委在1991年能源投资计划中调整安排，并尽快落实。

核能是中国重要的新能源。邓小平在1990年12月同中央几位负责同志谈话时强调，“核电厂我们还是要发展”[1]，对核电寄予殷切的期望。

1991年1月13日，全国人大常委会委员长万里在广东省人大常委会主任林若和深圳市人大常委会主任厉有为等省市领导的陪同下，前往广东大亚湾核电厂考察工作。

1991年7月30日，国务院核电领导小组召开了全体扩大会议，领导小组组长、国务院副总理邹家华主持了会议，李鹏出席了会议的后半程。

1994年2月9日上午，中共中央总书记江泽民在中南海会见了在一机部武汉热工机械研究所一起工作过的部分同志，当有同志汇报了中国目前核电建设现状及核电发展的主要问题后，江泽民表示：“我是支持发展核电的，李鹏和国务院其他领导也是支持的。大亚湾、秦山我都去过。最近我去了山西，山西地下煤矿资源非常丰富，我们可以建坑口电站，但受水源限制；将煤运出来，又受交通这个‘瓶颈’的限制。所以，在中国缺煤、缺水力资源的沿海经济发达地区，发展核电是很必要的。”

1994年6月24日，受李鹏委托，国家计委副主任在北京召开了组建中国广东核电集团有限公司董事会成立会议。出席会议的有中核总、广东省和电力部委派的董事，国家计委核电办及广东省工作人员列席了会议。

与会者认为，成立广东核电集团公司体现了党中央和国务院对广东核电发展的关心和支持，中央单位和地方政府都要服从这个大局，团结协作。在企业管理上要实行现代企业制度，同时要发扬社会主义大力协同的优良传统，把中国广东核电集团有限公司办成一个具有中国特色的社会主义现代化企业。会议议定以下内容：① 中国广东核电集团有限公司董事会正式成立。② 会后立即组织集团公司的筹建工作和广二核（广东第二座核电厂，即后来的岭澳核电厂）的前期工作。准备集团公司章程、机构方案和申报文件及有关附件。③ 拟于7月5—10日召开第一次董事会，讨论通过集团公司章程和申请成立中国广东核电集团有限公司及企业集团的有关文件，研究确定集团公司机构和其他有关事宜。④ 要

[1] 中共中央文献编辑委员会：《邓小平文选（第三卷）》，人民出版社，1993年，第363页。

进一步加快广二核的立项申报工作，立即组织可行性研究，并提出前期工作计划。⑤ 在7月中旬举行的一核（即大亚湾核电厂）建成投产招待会和新闻发布会上，争取同时宣布集团公司成立、广二核立项、三核（广东第三座核电厂，即后来的阳江核电厂）原则上定点在阳江。⑥ 建议强化国家计委核电办的作用，当好国务院领导和国家计委领导的助手和参谋，以推进中国核电事业的发展。

会议研究，为了更好地体现股份比例情况，建议中核总增加一名董事，具体人选由各方协商后确定。

1994年9月，电力部提出加快电力发展的新机制。电力部最近提出将实行四种机制：① 建立现代企业制度。加快电价改革步伐，确立市场决定电价的机制，电价由政府批准。推行峰谷、丰枯分时电价。② 水电要确立滚动开发的机制。③ 核电建设要确立滚动开发的机制。④ 建立电力利用外资的机制。

1994年10月1日，中共中央总书记江泽民为中国核工业创建40周年题词："和平利用原子能，发展中国核工业"。1995年1月10日，纪念核工业创建40周年暨劳模表彰大会在北京京西宾馆隆重召开，国务院副总理邹家华出席并作重要讲话，邹家华在讲话中指出，"40年来，中国核工业迈出了两大步，或者叫两个发展阶段，完成了两件震惊世界的大事。第一个发展阶段，从1955—1978年，这前24年为第一阶段，以服务国防建设为主，以和平利用为辅，研制成功了原子弹、氢弹和潜艇核动力装置，这是第一件大事。第二个阶段是1979年到现在16年，军民结合，以民为主，建成了秦山和大亚湾核电厂，这是第二件大事。这两件大事，为国家争了光，为民族争了气，是中华民族永志不忘的骄傲。"

邹家华指出，核电厂还是要发展，这是一个非常重要的经济发展的战略问题。所以要在研究全面经济的同时，把核经济研究放在视野之内。

李鹏发来贺信说，核电是一种新型能源，核能发电在中国已经起步，要依靠自己力量与引进国外先进技术结合，进一步因地制宜发展中国核电事业。[1]

二、核工业部对核电厂的集中统一管理

1986年1月，国务院常务会议决定，在秦山建设2台60万千瓦级核电厂（即秦山核电二期），列入"七五"计划（1986—1990年）。"七五"时期发展电力工业的主要方针：有重点、有步骤地建设核电。除建设广东核电厂外，主要是研究布局并抓紧前期工作，做好华东和东北地区的核电厂的可研工作，为后10年核电建设作准备。

1986年1月5日，李鹏在核工业部部长陪同下考察了秦山核电厂工程。陪同考察的还有上海市市长江泽民等同志。

李鹏在秦山核电厂考察后返回上海，在1月7日午餐时，与核工业部负责人继续交谈，他说："我有一个大的想法，把核电厂都交给核工业部，水电部现在水电、火电都忙不过来，哪有时间研究核电。你们就不一样了，党组首先就研究这个问题。这样，30万人的

[1]《核工业创建40年表彰先进　李鹏贺信高度评价核工业战线广大职工的功绩》，《人民日报》，1995年1月11日第1版。

积极性都调动起来了。核工业部这支队伍非常好。他还说，今后广东的大亚湾核电厂也交给你们。”

1986 年 1 月 18 日，国务院常务会议决定，核电厂建设由核工业部负责。

1986 年 1 月 22 日，姚依林、李鹏主持中央财经领导小组办公会议，讨论了三峡工程、核电厂建设及相关国际合作等问题。会议提出，核电厂工作，包括建设、生产运行，均由水电部移交给核工业部统一管理和经营，向电网售电。原则同意水电部关于广东大亚湾核电厂也移交给核工业部的意见。整个移交工作由国务院核电领导小组办公室负责协调。

1986 年 3 月 20 日，国务院核电领导小组发出《国务院核电领导小组关于贯彻执行国务院对中国核电领导体制调整决定的通知》（国核发〔1986〕第 1 号）。此《通知》指出：为了加快电力工业建设，适度发展核电是中国电力工业重要发展方针之一。核工业部已建立起了比较完整的核工业体系，有一支素质较好的队伍。核工业部今后的工作方针应该是以和平利用核能为主。为了充分利用核工业部的技术和生产能力为发展核电服务，并使水电部能更集中精力搞好任务繁重的水电和火电建设，国务院已决定今后中国核电事业由核工业部主管，水电部、机械部等部门配合，共同搞好中国核电事业。根据国务院的决定，核电厂的科研设计建设和生产管理，包括广东核电厂在内，均由水电部移交给核工业部统一管理和经营，电站建成后并入电网运行，接受电网的统一调度，向电网售电。核电厂的工程设计和工程管理技术的引进也以核工业部为主进行。水电部负责协助核电厂常规岛部分的设计和建设，择优配备必要的运行人员，并负责安排核电厂电力送出工程的设计、建设和电网管理，配合核工业部，保证核电厂的建成和正常运行。

广东核电厂领导体制的移交工作应本着“不断不乱、前后衔接”的原则进行。移交的重点应放在合营公司和广核投两个领导班子的配备上，要搞五湖四海，不要大换班。合营公司的部级以下干部也要采取稳定方针。领导体制的移交工作应于 3 月底前基本完成。广东核电厂的思想政治工作仍由广东省委领导。广东省电力局继续承担联网合同签订、联网工程建设、购电责任及技术支援任务。两个公司董事会中的中方董事名额应相应进行适当调整，合营公司的股金贷款协议应由水电部交核工业部继续执行。移交工作结束后，广东核电厂的工程和工作即由核工业部领导，水电部、广东省继续协助，共同把广东核电厂建成为一个质量好、工期短、投资省、效益高的核电厂。

1989 年 4 月 11 日，国务院办公厅发出《关于对核电建设实行集中统一管理的通知》（国办发〔1989〕19 号）。授权和委托中核总对核电厂的生产、经营、科研、开发和建设实行统一管理，并对核安全管理工作负直接责任。

早在 1985 年 4 月，国务院副总理李鹏就明确提出“适度发展核电”，并成为中央发展核电的方针。

根据国务院领导指示，核工业部部长蒋心雄于 1986 年 6 月 20 日在六届全国人大常委会第十六次会议上，就中国核电建设情况和发展方针作了汇报。委员们对报告进行了认真的审议，认为根据世界能源发展趋势和中国的国情，当前在大力发展火电，积极开发水电的同时，有重点、有步骤地发展核电是适宜的，对中国发展核电的方针表示赞同。委员们认为，建设核电厂是解决中国能源紧张的重要措施，要坚定不移地抓紧建设；要吸取苏联核电事故的教训，在核电建设中坚持安全第一、质量第一，搞好管理，要向群众做好宣传解释工作等。

汇报中共包括三个方面的问题：

一是中国核电建设的情况。中国需要发展核电，这是1970年2月8日周恩来提出的。党的十一届三中全会后，中央重新提出了核电建设问题。1983年6月，秦山30万千瓦级核电厂土石方工程开工。1984年4月，广东2×90万千瓦核电厂工程在大亚湾破土动工。中国核电建设有了一个良好的开端。今年初，国务院常务会议确定，“七五”期间在秦山扩建2台60万千瓦级核电机组，现已通过设计方案技术论证，即将进行正式可行性论证。为适应核电建设需要，我们还要切实搞好相应的核燃料循环，包括低浓铀生产，元件制造，后处理工厂的技术改造和改建，以及三废处理和储存。

二是中国发展核电的方针。根据世界能源发展趋势和中国的国情，中央提出中国要适度地发展核电的方针。这是因为：① 核能是一种先进的、实用的替代能源。核电在世界上已得到了较快的发展，全世界已投入运行的核电厂有374座，总发电能力为250亿千瓦级，占世界总发量的15%。估计到2000年，全世界核电能力将比现在增加一倍。② 中国人均能源资源不丰富，分布也不均匀，而且能源资源的运输也相当紧张。因此，当前有重点、有步骤地发展核电，作为能源的一种补充，并为今后进一步发展打下基础。③ 中国核工业已有30多年的历史，具备了发展核电的良好条件。④ 由于中国财力、物力有限，也缺乏建设大型核电厂的经验，当前只能是适度发展，也是为了跟踪世界先进水平，为今后发展作技术准备，现在建设核电，掌握技术的目的大于发电。中国的核电建设必须坚持安全第一、质量第一的方针，从指导思想，到实际工作上，在每个环节，都要把安全和质量放在第一位，力求做到万无一失。

三是坚定地执行国家适度发展核电的方针，按计划把秦山和广东核电厂优质安全地建成。我们要进一步研究核电的安全性，确保不发生问题，万一出了事故，我们的安全措施也能把事故限制在最小的范围内，把危害减到最低程度。现已采取了以下确保安全的措施：① 加强核电建设全过程的领导，抓好安全和质量工作。② 建立健全中国核电安全法规。③ 建立健全完整的质保体系。④ 严格执行培训考核制度，搞好事故预想和预防及应急措施。⑤ 加强核电知识科普宣传。⑥ 欢迎和支持国际上进行核电厂安全管理的技术合作和信息交流。⑦ 成立国家核安全局和秦山、大亚湾核电厂的核安全监督站，对核电厂的安全实行严格的监督检查。另外，有关部门要按各自的分工，密切配合，共同做好安全工作。

1986年7月3日，核工业部办公厅发出《关于学习贯彻中国核电建设方针的通知》（〔86〕核办字114号）。《通知》将核工业部部长蒋心雄的报告和人大常委会委员们的发言等印发给所属单位，要求组织职工学习并坚决贯彻执行。

1997年12月，全国电力工作会议在北京召开。国务院总理李鹏、国务院副总理吴邦国到会。李鹏作了重要讲话，强调今后电力发展要坚持优化火电结构，大力发展水电，适度发展核电，因地制宜发展各种新能源发电。

第二节　核电工业的政策与法律法规建设

1986 年 10 月，国务院批准颁布的《中华人民共和国民用核设施安全监督管理条例》是中国首部有关核电厂安全的行政法规，规定了“在民用核设施的建造和营运中，保证安全、保障工作人员和群众的健康，保护环境，促进核能事业顺利发展”的宗旨；建立了国家核安全监管体制；确定了以核电厂等大型民用核设施为监管对象；规定了核设施营运单位承担全面安全责任，建立了核设施建造、运行许可证制度和运行人员的执照制度。这部行政法规综合性地规定了核安全监督管理的各主要方面，为核安全监管部门实施核安全监督管理奠定了法律基础。

1987 年 6 月，国务院批准发布《中华人民共和国核材料管制条例》，系统地规定了核材料监督管理的目的和范围，明确了核材料管制的办法，规定了监管机构和核行业主管部门的职责及营运单位的法律责任。1993 年，国务院发布《核电厂核事故应急管理条例》，其宗旨是控制和减少核事故危害，实行“常备不懈、积极兼容、统一指挥、大力协同、保护公众、保护环境”的方针。条例规定了国家、当地省级政府以及核电厂三级应急机制；应急计划和应急准备的要求、对策、措施、终止、恢复，以及资金及物资保障等措施。

一、《中华人民共和国民用核设施安全监督管理条例》的出台

1. 管理条例出台的背景

国家核安全局成立之初，在核安全法规方面，较系统、全面地调研了国内有关法规，发现仅有《中华人民共和国环境保护法》中存在涉及放射性防护的有关规定，核安全领域的法律法规尚为空白，编制核安全立法工作迫在眉睫。为了确保对在建、运行和早期已建的核设施施行有效的核安全监管，制定核安全领域的国家法律和行政法规已成为核与辐射安全监管工作的当务之急。1984 年，国家核安全局成立之初便立即着手推动国务院相关行政管理法规的制定，其中，《中华人民共和国民用核设施安全监督管理条例》规定的核安全监督管理范围涵盖的民用核设施包括：核动力厂（核电厂、核热电厂、核供汽供热厂等），核动力以外的其他反应堆（研究堆、实验堆、临界装置等），核燃料生产、加工、贮存及后处理设施，放射性废物的处理和处置设施，以及其他需要严格监督管理的核设施。

《中华人民共和国民用核设施安全监督管理条例》的编制参考了国际原子能机构（IAEA）、美国、法国、英国、德国、日本等相关法规性文件。编写组由国家核安全局会同核工业部、水电部、机械部、劳动部、卫生部和城乡建设环境保护部联合组成。该条例从 1985 年 1 月开始起草，经 4 次修改，由原子能法起草领导小组两次审议后，形成草案，

随后函发全国各有关部门、单位征询意见，并通过驻外使团获得国际原子能机构（IAEA）的咨询意见，最后形成条例送审稿，由国家科委报国务院审批，于1986年10月29日由国务院颁布施行。

2. 管理条例的主要内容

《中华人民共和国民用核设施安全监督管理条例》的主要内容包括总则、监督管理职责、安全许可制度、核安全监督、奖励和处罚及附则，具体规定了以下几个方面的内容：

（1）确立中国核安全监督管理体制、核安全监管部门的职责。国家核安全局对全国核设施安全实施统一监督，独立行使核安全监督权，其主要职责有以下几点：组织起草、制定有关核设施安全的规章和审查有关核安全的技术标准；组织审查、评定核设施的安全性能及核设施营运单位保障安全的能力，负责颁发或者吊销核设施安全许可证件；负责实施核安全监督；负责核安全事故的调查、处理；协同有关部门指导和监督核设施应急计划的制定和实施；组织有关部门开展对核设施的安全与管理的科学研究、宣传教育及国际业务联系；会同有关部门调解和裁决核安全的纠纷。国家核安全局在核设施集中的地区可以设立派出机构，实施安全监督。国家核安全局可以组织核安全专家委员会，该委员会协助制定核安全法规和核安全技术发展规划，参与核安全的审评、监督等工作。

核设施主管部门的职责。核设施主管部门负责所属核设施的安全管理，接受国家核安全局的核安全监督，其主要职责有以下几点：负责所属核设施的安全管理，保证给予所属核设施的营运单位必要的支持，并对其进行督促检查；参与有关核安全法规的起草和制定，组织制定有关核安全的技术标准，并向国家核安全局备案；组织所属核设施的场内应急计划的制订和实施，参与场外应急计划的制定和实施；负责对所属核设施中各类人员的技术培训和考核；组织核能发展方面的核安全科学研究工作。

核设施营运单位的职责。核设施营运单位直接负责所营运的核设施的安全，其主要职责有以下几点：遵守国家有关法律、行政法规和技术标准，保证核设施的安全；接受国家核安全局的核安全监督，及时、如实地报告安全情况，并提供有关资料；对所营运的核设施的安全、核材料的安全、工作人员和群众以及环境的安全承担全面责任。

（2）确立中国的核安全许可证制度。建立核安全许可证、执照制度，确立核安全责任是核安全监管的关键。以秦山核电厂为例，国家核安全局成立之初，世界范围内实行许可证制度的地方并不多，世界核能发达国家普遍强调核设施所有者（业主、法人）对核设施的核安全保障负有全面责任，然而由于社会发展与管理体制的不同，核工业发展早期，中国对社会经济发展实行全民所有制，国有企业不存在业主和法人的概念。为解决这一问题，国家核安全局的工作人员在国际原子能机构（IAEA）的“政府监管核电厂的组织”文件中找到了相关内容，采用“许可证申请者/持有者”的表述以替代业主和法人的概念。结合中国国情，经多方商议，最后决定由秦山核电厂申请并持有许可证，全面承担核安全责任。

国家核安全局负责制定和批准颁发核设施不同阶段的安全许可证件，包括核设施建造许可证、核设施运行许可证、核设施操纵员执照和其他需要批准的文件，以便进行与核设施有关的选址、建造、调试、运行和退役等特定活动。

核设施营运单位在核设施建造前，必须向国家核安全局提交《核设施建造申请书》《初步安全分析报告》及其他有关资料，经审核批准且获得核设施建造许可证后方可动工建造。核设施的建造必须遵守核设施建造许可证所规定的条件。

核设施营运单位在核设施运行前，必须向国家核安全局提交核设施运行申请书、最终安全分析报告及其他有关资料，经审核批准获得允许装料（或投料）、调试的批准文件后，方可开始装载核燃料（或投料）进行启动调试工作；在获得核设施运行许可证后方可正式运行。核设施的运行必须遵守核设施运行安全许可证所规定的条件。

核设施操纵员执照分操纵员执照和高级操纵员执照两种。持操纵员执照的人员方可担任操纵核设施控制系统的工作。持高级操纵员执照的人员方可担任操纵或者指导他人操纵核设施控制系统的工作。

（3）中国核安全监督制度的执行方式。为有效执行核安全监督制度，国家核安全局及其派出机构可向核设施制造、建造和运行现场派驻监督组（员）执行下列核安全监督任务：①审查所提交的安全资料是否符合实际；②监督是否按照已批准的设计进行建造；③监督是否按照已批准的质量保证安全大纲进行管理；④监督核设施的建造和运行是否符合有关核安全法规和核设施建造许可证、核设施运行许可证所规定的条件；⑤考察营运人员是否具备安全运行及执行应急计划的能力；⑥其他需要监督的任务。核安全监督员由国家核安全局任命并发给核安全监督员证。

核安全监督员在执行任务时，凭其证件有权进入核设施制造、建造和运行现场，调查情况，收集有关核安全资料。国家核安全局在必要时有权采取强制性措施，命令核设施营运单位采取安全措施或停止危及安全的活动。核设施营运单位有权拒绝有害安全的任何要求，但对国家核安全局的强制性措施必须执行。

3. 管理条例出台的重要意义

《中华人民共和国民用核设施安全监督管理条例》的发布实施，在保证中国民用核设施的建造和营运安全，保障工作人员和群众的健康，保护环境，促进核能事业的健康可持续发展等方面发挥了重要作用。它是中国首部有关核电厂安全的行政法规，规定了“在民用核设施的建造和营运中，保证安全、保障工作人员和群众的健康，保护环境，促进核能事业顺利发展”的宗旨；建立了国家核安全监管体制；确定了以核电厂等大型民用核设施为监管对象；规定了核设施营运单位承担全面安全责任；建立了核设施建造、运行许可证制度和运行人员的执照制度。它是在借鉴国际先进经验，结合中国国情的基础上制定的，其实施奠定了核与辐射安全监管工作的基本法律依据，保障了核设施安全监管工作有法可依、有据可循。

二、国务院关于处理第三方核责任问题的批复

1. 批复出台的背景

核能发电作为重要的一次能源，已经成为不少国家增加能源战略供应、调整优化能源

结构、积极应对气候变化的有力手段。然而由于技术限制和人因问题，存在核事故造成环境污染的可能。放射性环境污染具有影响面积大、持续时间长、恢复难度大、经济成本高等特点，特别是对于国际核事故分级系统（INES）5 级及以上的重大核事故（属于巨灾范畴），不仅会对受灾区域的灾后恢复工作带来长期的巨大挑战，相关巨额的财务成本也是有核国家和核电厂营运者需要重点关注的问题，因此，对于正处于快速发展阶段的中国核电产业来说，研究并积极探索核损害赔偿相关法律制度具有非常重要的现实意义。

国务院于 1986 年 3 月 29 日通过《国务院关于处理第三方核责任问题给核工业部、国家核安全局、国务院核电领导小组的批复》（国函〔1986〕44 号），对因核事故造成他人人身伤亡、财产损失或者环境损害的，核设施营运单位应当按照国家核损害责任制度承担赔偿责任做出了规定和说明，但能够证明损害是因战争、武装冲突、暴乱等情形造成的除外，这就为中国的核损害赔偿相关规定提供了政策依据。

2. 批复的主要内容

国务院关于处理第三方核责任问题的批复的主要内容包括以下几部分。

（1）核电站或者核设施的营运人。营运人为在中华人民共和国境内，经政府指定，经营核电站的单位，或者从事核电站核材料的供应、处理、运输，而拥有其他核设施的单位且需依法取得法人资格。

（2）营运人需承担的核损害赔偿责任。营运人承担核损害赔偿责任的情况是在核电站现场内发生核事故所造成的核损害，或者核设施的核材料于其他人接管之前，以及在接管其他人的核材料之后，在中华人民共和国境内发生核事故所造成的核损害，该营运人对核损害承担绝对责任；其他人不承担任何责任。

（3）核损害赔偿金额。国务院关于处理第三方核责任问题的批复涉及营运人对于一次核事故所造成的核损害需承担对于全体受害人的最高赔偿额与核损害的应赔总额，如果超过前款规定的最高赔偿额，中华人民共和国政府将提供必要的、有限的财政补偿金额做出了规定。

（4）营运人有关核损害赔偿责任的其他情况。核损害是由致害人故意地作为或者不作为所造成的，以及对直接由于武装冲突、敌对行动、暴乱，或者由于特大自然灾害所引起的核事故造成的核损害情况，该批复做出了相关说明。

（5）其他相关内容。该批复内容还包括：核事故的受害人要求营运人承担核损害赔偿责任的权利和相关规定；由于在中华人民共和国境内发生核事故造成核损害而引起的有关第三方核责任的一切诉讼，都必须遵照中华人民共和国法律规定，提请对该核事故发生地有管辖权的人民法院受理。

3. 批复的重要意义

20 世纪 80 年代之前，中国尚未建设核电厂，也没有加入两个国际核损害责任公约体系。1985 年，在对建设大亚湾核电厂的合同进行磋商时，外国供应商对中国的核损害责任规制机制提出了质疑，其中关键问题是核电厂营运人或供应商是否要对核电厂建设和运营时对第三方造成的损害承担责任。为了回应质疑，核工业部、国家核安全局以及国家原子能机构（CAEA）开始研究核损害责任问题并最终决定采用《巴黎公约》和《维也纳公约》的主要原则，之后上报国务院请求出台适用这些原则的指导意见。国务院于 1986 年就对这三个部委的请求做出了批复，该批复有效地促进了中国的核电厂营运人与外国供应商之间的协商与合作，推动了中国涉及核损害赔偿责任相关规定的法治化进程。

三、国务院对国家核安全局关于核电厂“选址、设计、运行、质量保证”四个安全规定的批复

1. 四个安全规定出台的背景

中国秦山 30 万千瓦级核电厂和广东大亚湾核电厂在国家核安全局成立前已开工建设或完成选址，因此，尽快建立监管的法律基础和符合国际水平的监管模式，以便最快、最合理地对已开工的核电工程实施监督管理，是新成立的国家核安全局面临的最重要、最紧迫的任务之一。国家核安全局成立后，积极贯彻“立法为先”的精神，对中国的核与辐射安全法规体系的建立和完善进行了全面规划，并根据国务院的指示着手组织起草相关法律法规。

世界多数核能发达国家的核安全相关法律法规、导则和标准是在大量科学实验和多年工程实践经验的基础上建立起来的，中国的核安全立法工作不但要借鉴国际先进经验，还要结合自身实际，建立适合中国国情的核与辐射安全法规体系。经过多种方案的研究、比较和尝试，最终选用国际原子能机构的安全标准为主要蓝本。国际原子能机构从 1974 年开始，用了 12 年的时间聘请了数百名各国著名专家，总结了各核能先进国家的经验，制定了 5 套共 62 本法规和导则，所表达的核安全要求系统、严谨，因而取得国际上的广泛认可。

早在 1982 年，核工业部就组织三个研究院所研究和改编国际原子能机构的核电厂安全法规，有关专业人员逐本逐章逐条地消化、比较和开展国内适应性评价，形成了核电厂选址、设计、运行和质量保证安全标准。经过 3 年多的反复审查修改，1985 年 1 月，以部标准形式在部内颁布试行；后经国家核安全局组织修改和全国性地审定。国务院于 1986 年 7 月 7 日发布《关于核电厂选址、设计、运行、质量保证四个安全规定的批复》（国函〔1986〕86 号），正式实施《核电厂厂址选择安全规定》《核电厂设计安全规定》《核电厂运行安全规定》《核电厂质量保证安全规定》4 个安全规定。

中国核电建设刚刚起步，核电厂的安全为各界群众所密切关注。因此，核电厂的选址、设计、运行和质量保证，必须贯彻“质量第一、安全第一”的方针，严格按照安全规定的要求，采取有力措施，以保障安全运行，预防事故和限制事故后果，切实保证工作人员、人民群众和环境的安全。国家核安全局应加强对核电厂的安全报告审查和现场监督，独立地行使安全监督权。

为了促进中国核电事业的顺利发展，应加紧制定和完善有关核领域活动的法规，做到有法必依，执法必严。对任何单位或个人违反法规的行为，应坚决纠正，并依法追究责任。

到 1998 年年初，国家核安全局基本建立了一套以核安全法规、部门规章、导则等组成的核与辐射安全法规体系，其范围覆盖核电厂，核电厂以外的其他反应堆，核燃料生产、加工、贮存及后处理设施，放射性废物的处理和处置设施等方面，使各类民用核设施的选址、设计、建造、运行和退役基本做到了有法可依、有据可循。另外，标准和规范的制定在当时属于国家工业、技术标准体系，由国家标准局统一颁布，国家核安全局仅对与核安全直接有关的标准进行认可。从核安全审评角度看，已公布的法规标准在广度和深度上尚不能满足当时的需要，因此，国家核安全局要求，对从国外引进的核电厂，在遵守中国核安全法规的前提下，可使用设备供应国核安全监管机构批准的在引进当时有效的标准和规范，对国内自行设计和制造的核电厂可自行选用标准和规范，但需报国家核安全局审定。

2. 四个安全规定的主要内容

《核电厂厂址选择安全规定》于 1991 年修改后，在 1991 年 7 月 27 日以国家核安全局令第 1 号发布，自发布之日起实施。其主要内容共五章，分别为引言、许可证申请者和国家核安全部门的任务、厂址选择准则、对外部事件设计基准的评价、影响核电厂对其所在区域产生影响的厂址特征。《核电厂厂址选择安全规定》对涉及核电厂厂址选择安全问题做出了具体规定和说明。核电厂选址是指为核电厂选择合适厂址，包括针对有关设计基准进行评定的决策过程。核电厂选址具有固定性和长期性，一旦确定就难以变动，因而需要尽可能地保证这项决策正确，且兼顾各方利益。核电厂选址首先是一个技术问题，需要依据厂址安全特征、环境影响和核设施的风险程度，综合考虑地理位置、地震地质、工程地质等自然因素，以及涉及人口增长限制、应急撤离、放射性废液和废气排放等社会环境因素，遵循科学理性的选址程序，评估和确定有关的设计基准，充分评价影响核设施安全的地质、气象、水文等自然因素和外部人为事件，科学论证拟建核设施与所选厂址之间的适宜性，确保选址的正确合理。核电厂选址是公众高度关注的社会问题，不仅关乎整个核能产业的发展和国家的安全，也是预防和规避核电厂对自然和社会环境带来风险和危害的关键环节。

《核电厂厂址选择安全规定》对核电厂选址安全问题做出规定，包括与运行状态及事故状态（包括那些会导致需要采取应急措施的事故状态）有关的厂址的和厂址与核电厂相互影响的各种因素，以及对安全有重要影响的所有外部自然事件和人为事件。提出关于下述各项内容的基本要求：规定许可证申请者必须提供的推荐厂址的资料范围；评价推荐厂址，以保证能充分考虑到与厂址有关的自然现象及特征；分析厂址区域的人口特点和在核电厂整个预计寿期内执行应急计划的能力；确定与厂址有关的设计基准；规定许可证申请者在厂址评价中的任务；说明国家核安全部门在厂址评价中的任务；选择若干推荐厂址，并评价它们是否适合于核电厂的建造和运行；确定与厂址有关的安全要求；针对某个特定核电厂的厂址，评价其可接受性；厂址所在区域对核电厂的影响；核电厂对厂址所在区域的影响；人口因素的影响；用于满足上述准则要求的安全评价程序等。此外，核电厂厂址选择过程，通常包括对一个大的地区的调查和研究，以选择一个或若干个候选厂址（厂址查勘），继而详细评价那些候选厂址，《核电厂厂址选择安全规定》主要考虑厂址的详细评价。

《核电厂设计安全规定》于 1991 年 7 月 27 日由国家核安全局令第 1 号发布，2004 年修改，更名为《核动力厂设计安全规定》，2004 年 4 月 18 日由国家核安全局批准发布，2016 年修订后于 10 月 26 日由国家核安全局批准发布，自发布之日起实施。《核动力厂设计安全规定》对涉及核动力厂设计安全问题做出了具体规定和说明，其主要内容共 6 章，分别为引言、安全目标和纵深防御概念、设计安全管理、主要技术要求、核动力厂总体设计、核动力厂系统设计要求组成。

《核动力厂设计安全规定》对有关核动力厂设计安全做出规定的范围主要是指为发电或其他供热应用（诸如集中供热或海水淡化）而设计的，采用水冷反应堆的陆上固定式核动力厂，适用范围也由设计基准工况扩展到了严重事故，符合中国核安全要求提高的现状。

《核动力厂设计安全规定》提出了中国核安全的安全目标和纵深防御的概念，核动力厂的基本安全目标为在核动力厂中建立并保持对放射性危害的有效防御，以保护人与环境免受放射性危害。该安全目标适用于核动力厂的所有活动，包括核动力厂的规划、选址、设计、制造、建造、调试、运行和退役各个阶段，以及有关放射性物质的运输、乏燃料和放射性废物的管理等。《核动力厂设计安全规定》将纵深防御明确扩展到了五个层次，纵深防御概念的应用主要是通过一系列连续和独立的防御层次的结合，防止事故对人员和环境造成危害，如果某一层次的防护失效，则由后一层次提供保护，每一层次防御的独立有效性都是纵深防御的必要组成部分。

《核动力厂设计安全规定》针对核动力厂设计安全问题提出了安全管理与安全要求的规定，明确了设计安全管理职责，要求核设施营运单位必须保证提交给国务院核安全监管部门的设计符合所有适用的安全要求，所有从事与核动力厂安全设计重要活动相关的组织，包括设计单位，都有责任保证将安全事务放在最优先的位置。规定明确了对核动力厂设计单位和设计人员的管理、经验证的工程实践、运行经验和安全研究及安全评价的独立验证等方面的要求，规定强调要保证控制反应性，排除堆芯余热和包容放射性物质、控制运行排放和限制事故释放三项基本安全功能。

《核动力厂设计安全规定》对核动力厂的总体设计和系统设计也提出了相关要求，规定核动力厂设计中选取总的设计基准，并将设计扩展工况明确划入设计基准的范畴，明确必须对核动力厂开展设计扩展工况分析，以增强核动力厂应对比设计基准事故更严重的或包含多重故障事故的承受能力，避免不可接受的放射性后果，以进一步提高核动力厂的安全性。《核动力厂设计安全规定》对核动力厂安全系统的独立性、安全重要物项分级方法和可靠性、核动力厂全寿期内的安全运行设计和人因设计要求均提出了相关要求。另外，《核动力厂设计安全规定》针对核动力厂系统设计，对反应堆堆芯和相关特性、反应堆冷却剂系统、安全壳结构和安全壳系统、仪器仪表和控制系统、场内应急设施、应急动力供应、支持系统和辅助系统、其他动力转换系统、放射性废物处理和流出物排放、燃料装卸和贮存系统、辐射防护等方面的安全要求同样做出了规定。

《核电厂运行安全规定》于 1991 年 7 月 27 日以国家核安全局令第 1 号发布，2004 年修改，更名为《核动力厂运行安全规定》，2004 年 4 月 18 日由国家核安全局批准发布，自发布之日起实施。《核动力厂运行安全规定》对涉及核动力厂运行安全问题做出了具体规定和说明，其主要内容共 11 章，分别为引言，核动力厂营运单位，人员的资格和培训，核动力厂调试，核动力厂运行，安全重要构筑物、系统和部件的维修、试验、监督和检查，核动力厂修改，辐射防护和放射性废物管理，记录和报告，定期安全审查和退役。

《核动力厂运行安全规定》对涉及核动力厂运行安全问题做出规定的范围是以核动力厂的选址、设计、建造、调试、运行和管理均符合核安全要求为前提的，涉及核动力厂的管理、调试、运行和退役等方面的安全问题，其目的是确保陆上固定式热中子反应堆核动力厂运行所必须满足的基本安全要求，以保护人员、社会、环境免受危害，体现了国际核安全观念的新动向，即核安全不仅保护人员，还要保护社会核环境免受放射性危害，这与《中华人民共和国放射性污染防治法》以及中国签署的相关国际公约中的要求保持了一致性。

《核动力厂运行安全规定》对核动力厂营运单位的运行安全责任做出了要求，明确了作为许可证持有者，营运单位必须对核动力厂的安全运行负有全面责任，营运单位必须特别强调核动力厂的运行安全，必须贯彻安全第一的原则。在建立营运单位组织机构时，必须考虑决策、运行、支持和审查的管理职能以及其他有关核动力厂营运单位运行安全的职责，《核动力厂运行安全规定》明确了核动力厂营运单位涉及质量保证、运行经验反馈、实物保护、防火安全、应急准备、人员的资格和培训等相关要求。

《核动力厂运行安全规定》规定了在核动力厂调试、运行和退役等方面的安全问题，要求确保核动力厂营运单位要确保合格的运行组织机构，合格的人员，采用合格的方法和手段，遵循被批准的程序去调试、运行核动力厂，确保遵守运行技术规格书，通过维修、试验、监督和检查等方法确保安全重要构筑物、系统和部件满足设计要求，确保核动力厂运行条件下能够执行其安全功能。通过一系列涉及核动力厂运行安全的相关要求，保证核动力厂在设计的安全框架内运行，在设计基准工况满足相应验收准则，在设计扩展工况保证核动力厂预防严重事故的能力，一旦发生严重事故，可以有效缓解事故后果的能力。并通过定期安全评价，设计修改核动力厂的整体安全水平，这些涉及核动力厂运行安全问题的相关要求是保证核动力厂运行安全的基础和关键。

《核动力厂运行安全规定》还对核动力厂安全运行期间的辐射防护和放射性废物管理做出了规定和说明，其中包括要求核动力厂营运单位必须制定和实施辐射防护大纲和放射性废物管理大纲，并保障两者实施所必需的条件和资源，以保证所有运行状态下由于核动力厂的电离辐射，或由于核动力厂有计划地释放放射性物质所引起的辐射照射保持在规定的限值以下，并保持在合理可行尽量低的水平。另外，规定要求保证核动力厂所有运行状态下，所评定的对公众的放射影响和所受剂量也要保持在合理可行尽量低的水平。

《核动力厂运行安全规定》同时还对核动力厂营运单位的安全重要记录和报告做出了规定，以符合核动力厂质量保证有关法规的要求。

《核电厂质量保证安全规定》1991 年修改后于 1991 年 7 月 27 日以国家核安全局令第 1 号发布，自发布之日起实施。《核电厂质量保证安全规定》对涉及核电厂质量保证的相关问题做出了规定和说明，其主要内容共 13 章，分别为引言、质量保证大纲、组织、文件控制、设计控制、采购控制、物项控制、工艺过程控制、检查和试验控制、对不符合项的控制、纠正控制、记录、监查。《核电厂质量保证安全规定》是核电工程建设必须遵守的重要法规，也是核电工程建设的理论依据，其质量保证理论有效地指导了核电工程建设的各个阶段的质量管理工作，强调了核电工程以“质量”安全为理念的原则要求。

《核电厂质量保证安全规定》针对核电厂质量保证做出规定的范围是对固定式热中子反应堆核电厂及其他适用核设施，为保证核电厂安全，要求必须制定和有效实施核电厂质量保证总大纲和每一项工作（例如核电厂选址、设计、制造、建造、调试、运行和退役）的质量保证分大纲的原则与目标。质量保证大纲应包括为使物项或服务达到相应的质量所必需的活动，验证所要求的质量已达到所必需的活动，以及为产生上述活动的客观证据所必需的活动。

《核电厂质量保证安全规定》规定了核动力厂营运单位制定和实施质量保证大纲的安全职责，质量保证大纲包括总大纲与分大纲，并对质量保证大纲的控制范围、要求和措施等相关内容做出了说明。《核电厂质量保证安全规定》对管理、指导和实施质量保证大纲的组织责任、权限和联络、单位间的工作接口和人员配备与培训做出了规定。

《核电厂质量保证安全规定》第 4～11 章，分别对核电厂质量保证中的相关控制提出要求，包括文件控制、设计控制、采购控制、物项控制、工艺过程控制、检查和试验控制、对不符合项的控制和纠正控制，以保障质量保证大纲的制定和有效实施。另外，《核电厂质量保证安全规定》还对质量保证记录的编写、收集、贮存和保管以及验证质量保证大纲实施有效性的监查计划做出了规定。

3. 四个安全规定出台的主要意义

《核电厂厂址选择安全规定》《核电厂设计安全规定》《核电厂运行安全规定》和《核电厂质量保证安全规定》四部核安全法规是核安全监督管理部门对核动力厂实施监督管理的重要法律基础，对保障中国核与辐射安全具有非常重要的意义。这四部核安全法规的发布和实施，填补了中国早期核安全监管法律基础的空白，有效加强了中国核安全监管能力，完善了中国核与辐射安全法规体系，对中国核安全监督管理部门对核动力厂厂址选择、设计、运行和质量保证的全面监管发挥了重要作用，标志着中国的核安全监管工作开始走上法治化发展的轨道。

四、《中华人民共和国核材料管制条例》的颁布

1. 管制条例出台的背景

核材料的丢失、被盗和不受监管控制的风险是国际社会普遍关注的问题，为保障中国核能与核技术利用事业的健康可持续发展，做好核材料保障与管制工作，为核材料管制提供有效法律制度，中国于 1987 年 6 月 15 日由国务院发布了《中华人民共和国核材料管制条例》（简称《核材料管制条例》），对核材料许可管理做出了规定，明确了核设施营运单位和其他有关单位持有核材料，应当按照规定的条件依法取得许可，中国的核材料许可制度从法律层面上体现了国家对核材料安全的高度重视。

《核材料管制条例》是中国核材料安全监管的重要法律依据，《核材料管制条例》第二章明确规定了国家核安全局、原核工业部和原国防科工委有关核材料管理和安全监督的职责。1990 年，国家核安全局、能源部、国防科工委（现工业和信息化部所属国防科工局）联合发布了《核材料管制条例实施细则》，对《核材料管制条例》的相关规定进行了细化和说明，此外，国家核安全局陆续发布了《核设施实物保护》《核设施周界入侵报警系统》等一系列导则，这些法规共同构成了核材料管制的法律框架。

2. 管制条例的主要内容

《核材料管制条例》由总则、监督管理职责、核材料管制办法、许可证持有单位及其上级领导部门的责任、奖励和处罚与附则组成，共 6 章。主要规定了以下内容。

规定核材料的范围。《核材料管制条例》第二条规定了本条例管制的核材料范围，即包括：铀 – 235，含铀 – 235 的材料和制品；铀 – 233，含铀 – 233 的材料和制品；钚 – 239，含钚 – 239 的材料和制品；氚，含氚的材料和制品；锂 – 6，含锂 – 6 的材料和制品；其他需要管制的核材料。

规定涉及核材料管制的监督管理职责。《核材料管制条例》明确规定，国家对核材料实行许可证制度，国家核安全局负责民用核材料的安全监督，核工业部负责管理全国的核材料。要求持有核材料达到一定限额的单位，必须向核工业部申请核材料许可证，对于持有核材料未达到规定限额的单位，核材料持有单位须向核工业部办理核材料登记手续，核工业部审查后，需将审查结论送交国务院核安全监管部门核准，方可发放许可证。

规定核材料管制办法与安全责任。《核材料管制条例》规定，核材料许可证持有单位必须建立专职机构或指定专人负责保管核材料，严格交接手续，建立账目与报告制度，保证账物相符；必须建立核材料衡算制度和分析测量系统，应用批准的分析测量方法和标准，达到规定的衡算误差要求，保持核材料收支平衡。必须切实做好核材料及其有关文件、资料的安全保密工作。应当在当地公安部门的指导下，对生产、使用、贮存和处置核材料的场所，建立严格的安全保卫制度。核材料托运单位负责与有关部门制定运输保卫方案，落实保卫措施等。同时也规定了核材料许可证持有单位及其上级领导

部门的责任和相关奖惩措施。

3. 管制条例出台的重要意义

《核材料管制条例》的发布实施，对于加强中国核材料的安全与合法利用，防止被盗、破坏、丢失、非法转让和非法使用，保护国家和人民群众的安全，促进核能事业的健康可持续发展起到了重要的推进作用。该条例系统地规定了核材料管制的目的和范围，明确了核材料管制的办法，规定了监管机构和核行业主管部门的职责及营运单位的法律责任。《核材料管制条例》的发布实施，对中国核材料安全管制法治化进程意义重大，使中国的核材料安全保障工作得到进一步加强。随着科学技术和社会经济水平的不断发展，中国后来又陆续发布了一系列涉及核材料安全管理的相关法律法规。对《核材料管制条例》进行修订补充也是中国核与辐射安全法规体系不断完善的重点工作之一。

五、中国中、低水平放射性废物处置的环境政策的发布

1. 政策出台的背景

放射性废物处置问题是困扰核电发展的瓶颈之一，随着核电运行机组数量的增加，放射性废物的产生量和积累量也随之增加，如果放射性废物的最终去向不明确，没有可行的办法进行妥善处置，必将阻碍核电产业的健康可持续发展。1992 年，国家环保局起草相关政策。7 月 30 日国务院发布《关于我国中、低水平放射性废物处置的环境政策》（国发〔1992〕45 号），确认了中国中、低水平放射性废物处置的环境政策，提到放射性废物的处置已是环境保护所面临的重大问题之一。因此，《关于我国中、低水平放射性废物处置的环境政策》的发布，对中国中、低水平放射性废物处置工作具有重要意义。

2. 政策的主要内容

《关于我国中、低水平放射性废物处置的环境政策》共五个部分的内容，主要内容包括：

（1）尽快固化暂存的放射性废液，政策规定，针对中、低水平放射性废液，应制订切实可行的废液固化计划，报国家有关部门批准后实施；核电站产生的中、低水平放射性废液应及时妥善固化且原则上不批准核电站设置废液长期暂存罐。

（2）限制中、低水平放射性废液固化体和中、低水平放射性固体废物的暂存年限。政策规定，对核电站产生的中、低水平放射性废液固化体和中、低水平放射性固体废物的暂存期不超过 5 年限期以及城市放射性废物库暂存的少量含长半衰期核素的固体废物，在国家处置场建成后最终也应送处置场。

（3）建造区域性中、低水平放射性废物处置场。政策规定在中、低水平放射性废物相对集中的地区陆续建设国家中、低水平放射性废物处置场，分别处置该区域内或邻近区域内的中、低水平放射性废物。

（4）建设管理体系。政策规定，中核总负责中、低水平放射性废物区域性处置场的选址、建造和运营，同时规定了国务院和各省（自治区、直辖市）人民政府的环境保护行政

主管部门的相关职责。

（5）落实资金渠道。政策规定，涉及中、低水平放射性废物处置场的前期、建造和运行所需的相关资金渠道，同时规定处置场建成后实行有偿服务等。

3. 政策制定的重要意义

核能与核技术利用事业的发展为加强中国的国防力量和国民经济、文教卫生和科学事业的振兴发展做出了不可估量的贡献，然而，核能发展过程中产生的放射性废物的处置问题尚未得到彻底解决，而现阶段运行的核电厂又将产生新的放射性废物，放射性废物的处置已是环境保护工作面临的重大挑战之一。为了消除暂存放射性废物所构成的隐患，保障人民健康，保护环境，根据中国的具体情况，国务院发布了《关于我国中、低水平放射性废物处置的环境政策》，政策自实施以来，对加强中国的中、低水平放射性废物处置工作发挥了巨大的作用。

六、《核电厂核事故应急管理条例》的颁布

1. 条例出台的背景

20 世纪 80 年代，中国的核能与核技术利用事业拉开了快速发展的序幕，秦山核电厂与大亚湾核电厂开工建设之时，中国便坚持“质量第一、安全第一”的核电发展方针。1984 年初，中国成立了中国的核安全监管机构——国家核安全局。作为国务院核安全监督管理部门的国家核安全局，在保障中国核与辐射安全与预防核事故发生等方面发挥了巨大作用。中国的核安全监管从起步时便与国际先进水平接轨。

1986 年，苏联发生切尔诺贝利核事故，这次严重的核事故不仅造成大量人员伤亡和环境放射性污染，也对国际核能发展产生了重大不利影响。中国的核能与核技术利用事业遭到社会各界的关注和质疑。为了更好地为核能发展提供安全保障，国务院于 1986 年 5 月 17 日召开会议，对涉及核安全监管与核事故应急等相关内容进行讨论研究，并做出重要指示。在“安全第一”的方针指导下，1986 年 6 月 17—20 日，国务院核电办与核工业部、国家核安全局联合召开全国核事故应急对策第一次研讨会。会议提出了三项工作建议，一是建立体系，二是抓紧立法，三是组织科研。会议决定组成《核电厂核事故应急管理条例》起草小组和编审组，开启条例起草工作，标志着中国核电厂核事故应急工作正式进入法治化轨道。后经过多次修改与审议，《核电厂核事故应急管理条例》于 1993 年 8 月 4 日以中华人民共和国国务院令第 14 号发布。后根据 2011 年 1 月 8 日《国务院关于废止和修改部分行政法规的决定》进行了修订。

2. 条例的主要内容

《核电厂核事故应急管理条例》由总则、应急机构及其职责、应急准备、应急对策和应急防护措施、应急状态的终止和恢复措施、资金和物资保障、奖励与处罚和附则组成，共 8 章。

《核电厂核事故应急管理条例》明确其制定的目的是加强核电厂核事故应急管理工作，控制和减少核事故危害，提出中国的核事故应急工作方针为“常备不懈、积极兼容，统一

指挥、大力协同，保护公众、保护环境”，中国核应急工作实行国家统一领导、综合协调、分级负责、属地管理为主的管理体制。条例规定全国的核事故应急管理工作由国务院指定的部门负责，其职责包括拟定国家核事故应急工作政策；统一协调国务院有关部门、军队和地方人民政府的核事故应急工作；组织制定和实施国家核事故应急计划，审查批准场外核事故应急计划；适时批准进入和终止场外应急状态；提出实施核事故应急响应行动的建议；审查批准核事故公报、国际通报、提出请求国际援助的方案；必要时由国务院领导、组织、协调全国的核事故应急管理工作。中国于1995年成立国家核事故应急委员会，统筹协调全国核事故应急准备和救援工作。另外，条例还规定了核电厂所在地的省（自治区、直辖市）人民政府指定的部门以及核电厂等相关方的核事故应急职责。

《核电厂核事故应急管理条例》对核电厂核事故应急准备工作做出了规定，包括针对核电厂可能发生的核事故，国务院指定的部门与核电厂核事故应急机构、省级人民政府指定的部门应当预先制定核事故应急计划。核设施营运单位应当按照核事故应急预案的规定，配备应急设备，对核事故应急工作人员进行培训，开展核安全、辐射防护和核事故应急知识的专门教育，适时组织不同专业、不同规模的核事故应急演练，充分做好核事故应急准备。国家核事故应急计划由国务院指定的部门组织制定；场外核事故应急计划由核电厂所在地省级人民政府指定的部门组织制定，报国务院指定的部门审查批准；场内核事故应急计划由核电厂核事故应急机构制定，经其主管部门审查后，送国务院核安全监管部门审评，并报国务院指定的部门备案。

《核电厂核事故应急管理条例》对核事故应急对策、应急防护措施和应急状态的终止与恢复措施进行了规定，条例明确国家对核事故应急实行分级管理，核事故应急状态分为四级：应急待命、厂房应急、场区应急和场外应急。条例规定了国务院有关部门、核电厂所在地省级人民政府指定的部门、核电厂以及核电厂上级主管部门在核事故应急响应工作中的相关职责，包括迅速缓解控制事故、开展辐射监测和后果评价、组织人员实施应急防护行动、实施去污洗消和医疗救治、控制出入通道和口岸、加强市场监管和调控、维护社会治安、发布权威准确信息、做好国际通报与援助申请、确定应急状态终止与实施场内恢复与场外恢复等相关工作内容。

《核电厂核事故应急管理条例》规定，场内核事故应急准备资金由核电厂承担，列入核电厂工程项目投资概算和运行成本；场外核事故应急准备资金由核电厂和核电厂所在地的地方人民政府共同承担；国务院有关部门和军队所需的核事故应急准备资金，根据各自在核事故应急工作中的职责和任务，充分利用现有条件进行安排，不足部分按照各自的计划和资金渠道上报。为加强核电厂核事故应急准备资金管理，2007年9月，财政部、国防科工委发布了《核电厂核事故应急准备专项收入管理规定》（财防〔2007〕181号），进一步明确了核应急准备资金的缴纳、分配和使用，以及其他相关安排，其中场内核应急准备资金由核电企业承担，并作为核电企业的成本开支项目；场外核应急准备资金由核电企业和省级人民政府共同承担。

3. 条例出台重要意义

《核电厂核事故应急管理条例》的发布实施，对于加强中国核电厂核事故应急管理工作，控制和减少核事故危害发挥了重要作用。它的出台促进了中国核电厂核事故应急管理水平的提高，一方面推动了中国核电事业的健康可持续发展，标志着中国核电厂核事故应急管理工作沿着法治化的轨道前进，随着中国国家核事故应急协调委员会的成立和核事故应急准备工作三级体系的逐步建立，核电厂核事故应急管理工作贯彻了法治化、规范化和程序化的方针；另一方面也表明中国的核电厂核事故应急管理既吸取了国际先进经验又紧密结合中国国情，具有创新性和高效性，充分体现了核事故应急管理工作技术要求高、专业能力强的特点，是一项涉及范围广泛的社会系统工程。

第三节　核电工业管理机构的调整及改革

1982 年 3 月 8 日，五届全国人大常委会第二十二次会议通过关于国务院机构改革问题的决议。开始废除领导干部职务终身制，精简各级领导班子，加快干部队伍年轻化建设步伐。国务院各部委、直属机构、办事机构从 100 个减为 61 个；省（自治区）政府工作部门从 50 多个减为 30 多个；直辖市政府机构稍多于省政府工作部门。1988 年 4 月 9 日，七届全国人大一次会议通过了国务院机构改革方案，启动了新一轮的机构改革，着重大力推进政府职能的转变。政府的经济管理部门从直接管理为主转变为间接管理为主，强化宏观管理职能，淡化微观管理职能，弱化专业经济部门分钱、分物、直接干预企业经营活动的职能，以达到增强政府宏观调控能力和转向行业管理的目的。改革重点为与经济体制改革关系密切的经济管理部门。根据国务院关于机构改革的调整，核电工业的管理机构也做出了相应的调整和变化。

一、能源部与电力工业部的调整

1988 年 4 月 9 日，七届全国人大一次会议正式通过了国务院的体制改革方案，决定新组建能源部，任命黄毅诚为能源部部长。与此同时，成立了三个正部级公司，归口能源部领导，即中国统配煤矿总公司、中国石油天然气总公司和中核总。关于能源部的副部长人选，中央决定由史大桢、胡富国、陆佑楣担任。1988 年 6 月，作为国务院机构改革的试点，合并了煤炭、石油、水利电力、核工业等部门，宣告成立能源部。1988 年启动的政府机构改革是 1982 年后的又一次规模较大的机构变革，拉开了能源工业政企分开、下放权力等改革的序幕。1989 年 10 月 28 日，能源部印发了《能源工业产业政策实施办法（试行）》（能源政发〔1989〕1072 号）。对于如何搞好水电、火电、核电的协调，提出了要“适度发展核电”。对于能源投资政策，明确“核电投资要纳入国家能源建设总投资计划，中央投资成为主要资金。”

能源部成立后，根据全国电力发展规划，明确了编制中国第一部核电发展规划的任务，并启动了全国范围的核电厂选址工作。能源部在国家计委的支持下，一方面着手编制《2010年核电发展规划》；另一方面为配合规划的需要，组织全国电力系统的力量，在东南沿海地区开始了普选厂址的工作。为保证这项工作的顺利进行，国家计委安排了专款，开展工作的省区各自都成立了核电办公室，能源部还专门组织成立了核电预选厂址评审小组，为这项工作提供了经费、技术、组织保证。该项工作主要内容有厂址选择和论证、技术经济可行性论证、接入系统方案论证、核电设备的选型及技术性能比较、建设资金的筹措与偿还方案等。短短的几年时间里，在辽宁、浙江、江苏、山东、福建、广东、江西等省普选出了共 22 个核电厂址，可满足 5000 万～6000 万千瓦的装机规模的需要。在这些厂址中，得到核电厂厂址评审组评审通过、被规划选用的有 8 个，约 3000 万千瓦。其中，有的厂址已被“九五”计划开工的核电项目选用。能源部还组织有关部门对广东阳江和浙江三门核电厂的初步可行性研究报告进行了评审。并对大亚湾和秦山核电厂建设中的问题进行了协调。

1993 年 2 月 6 日，在国务院全体会议上，提出了国务院机构改革方案，能源部在撤销之列。1993 年 3 月，八届全国人大一次会议决定撤销能源部，再次组建电力工业部（简称电力部）和煤炭工业部（简称煤炭部）。1993 年 5 月 29 日，受国务院总理李鹏委托，国务院副总理邹家华主持召开了国务院第四次总理办公会议，审定电力部、电子工业部（简称电子部）和煤炭部的“三定”方案。有关部委和中央机构编制委员会的领导参加了会议。

关于电力部的“三定”方案，有关核电的有两项：

（1）电力部是国务院主管全国电力行业的职能部门，核电、水电和地方办电都应归口电力部实行行业管理。

（2）核电厂项目的前期工作，由电力部会同核工业总公司提出初步意见报国家计委审批，请电力部、中核总商定具体办法，共同遵照执行。

根据国务院第四次总理办公会讨论的精神，在共同协商的基础上，电力部部长史大桢和中核总总经理蒋心雄于 5 月 29 日签署了关于电力部与中核总在核电方面的分工意见。确定分工原则为：电力部负责制订电力发展规划，提出对核电发展的规模、布局和重点前期工作的要求。中核总负责编制相应的核电及其配套建设规划，包括技术路线、堆型选择、技术攻关与国产化步骤、对外合作与技术引进、核燃料配套供应、三废处理等。前期工作，如核电厂的站址审查、项目初审和申报立项等，由电力部会同中核总提出初审意见报国家计委。

7 月 13 日，电力部办公厅向各有关网局、省局、电力设计院印发《关于电力部与中核总在核电方面的分工意见的通知》（办计〔1993〕146 号），明确该分工意见已征得国务院领导的同意。

二、中国核工业总公司的成立与核工业部的撤销

1988 年 4 月，随着改革的深化和政府职能的转变，核工业部撤销，其原有职能划入新建的能源部，同时组建了中国核工业总公司，承担核军工、核电、核燃料、核应用技术

等领域的科研开发、建设和生产经营，以及对外经济合作和进出口业务。

1988 年 8 月 29 日，国务院办公厅向各省（自治区、直辖市）人民政府，国务院各部委、各直属机构转发《能源部关于组建中国核工业总公司的报告》的通知，原则同意《能源部关于组建中国核工业总公司的报告》，请能源部协同该公司抓紧组建工作。1988 年 9 月 16 日，经国务院批准，中国核工业总公司（简称中核总）正式成立。

组建中核总是为了促进中国核能的开发应用和加速军转民步伐，促进经济发展核电及其商品生产。按照政企分开的原则，逐步把中核总办成真正的经济实体。同时，中核总要继续加强对核电建设运营、核燃料生产以及放射性三废治理的管理。

鉴于中国核工业处于战略转型阶段，核电刚刚起步，军转民难度大，核科技开发任务重，历史遗留问题较多，有关部门继续对其实行扶持政策。中核总要团结广大职工，发扬艰苦创业的传统，努力发展商品生产，提高经济效益。依照《中华人民共和国全民所有制工业企业法》的规定，支持基层企业行使经营自主权，增强企业自我发展能力。中核总的经营业务活动，请有关地区和部门予以支持。

中核总在国家计划中单列户头。中核总的行政经费可保留到 1990 年。关于中核总提出的有关发展核工业的若干政策问题，能源部与有关部门另行研究。

三、中国核安全专家委员会的成立

为制定中国核安全政策法规，对中国民用核设施核安全审查、监督和管理以及核安全科学开展研究，国家核安全局参照美国的管理经验，经国家技委会批准成立参谋和咨询组织——核安全专家委员会。

核安全专家委员会制度是中国核与辐射安全监管组织体系的重要构成部分，是中国核与辐射安全监管的主要制度之一。多年来，专家委员会在政策制定、研究规划确定、安全审评结果的审议以及重大安全问题的决断等方面，为国家核安全局提供了大量的咨询意见，做出了突出的贡献。

第一届核安全专家委员会成立于 1986 年，委员共 25 人，由政府部门和核设施设计、制造、运行单位及高校从事核安全工作并具有较高造诣的专家组成，任期三年。第一届委员会在 1986—1989 年期间共召开了四次会议，主要就核安全政策法规、“七五”核安全科技攻关计划、秦山核电厂和广东核电厂的安全审评进行了审议和咨询。此后，历届委员会在任期内召开会议，就核安全政策法规、民用核设施的审评与监督、核安全科学研究等议题进行讨论和审议。在核安全专家委员会成立初期阶段，由国务院确定的国家核安全局的主要职能包括：负责组织起草、制定有关民用核设施安全的规章和有关核安全法规的审查；对核设施实行严格的安全许可证、核事故应急等管理制度，保证核设施在选址、设计、建造、调试和运行等各阶段均满足核与辐射安全管理的要求，核准核材料许可证，并对反应堆操纵员实行执照管理；对全国民用核设施安全实施统一监督，独立行使核安全监督权，监督核设施活动满足法规和安全许可证所规定的条件，负责核燃料循环设施核安全监督管理，负责核事故应急措施审评和检查，负责核安全技术研究等。

随着核安全监管工作的不断深入，中国核安全监管范围逐步覆盖民用核设施和核活动，参照世界发达国家对核电厂的监管经验，采取了“中央政府直接监管”“从生到死全过程监管”“从业主的组织机构到具体设备的全范围监管”的监管模式，并通过立法明确了要求。国家核安全局要对每个核电厂的选址、设计、制造、建造、调试、运行、退役等进行连续深入的审查和监督。

核安全专家委员会于2005年9月与核环境专家委员会、辐射安全环境专家委员会合并成立核安全与环境专家委员会，后于2019年改革升级为国家核安全专家委员会。国家核安全专家委员会依据核安全法设立，为中国核安全决策提供独立咨询意见，是国家核安全监管组织体系的重要组成部分。国家在制定核安全规划和标准，进行核设施重大安全问题技术决策及相关重要行政许可，应当咨询核安全专家委员会的意见。

四、中国广东核电集团有限公司的成立

1979年11月21日，广东省电力局和香港中华电力公司，在广州东方宾馆就合作在广东省建设核电厂问题展开了第一次会议，共同研究引进外资在广东境内合资建设大型核电厂的可行性问题。广东与香港方面合营建设广东核电厂，按1980年预测大亚湾核电厂年上网电量120多亿千瓦·时，按1千瓦·时电产值5元人民币计算，每年香港和广东地区增加600亿元的产值，这对促进香港和广东地区经济进一步发展具有重要意义。

1980年年底，双方合作编制的经济技术可行性研究报告正式签字。1982年12月13日，国务院常务会议原则批准了广东核电厂可行性报告：国家以贷款方式出资3亿美元股金，建造40亿美元的广东核电厂，经济上经过论证是可行的。1983年，双方各自成立了投资公司，即广东核电投资有限公司和港核投。

1985年1月24日，外经贸部批准广东核电合营有限公司合营合同、公司章程。1月26日，广东核电合营有限公司（简称合营公司）经国家工商行政管理局核准登记注册，获颁营业执照。2月9日，合营公司在深圳举行开业典礼。

1988年1月3日，国务院代总理李鹏考察了合营公司。他在听取了合营公司的汇报后，到施工现场察看了反应堆、汽轮发电厂房基础工程、水线工程等。

李鹏对合营公司汇报的三个问题作了重要指示：关于香港立法局要求成立大亚湾核电厂核安全咨询机构问题。香港方面要求成立核安全咨询机构，可由合营公司聘请具有核工程知识的人士组成。核工业部可选派两名既有丰富核安全知识，又有一定对外工作经验的专家，作为合营公司处理公共关系事务的顾问。

关于与核电厂配套的输变电工程建设问题。应按联网合同要求，抓紧落实建设单位和资金来源，请国家计委协调解决。大亚湾核电厂地处广东，向广东供电，广东省应积极主动，多给予支持。

关于蓄能电站建设与香港中华电力公司合作问题。建设蓄能电站的目的在于调峰调频，保证核电厂安全运行，提高负荷功率因数，降低核电厂发电成本，特别对核电厂投产

后的前 6 年减少亏损有重要意义。为此，要仔细核算蓄能电站的经济效益，然后再确定合作方式。

1994 年 2 月 5 日，李鹏在深圳主持召开第 23 次总理办公会议，决定成立中国广东核电集团有限公司，负责大亚湾核电厂的运行和广东第二座核电厂建设及日后的发展，按照“以核养核，滚动发展”的方针发展核电。中国广东核电集团有限公司在国家计委计划单列。股份组成中，广东省占 45%，中核总占 45%，电力部占 10%。大亚湾核电厂的利润全部用于广东第二座核电厂建设。广东接受 30%的发电量，上网电价 1994 年为每千瓦时 5.5 美分，逐步增加到 6 美分，由全省在售电中分摊。

1994 年 8 月 1 日，国家计委、国家经贸委、国家体改委正式批复，同意中核总、广东省人民政府和电力部共同出资成立中国广东核电集团有限公司；同意以中国广东核电集团有限公司为核心企业，组建中国广东核电集团；同意将中国广东核电集团列入国务院大型企业集团试点。当年 9 月，中国广东核电集团有限公司正式注册成立。

第四节　秦山核电厂实现中国大陆核电“零的突破”

秦山核电厂结束了中国大陆无核电历史，中国成为继美国、英国、法国、苏联、加拿大、瑞典之后能够自行设计、建造首座核电厂的国家。这是核工业在第二次创业中取得的重大成果，是“军转民”的成功典范。秦山核电厂的建成，圆满实现“掌握技术、积累经验、培养人才”的初衷，极大地提升了中国自主发展核电的能力和水平。

秦山核电厂显示了自主开发核电的技术能力，为核电进一步发展打下良好基础。核电建设的重大突破，使核科技工业力量有了新的用武之地，核燃料工业有了新的市场，核科技工业体系伴随核电的发展而不断发展壮大，在国民经济中发挥更大的作用。

秦山核电厂完整地走过从科研开发、设计、建造、设备制造、运行维护和管理的全过程，真正做到“知其然又知其所以然”，拉动核燃料产业，带动机械制造、电子仪表等民族工业整体水平的提升。秦山核电厂培养和输送了一大批科技与管理人才，活跃在以后建成的各个核电厂。

实践证明，党中央、国务院做出加快发展核电的战略决策以及核电建设“以我为主，中外合作”“核燃料立足国内”等重大方针，有远见卓识、完全正确。在此之后，中国一直坚持核电建设不中断，在国民经济建设、优化能源结构、保护环境等方面发挥了重要作用。

秦山核电厂的成功建设，积累了较多的经验：一是坚持自力更生与对外开放相结合；二是坚持科研先行，重在掌握技术；三是始终把安全和质量放在第一位；四是调动各方面积极性，大力协同，团结合作；五是集中统一领导和严格科学管理；六是重视职工队伍建设和加强思想政治工作。

秦山核电厂是中国核工业发展史上的一座丰碑。它记载了中国核电之路艰辛的历程、辉煌的业绩、发展的前景，承载着中华民族自强不息、团结拼搏的民族精神，是中华民族的骄傲，国家的光荣，是中国核工业从“以军为主”到“军民结合”二次创业的光辉典范。

一、秦山核电厂的设计

1982年11月4日，国家经委下发《关于30万千瓦级核电站（代号“728”工程）厂址报告的批复》（经基〔1982〕493号），指出厂区总平面按单堆建设，并预留扩建一个堆的位置。1983年1月14—19日，国家经委基建办在上海主持了秦山核电厂总平面规划设计审查预备会，会议听取了设计单位关于秦山核电厂总体平面布置、海堤工程、厂区给排水、电网连接、核电厂施工场地等规划设计方案和地质情况的汇报，认为总平面规划设计深度不够，要求各设计单位要抓紧补充。

1983年4月25—28日，受国家计委、经委和国防科工委的委托，核工业部在上海召开了秦山核电厂总平面规划设计审查会，经认真讨论，原则通过了总平面规划设计。同年6月，国家计委、国防科工委批准了总平面规划设计。

1983年10月10—22日，核工业部科技委和核工业部科技核电局在上海组织召开了“728”工程扩初设计预审会，会上核工业部科技委主任姜圣阶指出，“728”工程核岛和一回路部分的扩初设计是可行的，是安全的。

1984年1月15—19日，国家计委在北京召开了秦山核电厂初步设计审查会，国家计委、国防科工委和核工业部的领导和有关人员参加。会议认为整个核电厂的设计是成功的，达到了初步设计深度要求，符合安全可靠、经济合理的原则。2月24日，国家计委、国防科工委下发《关于秦山核电厂（“728”工程）初步设计的批复》，原则同意核工业部对秦山核电厂初步设计的预审意见。

秦山核电厂采用国际上技术成熟的压水堆，核发电机组为双水内冷型，装机容量为30万千瓦，最大设计容量33万千瓦，机组设计负荷功率因数为65%，年设计发电量16.5亿千瓦•时，电站设计寿命不短于30年。

1987年5月2—9日，上海核工院邀请美国萨金伦迪公司专家来上海对秦山核电厂最终安全分析报告如何编制开展咨询。1992年，上海核工院18名技术人员分3批赴萨金伦迪公司进行30万千瓦级核电厂商用化改进设计咨询。其中，2人与美方对30万千瓦级核电厂商用化改进设计咨询协议的执行情况进行审核。

秦山核电厂是中国第一座自行研究设计、自行建造的核电厂，从前期研究到建成历时21年。400多项科研试验和攻关项目，为设计、建造、运行提供了可靠的科技依据。工程于1985年3月20日正式开工，1991年12月15日正式并网发电。秦山核电厂的建成发电结束了中国大陆无核电的历史。秦山核电厂的成功建设，促使中国初步建立了核电研发体系、核电设计标准体系、核电设计与管理体系、核电安全审评体系、核电材料体系、核电人才体系和核电设备制造体系等，对中国核电发展起到奠基作用。

上海核工院是秦山核电工程建设总体院，负责核岛设计，并参与或配合土建施工、设备制造、设备采购和安装调试、安全分析工作。

秦山核电厂的设计、建造成功，显示了中国自主开发核电的技术能力，为中国逐步实现“四自”（自主设计、自产设计、自主建造、自主营运）目标、积极发展民族核电奠定了坚实的基础，同时，也为中国出口核电项目创造了条件。

二、核电设备的研制

秦山 30 万千瓦级核电厂有各种设备 5000 项，约 24000 台件，其中非标准设备 540 项、4576 台件；非标准电气仪表设备 1938 项、11091 台件；进口设备 105 项、925 台件。非标准设备、仪器仪表，按其设计和制造上的技术难度分为三类。第一类设备共 15 项，分别为反应堆压力容器、堆内构件、核燃料组件、控制棒驱动机构、蒸汽发生器、稳压器、主冷却剂泵、离心式上充泵、主安全阀、主管道、环形吊车、装卸料机、应急柴油发电机组、饱和蒸汽汽轮机和主发电机，这些设备设计和制造难度非常高；第二类设备共约 50 项，主要有核二、三级泵，核级热交换器，核岛主要箱体、核级碘吸附器，核安全一、二级主要阀门，电气贯穿件，电气仪控设备等，这些设备设计和制造难度比较高；第三类设备基本上与常规的化工机械设备相同，但增加了核安全上的特殊要求，如抗地震、耐辐照等，这类设备只需在现有的工业水平上加强质量管理便能达到，它们在非标设备中占大多数。

第一类和第二类设备（主设备和主要辅助设备）的性能指标能否达到预定要求、安全可靠地运行，是核电厂成败的关键。

秦山核电厂的设备设计共经历了自 1975—1987 年的 10 余年时间。秦山核电厂 15 项主设备中，国内自行研制 9 项，从国外进口 6 项。主设备的设计情况如下。

（1）核燃料组件在堆芯中处于高温、高压、含硼水、强中子和 γ 射线辐照、腐蚀、冲刷和水力振动条件下长期工作。燃料组件性能好坏直接关系到反应堆的安全、经济性和先进性。秦山核电厂燃料组件采用无盒元件、弹簧定位格架、束棒控制等现代压水堆核电厂的结构形式，按 15×15 排列成正方形栅格，采用三种丰度的分区装换料方式，最大燃耗为 500 万千瓦・日/吨铀。

1984 年 4 月召开的燃料组件技术设计审查会认为，各项科研结果验证了技术设计是可行的。燃料组件由国营 812 厂承担研制。

（2）反应堆压力容器是核电厂反应堆冷却剂压力边界屏障中的重要设备，属核安全一级设备，要求在各种运行工况和试验条件下结构均能保持完整，不发生容器损坏和放射性物质的泄漏。反应堆压力容器是一个圆柱形容器，壁厚达 175 毫米，个别部位达 420 毫米，母材为 A508－Ⅲ钢。为避免高通量中子辐照，采用无纵焊缝的环形锻件，容器内部与介质接触表面堆焊抗腐蚀的不锈钢和镍基合金衬里。顶盖筒体之间用表面镀银的自紧式 O 形环来密封。

鉴于当时国内制造厂生产制造能力和大型锻件的制造技术的限制，秦山核电厂反应堆压力容器从日本三菱公司进口，该设备设计和计算分析工作由上海核工院完成。

（3）堆内构件由吊兰部件、压紧部件、辐照监督管及堆内测温装置等组成。设计按ASME－Ⅲ规定中有关规定进行了全面的应力分析计算，包括零部件的强度、刚度、热应力、水流振动、地震及失水事故下的应力与应变和热瞬态应力分析。

在堆内构件设计中，还进行了有关部件的强度和刚度试验、固有频率和振动试验、水流振动试验、流量分配试验、高温疲劳试验、连接件防松动试验，驱动线对中试验等，为设计提供依据。堆内构件由上海第一机床厂制造。

（4）控制棒驱动机构由五个部件组成，它们是驱动轴部件、钩爪部件、耐压壳部件、磁轭部件和棒位指示部件。整个机构支承在压力容器顶盖管座上，密封壳与管座用螺纹连接，并用"Ω"密封焊接。

秦山核电厂采用磁力提升式控制棒驱动机构，用磁力提升、下降控制棒，靠重力快速下落控制棒，以达到安全启动、调节反应堆功率及安全停堆的要求。控制驱动机构由上海先锋电机厂制造。

（5）秦山核电厂采用立式自然循环蒸汽发生器，它由两大部分组成，下部为立式倒U形管蒸汽发生器，由2977根800合金U形管组成管束，上部为装有汽水分离装置的上筒体组件。

蒸汽发生器的设计，吸取了国外在蒸汽发生器管子材料、结构设计、热工水力设计及水化学和水处理的设计经验，同时，开展设计分析和科研试验，进行了热工水力分析和流体引起的振动分析，按美国ASME规范核一级设备的规定进行了应力分析。1985年蒸汽发生器请意大利BREDA公司进行设计咨询。蒸汽发生器由上海锅炉厂制造。800合金传热管由于国内研制攻关难以在短期内达到，因此，从瑞典山德维克公司进口。

（6）稳压器是一只立式圆筒形高压容器，底部通过波动管与反应堆冷却剂系统的热段相连，功能是调节反应堆冷却剂系统的压力，为反应堆冷却剂系统提供超压保护。当反应堆冷却剂容积发生变化时，通过波动管波动流入或流出稳压器。稳压器下封头设置电加热器，使容器中一部分水被加热汽化，控制压力降低；稳压器顶部设有喷雾器，通过喷雾管与反应堆冷却剂系统冷段相连，使过冷水雾化喷入容器，控制压力升高。顶部还设有卸压阀和主安全阀，起超压保护作用。

稳压器由上海锅炉厂制造，其中电加热器从日本三菱公司进口。

（7）反应堆冷却剂泵（简称主泵）是压水堆核电厂的核心设备，它把反应堆中产生的热能传至蒸汽发生器，以产生蒸汽，驱动汽轮机做功。主泵是否可靠运行直接关系到核电厂安全。秦山核电厂在四环路设计方案时，主泵主要进行了模型泵水力试验和轴密封试验。设计方案由四环改为二环后，又根据二环方案进行了模型泵水力试验、轴密封试验及推力轴承试验。

由于主泵的设计研制技术难度大（例如轴密封技术等），国内一时难以达到，因此，秦山核电厂主泵采用德国KSB公司设计制造的RER700型轴密封型反应堆冷却剂泵。

（8）离心式上充泵为小流量、高扬程离心泵。其转速在20000转/分以上，由于高速，轴向力平衡问题，机械密封和转子振动问题成为技术关键。由于技术难度大，秦山核电厂的离心式上充泵从德国 KSB 公司进口。

（9）反应堆冷却剂管道（简称主管道）包括直管、三通、弯头及其附件。直管内径 700 毫米，壁厚 65 毫米，三通壁厚 98 毫米，弯头壁厚 78 毫米，曲率半径 1300 毫米。材料为奥氏体不锈钢。

国内曾对主管道进行过研制，由上海重型机器厂采用自由锻造工艺方法研制出直径 550 毫米、外径 670 毫米、长 2.5～4 米不锈钢直管，并选用整体冷冲压制工艺对弯管进行研制。由于制造进度和造价等原因，最后决定从法国 FAM 公司进口主管道，采用铸造成形工艺。

（10）主安全阀是主系统超压保护最终手段。当系统压力上升到某一给定值时，安全阀自动开启，将稳压器蒸汽空间的高压蒸汽排向卸压箱。上海核工院曾与上海阀门厂一起对秦山核电厂的主安全阀进行研制攻关，并建造了阀门热态试验台架，但由于主安全阀技术难度大，研制进度赶不上，因此，秦山核电厂主安全阀从日本冈野阀门厂进口。进口的主安全阀为单进口、对称双排口、弹簧加载直接作用式安全阀。

（11）装卸料机是为反应堆装入、卸出和倒换核燃料组件所用。由于装卸乏燃料需在水下 11 米深处进行，而且反应堆中相邻燃料组件之间距离仅有 1 毫米，燃料组件的操作又需要有严格的保护措施，因此，对装卸料机设计研制提出很高的技术要求。

装卸料机主要由行走机构（包括桥架和小车）、装卸机构（内、外套筒和抓取机构）、提升机构和电气控制保护系统等组成。装卸料机设计采取抗地震结构措施，进行抗地震性能验算，并通过 1:1 样机性能试验对设计进行验证。装卸料机由上海起重运输机械厂制造。

（12）环形吊车是安全壳内主要起重设备，主要用途是在反应堆装换料时用来吊装压力容器顶盖、压紧组件及吊兰部件设备，也作为核电厂主设备安装、运行检修和更换旧的起重设备。由主提升机构、桥架、小车及电气控制等部分组成。

上海核工院曾与上海起重运输机械厂、上海电器厂一起对环形吊车进行过研制攻关，但因当时国内在环形吊车的多重保护和电气控制等设计制造上存在困难，因此，由上海核工院提出设备规范书和技术要求，该设备从德国 PWH 公司进口。

（13）核电厂应急柴油发电机组是在一回路失水、全厂断电等情况下，向堆芯提供冷却和保护核电厂安全停闭所需的应急电源装置。秦山核电厂设置三台功率为 2000 千瓦的柴油发电机组。当发生全厂断电时，柴油发电机组立即自启动，12 秒内达到额定电压和频率，并在 40～60 秒内按预定逻辑程序带上安全设施的有关负荷。

1980 年 9 月，在大连内燃机研究所进行了联合试验，试验结果表明，热机快速启动时间均在 10 秒以内，承载能力、调整特性与转速波动率均达到设计要求。柴油机由大连机车车辆厂制造，发电机由上海电机厂制造。

（14）秦山核电厂饱和蒸汽轮机（简称汽轮机）由上海汽轮机厂设计研制，该厂在引进美国西屋公司 30 万千瓦和 60 万千瓦火电机组基础上进行模块设计，采用全速（3000 转/分）机组。针对核电厂蒸汽湿度大的特点进行改进，从西屋公司进一步引进了缸内除湿技术和缸外汽水分离再热技术。调节控制系统采用西屋公司的 DEH－Ⅱ型数字电液控制系统。

（15）秦山核电厂主发电机采用上海电机厂自行开发研制成功的双水内冷发电机。其铭牌功率为 31 万千瓦，在 20℃冷却水温时最大连续功率 33 万千瓦。

此外，秦山核电厂主要辅助设备约 50 项，有重要的核级泵、热交换器、箱体、阀门，通风、净化设备，重要的电气设备，功率调节、控制保护、检测仪器仪表，人员闸门、设备闸门及二回路主给水泵、冷凝器等主要辅助设备。其中，由国内自行设计研制 40 项，从国外进口 10 项。

三、工程土建与设备的安装

从 1983 年开始，在国务院“728”工程办公室主持协调下，有关部委及所属 50 多个单位承担设备供货，另从美国等 11 个国家进口部分设备，占设备总数 5%、总投资 30%。燃料组件由上海“728”工程设计院设计，核工业 812 厂制造。

1985 年 3 月 20 日，核岛主厂房底板浇筑第一罐混凝土，标志着秦山核电厂主体工程开工。负责土建施工的核工业二二、二七建设公司，采用多级网络管理方法控制工程进度，通过自检和专业部门检查相结合控制质量。

主要设备按质保大纲要求，开展设备监造和采购。核工业二三安装公司负责核岛设备安装，浙江省火电建设公司负责常规岛设备安装。1987 年下半年开始常规岛设备安装，经统计，核岛与常规岛安装工程合格率 100%、核岛优良率 91%、常规岛 98% 以上。

1989 年 2 月 13 日，国务委员邹家华考察秦山核电一期工程，并题词“国之光荣”。

1989 年 6 月，成立以秦山核电公司和上海核工院为主体的联合调试队。调试队在 1991 年年底前共完成 218 项调试项目，取得一回路主系统水压试验一次成功等“六个一次成功”。

1991 年 12 月 15 日，秦山核电一期工程 30 万千瓦级核电机组成功并网发电，从而结束了中国大陆无核电的历史，实现了“零的突破”，开辟了核工业服务于国民经济建设的新天地。

1994 年 4 月 1 日，秦山核电厂投入商业运行。

1995 年 7 月 13 日，由国家计委等部委和单位组成的国家验收委员会，经专家研判和现场检查后认为，秦山核电一期工程技术先进，质量优良，运行安全可靠，经济效益良好，主要性能达到设计要求。国务院总理李鹏发来贺信，国务院副总理吴邦国到会并讲话，对秦山核电厂的建设成功给予充分肯定[1]，并题词“中国核电从这里起步”。

---

[1]《先进安全清洁经济秦山核电站通过国家验收李鹏致信祝贺吴邦国出席并讲话》，《人民日报》，1995 年 7 月 14 日，第 1 版。

四、系统设备的调试运行

在秦山核电厂早期运行中，由于是原型堆，设备故障率高，由设备原因引起的非计划停运、非计划降功率事件多。负责核电厂安全运行的秦山核电厂针对机组运行状况，坚持自主创新，变被动为主动，加大资金投入，通过持续不断地技术改造和创新，使设备系统可靠性、机组整体安全性和经济性得到大幅度提高。

1982 年 4 月，“728”工程建设处成立生产准备组。同年 6 月，“728”工程筹建处召开会议，研究总体规划和机构设置、人员编制、工种配备、生产运行管理等问题。1983 年 1 月 19 日，秦山核电厂设立生产准备处。生产准备处主要任务是全面负责生产准备工作，是一个过渡性机构，负责了解和掌握工程设计情况以及负责核电厂投产运行前的全面准备和生产管理等工作。

1984 年 7 月，在上海莘庄召开“秦山核电厂控制网络图调整会议”，至此，生产准备工作已紧迫地提到议事日程。秦山核电厂在并网以后的任务是明确的，但是否承担调试任务尚未明确。因核电厂调试是一项技术复杂、要求很高的任务，是否承担这项任务对生产准备工作影响很大。为了不使工程延误，秦山核电厂在 1984 年 8 月 26 日向核工业部科技核电局上报《关于生产准备工作急需明确任务的报告》，请科技核电局将任务范围予以明确。同年 9 月 13 日核工业部回文，明确有关任务的分工：上海核工院负责编制秦山核电厂调试和启动工作大纲，报部审批后作为调试、启动技术准备、人员培训及制定实施计划的依据，并参加、协助调试、启动有关工作；秦山核电厂全面负责核电厂调试、启动准备工作及分系统、全厂联动调试和启动等工作。之后，生产准备处根据核工业部对厂生产准备工作分工的要求，开展了核电厂调试、启动准备工作。

1985 年 5 月 30 日，核电厂向核工业部劳动工资司提交了《关于建立三部一处生产机构的报告》，报告是根据核电厂生产准备工作的需要和参照国家核安全局推荐的核电厂安全导则而提出的。同年 6 月 28 日，核电厂根据核工业部《关于秦山核电厂生产准备若干问题的通知》（核科字〔1985〕172 号）的精神，设立了运行部和生产技术部等三部一处的生产机构，负责生产准备和今后生产工作，同时撤销生产准备处。鉴于核电厂的特殊性，运行部和生产技术部的负责人通过资格审查和考核后须报请科技核电局批准。同年 9 月 2 日，核电厂成立调试总体组，调试总体组依据设计院提供的调试大纲及有关设计文件组织核电厂调试启动工作。同年 11 月，核电厂召开启动调试准备工作讨论会。工程现场指挥部、上海核工院、秦山核电厂、中国核工业二三建设公司等 50 人参加了会议。会议由科技核电局主持。会上首先听取了上海核工院关于几个典型系统调试大纲（含管道冲洗及试压部分）的介绍，然后进行讨论。最后明确了各单位的责任，明确了秦山核电厂负责各系统的操作工作。

1986 年 3 月，党组决定秦山核电厂划分为秦山核电厂工程指挥部和秦山核电厂两个独立的规格相同的企业。明确秦山核电厂是营运单位，对核电厂的安全、稳定运行负全面责任，其上级主管部门为核工业部科技核电局。同年 4 月，科技核电局在北京主持召开了秦山核电厂生产准备会议。干部司、计划司、劳资司、基建办、秦山核电厂和上海核工院等单位参加了会议。会议听取了核电厂1985年生产准备工作及1986年生产准备工作打算的汇报。会议认为："按照总的工作安排，要求1986年秦山核电厂生产人员应配备到定员的60%，但目前实际进厂生产人员仅占定员的30%，已严重影响了生产准备工作的正常进行"。同年7月4—5日，核电厂召开了物理启动大纲评议会。会议重点讨论了实验项目、实验设备仪器和实验准备工作。7月7—19日，在国际原子能机构的支持下，核电厂举办了物理启动和管道冲洗研讨会，工程指挥部、上海核工院、二三公司等单位60多位技术人员参加了会议。

五、主要里程碑节点和技术改造项目

（1）一回路主系统水压试验一次成功。1990年11月5日凌晨3时5分。秦山核电厂一回路主系统水压试验一次成功。试验压力为21.9兆帕，停留17分钟后，再降至17.5兆帕，对压力壳外侧O形环、400多个焊缝、人孔、隔离阀等处进行检查，无一泄漏。说明系统、设备耐压和密封性能优良。国家核安全局、中核总核电局派人现场监督，并签字认可。

（2）汽轮机冲转试验一次成功。1991年3月27—29日，汽轮机冲转试验一次成功。按照预定程序，整个试验分600转/分、1200转/分、3000转/分三个台阶进行。根据国际惯例，一般均采用燃煤（油）锅炉的蒸汽进行汽轮机冲转。根据现场实际情况，调试组在认真调研的基础上，决定采取在无调试燃油（煤）锅炉的条件下，利用主泵转动及稳压器电加热器的能量转换所产生的非核蒸汽进行冲转新技术。3月29日19时50分，汽轮机在额定转速3000转/分情况下，稳定运行6分钟。该技术当时属国内首创，不仅节省了建造燃煤（油）锅炉所需的资金，节省时间，还为今后推广应用提供了重要依据。

（3）安全壳密封强度试验一次成功。1991年6月1—7日，安全壳密封试验一次成功。6月1日7时5分开始升压，至5日8时达到了最高试验压力。经冶金部建筑研究总院对结整体性能试验测定，安全壳最大变位为9.1243毫米，在设计允许值以下，结构施工也达到设计要求。6月7日20时30分，反应堆安全壳整体泄漏率试验顺利完成，经检测，一昼夜泄漏率仅为0.46‰（试验最大容许量为1.65‰），符合设计要求。在0.26兆帕表压和设计压力下测得安全壳泄漏率仅为每天标准0.04%的28%，并经附加的验证试验证明，测试结果精确可靠，证明安全壳建造质量良好，密封性能达到国际先进水平，强度完全符合核安全要求。

（4）首次装料一次成功。秦山核电厂核燃料是用低浓度铀（铀235＜3%）制成的燃料组件。首次装入堆芯的燃料组件共121组。

1989年8月30日，核电厂向国家核安全局提交了秦山核电厂首次装料申请书，随后按商定的计划陆续提交了7个附件。国家核安全局对申请和所提交的文件进行了深入、细致的审评。1991年6月，国家核安全局在秦山现场检查后认为秦山核电厂基本满足核安全法规所规定的装料条件。7 月 26 日，在国务院副总理邹家华主持下，国务院核电领导小组听取了国家核安全局、中核总的汇报，批准向核电厂颁发装料许可证。7 月 30 日，国家核安全局向公司发放“秦山核电厂首次装料批准书”（国核安证字第 9103 号）。

1991 年 7 月 30 日晚，在秦山核电厂会堂召开了“首次装料誓师大会”。会上，核电厂代表向中国第一代民用核设施的 33 名操纵员和 13 名高级操纵员颁发了证书。

燃料组件是核电厂压水堆释放能量的核心部件，高 3.5 米，四边等宽 199.5 毫米，重约 500 千克。压力容器内各组件之间的距离仅有 1 毫米，装料过程不允许碰撞、挤压和拉伤。可见，装料是一项技术性很强、操作难度很大的工作。

根据《首次堆芯装料试验》规定，事先对物理、装料操作、装料监督及化学分析等专业人员进行培训，编制了《首次装料试验管理制度》。1991 年 7 月 31 日下午 4 时，核电厂总工程师、装料总指挥下达装料命令，29 名装料队员经过 8 个多昼夜的操作，至 8 月 8 日 22 时 36 分，在燃料组件模拟板上安放了最后一块模拟组件标牌，标志着首炉 121 组燃料组件全部安全装入反应堆。

（5）临界试验一次成功。临界试验的目的是验证反应堆的物理特性，评估反应堆的运行能力，确保反应堆运行在设计要求的范围内。1991 年 10 月 23—26 日，首次临界现场检查会在秦山召开。检查组由国家核安全局多名专家组成，检查组认为秦山核电厂自首炉装料后，各项工作有了很大改进，已基本具备临界条件。

1991 年 10 月 29 日 15 时 40 分，反应堆进行临界试验仅用 2 个多小时就准确测定了临界点，至 10 月 31 日 10 时 50 分达到首次临界，历时 43 小时，整个试验圆满成功。

首次临界成功后，反应堆进入零功率物理试验阶段。该阶段有 26 个实验项目，主要目的是验证设计与最终安全分析报告中对一些事故分析的假设条件，以便为今后反应堆正常运行提供依据。整个实验阶段比计划提前 5 天结束。

（6）并网发电一次成功。1991 年 12 月 14 日 23 时 50 分，为保证正常运转而安排的第 3 次虚拟并网获得成功。12 月 15 日 0 时 15 分，华东电网总调度发出许可秦山核电厂 1 号机组发电的指令，当晚主控值长举起话筒大声下达并网指令，操纵员果断按下启动按钮，刹那间一股强大电流并入华东电网，并网发电获得成功。1991 年 12 月 18 日，国务院总理李鹏致电秦山核电厂祝贺首次并网成功。

（7）秦山核电厂的技术改造。秦山核电厂每年投入技术改造资金数千万元，平均每年完成 130 多项技改项目。第 10 次和第 11 次大修期间实施反应堆压力容器顶盖更换、反应堆保护系统数字化改造、发电机定子局部改造、棒控棒位系统改造等 20 余项特重大技术改造。第 18 次完成主控制室盘台屏 PSR[1]弱项整改、非 1E 级过程控制仪表更换、常规岛设备更新等核安全或机组整体控制性能相关的重大工程改造项目。

[1] PSR：即 Periodic Safety Review，对在运核电站现状的定期审查，是国家核安全局对在运核电站现状的一个定期审查，其可通过法规 HAD102 进行。

六、秦山核电厂通过安全审评

为确保秦山核电厂建设的安全和质量，国家决定对秦山核电厂进行追溯性审评。秦山核电厂追溯性审评是国家核安全局成立后首次参照国际模式开展的核电厂审评项目，具有重要意义。对已开工的核电项目进行追溯性审评，既是对中国新创立的核安全法规体系、审评机制和审评能力的一次检验，又是对核电工程安全水平的一次再评估，培养和历练了技术队伍，为后期工作的顺利开展奠定了基础。对于核工业界来说，秦山核电厂追溯性审评过程中建立的安全分析报告和审查程序，也为中国核电技术出口铺平了道路。秦山核电厂是中国自行设计和建造的30万千瓦级压水堆原型核电厂，于20世纪70年代初期开始前期工作，1981年11月立项，1983年现场开始三通一平，1984年2月批准初步设计，并于1985年3月浇注第一罐混凝土。国家核安全局于1986年对秦山核电厂进行了有关厂址和建造的追溯性安全审评，审评范围包括22个方面，84个技术要点。北京核安全审评中心等技术后援单位，按照中国已有的核安全法规，参考美国核管理委员会（NRC）的标准审评大纲，对所提资料进行了认真的审评，并通过多次专题审查会，完成了秦山核电厂追溯性安全审评。国家核安全局于1987年7月发送了秦山核电厂追溯性安全审评报告。在此之后，审评和监督工作随工程进展继续进行。1989年9月4日国家核安全局召开动员大会，全面进入对递交的秦山核电厂最终安全分析报告的审评。除上海监督站常驻监督员和站的定期非定期现场监督外，国家核安全局每年都要组织专项或全面检查，包括质保、施工质量、不符合项、设备验收、调试启动以及应急中心等。1991年8月2日国家核安全局局长在现场向秦山核电厂颁发首次装料批准书，同时批准最终安全分析报告。《秦山核电厂最终安全分析报告的安全评价报告》（NNSA－0031）于1992年8月出版发布。

为妥善解决秦山核电厂的堆芯吊篮问题，1998年9月下旬，秦山核电厂向美国西屋公司、德国ABB公司、法国法马通公司和日本三菱公司发送招投标邀请书。10月下旬，经过对4家国外公司提供的技术方案、修复时间及合同价格的比较，最终选择了美国西屋公司方案。1998年12月8日，秦山核电厂在北京与西屋公司正式签订吊篮修复合同。1999年3月13日，国家核安全局在北京召开“秦山核电厂堆芯吊篮问题核安全监督协调会”。1999年3—6月，秦山核电厂按要求提交了安全审评所需的全部文件。4—6月，秦山核电公司先后接受了国家核安全局对吊篮问题的三次安全审评对话。为加快修复进度，美国西屋公司提出24小时倒班作业方式，公司有关专业人员和检修人员积极配合，首开24小时倒班作业先例。

1999年6月18日，修复工作全部结束。经国家核安全局检查，认为修复活动质保控制有效，吊篮修复工作圆满完成。1999年6月24日，国家核安全局下发《关于释发秦山核电厂堆芯吊篮入堆控制点的通知》（国核安发〔1999〕45号）。1999年7月8—9日，核安全专家委员会第16次会在北京召开，国家核安全局根据专家组的审评意见及现场的修复检查结果，认为吊篮修复方案及修复过程基本满足核安全要求，建议在满足装料和恢复运行的其他核安全要求后释放装料控制点。7月9日23时，修复后的吊篮顺利返回堆内。

1999 年 8 月 6 日，经国家核安全局批准，秦山核电厂开始装料。9 月 2 日，国家核安全局宣布：秦山核电厂 30 万千瓦级核电机组已具备临界条件，同意释放临界控制点。9 月 16 日上午 10 时 28 分，秦山核电厂第 4 次换料大修在停堆 14 个月后，再次并网发电。这次吊篮故障给秦山核电公司经济效益造成了较大的损失，但从长远利益来看，解决了一个重大设备隐患，为今后的安全运行创造了有利条件。

第五节　大亚湾核电厂——改革开放的成功典范

1978 年 4、5 月间，广东省委书记王全国随谷牧副总理出访西欧后，就产生了“在广东建设核电厂”的构想。可是，摆在面前的却是没有资金、没有技术、没有设备、没有人才、没有经验的现状。这一年的 12 月 4 日，适逢中法两国政府即将签订一项为期 7 年的关于“发展经济关系和合作”的长期协定，邓小平会见了法国外贸部部长让·弗朗索瓦和夫人一行。邓小平在回答法国记者的问题时表示：中国已决定向法国购买两座核电厂设备。这是邓小平在中国改革开放初期，提出引进国外先进技术、设备和资金，加快中国核电发展步伐的重要举措。

1980 年前后，香港的电力供应曾一度紧张，为抓住此商机，水电部和广东省政府计划在靠近香港、广州、深圳等电力负荷中心的深圳市大鹏镇境内建设一座核电厂，因选址临近大亚湾畔，故命名为大亚湾核电厂。该核电站为中国大陆与香港中华电力公司合资建设（港方股份 25%），并将所发电力的大部分售予香港。但在筹备期间，中国政府和英国政府商讨香港最终归属等事件，而延迟了核电厂的建设。

大亚湾核电厂是中国大陆建成的第二座核电厂，也是大陆首座使用国外技术和资金建设的核电厂，位于中国广东省深圳市大鹏新区大鹏半岛。1994 年投入商业运行，是中国第一座大型商用核电厂。此后，在大亚湾核电厂之侧又建设了岭澳核电厂，两者共同组成一个大型核电基地。

大亚湾核电厂作为中国改革开放的产物，是中国进口国外核电厂成套主设备、建造技术和管理经验，建设和运营的第一个百万千瓦级核电厂。1994 年 2 月 1 日，大亚湾核电厂 1 号机组正式投入商业运行，标志着中国第一座大型商业运行核电厂正式建成。

1996 年 12 月 17 日，大亚湾核电厂工程通过国家验收，正式交付生产运行。国务院总理李鹏发来了贺信。李鹏在贺信中说，大亚湾核电厂两台百万千瓦级核电机组顺利通过国家验收，标志着大亚湾核电厂建设和安全生产获得了全面成功。李鹏说，它的成功，开创了我国利用外资建设大型能源基础产业项目的新路子，对中国核电事业的起步、培养技术队伍、掌握核电技术起了重要作用，为广东核电发展打下了良好的基础。[1]

---

[1] 《大亚湾核电站工程通过国家验收李鹏致信祝贺》，《人民日报》，1996 年 12 月 18 日，第 1 版。

一、前期谈判过程

1978 年，广东省委书记王全国随国务院副总理谷牧出访西欧后，萌生了“在广东建设核电厂”的想法，以此解决广东缺电问题。可是，在没有资金、技术、设备、人才和经验的情况下，如何建起一座核电厂？

同年 12 月 4 日，适逢中法两国政府即将签订一项为期 7 年的关于“发展经济关系和合作”的长期协定，邓小平会见了当时的法国外贸部部长一行。在回答法国记者的问题时，邓小平表示，中国已决定向法国购买两座核电厂设备。这是邓小平在改革开放初期，提出引进国外先进技术、设备和资金，加快中国核电发展步伐的重要举措。

1979 年 5 月，正在广东省为筹建核电厂愁眉不展时，美国国际核能公司总经理出访广州时带来一个全新的方案——在广东省建设核电厂，把部分电量卖给香港，以取得的外汇偿还建设核电厂所欠外债。

这个方案让正为广东缺电而寝食难安的王全国大喜过望，脑海中迅即闪过“不谋而合”4 个字。对于深圳特区建设，邓小平给的指示是：“杀出一条血路来”，而“借贷建设、售电还钱、合资经营”正是在当时国家财政困难形势下，一条解决核电厂起步建设资金和外汇问题的“出路”。这条路，犹如电石火花，让广东省看到了率先建设核电厂的曙光。

从 1979 年开始，粤港双方以“中外合资经营”为基础，开始共同推进大亚湾核电厂的工作。在当时许多人还在为“姓资姓社”争论不休时，大亚湾核电厂大胆引入外资建设，备受关注。与此同时，大亚湾核电厂采用的“借贷建设、售电还钱、合资经营”模式，打破了此前中国重大项目均由国家投资的模式，在重大项目投资领域开辟出了一条崭新的道路。

1984 年，大亚湾核电厂正开展前期工作，现场一片开山填海的繁忙景象。1 月份，邓小平考察深圳期间作出指示：“深圳要办好两件事，一是建设核电厂，二是办好深圳大学。深圳核电厂的同志要加倍努力，把工作做好！”

1985 年 1 月 18 日，广东核电厂合营合同签字仪式在人民大会堂举行。次日，邓小平亲自会见了参加签字仪式的香港中华电力董事局主席嘉道理勋爵。[1]

会谈中，邓小平指出，大亚湾核电厂是中外合资的最大一个项目，这是了不起的事情。这个项目的意义，不仅是最大的合作项目，而且对香港的繁荣和稳定，以及增加香港人的信心起到重要作用。这个项目协议的签订，不但在 7 年建设过程中，而且在 1997 年以后还会产生影响，把内地和香港的经济联系得更紧密了。

邓小平与嘉道理约定，“再过 7 年，你 93 岁，我 87 岁，开一个庆祝会，用这个合作项目作为我们对外开放的典范。”这个“世纪之约”，虽因嘉道理勋爵去世而未能实现，但这次真挚而友好的交谈，在中国核电发展历史上写下了感人至深的一笔。

---

[1] 《邓小平会见嘉道理祝贺广东核电站合同正式签字　开放政策不会导致资本主义　社会主义比重将始终占优势》，《人民日报》，1985 年 1 月 20 日，第 1 版。

1985 年 2 月 9 日，广东核电合营有限公司（简称合营公司）举行了开业典礼，改革开放初期中国最大的中外合资企业、最大的混合所有制企业由此诞生。

1985 年 7 月 6 日，在关系到大亚湾核电厂是否建设的关键时刻，广东核电合营有限公司董事长致电国务院领导，力陈“建设大亚湾核电厂的坚定态度”，并于次日一早又向中央发了第二封电报。国务院副总理李鹏立即将这一情况报告邓小平。7 月 10 日，邓小平指示，中央领导对建大亚湾核电厂没有改变，也不会改变，中央充分注意核电厂的安全问题。7 月 11 日，邓小平再次指示：“建核电厂不能改变。”

随后，在中央及国务院的正确决策和合营双方共同努力下，大亚湾核电厂建设按既定计划继续推进。建成后的大亚湾核电厂，75%的电力供应香港，25%供应内地，电力销售收入主要是外汇，且电价不错，对偿还外债非常有利。此外，核电厂还建有配套的广州从化抽水蓄能电站，大幅度增加了高峰电出力，保证了安全高效运行，企业获得良好的经济效益。大亚湾核电厂此后运行 15 年，每年实现利润 50 亿元人民币，按照出口信贷合同履约安排，按时还清全部外债本金和利息共计 53 亿美元，双方股东也获得了丰厚的利润回报。

二、“三大合同”的签订

大亚湾核电厂三大合同（核岛设备和燃料组件供应合同、常规岛设备供应合同、工程技术服务合同）从 1984 年开始技术、商务和价格谈判，1986 年 9 月签订合同。核岛设备由法国法马通公司（Framatome，FRA）供应，常规岛设备由英国通用电气公司（General Electric Company，GEC）供应，工程服务（包括总体设计）由法国电力公司（Electricite De France，EDF）承担。经过招标，1987 年 9 月签订土建合同，核岛、常规岛土建施工由 HCCM 集团[1]承包，3 个安装合同和海上工程合同于 1988 年签订，核岛安装由法国法马通、斯必巴蒂诺集团（FRA/SB）总包，中国核工业总公司第二十三公司分包；常规岛安装由山东电力建设公司总包，英国通用电气公司提供技术服务，辅助设备安装由东北电建一公司承包，常规岛部分安装由山东核电集团公司承担。美国柏克德公司承担核电工程质量保证顾问。

1985 年 1 月 18 日，广东核电合营有限公司合营合同签字仪式在北京人民大会堂举行，广核投和港核投在北京签署了合营文件。以香港中华电力有限公司董事局主席嘉道理为首的香港代表团参加了签字仪式。国务院副总理李鹏以及各部委领导出席了签字仪式。合营文件包括合营公司合营合同、公司章程、广核投与港核投间核电转售合同、合营公司向广核售电合同（甲）和合营公司向港核投售电合同（乙）。合营文件的签字标志此项目取得了实质性的进展。合营合同阐明，双方在广东省境内合资经营合营公司，由合营公司在大亚湾地区建造与运行一座具有先进技术水平的压水堆核能发电站，为广东省和香港地区提

[1] HCCM 集团，是指由中国华兴公司、法国 C.B.公司、中国建筑第二工程局、日本前田公司代表组成的联合体，其中，H 代表中国华兴公司，第一个 C 代表法国 C.B.公司，第二个 C 代表中国建筑第二工程局，M 代表日本前田公司。

供经济发展所需的电力支持。

1985 年 1 月 19 日，邓小平在北京人民大会堂会见了以香港中华电力有限公司主席嘉道理为首的港核投代表团。嘉道理说，“我希望我们的合作道路能继续走下去，希望能看到这个项目的合作成果。”邓小平说，“你可以放心，中国的对外开放、吸引外资政策，是一项长期持久的政策。”邓小平高瞻远瞩，对广东核电厂项目倾注了满腔热忱。从酝酿筹建、可行性研究，到合营合同谈判，自始至终给予了极大的关心和支持。这是因为广东大亚湾核电厂是中国改革开放的产物，是中国坚定不移走向世界的象征。

和平利用核能技术，是新中国第一代领导者、老一辈革命家的宏大心愿。在深圳建设商用核电，是党和国家一项重大的战略部署。建设广东核电厂要始终贯彻安全第一、质量第一的方针，要建立完整的科学质量管理系统，要在保证质量的前提下，保证进度，把“严”字当头作为广东核电合营公司的指导思想和座右铭。在三大合同及其他重要合同签字后，公司工作的重点要转移到管理上去。

三、大亚湾核电厂的建设与运行

1983 年 10 月，筹建办公室陆续从广州迁往蛇口，同时开始了现场“四通一平”[1]工程的筹备工作。

1984 年 4 月 2 日，大亚湾核电厂正式动工开挖土石方。紧接着，35 千伏变电站于 12 月份投入运行，工地开始正常供电；大坑水库开始施工，为现场提供充足的淡水水源；工地微波站建成，深圳核电大厦和工地通信联网成功，电话可从工地直拨全国各大城市和世界各地。

1986 年 3 月，中央决定核电由水电部主管改为核工业部主管，大亚湾核电厂建设任务全部移交给核工业部，广核投公司划归核工业部主管。

1987 年 8 月 7 日，大亚湾核电厂 1 号核岛基础浇灌第一罐混凝土，主体厂房土建工程开始。1988 年 4 月 7 日，大亚湾核电厂 2 号核岛基础浇灌第一罐混凝土（FCD）。1988 年 1 月 6 日，国家核安全局向合营公司颁发了广东核电厂建造许可证，现场施工全面展开。

1989 年 9 月 21 日，大亚湾核电厂 1 号机组完成穹顶吊装，标志着机组主体厂房土建工程结束，安装工程全面展开。1990 年 5 月 3 日，大亚湾核电厂 2 号机组完成穹顶吊装。

1990 年 6 月 21 日，中共中央总书记江泽民考察大亚湾核电厂，对核电厂建设提出了“安全第一、质量第一”的具体要求和殷切希望。

1992 年 10 月 26 日，大亚湾核电厂 1 号机组核岛冷态功能试验开始，标志着安装工程基本结束，性能调试工作全面展开。1993 年 4 月 25 日，大亚湾核电厂 2 号机组核岛冷态功能试验开始。

1993 年 6 月 1 日，大亚湾核电厂 1 号机组完成首炉核燃料装载，8 月 31 日，首次以

[1] “四通一平”，是指核电项目在开工建设以前，施工现场应达到路通、水通、电通、通信通畅和场地平整等条件的简称。

核能发电状态并网试验成功，11 月 27 日，首次达到满功率。

1994 年 2 月 1 日，大亚湾核电厂 1 号机组正式投入商业运行。2 月 6 日，大亚湾核电厂 1 号机组投产庆典大会在工地举行。国务院总理李鹏为 1 号机组投产剪彩，国务院副总理邹家华，广东省委书记谢非等出席大会。

1994 年 5 月 6 日，大亚湾核电厂 2 号机组正式投入商业运行。同年，李鹏提出“以核养核、滚动发展”的核电发展战略方针，并决定成立中国广东核电集团公司。7 月 18 日，大亚湾核电厂全面建成投产招待会在北京人民大会堂举行[1]。党和国家领导人李鹏、邹家华、叶选平等出席招待会，并会见了参与领导、协调、监督管理和支持大亚湾核电厂建设的各方面领导、法英政府代表及中外建设单位代表。国务院总理李鹏在会上指出，大亚湾核电厂是中国改革开放的产物，进行了现代企业制度的有益尝试。为中国核电建设积累了宝贵的经验。谈到未来的发展，李鹏指出，在庆祝大亚湾核电厂建成的时候，不能不想到它下一步的命运，它能不能在未来 20 年间很好地、安全正常地运转。为此，应该继续贯彻“安全第一、质量第一”的方针，要求大亚湾核电厂的所有管理人员、技术人员能够严格地按照技术要求、规章制度来进行运作，按照现代化企业的管理制度来进行管理。李鹏宣布，在广东这个地区以及东南沿海地区，有条件适度发展核电，所以决定成立中国广东核电集团。将进一步实行开放政策，利用引进国外机组，来建设广东第二核电厂，鉴于有第一期建设的经验，第二期建设应该比第一期建设得更好。

四、大亚湾核电厂的安全评审

国家核安全局于 1987 年 1 月收到合营公司提交的申请及部分初步安全分析报告和质量保证大纲等文件，1991 年 3 月收到广东大亚湾核电厂 1 号机组的首次装料申请书，于 1993 年 5 月向合营公司颁发了广东大亚湾核电厂 1、2 号机组首次装料批准书，圆满完成了对广东大亚湾核电厂的初步安全分析报告及最终安全分析报告的审评。

广东大亚湾核电厂的安全审评工作首次尝试与国外采取联合审评的方式，国家核安全局与法国核安全与辐射防护研究院组成中法联合审评组对全部执照申请文件进行了全面、认真和深入的技术审评。中法合作的审评模式为中国审评人员提供了难得的学习国外审评经验的机会，同时，中国的核安全审评能力也受到国际业界同行的认可。

五、现代企业制度的建立

改革开放前，中国是计划经济体制，国营企业生产靠计划指标，资金靠财政拨款，完全没有市场化概念。当时全国最大的中外合资企业——广东核电合营有限公司（简称合营公司）的诞生与运作，将市场经济体制下的现代企业制度引入中国。

现代企业制度是企业符合市场经济运行的系统，合营公司完全面向市场，形成了符合

[1] 《李鹏会见出席大亚湾核电站投产招待会中外人士时说　大亚湾核电站是改革开放产物》，《人民日报》，1994 年 7 月 19 日，第 1 版。

市场经济规律的“产权明晰、权责明确、管理科学”的治理系统。1994 年 2 月 5 日，国务院总理李鹏在庆祝大亚湾核电厂 1 号机组投产时说：“大亚湾核电厂是改革开放的产物，现代企业制度的有益尝试”。工程管理、质量控制、成本管理、合同管理以及公司内部的授权运作、董事会领导下的总经理负责制等，都是国际采用的一套办法。

大亚湾核电厂投产当年即创造出令人瞩目的业绩：在广州抽水蓄能电站和广东电网的大力配合下，2 台机组完成上网电量 107.8 亿千瓦·时，全厂机组可用率达到 75.8%。而当年在可行性研究报告中根据国际上核电厂的运行状况预测，投产第一年机组的可用率为 40%，到投产第五年才可望达到 65%。这一数字表明大亚湾核电厂的工程建设质量和生产运行管理已达到或超过世界平均水平。

1. 董事会为最高权力机构

合营公司是粤方与香港中华电力公司合资经营的企业，具有典型的公司制的特点。公司制一般有两种形式，一种是股份有限公司，另一种是有限责任公司。合营公司是典型的有限责任公司，它有两个股东：广核投和港核投。两股东分别出资 3 亿美元的等值人民币和 1 亿美元现金，所以广核投掌握合营公司 75%的股权，港核投掌握合营公司 25%的股权。合营合同规定，广东核电合营有限公司的一切业务都以合营公司的名义开展，股东对合营公司收益的索取权以出资比例计算，股东对合营公司的损失所负责任以所出资本比例为限。合营公司是一个依法纳税、自负盈亏的独立法人。

2. 合营公司采用授权制度管理

合营公司的管理是一个层次分明的系统，各级员工，上至董事长，下至最基层的工作人员，对公司业务具有什么样的决定权，都有着明确而详细的规定。合营公司称之为授权制度。

合营公司的授权制度有两个特点：一是对各级部门和员工的权力规定得详细、具体，确定了一套统一标准，有章可循；二是规定给下级的权力，上级不能随便侵犯。下级不能越权行使上级的权力，这是各个组织普遍存在的情况，但上级不能随便侵夺下级的权力，这种情况是少见的，是现代化管理的新现象。在合营公司，如果下级的权力受到任何有形或无形的蚕食，审计部门将很快提出报告，纠正这种错误。

合营公司成立伊始，制定了《各级管理权限的规定》作为公司级政策。在该政策中，规定了公司的各项事宜按其重要程度、影响范围和时间、涉及金额大小而分别由董事会、执委会、总经理部、部门经理以及有关处审批决定，即“三级授权”的规定：董事会授予总经理部一定的权力，总经理部授予部门经理一定的权力，部门经理授予处级干部一定的权力。每位处级以上干部被任命到岗后，就要立即签发一份由总经理、财务经理和部门经理签署的“授权审批表”，明确该干部在提出本部门所需采购申请、审批合同或非合同支付、审批某项费用支出（如工作餐、差旅报销）的金额权限。为了对授权实施有效的约束，根据权力制衡原则，公司规定了授权的若干原则：一是按工作岗位需要授权，而不是按个人名望、地位授权。例如，公司级领导退居二线，其原授权立即作废，改按新任顾问职务授权。二是个人不能审批自己的支出，必须由直属上级批准。三是公司规定由归口部门管理的事项和物资采购，在发生时，必须由归口部门审查或提出申请，非归口部门不能擅自处理。

3. 项目管理实行质量与进度控制

从签订各项合同开始到核电厂建成移交运行为止，这段时间的项目管理，称为实施阶段的项目管理。现场活动一般包括土建施工、安装和调试，现场施工和调试的项目控制主要是质量控制和进度控制。

质量控制方面，由于核电厂有特殊的核安全要求，因此，对现场施工的质量控制要特别注意。质量保证大纲和质量控制程序不仅是核安全当局的要求，更重要的是作为保证现场施工质量的有力工具。业主要组织强大的质控监督队伍，负责监督现场的施工作业都要按质量控制程序进行，出席质量计划中规定的“见证点”和“停工点”，参加现场施工的验收，并签署土建竣工报告和安装竣工报告。

进度控制方面，在进度管理体制中，可以采用不同类型或等级的进度管理，例如在类型上有里程碑进度、关键路线进度，在等级上有一级到四级进度等。为了有效地对核电建设项目进行进度控制，承包商要根据业主的二级进度计划制定更为详细的三级进度计划和月度滚动计划。滚动计划要列出 6 个月的详细实施计划，每月或者每 3 个月更新滚动一次。利用进度对整个工程建设进行控制，可以促进、明确各个分项的作业范围，验证各项作业的责任分工，确定各项作业的完成日期，发掘潜在的问题和提请关注事项。

4. 建立合同管理制度

国家实行改革开放后，为了引入竞争机制，在深圳特区率先推行工程项目的招标与投标制度。

对大亚湾核电厂来说，当年面临三方面情况。首先，业主是第一次建造大型商用核电厂，缺乏这方面管理经验；其次，正值中国改革开放不久，合同人员对市场经济操作方法还不熟悉；三是业主本身没有设计队伍，当时国内找不到具有大型核电厂设计经验的后援单位。所以针对当时的国内条件和业主自身的管理能力，在可行性研究报告中确定了一个“少量合同包”的政策，采用按岛切块模式。即切成核岛、常规岛、配套设施（BOP）三大块。在核电厂的建设过程中，业主要组织一批合同管理人员对签订的各个合同进行管理，负责处理合同执行过程中发生的合同变更和商务问题，检查合同的履行情况，通过核对里程碑支付的检查点，或按照工作进展程度和完成的工作项目（工作量）分别签署财务支付单，由财务部门办理财务支付，以及合同索赔。

5. 采用现代财务制度

财务部在传统的企业里只是业主的“账房先生”，但合营公司的财务部则行使着现代企业财务部的职能。财务部的职能是从财务上管理公司所发生的一切经济活动。对外协助公司决策者的经营活动，并为外部的投资及信贷决策提供信息；对内为公司的计划、控制和决策过程服务，为公司决策者提供管理信息。

合营公司财务部的现代化职能特别显著地表现在资金管理和投资成本控制上。大亚湾核电厂是用 10%的股本金和 90%的国际贷款建起来的核电厂。大亚湾采用的筹资方式是 20 世纪 70 年代后期在国际资本市场上发展起来的一种新型的国际借款方式。为了做好项目融资工作，财务部门就必须编制预算、预测成本、协助谈判、资金筹措以及避免债务风险等。

财务部除了为筹资做大量的技术准备工作外，还要进行筹资以后的长期债务管理工作。财务部要研制方案，包括风险分析和确定目标，对市场情况、经济和汇率预测提供资料，向合营公司提供指标性报价或具体建议，安排调期交易。

投资控制是大亚湾核电厂的三大控制任务之一，财务部是直接参与这项工作的重要部门之一。从筹备到安装调试 10 年时间里，财务部负责汇集全公司各部门分管的工程成本，编制总预算，筹集资金，控制工程支出，并在投资控制的最后一关——支付控制中起着重要作用。财务部在工程管理过程中，建立了以成本为中心的预算控制体系，控制了成本。

6. 建立独立的审计制度

合营公司成立时，就在合营合同和公司章程中规定设立总审计师制度和设置独立的审计部门，在总经理部的直接领导下，按照合营章程规定的职责范围，开展独立的审计工作，并定期向董事会提交报告。

设置独立的审计机构，并在合营章程和公司政策手册中赋予其相应的职权，为内部审计工作的顺利开展，奠定了组织上的基础和制度上的保障。

合营章程中规定了总审计师的职责，其范围不仅限于财务审计，还涉及各类管理审计，包括了采购、合同管理、人员培训、公关工作、公司组织机构设置、人力资源调配等内部控制系统的各个环节。这一点与传统企业里的审计只限于财务审计有很大的区别。

董事会和总经理部高度重视内部审计的作用。审计部每半年向董事会呈交内部审计报告。遇到重大问题时，可以提交特别报告。审计部有权直接向董事会报告，这种双重联系与报告制度为直接全面、不受干扰地了解公司的运作状况提供了渠道。

第六节 中国核电的国际合作

根据中国和巴基斯坦核能合作协议，在巴基斯坦恰希玛地区建设一座 30 万千瓦级压水堆核电厂，这是中国核工业总公司与巴基斯坦原子能委员会之间开展政府间和平利用核能的一个项目。该项目合同于 1991 年 12 月 31 日在北京人民大会堂签署，1992 年 2 月 25 日，经双方政府批准合同正式生效。1993 年 8 月 1 日浇灌第一罐混凝土（FCD）。该项目的签约与实施，标志着中国核电技术已走出国门，占据了国际核电市场一席之地，有力地提升了中国核工业在世界的影响力。随着恰希玛核电厂的建成，中国核电与国际的合作与交流越来越多。20 世纪 90 年代，中苏关系逐渐恢复，苏联领导人访问中国，拟定了一系列原子能工业方面的合作，其中包括建设辽宁核电在内等多个项目，直到 1991 年苏联解体，俄罗斯联邦[1]成为其唯一继承国，俄方总统首次拜访中国便签订了相关合作协定。

一、苏联（俄罗斯）核电机组的引进

1989 年 4 月，为迎接中苏高级会谈，中国核工业总公司就中苏合作建设东北辽宁核电厂按期开展的工作进行了总结，并提出了中核总对这一问题的看法和建议。

（1）认为可以考虑进口苏联核电机组。

（2）除第一炉核燃料需由苏联供应外，后续核燃料原则上应由中国自己供应，并应引进苏联核燃料组件的设计制造技术。

（3）关于建设东北辽宁核电厂与发展国产化 60 万千瓦核电厂的关系，不能动摇秦山核电二期工程 2 台 60 万千瓦级机组的建设。

（4）关于合作模式，建设辽宁核电厂应快速建设。同时，进口设备要花大量外汇，要考虑节省外汇和投产后能自行管理、维修，合作模式应有利于中方熟悉和学习技术。为此，对辽宁核电厂建设的安全、质量、进度、性能等的责任，应尽可能由苏方负责。同时，中方又应积极参与和分交反包。按双方承担的责任，中方参与分交反包的程度可设想两个模式：由苏方总承担的 A 模式和由中方承担的 B 模式。

（5）关于投资估算、筹资方案，贷款偿还。投资估算，暂先按 A 模式 110 亿元考虑筹资。筹资方案，拟采取中央和地方合资建设的方针。国内资金东北已初步承诺 20 亿元，其余 10 亿元拟申请国家预算内资金提供能源贷款。外资部分拟利用苏联政府低息贷款。贷款偿还，可利用易货贸易解决，建成后投产 20 年内全部偿还。

（6）关于组织管理体制。东北辽宁核电厂应在能源部领导下，由中核总归口管理和组织实施，要调动中央和地方两个积极性，发挥核电的两个优势。由投资各方组成董事会，是所有权的代表。中核总为国家投资部分的控股代表，董事长由中核总委任，由中核总组建辽宁核电公司，是经营权的代表，负责辽宁核电厂的建设、运行和经营管理，对国家和投资各方负责，确保核电厂的安全、经济和可靠运行。董事会参与核电厂重大问题的决策和对资金的使用管理、利润分配等实行监督。

1989 年 4 月 28 日，中核总就中苏在核电领域进行合作的有关情况和意见，给国务委员邹家华和能源部写报告。报告介绍了苏联核电厂建设方面的情况，认为苏联压水堆技术

---

[1] 1917 年 11 月 7 日（俄历 10 月 25 日）十月社会主义革命，建立世界上第一个社会主义国家政权——俄罗斯苏维埃联邦社会主义共和国。1922 年 12 月 30 日，俄罗斯联邦、外高加索联邦、乌克兰、白俄罗斯成立苏维埃社会主义共和国联盟（后扩至 15 个加盟共和国）。1990 年 6 月 12 日，俄罗斯苏维埃联邦社会主义共和国最高苏维埃发表《国家主权宣言》，宣布俄罗斯联邦在其境内拥有“绝对主权”。1991 年 8 月，苏联发生“8・19”事件。9 月 6 日，苏联国务委员会通过决议，承认爱沙尼亚、拉脱维亚、立陶宛三个加盟共和国独立。12 月 8 日，俄罗斯联邦、白俄罗斯、乌克兰三个加盟共和国领导人在别洛韦日签署《独立国家联合体协议》，宣布组成“独立国家联合体”。12 月 21 日，除波罗的海三国和格鲁吉亚外的苏联 11 个加盟共和国签署《阿拉木图宣言》和《独立国家联合体协议议定书》。12 月 26 日，苏联最高苏维埃共和国院举行最后一次会议，宣布苏联停止存在。至此，苏联解体，俄罗斯联邦成为完全独立的国家，并成为苏联的唯一继承国。1993 年 12 月 12 日，经过全民投票通过了俄罗斯独立后的第一部宪法，规定国家名称为“俄罗斯联邦”。（引自外交部网站，俄罗斯国家概况）

成熟程度和安全性能与西方国家大体相同，进口苏联百万千瓦级核电厂设备是可行的。5月11日，国务委员邹家华批示，请吴学谦、田纪云、姚依林、李鹏同志审示，原则同意，具体要谈起来看。1989年7月14日，邹家华在能源部《关于与苏联进行核电合作的请示》（能源核〔1989〕676号）上批示："建议考虑，只要条件合适，可以从苏联利用其贷款购进100万千瓦级的核电机组，电站的有些设备可由国内分交。至于是否引进技术，则要和国内自己今后发展核电厂技术结合考虑，因为我们已经走上与世界核技术相对接近，标准比较统一的路上来。"

1989年10月23日，苏联经贸部全苏原子能对外出口总公司经理古利科约见中国驻苏使馆公使卢树棠。古利科讲，苏联政府已同意向中国提供贷款在中国建设核电厂，苏联给中国贷款条件不次于给印度的；苏联正准备贷款建议书。请中方答复厂址、合作范围、核燃料供应和后处理、辅助设备制造等四个问题。

1990年4月23—26日，中华人民共和国总理李鹏对苏联进行了友好访问。访苏期间，中苏双方讨论了两国在中国建设核电厂的经济和技术合作问题，并于24日正式签署了《中华人民共和国政府和苏维埃社会主义共和国联盟政府关于在中国合作建设核电站和苏联向中国提供政府贷款的备忘录》。

该备忘录规定，中苏合作建设的核电站装有两套动力机组，各由VVER反应堆装置、k-1000型汽轮机和发电机组成。并由苏联向中国提供政府贷款。

李鹏在25日举行的记者招待会上说：中苏这次签署的备忘录中就有苏联和中国建设两个核电站方面的合作，每个百万千瓦级核电机组苏联提供短期商业贷款。

1992年12月17—19日。俄罗斯总统叶利钦首次访问中国。在俄罗斯总统叶利钦访华期间，中俄双方签署了《中华人民共和国政府和俄罗斯联邦政府关于在中国合作建设核电厂和俄罗斯向中国提供政府贷款的协议》。

中华人民共和国政府和俄罗斯联邦政府，根据1990年4月24日签署的关于在中国合作建设核电厂和向中国提供政府贷款的备忘录，及1992年3月5日签订的《中华人民共和国政府和俄罗斯联邦政府关于经济贸易关系的协定》，为了在平等互利的基础上进一步发展两国之间的经济贸易关系，认为和平利用原子能和发展核动力具有重大的意义，考虑到两国在此领域合作的前景，确认遵循中华人民共和国和俄罗斯联邦作为签约国的1968年7月1日签订的不扩散核武器条约的宗旨，并考虑到核电厂建设合作周期长和规模大的特点，达成如下协议：协议共分18章，每章内容各有侧重点，全面系统地表述了协议的内涵，其中第一章称中华人民共和国政府和俄罗斯联邦政府通过各自的有关机构将在中国由中方确定的厂址上建造运行地面核电站进行合作。该地面核电站有两套机组，每套机组由一台VVER型反应堆装置、一台100万千瓦级汽轮发电机组和保障其正常运行的辅助项目组成。第二章称在中国建造的电功率为100万千瓦压水堆核电机组，技术上应符合俄罗斯联邦在20世纪90年代核动力领域内积累的经验和技术水平，其安全指标和功能要求应以国际原子能机构的指导原则为基础。

1995 年 6 月，国务院总理李鹏指示，辽宁核电厂建设以中核总为主进行[1]。辽宁核电厂建设总规模为 4×100 万千瓦。第一期工程安装 2 台 100 万千瓦俄罗斯生产的压水堆核电机组。

1996 年 4 月 25 日，中国与俄罗斯签署《中华人民共和国政府和俄罗斯联邦政府关于发展和平利用核能合作协定》。

二、恰希玛核电厂实现中国核电的首次出口

进入 20 世纪 90 年代，随着秦山核电一期工程的建成和大亚湾核电的技术引进，中国核电从无到有，技术水平和建设能力有了很大的进步。秦山核电一期工程由于采用的是完全自主的技术，建成后很快就出口到巴基斯坦，打开了核电国际市场，签订的合同也成为当时最大的出口外贸合同，赚取了大笔的外汇。

巴基斯坦恰希玛核电厂一期工程是中国核电走出国门的第一个核电项目。1989 年，中国秦山核电厂正处于安装调试阶段，巴基斯坦密切跟踪建设进展。巴基斯坦由于化石燃料缺乏，水力资源有限，电力供应不足，严重影响国内经济发展，很早就制订了积极发展核电的国家战略。1989 年 11 月 16 日，国务院总理李鹏访问巴基斯坦期间，在巴基斯坦举行的记者招待会上宣布，两国总理原则同意由中国在巴基斯坦合作建造 30 万千瓦级压水堆核电厂。

1990 年 8 月 25 日，中核总和巴基斯坦原子能委员会在巴签订《中国核工业总公司和巴基斯坦原子能委员会关于合作在巴基斯坦建造一座 30 万千瓦压水堆核电厂的议定书》。

在 1991 年 12 月 15 日，秦山核电厂实现首次并网发电两周后，1991 年 12 月 31 日，中核总与巴基斯坦原子能委员会（PAEC）签订了中国向巴出口 30 万千瓦级核电厂的合同，因核电厂厂址位于巴基斯坦恰希玛地区，故称巴基斯坦恰希玛核电厂。1992 年 2 月 25 日，经中巴两国政府批准，恰希玛核电厂 1 号机组项目合同生效。由中核中原公司总承包，全面负责工程建设。

2000 年 8 月 21 日，1 号机组实现满功率运行，9 月 25 日，中巴双方在项目临时验收证书上签字。1 号机组自投入商业运营以来，运行业绩一直良好，负荷因子平均在 85%，有的换料周期内甚至接近 100%。

三、《不扩散核武器条约》的签署

《不扩散核武器条约》（Treaty on the Non-Proliferation of Nuclear Weapons，NPT）又称《防止核扩散条约》或《核不扩散条约》，是 1968 年 7 月 1 日由英国、美国、苏联等 59 个国家分别在伦敦、华盛顿和莫斯科缔结签署的一项国际条约，共 11 款。该条约的宗旨是防止核扩散，推动核裁军和促进和平利用核能的国际合作。该条约 1970 年 3 月正式生效。中国于 1992 年 3 月 9 日正式加入《不扩散核武器条约》。

[1] 李鹏：《李鹏核电日记》，新华出版社，2004 年，第 608 页。

《不扩散核武器条约》共有 11 条规定，主要内容是：有核国家不得向任何无核国家直接或间接转让核武器或核爆炸装置，不帮助无核国家制造核武器；无核国保证不研制、不接受和不谋求获取核武器；停止核军备竞赛，推动核裁军；把和平核设施置于国际原子能机构的国际保障之下，并在和平使用核能方面提供技术合作。

根据规定，该条约有效期为 25 年，期间每 5 年举行一次会议，审议条约的执行情况。

1995 年 4 月，《不扩散核武器条约》缔约国在联合国总部召开的审议和延长该条约大会上，决定无限期延长这个条约。

为了更有效地防止核扩散，1997 年 5 月 15 日，国际原子能机构理事会核准了保障协定附加议定书。这是自 1970 年通过第一批依照《不扩散核武器条约》与无核武器国家缔结的全面保障协定实施细则以来，对机构保障体系所作的最重要修订。附加议定书的标准文本由序言、18 条正文和 2 个附件组成，内容包括有关国家提供有关核燃料循环的一切信息，以及考察员进入这些场所的权利；有关一国核厂址上的一切建筑物的信息及考察员临时通知进入这些建筑物的权利；改进考察员指派过程的行政安排，发放多次入境签证和国际原子能机构利用现代通信手段的权利；国际原子能机构遵守实施的卫生、安全、实物和其他保安方面的规定及尊重个人权利，并采取一切预防措施保护由此得知的商业、技术和工业秘密及其他机密信息等。

中国于 1991 年 12 月 28 日决定加入该公约，1992 年 3 月 9 日递交加入书，同时对中国生效。中国于 1998 年 12 月 31 日签署了附加议定书。截至 2001 年 11 月，签署附加议定书的国家有 57 个。

四、中国加入世界核电运营者协会

1979 年，美国三哩岛核事故之后，美国核电行业在亚特兰大成立了非政府组织——核动力运行研究院（Institute of Nuclear Power Operations，INPO），旨在提升商运核电厂安全和可靠性水平。INPO 随后开发了国际会员计划以扩大知识与经验交流共享的范围，其开展的运行评估、核电运营商培训以及经验反馈交流等活动在防止核电厂事件发生以及提升核电厂业绩等方面起到了显著的效果，成立自我监管组织的举措逐步被核电运营商、行业和监管机构接受。

1986 年切尔诺贝利核事故后，全球核电运营商为了提升核安全质量并增进行业内的信息交流与共享，于 1989 年成立了世界核电运营者协会（World Association of Nuclear Operators，WANO）。30 多年后，WANO 的会员涵盖全球几乎所有的商用核电机组，中国大陆核电运营商均已成为其会员。

WANO 上海中心也注册成立。WANO 在保障核安全方面，已成为全球最重要的非营利性组织之一。截至 2019 年底，中国核电自加入 WANO 会员以来，接受了 34 次同行评估，共识别出 275 项待改进领域（AFI）和 65 项强项。

中核总于 1995 年 4 月 1 日加入 WANO，并代表秦山核电厂成为 WANO 东京中心会员。

WANO 以全球核电安全性、可靠性提升为使命，是全球核电业界互相学习、交流和对标的重要国际平台。中广核于 1991 年加入 WANO 巴黎中心，不遗余力利用 WANO 同行评审、经验反馈、指标对标、技术支持及国际交流活动，有效助力中广核核电群厂安全管理水平的持续提升。同时，中广核积极分享中广核核电运营管理及新机组准备经验，为 WANO 组织及会员提供了有力支持。

五、中国和国际原子能机构签署关于在中国实施保障的协定

1984 年，中国政府向国际原子能机构（International Atomic Energy Agency，IAEA）递交了接受《国际原子能机构规约》的接受书，成为国际原子能机构正式成员国。1986 年，中国参与制定并签署了《及早通报核事故公约》和《核事故或辐射紧急情况援助公约》。

1988 年 9 月 20 日，中国与国际原子能机构签订了《中华人民共和国和国际原子能机构关于在中国实施保障的协定》，属于自愿保障协定，根据规定，自愿将部分民用核设施提交 IAEA 进行保障监督。IAEA 仅对中国秦山核电厂和陕西铀富集厂实施保障监督。IAEA 的核保障监督对中国和平利用核能、核电发展活动不应产生影响。

国际核保障监督（nuclear safeguards）亦称核保障，系指根据国际条约的规定，授权国际原子能机构（IAEA）建立并实施的国际核查机制。它是国际防止核武器扩散体系中非常重要的环节，是阻止签署核保障监督协议的国家将其接受 IAEA 保障监督的核材料转用于生产核爆炸装置或其他军事目的，向国际社会保证，有关国家遵守其核不扩散的承诺。其技术目标是，及时发现显著量的核材料从和平核活动转用于军事目的，并通过早期觉察的可能来阻止这类转用。

鉴于中国已宣布中国不主张、不鼓励核扩散，也不帮助其他国家发展核武器；还宣布在其出口核材料和核设备时，将要求接受国接受国际原子能机构的保障，而其进口的核材料和核设备将只用于和平目的；中国已决定缔结一项保障协定，自愿将其部分民用核设施置于机构的保障之下；决定自愿提交，并缔结本协定是为了促进全世界对核能的和平利用，以造福于人类和支持机构规约所规定的宗旨；国际原子能机构授权与中国缔结这样的保障协定。1988 年 9 月，中国与国际原子能机构正式签署了《中华人民共和国与国际原子能机构关于在中国实施保障监督的协定》。

1988 年 12 月，中国参加了由国际原子能机构主持制定，并由其总干事保存的《核材料实物保护公约》。1990 年 6 月 22 日，中国与国际原子能机构签署了《中华人民共和国和国际原子能机构技术援助协定》。1994 年 9 月，中国签署了《核安全公约》。1998 年 12 月，中国与国际原子能机构签署了《中华人民共和国和国际原子能机构关于在中国实施保障监督的协定的附加议定书》。2002 年 3 月 28 日，中国政府通知国际原子能机构已完成附加议定书生效所需的内部程序，附加议定书对中国生效。2006 年 4 月，中国加入《乏燃料管理安全和放射性废物管理安全联合公约》。2009 年 9 月，中国批准《核材料实物保护公约》修正案。

1994 年 4 月，国家核安全局与日本国科学技术厅核安全局分别在北京和东京签署《核

安全合作议定书》；同年 5 月，国家核安全局局长黄齐陶与日本国通商产业省资源能源厅长官川田洋辉共同签署了《国家核安全局和日本国通产省核安全合作协议》。1995 年 3 月，国家核安全局与日本科技厅核安全局在东京举行了第一次信息交流会。

1996 年 4 月，俄罗斯联邦核与辐射安全监督机构主席维希涅夫斯基（Mr.YuriG. Vishnevsky）访华期间，中俄双方签署了《中华人民共和国国家核安全局和俄罗斯联邦核与辐射安全监督机构核安全合作议定书》。1997 年，双方开始就田湾核电厂安全审评方面进行积极探讨，为日后的正式合作奠定了基础。

这一阶段，中国与美国、法国、意大利、西班牙、德国、日本、巴基斯坦等 11 个国家签订了核安全合作协议，奠定了广泛的双边合作基础，以技术引进、信息交流共享、合作研究、人员培训、技术咨询等多种形式加强机构建设，提高审评能力，同时为核电走出去提供支持服务。

六、中国和法国签署核能合作议定书

1984 年，中法两国核安全监管部门及其技术支持单位之间分别签订了《核与辐射安全领域合作协议》，逐渐建立了多渠道、多层次的合作机制。

大亚湾核电工程如采用交钥匙方式，只要规定最后核电厂交付使用的条件（交付的范围和配套设备设施项目），将核电厂建设工程全部交给承包商即可。但大亚湾核电工程一开始定下的建设方针是“以我为主”管理，目的是学习西方先进的工程管理经验和先进技术。因此，大亚湾核电厂的一大特点，就是以我为主，中外专家共同管理导致合同多，结构复杂，管理难度大。

所有合同中最重要的是三大合同，即《核岛设备和燃料组件供应合同》《常规岛设备供应合同》《工程服务技术合同》这三大合同是整个工程的脊梁合同，三大合同谈判分技术、商务、价格三个阶段进行。

为何要选法国电力公司为工程服务商？当时许多人认为应该购买法国的核岛设备，购买英国的常规岛设备，最好请美国的顾问公司。因为美国的几家大公司有在国外建造核电厂的丰富经验。当时中国尚未加入国际原子能机构，与美国也尚未签订和平利用核能合作协议，只有法国不附加任何政治条件。因此，除法国外，别无选择。

法国电力公司是法国的国营企业，相当于法国的电力部。它是法国核电厂的业主，当时已主持建造 34 座 90 万千瓦级核电机组和十几座 130 万千瓦级核电机组，它有工程现场管理与运行管理的反馈经验。法国电力公司基建局长在 1983 年初访问中国时，自我介绍时说：“法国电力公司是世界上建设核电厂最多的电力公司，融运行设计于一体，最有资格成为广东核电厂的顾问公司”。1983 年 5 月，中国水电部代表团访问法国，考察了法国电力公司和核电厂。1985 年 1 月 22 日，国务院核电领导小组会议决议，经过反复讨论，决定由法国电力公司负责技术总承包，常规岛选用英国的设备是经过长时间的讨论确定的，这是历史的产物，也可以说是中方的一个让步，以此来换取香港的用电市场。把核电厂 70%的电力送往香港，赚取外汇来偿还贷款本息。

大亚湾核电厂的技术谈判从1984年正式开始，历时一年，于1985年5月基本结束。技术谈判的主要内容有技术附件的供应范围、设备和系统性能、质量保证、工厂监造、厂址数据和技术要求、交货进度、性能实验、各种选项等。技术谈判的首要问题是要详细研究法马通供应核岛设备的完整性。根据承包商的投标建议书，业主分别向核岛、常规岛的供应商提出疑问，仅核岛问题就提出700多个，双方通过传真逐个解决问题，当主要疑问基本清楚后，谈判的帷幕随之拉开。

1984年6月19日，开始了核岛技术的第一轮谈判。

广东地处亚热带，平均气温高，当夏天气温达到最高时，相对湿度约67%。法马通认为，湿度没有特殊要求，原设计已满足使用。但他们并不了解广东春季最大湿度可达100%。经谈判后，法马通在厂址数据中专门加注：选择对湿度敏感的设备和过滤芯体材料时，要考虑100%的湿度。

针对如何处理设备加工过程中的不符合项，双方发生过严重分歧。法马通主张他们自行解决，最终给业主一份汇总表视为完成。业主认为重大不符合项要事先报告业主，如何处理要经业主批准。法马通认为不可能，业主远在中国，通知业主无法立刻赶到，影响设备加工进度。业主认为合营公司在巴黎有代表处，代表未及时表态或赶到现场，供应商可以先行处理，但业主保留发言权；如果认为处理不当，业主有权拒收设备。经过友好地争论，法马通终于接受了业主的意见，并制定了处理不符合项的详细规定。

工程技术服务合同谈判主要核心是要明确谁是核电厂建设中的技术总负责。这项原则是国务院核电领导小组在1984年10月5日听取筹建办汇报时确定的，在整个谈判过程中，业主始终抓住这个纲，力求在合同文本中贯彻这个原则。

每当面临服务合同谈判责任划分时，法国电力公司总要为自己筑起多重保护墙，力图把责任较多地推给业主或其他合同方，声称核电厂的设备不是它们供应的，核电厂的施工安装不是它们组织的等，以各种借口推卸责任。在工程管理顾问服务时，法国电力公司坚持它对业主在管理上的支援是通过派遣它的人员到广东核电合营公司与中方人员一起工作，以上工作都是在业主负责和领导下进行，法国电力公司在与第三方的关系中只是业主的代理人，因而决不牵涉法国电力公司的责任问题。

广东核电合营公司认为法国电力公司应为广东核电厂的建设负责，如果由于工作上的差错造成危害，法国电力公司应作为技术总负责单位来进行处理。双方在这点上存在着严重分歧。业主代表坚持表达了这个意愿，对方同意待研究后答复。1984年10月20日，法国电力公司向业主代表提交了4种承包方案，其中一个方案是法国电力公司作为技术总负责的方案。在此基础上，经过几次讨论，形成了最后的合同文本。

工程服务内容十分广泛，包括总体设计、设计审查、工程管理、全场辅助设备采购、土建安装招标文件和技术评标、设备监造催交、运行人员培训、调试启动等内容。

1985年5月，技术谈判落下帷幕，紧接着进行商务谈判和价格谈判。1985年6月10日，合营公司召开第二次董事会，会议决定：关于三大合同价格和贷款谈判，在6月25日开始第一轮谈判。基本方案：电价8.4美分/（千瓦·时）；最佳方案：法国法马通公司压 40%、英国通用电气公司压 40%，法国电力公司压 60%，电价 7.6 美分/（千瓦・时），最低目标电价不能超过 8.5 美分/（千瓦・时）。

6 月 25 日—7 月 29 日，广东核电合营公司与法国法马通公司、英国通用电气公司、法国电力公司在深圳进行三大合同第一轮价格谈判，同时中国银行与英法银行举行了贷款谈判，这轮谈判除英国通用电气公司表示可降价 4%外，法国法马通公司、法国电力公司没有降价表示，因此，谈判陷入僵局，暂告一段落。

1985 年 10 月 10 日，广东核电合营公司与法国法马通公司、英国通用电气公司、法国电力公司在北京举行三大合同第二轮价格谈判。10 月 15 日，中国银行与英、法银行贷款开始谈判。

合营公司代表根据董事会确定的方针、目标、策略，提出这轮是独家议标方式的最终谈判，并以充足论据，要求承包商大幅度压价。经过 10 天交锋，法国电力公司比最初报价降低 32%，法国法马通公司从 5%降为 8.85%，英国通用电气公司从 4%降为 16.8%。为了促进谈判进展，合营公司提出一个“门槛政策”。即只有法国法马通公司降价 13%，英国通用电气公司降价 20%，法国电力公司降价 40%，才能使谈判进行下去，并规定了限期。经过双方多次会谈，法国法马通公司降了 9%，英国通用电气公司降了 18%，法国电力公司虽然没有新的变化，但态度较好。为了表示诚意，广东核电合营公司宣布延长限期。

但是形势突变，法国法马通公司提出降价已到极限，除非法国政府帮助，否则无法迈进“门坎”。英国通用电气公司谈判团同样表示，降价到 18%，没有再退让的余地了。他们认为实在无法继续谈判，决定返回英国。广东核电合营公司婉言相留，无效。翌日，英国政府贷款团也同时离去。

为了突破僵局，继续向目标努力，广东核电合营公司及时调整策略主攻法国法马通公司等法国的三个谈判对手，新策略得到国务院核电领导小组的批准。主攻法国对手，动摇“英法联军”防线，以期各个击破。

广东核电合营公司核岛供应合同的谈判人员通过对埃及核电厂资料的分析比较，发现法国法马通公司设计费、人员服务费价格偏贵。采取与日本三菱公司、联邦德国 KWU 公司等同期报价进行对比策略，在谈判桌上选准突破口，取得了压价新进展。与此同时，双管齐下，根据国务院领导指示，10 月 28 日，合营公司董事长约见法国驻华使馆参赞、核参赞、谈判团和法国政府贷款代表团负责人，提出广东核电合营公司对法的一揽子解决方案。谈判取得实质性进展，但法国政府对合营公司一揽子计划，迟迟不作明确答复。

为了促进谈判深入，12 月 11—13 日，李鹏副总理利用访问东欧路过法国的机会，对法国进行了工作访问，广东核电合营公司派人随同访问，与法国政府签订谅解备忘录，解决了与法国法马通公司和法国电力公司合同价格差距及法国提供优惠贷款的原则协议。

1985 年 12 月 21 日，广东核电合营公司与法国电力公司签订工程服务合同价格备忘录。中国银行与法国银行签订了贷款备忘录。

1985 年 12 月 22 日，广东核电合营公司与法国法马通公司签订核岛、核燃料组件供应合同价格备忘录。

与法方谈判成功的形势促进了广东核电合营公司同英方通用电气公司谈判的进展。但仍存在一定差距。1985 年 12 月 28 日，中国副总理会见英国大使时表示，合营公司已作出很大让步，中英双方剩下的差距不大，请英国政府斡旋解决。12 月 30 日下午，经过双方谈判，基本实现了中方的要求。

1986 年 1 月 3 日，广东核电合营公司与英国通用电气公司签订了常规岛供应合同价格备忘录。

1986 年 1 月 6 日，中国银行与英国银行签订了常规岛设备提供贷款备忘录。

1986 年 9 月 23 日，在北京人民大会堂云南厅，广东大亚湾核电厂与法国、英国的三大合同（核岛设备和燃料组件供应合同、常规岛设备供应合同、工程技术服务合同）和法、英两国贷款协议正式签订。

法国法马通公司、中国银行、法国牵头银行巴黎国民银行、英国牵头银行米兰银行、英国通用电气公司、法国电力公司代表在核岛设备供应合同、核燃料组件供应合同、常规岛设备供应合同、工程服务合同和贷款协议上签字。合营公司总经理代表大亚湾核电厂业主进行了签字。

1986 年 10 月 7 日，经国家经贸部批准，合营公司签署通知书，分送三大承包商驻深圳代表和有关部门，通知对方三大合同和贷款协议从这一天起正式生效。

第七节　切尔诺贝利核事故及其对中国核电发展的影响

1986 年 4 月 26 日凌晨，苏联切尔诺贝利核电厂（位于今乌克兰北部地区）的一个反应堆爆炸，核泄漏造成 6 万多平方千米土地被直接污染，320 多万人受到不同程度的核辐射。这是至今为止，人类在和平利用核能过程中，发生的最为严重的一次事故。事故对刚刚起步发展核电的中国，也造成了多方面的冲击。

一、切尔诺贝利核事故概述

1986 年 4 月 26 日凌晨 1 时 24 分，切尔诺贝利核电厂第 4 号核反应堆进行的试验不幸失控，引发爆炸，核反应堆很快熔毁。反应堆堆芯及部分反应堆及汽轮机厂房被摧毁，大量放射性物质释入大气，厂区周围居民撤离，放射性沉降物影响到苏联以外的欧洲国家。成为世界上最严重的核事故。按照国际核事件分级表，事故被定为 7 级。

切尔诺贝利核电厂（RBMK 石墨水冷堆）位于乌克兰首府基辅市的北部，毗邻白俄罗斯边境。核电厂共有 4 个装机容量为 100 万千瓦的 RBMK 型核反应堆机组，1.5 千米以外另有两座反应堆正在建造。机组采用成对布置，每 2 台共用一些厂房和服务设施。其中 1 号和 2 号机组在 1977 年 9 月建成发电。3 号和 4 号于 1981 年和 1984 年开始并网发电。

事故前24小时，反应堆运行于满功率下。4月25日凌晨1时，反应堆功率开始下降，当日13时5分，功率水平降至50%，按计划关闭了一台汽轮发电机。根据试验大纲，14时整堆芯应急冷却系统被断开。然而，由于地区电网调度的要求，推迟了进一步降功率过程，反应堆以50%功率连续运行了近10个小时，造成堆芯氙浓度上升，抽出了更多的控制棒来补偿氙毒。23时10分，恢复降功率过程，但功率自动控制系统已无法维持所预定的70万～100万千瓦功率水平，实际功率跌至3万千瓦。4月26日晨1时，操纵员成功地将功率恢复到20万千瓦，但是由于氙毒，操纵员所提升的控制棒数已经超出了运行规则的限制，并且进一步提升功率也已不太可能。尽管如此，还是决定进行试验。在随后的准备工作中，反应堆被进一步推入了明显不许可的状态。主环路的温度几乎达到饱和点，冷却剂流率超出限值，给水也失去了平衡。

紧接着事故之后，曾经试图通过应急堆芯冷却系统用水来冷却损坏的堆芯，但没有成功，因为冷却系统管线本身已经被毁坏了，因而无法避免事故当天石墨砌体的大火。第二天，开始用直升机投掷硼砂、白云石、黏土和铅来覆盖燃烧的堆芯。从4月28日—5月2日间，共投掷了5000吨这类材料，其作用相当于热阱，冷却了堆芯。停止投掷以后，堆芯温度和放射性物质释放量又有所回升，5月5、6两日再次达到极大值。此后，氮气冷却系统启用，堆芯温度和放射性释放量都很快下降了。

据官方公布的数字，爆炸事件发生后，有31名紧急支援人员死亡，200多人受到严重的放射性辐射，成为人类利用核能史上的一大悲剧。

苏联专家在总结这起核电厂事故的教训时指出：有关人员玩忽职守、粗暴违反工艺规程是造成事故的主要原因。按规定，在反应堆的反应区内至少应有15根控制反应的控制棒，而在事故发生时只有8根。反应堆产生的蒸汽是供给2台涡轮发电机的。在关掉涡轮机时，自动保护系统会立即关掉反应堆。但是，核电厂工作人员在实验之前先切断了自动保护系统。这样，在关掉涡轮机开始实验时，反应堆却在继续工作。与此同时，工作人员还关掉了蒸汽分离器的安全联锁系统。这种做法好比飞机要降落时，驾驶员却没有放下起落架。

切尔诺贝利事故引发了对于核电安全的长期争议，自切尔诺贝利事故发生以来，许多国家以核安全为由停止建造核电厂。但许多研究核辐射的专家认为，虽然发生了切尔诺贝利这样的事故，却不能据此就否认核电是清洁、安全的能源。他们根据公开发表的资料统计，到现在为止，全世界因核事故和核辐射事故致死的总共有73人。这些数字明显低于每年数以万计死于车祸或其他意外事故的人数。

切尔诺贝利事故主要是由一系列人因错误造成的，在准备大纲和进行试验的过程中，粗暴违反运行规则是事故的主要原因。在这些违章操作中，被相继闭锁的保护信号有应急堆芯冷却系统起动信号、蒸汽分离器水位及蒸汽压力停堆信号、第二台汽轮机触发的紧急停堆信号。切尔诺贝利事故本质上从反应性引入事故开始，继之以失水事故，由于石墨水冷堆没有安全壳厂房，导致大量放射性物质外露。后果虽然是严重的，但事故过程中尚未发现未知的现象，也就是说，这类事故也是可以避免的。

二、切尔诺贝利核事故对中国核电发展的影响

由于切尔诺贝利核电厂所采用的石墨水冷堆没有安全壳，没有设计包容放射性物质的最后一道安全屏障，导致大量放射性物质释放到环境中，后果非常严重。由于这种堆型不够科学，现这种堆型已不再发展。

切尔诺贝利核事故后，中国政府对核电安全更加重视，但没有动摇建设核电厂的态度和决心。中共中央总书记胡耀邦在访欧期间进行的 4 次记者招待会上，被 3 次问到有关大亚湾核电厂的问题，其中，两次由主管电力的副总理李鹏代答。在巴黎，胡耀邦则表示，苏联核电厂发生事故后，引起了世界舆论的震动。所以香港人民对大亚湾核电厂有这样那样的不放心是可以理解的。中国在核电方面，一定要发展，这是大前提。在核电安全方面，我们中央和国务院已经几次讨论过，要重视，要非常负责地搞好安全措施。以上清晰表明中央将继续大亚湾核电厂计划。

1984 年 12 月 20 日，国家核安全局揭牌成立

第二编

核电工业的适度发展

（1996—2005）

《中共中央关于制定国民经济和社会发展第十个五年计划的建议》指出，能源建设要发挥资源优势，优化能源结构，提高利用效率，加强环境保护。同时强调，电力建设要立足当前，着眼长远，调整电源结构，加强电网建设，推进全国联网。充分利用现有发电能力，发展水电、坑口大机组火电，压缩小火电，适度发展核电。

从1982年11月20日秦山核电厂、1982年12月13日大亚湾核电厂立项开始，到1996年，中国核电事业已走过了14年艰苦历程。经过14年磨炼，中国核电在工程设计，项目管理，建筑安装，设备制造，核燃料元件生产，核电厂调试、运行和维护等方面积累了比较丰富的理论和实践经验，培育了一支核电科研、设计、制造、运行、管理等方面能征善战的人才队伍，这是一笔很宝贵的财富。核电作为国家高技术产业，其发展已在各个方面初具规模，初见成效，它的发展对带动中国高技术产业发展具有重要意义，对改造传统产业，特别是带动冶金、仪表、机电产业也具有重要意义。通过核电设备国产化，提高了中国冶金、仪表、机电产业水平和装备能力，提升了人员素质和企业管理水平，大大增强了中国在国际市场上的竞争力。为此，国家在“八五”“九五”期间加大了对核电领域科技攻关项目的投入和技术创新的力度。这项工作也得到了地方政府的支持，如上海市将核电科技攻关列为市重点项目，立项130项，并全部完成鉴定验收，这些成果已较好地应用于核电产品的研制，对加快核电国产化起到了重要的作用。在“适度发展核电”的方针下，这些已取得的核电发展成绩，为中国核电持续发展奠定了坚实基础。

改革开放以来，中国能源和电力发展取得了重大突破，暂时缓解了能源电力的瓶颈制约。1996年中国一次能源总需求量达13.2亿吨标准煤，居世界第3位。其中，原煤13.97亿吨，居世界首位；原油1.57亿吨，居世界第5位；发电量10800亿千瓦·时，居世界第23位。能源强度（即单位产值的能源）不断下降，1995年已降到1978年的50%。中国人均能耗水平很低，1996年人均能源消费量约为1.1吨标准煤，是世界平均水平的55%、发达国家的1/6左右，而居民家庭人均用电量仅为美国的2.6%。中国的能源强度仍然偏高，按1994年统计数据，中国的能源强度为每千美元GDP 2.041吨标准煤，是日本的13.7倍，德国、法国、意大利的8.7倍，美国的4.6倍，印度的1.9倍，世界平均水平的4.71倍。能源利用效率低，浪费大，而且环境污染（主要是燃煤引起的空气污染）问题严重。酸雨区占中国国土面积约1/3，二氧化碳排放量已超过8亿吨，仅次于美国，居世界第2位。因此从中长期看，能源仍将是中国持续发展的制约因素。煤炭、石油、天然气供应能力的极限距离需求高峰已为期不远，可再生新能源开发潜力很大，但规模化过程较长。因此，适度发展核电，特别是在沿海经济发达而能源资源又相对缺乏的地区适度发展核电，成为“水到渠成”的事情，是实现中国可持续发展能源战略并与经济和环境协调发展的重要措施之一。通过积极稳妥地发展核电及相关技术，军民结合，培育人才，形成规模效益，逐步积累自主设计、自主制造、自主建造、自主管理经验，从而提高国产化能力，不断降低核电建设成本，并在实践中不断予以优化，与世界先进核电技术、管理水平接轨，为下一步核电持续发展打下良好基础。

第三章

“九五”期间的核电发展（1996—2000）

“九五”计划期间，中国实行小批量建设、适度发展核电的方针，共批复和开工建设秦山核电二期等4项重点核电建设工程，合计8个机组。其中秦山核电二期、岭澳核电一期走自主研发路线，向百万千瓦级机组方向探索。另外两个工程，秦山核电三期采用加拿大坎杜（CANDU）-6型重水堆技术，建成中国首座商用重水堆核电工程；田湾核电一期采用俄罗斯AES-91（VVER-1000）二代技术，也是到2000年中俄两国间最大的技术经济合作项目。在自主研发与引入外国技术的过程中，大型主设备如汽轮机、蒸汽发生器、堆内构件、控制棒组件均实现国产化制造。在俄罗斯技术修建的田湾核电厂中，设备实现了70%的国产化率。

第一节 “九五”期间核电发展的方针政策

在20世纪的最后5年里，秦山核电厂和大亚湾核电厂于1995年7月、1996年12月先后通过国家验收。党和国家领导人一如既往地关心核电发展，适时提出了“适度发展核电”的方针，并将核能纳入了国家重点发展技术目录。

一、“适度发展核电”方针的提出

1992年，国务院颁布《国家中长期科学技术发展纲领》，明确提出“研究开发大型先进的核能技术和核安全技术”。《中华人民共和国科学技术发展十年规划和“八五”计划纲要（1991—2000）》明确提出，在“新一代能源技术”中，要“完成混合堆堆芯装置的初步设计”。1998年2月，国家经贸委和国家计委联合发布《“九五”国家重大技术装备研制和国产化工作的规划方案》（草案），选择了10项急需研制的重大成套设备和重大关键设备，确定为“九五”重大技术装备国产化研制项目，列入“九五”国家重大技术装备研制和国产化规划。其中包括了大型压水堆核电厂成套设备。核电成套技术装备国产化被明确为优先发展的重点。

1993年1月11日，国务院总理李鹏在华北、东北、华东、华中、西北五大电力集团成立大会上指出，要大力发展火电，积极发展水电，适度发展核电，为下个世纪核电有较大的发展打下基础。

1995 年 6 月 14 日，李鹏在听取国家计委、电力部、中国核工业总公司（简称中核总）汇报“九五”计划和 2010 年远景目标规划时提出，‘九五’时期以及下个世纪前 10 年，中国电力发展的总方针是：水火并举，适度发展核电。核电要发展，但是核电建设一次投入太多，中国资金有限，只能适度发展。因此，核电在电力工业的总量中所占比例不会很大。核电定位在起补充作用，是符合实际的。

1996 年 3 月 17 日，八届全国人大四次会议批准的《中华人民共和国国民经济和社会发展“九五”计划和 2010 年远景目标纲要》提出，要贯彻“因地制宜，水火并举，适度发展核电”的方针，同步发展电网，加快城乡电网改造和建设。大力推进核技术和平利用，重点发展核电，配套建设核燃料循环系统。

在“适度发展核电”方针指导下，中国相继建设了秦山核电二期、三期，广东岭澳核电厂，江苏田湾核电厂。除秦山核电三期采用加压重水堆堆型外，其他的都采用压水堆中的轻水堆堆型，按照“一种堆型，多种机型”的路线，通过引进与自主研发相结合的方式开展核电建设。

二、核能纳入国家重点发展技术目录

1997 年 12 月 29 日，国务院批准《当前国家重点鼓励发展的产业、产品和技术目录》，12 月 31 日，国家计委发布中华人民共和国国家计划委员会令（第 6 号）《当前国家重点鼓励发展的产业、产品和技术目录》，该目录是国家引导投资方向，改善投资结构以及审批基本建设和技术改造项目的主要依据之一。国内投资者投资于本目录内的项目，所需进口的自用设备和技术，在项目核算的设备和技术支出范围内，且不属于《国内投资项目不予免税的进口商品目录》之列的，经项目审批部门核准后，免征进口关税和进口环节增值税。自 1998 年 1 月 1 日起试行。

20 世纪 90 年代中期以来，随着中国宏观经济环境的改善和国内外市场需求的变化，中国产业结构也发生了深刻变化。产业结构调整的重点，从实现产业比例关系的协调转向全面提高产业素质和国际竞争力。为适应这一重大变化，主动进行产业结构调整，完善国家产业政策体系，经国务院批准，颁布了当前国家重点鼓励发展的产业、产品和技术目录。

国家重点鼓励 29 个领域，共 440 种产品、技术及部分基础设施和服务的发展。核能，包括百万千瓦级压水堆核电厂，低温核供热堆、快中子增殖堆、聚变堆，先进的铀矿采冶，高性能核燃料元件，乏燃料后处理，核分析、核探测仪器仪表，同位素及辐照应用，列入国家重点鼓励发展产业和技术目录。确定当前国家重点鼓励发展的产业、产品和技术的原则是：① 符合当前和今后一个时期的市场需求，有比较广阔的发展前景；② 有比较高的技术含量，有利于企业设备更新，加快对传统产业的技术改造，促进产业结构的优化和升级，全面提高经济效益；③ 国内存在从研究到实现产业化的潜在技术基础，经过努力，可以填补国内产业和技术空白，有利于形成新的经济增长点；④ 符合可持续发展战略，有利于资源节约以及生态和环境保护；⑤ 供给能力相对滞后，提高其供给能力，有利于促进产业结构的合理化，保持国民经济的持续、快速、健康发展。

第二节 核电管理体制的变化

随着改革开放的持续深入，国民经济进入快速发展时期，社会对电力的需求日益增强。但是20世纪末，中国的电力基础设施仍然薄弱，电力生产无法充分满足经济社会发展的需要，供需矛盾仍然存在。为了更好地适应社会主义市场经济的发展，国家转变政府职能、实行政企分开、深化电力工业体制改革。1997年1月16日，国家电力公司成立。一年后，电力工业部撤销。这是一个重要的历史转折点，标志着中国电力工业管理体制由计划经济向社会主义市场经济转变，为后续电力工业大发展奠定了良好的制度基础。

这一时期，中国国民经济和社会发展“九五”计划完成，经济持续快速发展。“九五”后期，电力工业的政府管理职能（包括核电管理政府职能），并入国家经贸委。新组建的国防科工委对国防军工（包括核工业、核电）实施行业管理。中核总改组为企业集团，逐步不再承担政府管理职能。

一、电力工业管理机构的变化与国家经贸委的设立

1993年3月22日，八届全国人大一次会议审议了国务院机构改革方案和关于国务院机构改革方案的说明，决定原则批准国务院机构改革方案。根据此方案，撤销能源部，第三次成立电力工业部。将国务院经贸办改建为国家经济贸易委员会（简称国家经贸委）。

国家经贸委是根据八届全国人大一次会议批准的国务院机构改革方案，在国务院原经济贸易办公室的基础上，于1993年3月组建的。国家经贸委是国务院管理国民经济和协调当前经济运行的综合部门。组建国家经贸委的指导思想是：按照建设社会主义市场经济体制的目标要求，在充分发挥市场对资源配置基础性作用的基础上，进一步加强和改善国家对国民经济的宏观调控和经济运行中重大问题的综合协调，逐步适应市场经济发展要求的科学有效的经济运行宏观调控体系和规范化的市场经济秩序，保证国民经济持续、快速、健康发展。

1997年1月16日，国家电力公司成立。根据《国务院关于组建国家电力公司的通知》确定的原则，按照政企分开的要求，将电力工业部所属的企事业单位划归国家电力公司管理。

1998年3月，九届全国人大一次会议批准了国务院机构改革方案，撤销电力工业部，电力工业的政府管理职能（包括核电管理政府职能），并入国家经贸委。国家电力公司作为出资的企业单独运营，标志着中国电力工业管理体制由计划经济向社会主义市场经济转变，是实现政企分开的历史性转折。

二、新组建的国防科工委的成立

中华人民共和国国防科学技术工业委员会（简称国防科工委）建立于1982年5月10日，系由中国人民解放军国防科学技术委员会（成立于1958年10月16日，是统一组织军队战略核武器研究、试制、试验、定型和监督生产的业务领导机关）、国务院国防工业办公室（简称国防工办，成立于1961年11月29日，是国务院管理国防工业的办事机构）和中央军委科学技术装备委员会（简称军委科装委，成立于1977年11月14日，是统一领导国防科学技术研究和国防工业生产的领导机关）合并而成的，属军队序列，同时也是国务院的组成部门之一，其下设有科学技术委员会和若干个主管业务的部局。

国防科工委隶属于中央军委，其工作受国务院和中央军委的双重领导，既是中央军委统一管理全军国防科学技术工作的领导机关，也是国务院管理各有关工业部门的国防科研、军品生产和军品外贸工作的综合部门。国防科工委的主要职能是：研究拟订国防科技工业和军转民发展的方针、政策和法律、法规；制定国防科技工业及行业管理规章；组织国防科技工业的结构、布局、能力的优化调整工作；组织军工企事业单位实施战略性重组；研究制定国防科技工业的研发、生产、固定资产投资及外资利用的年度计划；组织协调国防科技工业的研发、生产与建设，以确保军备供应的需求；拟订核、航天、航空、船舶、兵器工业的生产和技术政策、发展规划、实施行业管理；负责组织管理国防科技工业的对外交流与国际合作；以中国国家原子能机构（China Atomic Energy Authority，CAEA）的名义组织协调政府和国际组织间原子能方面的交流与合作；以中国国家航天局（China National Space Administration，CNSA）的名义组织协调政府和国际组织间航天活动方面的交流与合作。

1998年3月10日，九届全国人大一次会议审议通过了《关于国务院机构改革方案的决定》。国务院机构改革后成立国家国防科学技术工业委员会（简称国防科工委），中国政府与国际原子能机构的业务归国家国防科学技术工业委员会负责，以国家原子能机构的名义组织协调政府和国际组织间原子能方面的交流与合作。此外，原国防科工委改组为总装备部，将原国防科工委管理国防工业的职能、国家计委国防司的职能，以及各军工总公司承担的政府职能，统归新组建的国家国防科学技术工业委员会管理。同时，将各军工总公司改组为若干企业集团，并保留了国家航天局和国家原子能机构。

国防科工委是国务院的组成部门之一，主要负责组织管理国防科技工业计划、政策、标准及法规的制定与执行情况监督。

2008年3月15日，十一届全国人大一次会议通过的国务院机构改革方案提出：加强能源管理机构。设立高层次议事协调机构国家能源委员会。组建国家能源局，由国家发展改革委管理。将国家发展改革委的能源行业管理有关职责及机构，与国家能源领导小组办公室的职责、国防科学技术工业委员会的核电管理职责进行整合，划入该局。国家能源委员会办公室的工作由国家能源局承担。不再保留国家能源领导小组及其办事机构。组建工业和信息化部。将国家发展改革委的工业行业管理有关职责，国防科学技术工业委员会核电管理以外的职责，信息产业部和国务院信息化工作办公室的职责整合划入工业和信息化部。组建国家国防科技工业局，由工业和信息化部管理。不再保留国防科学技术工业委员会、信息产业部、国务院信息化工作办公室。

三、中国核工业集团公司和中国核工业建设集团公司的成立

1999 年 4 月 13 日，国防科工委宣布，经国务院批准，成立中国核工业集团有限公司（简称中核集团）和中国核工业建设集团公司（简称中核建设）。

1999 年 4 月 23 日，国防科工委发出《关于明确中国广东核电集团有限公司同中国核工业集团有限公司关系的通知》（科工办〔1999〕108 号）。主要内容如下：① 中国核工业集团公司是中国广核集团有限公司的参股企业；② 中广核集团公司继续作为国务院确定的试点企业集团，享受《国务院批转国家计委、国家经贸委、国家体改委关于深化大型企业集团试点工作意见的通知》（国发〔1997〕15 号）文件规定的各项政策；③ 中广核集团有限公司股东的股权收益，仍按原定原则办理，继续实行“以核养核，滚动发展”的政策；④ 中广核集团公司分别接受国防科工委、国家经贸委和电力行业管理。集团公司领导人，列入国务院和中央大型企业工委管理范围的，分别由国务院和中央大型企业工委任免。

根据《国务院关于组建中国核工业集团公司有关问题的批复》，中国核工业总公司完成改组，成立中国核工业集团公司和中国核工业建设集团公司，1999 年 7 月 1 日举行了挂牌仪式。

中核集团继承了中核总的大部分业务，中核建设则负责核电工程、军工工程等方面的建设工作。中核集团是国内投运核电和在建核电的主要投资方、核电设计及工程总承包商、核电运行技术服务商和核电厂出口商，同时也是国内核燃料循环专营供应商、核环保工程和核技术应用主力。中核建设的主业为核军工、核电、核燃料循环、核技术应用、核环保工程等领域的科研开发、建设和生产经营等。中核建设在中国核电施工工程市场上，长期占据绝对主导地位，是国内外唯一一家连续 30 余年不间断从事核电建造的企业，承担了中国大陆和出口的所有核电机组的建造任务，具备同时承担 40 台核电机组的建造资源和能力。

第三节　核电厂的小批量建设

中国的核电工业在成功建造秦山、大亚湾两座核电厂以后，没有停滞不前，而是吸收了建造两座核电厂的经验与教训，由成功起步阶段迈入核电厂的小批量建设阶段，开工建设了秦山核电二期、秦山核电三期、岭澳核电一期、田湾核电一期共 4 座核电厂 8 台机组。

一、秦山核电二期工程建设

1986 年 1 月，国务院常务会议和中央财经领导小组会议决定将当时拟在苏南建造的 100 万千瓦级的苏南核电厂，改为在秦山扩建 2 台 60 万千瓦级的核电机组，并作为秦山核电二期工程。10 月 21 日，国务院批准秦山核电二期工程项目建议书。秦山核电二期工程为商用核电厂，装机容量为 2 台 60 万千瓦压水堆型机组。

秦山核电二期工程于 1987 年获批立项，1995 年 12 月国家计委正式批准开工，是中国大陆自主设计、自主建造、自主管理、自主运营的首座大型商用压水堆核电厂。秦山核电二期工程是国家“九五”期间唯一采用“以我为主、中外合作”方式建设的国产化核电项目。它成功吸收、借鉴了国内外核电设计、建造的先进经验，选用两个环路，每个环路 30 万千瓦，按照国际标准设计建造并取得了成功，为此后自主设计、建造百万千瓦级核电厂奠定了基础，有力地推动了中国核电建设国产化、标准化、系列化的进程。

（一）建设历程

秦山核电二期工程（简称秦山核电二期）是中国大陆自主设计、建造、管理、运营的首座大型商用压水堆核电厂，是中国“九五”（1996—2000 年）期间唯一自主设计建造的国产化核电项目。

秦山核电二期设计装机容量为 2 台 60 万千瓦级压水堆核电机组（机型为 CNP600），核岛采用 2 个环路。工程建设总工期为 72 个月，工程总投资 148 亿元，电站设计寿命为 40 年。

1986 年 1 月 18 日国务院常务会议决定建造秦山核电二期工程，1987 年 10 月 29 日正式立项，列入国家“八五”（1991—1995 年）重点项目。1995 年 12 月 15 日，国家计委批准秦山 60 万千瓦级商用压水堆核电项目开工。

1996 年 6 月 2 日，浙江秦山核电二期工程 1 号机组核岛筏基浇筑第一罐混凝土，正式开工建设。国务院总理李鹏发来贺信指出，秦山核电二期主体工程的开工，标志着中国自主开发建设核电厂迈上了一个新台阶。秦山核电二期采取“以我为主、中外合作”的方式建设，为中国自主设计、自主建造百万千瓦级核电厂积累了经验。国务院副总理吴邦国出席开工仪式并讲话。

2002 年 2 月 6 日和 2004 年 3 月 11 日，秦山核电二期工程 1、2 号机组先后实现首次并网发电。

2002 年 4 月 15 日和 2004 年 5 月 3 日，秦山核电二期工程 1、2 号机组先后投入商业运行，标志着国家“九五”重点工程——秦山核电二期工程（1、2 号机组）全面建成投产。

秦山核电二期充分发挥中央和地方的积极性，央企控股、地方参股共同办核电，由中核集团（50%）、浙江电力开发公司（20%）、申能（集团）有限公司（12%）、江苏省国信资产管理集团有限公司（10%）、国家电力公司华东公司（6%）和安徽省能源集团有限公司（2%）共同出资成立核电秦山联营公司（1995 年规范为核电秦山联营有限公司），作为项目管理实体，负责电站建设和运营管理。

秦山核电二期在国内首次实施“业主负责制—招投（议）标制—工程监理制”项目管理模式，有效实施质量、进度、投资三大控制。

（二）项目特点

由于外部环境变化，秦山核电二期在建设过程中进行了三次大的调整。

第一次调整，1989 年国际形势变化使中外联合设计模式中断，改为以大亚湾核电厂为参考电站，将三环路改为二环路，从联合设计变为利用参考大亚湾核电厂设计图纸资料、引进软件和部分咨询的自主设计模式，大大增加了工程设计难度。

第二次调整，用于购买设备的国外出口信贷额度增加使设备国产化比例从原定的 70%降为 50%左右。

第三次调整，设备采购原本拟从一国采购，因对方索要高价被迫转为多国采购，大件设备来自 8 个国家，其他设备涉及 20 多个国家，设备费用下降 30%。这一改变增加了设计、建造和调试难度，且因不能及时获得全部设备的技术参数而使图纸设计严重滞后。

同时，根据国际上进一步提高核电厂安全性的趋势，力求与国际新标准接轨，调整设计标准，对参考电站做了较多改进。

2 号机组压力容器的制造与返修是秦山核电二期建设中一个典型例子。在该设备比计划延期交付 26 个月的情况下，2003 年 7 月初，压力容器接管安全端焊缝役前超声检查发现 25 个超标显示及缺陷。2003 年 7 月底，秦山核电二期迅速整理好材料向美国西屋公司等三家外国公司发出商请支援联系函，8 月底三家公司分别递交解决方案，9 月中旬有关单位到法国、瑞士考察，10 月与美国西屋公司签订返修合同。2004 年 1 月西屋公司实施修复方案，2 月 3 日 2 号机组通过审查装料成功。

（三）秦山核电二期设备采购与制造

1989 年，秦山核电二期开展汽轮发电机组、蒸汽发生器、压力容器等主要设备招标定点的准备工作。

1989 年 7 月—1990 年 1 月，秦山核电二期组织华东电力设计院和有关方面专家编写常规岛汽轮机（含汽水分离再热器）、凝汽器、发电机的招标技术规格书、招标书。1989 年 7—12 月组织核一院、核二院和有关方面专家编写蒸汽发生器、压力容器承制厂资格评定阶段的技术规格书，核岛设备承制厂工厂资格评定大纲。1990 年 3 月 22 日—4 月上旬，中核总、机电部共同组织中外专家对压力容器和蒸汽发生器的承制厂进行资格评定。

（四）采购

1986 年 1 月 18 日，国务院常务会议决定，“60 万千瓦级核电机组，国内如果基本具备制造能力，就立足国内，个别单项设备国内制造有困难，可以引进”。秦山核电二期组建专业采购队伍，自主采购设备，依据国家核安全局颁布的《核电厂质量保证大纲》（HAF0400）、《核电厂物项和服务采购中的质量保证》（HAF0403）及《秦山核电二期工程质量保证大纲》的有关规定，实行设备采购招标制度，实施多国采购战略。

1994 年 8 月 23 日—2000 年 7 月 27 日，先后有 123 个国内外生产厂通过资格评审，被列入合格供方清单。其中，设备潜在供货商有 18 个国家 33 个国外供应商，国内 90 个生产厂。1995 年 3 月 11 日，国家计委批复可利用外资 3.5 亿美元，多国采购条件已经成熟。1994 年 11 月—2004 年 4 月，设备材料采购共订货 3141 项。其中，核岛 867 项 42643 台套，常规岛 219 项 13106 台套，配套设施（BOP）369 项 5678 台套，进口设备 183 项 12087 台套，零星采购 1503 项 1865 台套，累计采购设备 75379 台套。

秦山核电二期工程设备投资占核定概算价的 50.42%。在设备采购方面，秦山核电二期工程建立了合同价格审批和制约体系，按合同价格大小逐级审批，严格贯彻秦山核电二期董事会对国内外设备订货超概算控制的有关规定。

1995 年 3 月 1 日，秦山核电二期举行反应堆冷却剂泵签约仪式。参加竞标的有来自法国、美国、日本、德国、奥地利 5 个国家的供货商，最后合同价比所有供货商原报价的平均价低约 1400 万美元。由于采取多国采购方式，签约进口主设备核级泵等 11 项设备，其成交价比预定的法国某总承包商总供应价低 3000 多万美元；反应堆压力容器、主泵、蒸汽发生器、主管道、堆内构件、稳压器、控制棒驱动机构等设备合同的最后成交价比法国某公司原报价低 6000 多万美元。国产化设备参与竞标，有效地降低了采购价格，如核级 K3 类电缆在国内电缆厂尚未通过核级鉴定时，法国某电缆厂对 1100 千米电缆报价 1200 万美元，经过多次谈判，始终不肯在价格上让步，但听说沈阳电缆有限公司通过核级鉴定后，马上主动提出降价至 900 万美元。

从秦山核电二期工程的设备采购与制造工作实践看，中国 60 万千瓦级核电厂 55 项关键设备中有 47 项已具备国产化能力，如反应堆压力容器、蒸汽发生器、堆内构件、控制棒驱动机构、稳压器、冷凝器、汽轮发电机组、装卸料机、电站计算机监测系统、电站模拟机等；同时造就 300 多个国内制造厂具备核电设备制造能力。秦山核电二期工程设备国产化按数量和价格计算，分别为 87%和 56%。

向重要设备制造厂或设备制造厂相对集中的国家和地区派遣驻厂代表，是加强设备监造、保证采购设备质量的重要环节。派遣驻厂代表有利于及时掌握制造质量状况和进度，提高了质量见证点特别是进口设备停工待检点的见证率，有效控制了设备质量和制造进度。2003 年 7 月，秦山核电二期驻厂代表发现 2 号反应堆压力容器接管端焊接质量问题，按照质保程序要求制造厂组织返修，返修后通过国家核安全局评审。

1994—2005 年，秦山核电二期对进口设备和国产设备组织编写设备验收大纲 641 个，按设备分级管理规定，确定验收级别，设计院参与审核。组织成立由设计人员等参加的验收小组，对重要设备进行出厂验收，先由驻厂代表验收并提出书面意见；然后项目负责人、主设计及驻厂代表按验收大纲的要求进行预验收，作出出厂验收的结论；最后由业主组织设计院等有关单位人员进行正式验收，坚持不符合项不关闭、不验收。验收合格后签署验收意见书，对遗留问题签署验收会议纪要，责成制造厂整改。遗留问题经驻厂代表或项目负责人认可签字后，才允许制造厂发货。对核电厂的安全性和可利用性影响很大的部分重大设备，必须经过满功率运行 100 小时考核后方可验收，即最终验收。最终验收由业主组织，设计院、安装公司、工程监理等单位参加。

（五）设备制造

秦山核电二期工程设备采购自1994年10月开始，至2002年2月6日1号机组首次并网发电，累计签约合同数2000多个，由业主采购的各类设备共5万余台（套）。1994年10月—1996年6月，本着“凡国内能生产都选用国内的”原则，在主设备招标采购中，主要采取国外返包、国外技术转让、国外采购国内加工、科研开发等方式，大幅度提升中国核电设备制造能力，使得秦山核电二期工程1、2号机组117项共43400台（套）重要设备国产化率达到55%，具备国产化能力接近70%。

国外返包。在签订进口设备合同时，要求外商必须分包部分加工量由国内制造厂承担。如法马通公司将2号堆内构件除吊篮筒体外的全部加工量，以及1、2号反应堆压力容器上、下支撑柱和上部导向桶的加工量返包给上海第一机床厂，由上海第一机床厂在国内完成2号堆内构件国内外加工部件的总体装配、出厂试验和验收。

国外技术转让。与国外厂家联合设计、设计咨询或由国外厂家提供全套制造图纸等形式，把国外先进的设计技术转化成自己的技术。大型汽轮发电机组在引进火电60万千瓦技术的基础上，通过哈尔滨汽轮机厂与西屋公司联合设计、优化和改进，实现国产化。2号机组压力容器利用完整的1号机组压力容器的制造图纸，由中国核动力研究设计院转化后交上海锅炉厂制造。对国内基本具备生产能力，但设计技术要求高、制造难度大的设备，采取充分利用国外技术咨询或技术支持的方式，逐步实现设备制造自主化。如稳压器、燃料转运系统等，利用核岛设计技术转让的图纸资料，由国内自行设计、制造。

国外采购国内加工。如稳压器的电加热元件和安全端材料、2号压力容器的锻件和焊接材料等，采用进口配套件或材料等成品或半成品，国内加工组装成套。

科研开发。对于国内已有设计和制造基础，只需制造样机进行必要试验的重大设备，业主坚持走科研开发之路，提供部分科研经费，帮助制造厂实现设计和制造的国产化。如控制棒驱动机构、装卸料机、人员闸门和反应堆保护系统等。

核燃料组件装卸料机是秦山二期核电工程中结构复杂、技术难度大的国产化设备之一。1999年5月20日，由核二院研制，用于秦山核电二期工程的装卸料机样机，在上海通过由中核总主持的鉴定。这项国家“八五”重点科技攻关项目在核二院、上海起重机厂、上海自动化研究所的密切配合下，历时8年完成。

反应堆稳压器是核电厂核一级重要设备。核电厂每台机组配置一台稳压器，其作用是当核电厂稳态运行时，维护冷却剂系统所需要的压力，并且在核电厂正常负荷发生变化时，限制冷却剂由于膨胀或冷却（缩）引起的压力变化，以防止冷却剂系统超压或欠压。1999年7月30—31日，由核一院设计、核工业524厂制造的秦山核电二期工程反应堆稳压器通过出厂验收。这项国家“九五”重点科技攻关项目，历时一年多圆满完成，其产品达到20世纪90年代国外同类产品先进水平。

秦山核电二期工程1号机组压力容器由日本三菱公司制造。为加快核电国产化进程，决定2号机组压力容器交由上海锅炉厂承制。上海锅炉厂在制造过程中由于没有严格执行规范程序，致使制造工期拖延。2000年4月13日—9月15日，上海锅炉厂因出现严重质量问题被国家核安全局责令停工整顿。鉴于上海锅炉厂缺乏制造经验，秦山核电二期加大监造力度，主动与日本三菱公司联系，督促上海锅炉厂与日本三菱公司签订技术服务协议。经过努力，2号机组压力容器于2001年12月出厂，比计划拖延26个月。

2003年7月，2号机组压力容器在役前复检时发现接管安全端一条制造焊缝有超标缺陷，秦山核电二期领导班子研究决定：按照审评要求制订积极稳妥的返修方案；争取外援，依靠外国公司来承担返修任务；综合返修质量、工期和价格因素三方面因素考虑，在法国法马通公司、日本三菱公司、美国西屋公司三家外国公司中选定一家返修承包公司。经过技术考察和反复谈判，10月17日，秦山核电二期以650万美元价格与美国西屋公司签订压力容器返修合同。2004年1月2日，西屋公司专家到秦山现场动工返修，1月18日返修结束，并通过国家核安全局评审。

秦山核电二期1、2号汽轮发电机组由哈尔滨汽轮机厂与美国西屋公司联合设计，哈尔滨汽轮机厂、哈尔滨电机厂有限公司制造，于1995年4月签订订货合同，2001年末，2台65万千瓦级发电机组通过出厂验收，按计划进度及时运抵工地交付安装。2002年4月15—17日，1号汽轮发电机组一次性通过168小时满负荷试验。

秦山核电二期工程计算机监控系统包括电站计算机系统、电站故障识别与安全监督系统，它是核电厂数据采集与安全监视的核心，操作人员通过它实时监视核电厂各部分的运行状态，确保核电厂的运行效率和稳定性。1997年7月12日，秦山第二核电厂（简称秦山二核）与北京和利时自动化工程公司签订秦山核电二期工程计算机监控系统合同。2000年9月26日，秦山二核组织核二院、上海华东电力设计院等单位的专家组成验收组，对该计算机系统进行确认测试。验收组认为，这套国产计算机系统已达到设计要求，具备在现场调试使用的条件，达到核电厂替代进口系统的水平。2001年7月，秦山核电二期工程计算机监控系统通过由国家经贸委委托信息产业部组织的专家鉴定。该计算机监控系统拥有自主知识产权，特别是软件系统的版权。专家认为，该系统在抗干扰能力、实时响应性、数据检测精度、事件分辨率等方面均优于引进的国外同类产品，具有国际先进水平。

核电厂全范围模拟机是一个相当复杂的系统工程，它包含计算机及网络技术、反应堆物理、热工水力、机械、控制等多个学科技术。秦山核电二期工程60万千瓦级核电机组全范围模拟机于2001年2月初投入使用，2001年11月通过初步验收，并直接用于承担秦山二核首批操纵员、高级操纵员的培训、复训和执照考试，取得显著的成果。这台模拟机是中国第一台先于电厂投入运行的核电厂模拟机，而且是自行设计、自主制造的模拟机。在模拟机研制过程中，珠海亚仿公司、核动力运行研究所、秦山二核三方参与人员密切合作，克服设计资料不到位、硬件订货晚等困难，开创了国内核电厂模拟机设计与制造的一条成功之路。

秦山核电二期主要设备及制造厂商见表3－1。

表 3-1　　秦山核电二期主要设备及制造厂商

设备名称	设备制造厂商
燃料组件	核工业 812 厂
蒸汽发生器	上海锅炉厂、西班牙 ENSA 公司
汽轮机	哈尔滨汽轮机厂
堆内构件	上海第一机床厂、法国法马通公司
棒控装置	北京 261 厂
发电机	哈尔滨电机厂
稳压器	西安 524 厂、上海锅炉厂
驱动机构	上海先锋电机厂
压力容器	上海锅炉厂、日本三菱神户造船所
应急柴油机	法国 CEGELEC 公司
环吊	西班牙 BWE 公司
主冷却剂泵	日本三菱公司
上充泵	日本三菱公司
主管道	法国 SPIE 公司
电站计算机	北京和利时公司
GIS	日本三菱伊丹制作所
堆芯测量系统	法国法马通 ATEA
装卸料机	上海起重运输机械厂

（六）主要设备的国产化

在“以我为主、中外合作”方针指导下，国家对秦山核电二期工程提出了较高的国产化率要求，并确定了一批重大核级设备的国内制造厂和科研攻关项目。

在压力容器、蒸汽发生器、堆内构件、汽轮发电机组和主变压器等 55 项定点设备中，有 47 项基本实现国产化。按照国内外设备费用比，1 号机组国产化率达到了 51%，2 号机组达到了 59%。平均国产化率达到了 55%。

（七）秦山核电二期取得的成就

秦山核电二期工程建设者充分发挥核工业的科技优势，发扬核工业创业精神，坚持“以我为主，中外合作”的方针，坚持自主设计、自主建造、自主管理的建设模式。坚持自主设计，就是自主确定设计目标，确定技术方案，选择技术参数，确定关键设备的功能和指标，把技术决策权真正掌握在自己手里；而发挥核工业科技优势，注重实验验证，是自主设计、技术改进的物质基础，也为自主创新提供了条件。坚持自主管理，是工程面对诸多困难，最终能够严格按照质量、进度、投资三大控制指标建成投产的重要原因。坚持自主采购，逐步推进设备国产化，既保证了设备质量，又降低了设备采购成本与费用，是整个工程造价低、质量高的一个重要原因；同时促进了中国核电标准体系的完善，提升了中国核电设备制造能力和管理水平。

由于将堆芯从三环路改为两环路，燃料组件由157个组减少为121个组，采用分项国际招标，从而提出许多工程技术问题和接口问题。核二院、中国核动力院引进上百个设计分析软件，建立堆芯水力及流态试验台架、流致振动试验台架、控制棒驱动机构及驱动线试验台架、抗震试验台架等，进行大量研究和试验验证，最终基本掌握核心技术。

机组调试和运行结果表明，中国首台60万千瓦级核电机组的设计是成功的，具有较高的安全技术性能和经济性能。核反应堆热工安全余量大，反应堆寿期长，达到同期国际上核电厂反应堆设计水平。工程安全和质量完全符合中国核安全法规和国际规范的要求。首台机组建设工期比计划工期缩短47天；投资远低于中国同期引进的核电项目，是同期世界上建成和在建核电厂中较低的。在55项关键设备中，有47项是国内制造的。一批大宗核电专用材料通过研制实现了国产化。

2002年6月23日，中共中央总书记胡锦涛专程到秦山核电基地考察，并发表了重要讲话。胡锦涛指出，党中央关于建设秦山核电厂、发展中国自主核电的战略决策是英明的、正确的，也表明中国的核电建设队伍是一支勇于开拓、自觉奉献、能打硬仗的好队伍。

秦山核电二期的建设成功，表明中国具备对M310机型设计改进的能力和对在建与运行中遇到各种问题自主处置处理能力，被业界视为“中国核电国产化进程中的一个重要里程碑”，标志着中国核电实现三大历史性跨越。即由引进先进技术并消化吸收，进而大幅度提高自主研制能力的跨越；核电建设由行政安排到按市场经济规律运作的跨越；30万千瓦级原型堆到60万千瓦级商用堆的跨越，为自主设计、建造百万千瓦级核电机组打下基础。通过秦山核电二期工程的建设，积累了科研设计、建筑安装、工程监理、设备制造、核燃料组件生产、调试运行及工程管理等一整套核电建设的经验，促进了中国机电行业的技术改造和制造水平的提高，增强了中国自主发展核电的能力。可以说，秦山核电二期60万千瓦级机组核电技术，是中国特色的自主品牌。2007年，秦山核电二期工程项目荣获第一届中国工业大奖表彰奖。

二、秦山核电三期工程建设

20世纪90年代，在酝酿“九五”期间开工建设核电项目时，国务院领导指出，在走压水堆技术路线同时，不排除有目的地兼容一定数量的重水堆。重水堆是以重水作为慢化剂的反应堆，突出优点是可直接用天然铀作燃料，能有效利用天然铀，而且燃料烧得比较充分。引进重水堆核电机组不仅可以缓解电力供应紧张，而且可以减少由于发展核电对分离功需求的压力。

1994年11月7日，国务院总理李鹏与加拿大总理让·克雷蒂安在北京签署《中华人民共和国政府和加拿大政府和平利用核能合作协定》，中加双方签署《关于建造坎杜（CANDU）-6型重水堆核电站项目的会议纪要》《合作建设坎杜（CANDU）-6型核电站的谅解备忘录》。随后，中加政府及双方有关部门和单位又签订了有关协议和备忘录。1997年1月，经国务院同意，国家计委批复同意秦山核电三期工程（简称秦山核电三期）项目可行性研究报告，厂址定于浙江省海盐县螳螂山。1997年1月31日，秦山第三核电有限公司成立。

秦山核电三期重水堆核电厂是中国引进的第一座重水堆大型核电厂。1998 年 6 月 8 日，秦山核电三期重水堆核电厂工程 1 号机组核岛筏基浇筑第一罐混凝土，正式开工，2002 年 7 月 18 日首次装料，2022 年 11 月 19 日首次并网发电，2002 年 12 月 31 日投入商业运行。2 号机组于 1998 年 9 月 25 日开始核岛筏基浇筑第一罐混凝土，2003 年 7 月 24 日投入商业运行。

（一）建设历程

1997 年 1 月 31 日，秦山第三核电有限公司成立。公司所有权与经营权分离，股东大会、董事会、监事会之间形成相互制衡、逐级负责和权责对应的关系。成立档案管理机构文件档案处，对核电厂建造和运营各阶段中所形成的文件、图纸、资料、档案进行归口控制和一体化管理。

1997 年，秦山核电三期分别与中国核工业华兴建设公司、二二建设公司签订了土建工程合同；与二三建设公司、浙江省火电建设公司签订了安装工程合同；与二二建设公司签订了混凝土生产供应合同；与二三建设公司签订了管道预制合同；与华兴建设公司签订了全厂负挖工程合同；与二二建设公司签订了围堰设计建造合同。

1997 年 5 月 16 日，开始编制设计和建造阶段、调试阶段《秦山三期（重水堆）核电厂工程质量保证大纲》。上半年委托秦山核电公司承担生产准备工作，编写秦山核电三期生产准备工作大纲（A 版）。同时，开始大批量、高容量的人员培训，完成包括英语、基础理论、国内外岗位培训等在内的 10 余项培训任务。

1998 年 5 月 25 日，中核总受国家计委委托批准秦山核电三期初步设计。10 月 14 日，秦山核电三期列入国务院批准的 1998 年第五批基本建设新开工大中型项目计划，工程项目业主为秦山第三核电有限公司。1998 年 6 月 8 日，秦山核电三期开工建设。

2002 年 12 月 31 日，1 号机组比原计划提前 43 天投入商业运行。2003 年 7 月 24 日，2 号机组比进度计划提前 112 天投入商业运行，创造了国际 33 座重水堆核电厂建设周期最短纪录。2003 年 10 月 23 日，国务院副总理曾培炎、加拿大总理让 • 克雷蒂安出席秦山核电三期工程全面建成庆典活动，并为“秦山三期（重水堆）核电厂全面建成纪念碑”揭幕。2003 年 10 月 27 日，中央军委主席江泽民考察秦山三期（重水堆）核电厂，中共浙江省委书记习近平陪同。

（二）工程管理

秦山核电三期结合国情和工程实际，以实行现代企业制度为目标，建立实现工程质量、进度和投资三大控制的项目管理模式和组织体系，采用项目法人负责制、招投标制、工程质量监理制和合同管理制，并探索建立“垂直管理，分级授权，相互协作，横向约束，程序化和信息化运作”管理模式。这一新的管理模式使核电工程基本实现程序化、信息化的规范管理并与国际接轨。科学的管理体制与运行机制，保证了秦山核电三期工程合同的严格执行，质量、进度、投资三大控制始终处于受控状态，里程碑节点逐个提前或按期顺利实现。

秦山核电三期在工程建设期间，创造了国际坎杜（CANDU）-6 型重水堆建造史上多项世界第一：2 号反应堆厂房安全壳筒体滑模施工，创造 14 天 4 小时新纪录；排管容器燃料通道组装历时 66 天，比原纪录提前 16 天；主管道安装历时 21 天，比原纪录缩短 68 天；1 号机组安全壳试验时泄漏率创下泄漏率最低纪录。秦山核电三期实际投资比国家批准的概算节约 10.6%。

（三）秦山核电三期的创新

秦山核电三期的创新主要有先进燃料重水堆回收铀技术、工业钴-60 源的国产化、“中国人的 8 兆瓦”三个方面。

先进燃料重水堆回收铀技术。中国是世界上少数几个既有压水堆又有重水堆的国家。重水堆以天然铀作燃料，又可经济高效地利用压水堆回收铀，从而提高铀资源利用率，减轻核燃料供应压力。

秦山核电三期从 2008 年开始，制定“两步走”的开发战略，即先以等效天然铀方式利用回收铀，再逐步实现经济效益更高的回收铀直接利用。到 2009 年年底，完成燃料设计、入堆示范验证的许可申请以及示范验证燃料的加工制造。

2010 年 3 月，秦山核电三期实现国际上首次将小批量回收铀燃料放到重水堆上进行示范考验，2011 年 3 月底示范验证完成，取得令人满意的试验效果。

2011 年上半年启动全堆应用开发工作，2015 年实现重水堆全堆应用回收铀燃料。该项目探索了一条企业科技创新的路子，对提高铀资源利用率，为大规模后处理厂配套，加强核燃料供应保障和资源利用具有重要意义。

工业钴-60 源的国产化。工业钴-60 源主要依靠进口。虽然在重水堆中生产钴-60 是重水堆的天然性能，但其生产技术却来之不易，涉及钴调节棒的设计、研制和生产，靶件堆内辐照，棒束和成品源运输容器的设计和制造，专业热室的设计和建造，钴-60 原型源设计和研制等多个环节。工业钴-60 源国产化项目组在几乎没有外部资料情况下，从头攻关，打破国外垄断，取得成功，在设计上具有完全自主知识产权，填补多项国内空白，产品技术指标和质量达到国外先进水平。

“中国人的 8 兆瓦”。秦山核电三期机组设计额定总电功率为 728 兆瓦。机组临时验收时，由于日本日立公司原因，汽轮发电机额定总电功率未达到设计担保值（约低 1%）。日立公司于 2002—2005 年进行改造，但机组功率没有明显提升。2005 年 9 月 22 日，秦山核电厂核电三期工程通过由国家发展改革委组织的国家竣工验收，当时确定的机组额定总电功率为 720 兆瓦。

2006 年年初，秦山核电三期针对机组额定总电功率问题成立重点科技攻关专项组，找出影响机组额定总电功率的主要因素，制订相应改造方案并在大修时实施。经技术改造后达到设计值，每台机组增加了 8 兆瓦，共增加 16 兆瓦，每年可多发电超过 1 亿千瓦·时，被称为“中国人成功的故事”。除上述改进外，针对电源系统设计不合理和设备选型不当等问题，对电源系统进行改进和优化，对辐射防护系统进行改进，提高通风、制冷系统安全性和可靠性等，进一步优化系统配置，提高了核电厂的安全性和可靠性。

三、岭澳核电一期工程建设

1994 年初，国务院确定“以核养核，滚动发展”的战略方针，批准组建中国广东核电集团有限公司，并决定在广东岭澳建设广东第二核电厂（简称广二核），规划建设 2 台装机容量为 99 万千瓦级的压水堆核电机组，由岭澳核电有限公司建设与经营。

岭澳核电厂是中广核实施国家“以核养核、滚动发展”方针的第一个项目。考虑到岭澳核电厂建设的技术路线将对中广核乃至中国核电自主化、批量化发展有重要意义，中广核决定，利用对中国有利的国际核电买方市场，争取形成国际竞争态势，努力为岭澳核电厂的建设探索最有利的方案。岭澳核电厂选择了与大亚湾核电厂同样的技术路线，属于大亚湾核电厂的技术改进提高版。

1994 年 12 月 29 日，国家计委副主任叶青、国家开发银行副行长刘明康出面约见法国驻华临时代办，代表中国政府与法方就岭澳核电一期项目交换了意见，并表示：基于法方在大亚湾项目的合作基础，如法方提供的优惠条件能达到中方要求，岭澳核岛供应同意由招标改为议标方式。希望中法双方合作配合，使项目取得成果。中广核敏锐抓住重大历史机遇，果断提出对法议标，并全力推进，在国家的支持下，作出了对岭澳项目有决定意义的重大决策。

1995 年 1 月 15 日，中广核与法方签订岭澳核电一期工程议标协议，2003 年 1 月 8 日，2 号机组投入商业运行，2 台机组全面投产。岭澳核电一期以大亚湾核电厂为参考，结合经验反馈、新技术应用和核安全发展的要求，实施了 37 项重要技术改进；按照国际标准，推进了中国核电自主化、国产化进程，实现了项目管理自主化、建筑安装施工自主化、调试和生产准备自主化，实现了部分设计自主化和部分设备制造国产化，国产化率达 30%；全部 187 个单位工程优良率 100%；2 台机组分别提前 48 天和 66 天投入商业运营；节省投资 3.81 亿美元，比国家批准预算节约近 10%。

岭澳核电一期的建成，为中广核在大亚湾核电厂起步之后继往开来、不断发展奠定了坚实的基础，也为推进中国核电产业的自主化和国产化作出了重要贡献。岭澳核电一期的建设和运营为中国核电发展积累了宝贵的经验，为推进核电自主创新、探索形成自主品牌的百万千瓦级核电技术路线 CPR1000，全面实施中国百万千瓦级商用核电厂自主化、国产化奠定了良好的基础。

岭澳核电一期工程建设主要里程碑：

1997 年 5 月 15 日，岭澳核电一期工程 1 号机组核岛筏基浇筑第一罐混凝土，正式开工建设。

1997 年 11 月 28 日，岭澳核电一期工程 2 号机组核岛筏基浇筑第一罐混凝土，正式开工建设。

2002 年 5 月 28 日，岭澳核电一期工程 1 号机组建成投入商业运行。

2003 年 1 月 8 日，岭澳核电一期工程 2 号机组建成投入商业运行。

2004 年 7 月 16 日，岭澳核电一期工程通过国家竣工验收。

四、田湾核电一期工程建设

田湾核电厂位于江苏省连云港市连云区，是中国不可多得的沿海优良厂址之一。厂址可建设8台百万千瓦级压水堆核电机组。一期工程1、2号机组（单机容量106万千瓦）和二期工程3、4号机组（单机容量112.6万千瓦）是中国和俄罗斯两国政府加深政治互信、发展经济贸易、加强国际战略协作、共同推动中俄核能合作的标志性工程。一期、二期4台机组均采用俄罗斯VVER－1000二代改进型压水堆核电技术，技术设计和安全措施满足国际上第三代核电厂的安全要求。

1989年，苏联领导人戈尔巴乔夫访华时提出合作建设核电厂意向。1992年，俄罗斯总统叶利钦首次访华期间，中俄两国政府部长签署合作协议。1996年12月5日，连云港核电厂（即田湾核电厂）筹备处在京成立。连云港核电厂将从俄罗斯引进2台100万千瓦压水堆核电机组，由中俄双方合作建设。1996年12月27日，中国核工业总公司与俄罗斯原子能部签订《建设连云港核电站框架合同原则协议》，国务院总理李鹏和俄罗斯总理切尔诺梅尔金出席签字仪式。❶1997年12月29日，中俄合作建设连云港核电厂总合同在北京签字，国务院总理李鹏、副总理李岚清和俄罗斯政府第一副总理鲍·叶·涅姆佐夫出席签字仪式。❷当月，中国核工业总公司等出资组建江苏核电有限公司（简称江苏核电公司），负责田湾核电厂建设和运行。

根据中俄两国政府签署的协议和总合同，俄方负责田湾核电厂总技术责任和核岛、常规岛设计及成套设备供应与核电厂调试，中方负责工程建设管理、土建施工、围墙内部分设备第三国采购、核电厂辅助工程和外围配套工程设计、设备采购及大部分安装工程。与核电厂配套的输变电线路工程和调峰设施由江苏省电力企业负责建设。

1999年10月20日，中俄当时最大经济技术合作项目——江苏田湾核电厂——主体工程开工仪式在连云港市隆重举行。国家主席江泽民和俄罗斯总统叶利钦相互致函祝贺，国务院总理朱镕基和俄罗斯总理普京分别发来贺信，国务院副总理吴邦国出席开工典礼并作重要讲话。

1999年10月20日，田湾核电一期工程1号机组核岛筏基浇筑第一罐混凝土，正式开工建设。次年9月30日，田湾核电厂一期工程2号机组核岛筏基浇筑第一罐混凝土，正式开工建设。当时，1、2号机组采用俄罗斯AES－91型核电机组，是在总结VVER－1000/V320型机组设计、建造和运行基础上，按照国际现行核安全法规，采用一些先进技术而完成的改进型设计，其主要技术特点有反应堆厂房采用双层安全壳、安全壳预应力张拉系统采用新型倒U形50束钢缆张拉方式、安全系统采用完全独立和实体隔离的4通道（$N+3$）、设置堆芯熔融物捕集器与冷却系统等缓解严重事故后果的安全设施、使用铀－钆一体化全锆先进燃料组件、采用全数字化仪控系统等。

---

❶《中俄签署两项合作协议两国总理出席签字仪式》，《人民日报》，1996年12月28日，第3版。

❷《李鹏李岚清会见俄罗斯第一副总理　中俄合建连云港核电站总合同在京签署》，《人民日报》，1997年12月30日，第1版。

田湾核电厂实际上成为新型 VVER-1000“首堆”，具有示范堆性质，电站建设也存在一系列困难：一是土建设计和系统布置发生重大变化，导致出现大量而频繁的设计修改和变更；二是大量设备不能如期到货；三是电缆安装图纸存在许多错误。为此，中俄双方共同努力，克服第一阶段出现的大量困难，于 2003 年 10 月 25 日提前进入全面系统调试阶段，先后通过了核岛主系统水压试验、冷态试验、安全壳结构强度及泄漏率试验、热态试验及役前检查。

2005 年 4 月 18 日，国务院副总理曾培炎考察江苏田湾核电厂，听取了建设工作汇报。曾培炎指出，安全是核电工业的生命线，一时一刻也不能放松。要狠抓设计、建设、制造、运行全过程的质量管理和安全管理，消除一切隐患，确保核电厂质量可靠、运行安全。

田湾核电一期工程 1 号机组于 2005 年 10 月 18 日开始首次装料；12 月 20 日反应堆首次达到临界；2006 年 4 月 6 日汽轮机首次利用核蒸汽冲转成功；2006 年 5 月 12 日 20 时 19 分，1 号机组首次并网成功。

2007 年 1 月 2 日，国务院总理温家宝考察田湾核电厂。他指出要大力发展核电，调整能源结构。安全是核电的生命线。一定要确保核电厂质量可靠、运行安全。[1]

田湾核电厂 1、2 号机组分别于 2007 年 5 月 17 日和 8 月 16 日投入商业运行。至此，田湾核电一期 2 台单机容量 106 万千瓦级的俄罗斯压水堆核电工程建成。2 台机组投入商业运行后均保持安全可靠功率运行，辐射防护措施有效，个人和集体剂量得到有效控制，“三废”排放远低于国家控制标准，机组各项性能指标优良，创造了良好的运行业绩和社会效益。田湾核电厂是中俄两国当时最大的技术经济合作项目，也是当时中国单机容量最大的核电厂。

田湾核电一期工程首循环就创造了 2 台机组首堆年无计划外停堆停机的运行纪录，属国内新建核电厂罕有。随后 2 台机组取得优异的运行业绩，多项运行指标处于世界 VVER-1000 型机组前列，在 WANO（世界核电运营者协会）排名中处于前 1/8 优秀机组行列。田湾核电厂作为中国首家获得全国工业旅游示范点的核电厂，是全国科普教育基地、江苏省爱国主义教育基地，丰富了当地旅游资源，成为向公众宣传的重要窗口。

第四节　中国正式成为《核安全公约》签署履约国

中国政府高度重视核电厂的核安全问题。1996 年，中国正式成为《核安全公约》签署履约国，努力实现和维持高水平的核安全。在“九五”期间，发布了《中华人民共和国核出口管制条例》和《中华人民共和国核两用品及相关技术出口管制条例》，以负责任的态度促进和平利用核能的国际合作，适应国际核防扩散形势，严格遵守防扩散国际义务，

[1] 《温家宝总理到连云港市考察　同苏北群众共度元旦》，《人民日报》，2007 年 1 月 2 日，第 1 版。

履行中国加入国际组织的有关承诺。

国家核安全局成立之初，能力、经验欠缺，因此十分重视参考借鉴国际先进核安全法规标准及监督管理经验，广泛开展同有关国际组织和核能发达国家的合作与交流，与国际原子能机构、联合国开发计划署（The United Nations Development Program，UNDP）、欧洲共同体委员会建立了良好的合作关系，并与多国开展双边合作。通过积极开展国际合作，国家核安全局在这一阶段实现了中国核安全监管的跨越式发展，建立了较为完整的核与辐射安全法规标准体系，采用了与国际接轨的审评和监督机制，培养了一支技术过硬的核安全监管队伍。在此阶段，中国加入了《核安全公约》，严格履行公约义务，促进参与国际合作。

一、《核安全公约》的签署

1. 签署背景

核电发展历史上曾发生过三次严重的核安全事故，即美国三哩岛核事故、苏联切尔诺贝利核事故和日本福岛核事故。每一次核事故的发生，都会对人身健康、周边环境和当地社会生活产生严重的损害，从而对核电发展造成不利影响。核安全已经引起了国际社会的极大关注。

早在1991年，在国际核动力安全会议上提出了由国际原子能机构主持制定《核安全公约》的建议，该建议得到了国际原子能机构的大力支持。1992年2月，国际专家成立起草组，开始起草《核安全公约》，1994年6月17日，《核安全公约》在有84个国家参加的维也纳外交大会上通过，1994年9月20日起，《核安全公约》自机构大会第38届大会期间开放签署。截至2017年3月，《核安全公约》缔约方总数为80个，包括79个国家和一个区域性组织，79个国家中有32个建有核电厂，47个未建设核电厂。《核安全公约》是第一个直接涉及核电厂安全问题的国际法律文书，着重强调了核电厂的核安全问题，在世界范围内将核安全上升到人类的意识领域和文化层面，并由法律文书予以体现。

1996年，经国务院批准，由国家核安全局牵头组织成立中国履约小组，负责组织与协调中国的履约工作，在《核安全公约》的框架下，履行中国的义务和承诺，保证《核安全公约》对缔约方的要求和历次国家报告审议大会上的决议在中国得到贯彻落实。中国履约组织体系由中国履约小组、履约小组秘书处、国家报告编审委员会及相关技术支持机构共同组成。中国履约小组是中国履约活动的决策机构，由环境保护部（国家核安全局）、国家原子能机构、国家能源局、外交部、卫生和计划生育委员会等单位组成，环境保护部（国家核安全局）是组长单位，国家原子能机构是副组长单位；履约小组秘书处负责履约相关工作的策划、组织实施、日常管理和协调以及与国际原子能机构的日常联络；国家报告编审委员会成员单位除履约小组单位代表外，还包括和核电集团公司、核电厂营运单位等的代表，在履约小组的指导下开展国家报告的编制与审议工作；履约技术支持单位在履约小组和国家报告编审委的指导下成立国家报告编写组，负责国家报告编制以及履约相关工作计划等职责。

中国始终积极参与《核安全公约》的履约工作，1996 年 3 月 1 日，经中国全国人民代表大会常务委员会批准，中国政府正式成为《核安全公约》最早的缔约方之一。自《核安全公约》签署履约以来，在中国履约小组各成员单位的共同努力下，中国圆满地完成了历次履约工作。《核安全公约》的履约周期自新一轮履约工作启动到本轮审议大会结束，主要工作包括国家报告的编制和审批、国家报告的同行审议和参加《核安全公约》审议会议。福岛核事故后，为更好地配合《核安全公约》履约工作，中国积极应对，对全国运行和在建核电厂的安全状况进行了独立、全面、深入、系统的检查和评价，提出详尽的安全改进要求，分阶段进行了整改，主要工作包括开展核电厂综合安全检查、开展运行核电厂外部事件安全裕量评估、编制核安全规划和核电安全规划、修订核电厂中长期发展规划、各核电厂落实福岛事故后改进行动要求、制定和发布了《福岛核事故后核电厂改进行动通用技术要求》、研究制定新建核电厂安全要求等。

2. 主要内容

《核安全公约》旨在加强本国措施与国际合作，包括适度情况下与安全有关的技术合作，以在世界范围内实现和维持高水平的核安全；在核设施内建立和维持防止潜在辐射危害的有效防御措施，以保护个人、社会和环境免受来自此类设施的电离辐射的有害影响，防止带有放射性后果的事故发生或一旦发生事故时减轻此种后果，《核安全公约》适用于每一缔约方管辖下的任何陆基民用核动力厂的安全。根据《核安全公约》的基本要求和义务，各缔约方每三年需要编写和提供一份反映本国在各次履约周期内为保证和维持核安全所做的努力以及充分反映本国核安全现状的国家报告，并接受其他缔约方的书面提问和现场审议。

《核安全公约》由序言和 35 项条款组成，序言描述了缔约方签署《核安全公约》而达成的共识，35 项条款内容涵盖了《核安全公约》的目的、定义、适用范围、缔约方的义务、缔约方会议，以及《核安全公约》的管理等方面。

缔约方的义务是《核安全公约》的核心内容，包括一般规定、立法和监督管理、一般安全考虑、设施的安全共 4 部分 16 项条款的内容，《核安全公约》规定缔约方的义务是在本国法律框架内，采取立法监督和行政措施保证核安全，并就履约所采取的措施和核电厂的安全状况向缔约方会议提交报告。《核安全公约》强调缔约方应采取立法、监管和行政措施确保核安全的落实，安全监管必须贯穿于安全优先、财政和人力资源、人因、质量保证、安全的评价和核实、辐射防护、应急准备、选址、设计和建造、运行过程中的每一环节。

缔约方会议包括 9 项内容，主要对审议会议、履约时间和程序安排、特别会议、出席会议、简要报告、缔约方会议语文、保密、秘书处的职责等进行了简要说明和规定。最后条款和其他规定包括 7 项条款，主要涉及分歧的解决，《核安全公约》签署、批注、接受、核准和加入，《核安全公约》生效，《核安全公约》的修正、退约、保存、有效文本等内容。

同时，国际原子能机构发布了与《核安全公约》相配套的三份细则，分别为《〈核安全公约〉审议过程细则》《〈核安全公约〉国家报告细则》与《〈核安全公约〉议事细则和财务细则》，细则制定发布以来，根据缔约方的建议不断进行修订升级。2011 年 3 月日本福岛核事故发生以后，在国际原子能机构于 2012 年 8 月召开的《核安全公约》第二次特别大会上，成立了由 47 个缔约方参加的高效、透明的工作组，对《核安全公约》及相关议事规则展开充分讨论，提出行动计划和修改建议，并在 2014 年第六次《核安全公约》审议大会上审议通过了最新版的细则。

《核安全公约》第 5 条规定，每一缔约方应在召开每次审议会议之前，就为履行《核安全公约》的每项义务已采取的措施提交报告，以供审议。第 20 条规定，缔约方应举行审议会议审议各缔约方提交的国家报告，两次审议会议的时间间隔不得超过三年。第 28 条规定，国际原子能机构应为缔约方会议提供秘书处，且秘书处应召集和筹备缔约方会议，为会议提供服务。《核安全公约》网站根据《〈核安全公约〉审议工程细则》（INFCIRC/571），审议会议设置主席、副主席、国家组主席、国家组副主席、国家组报告员、国家组协调员、国家联络员。《核安全公约》的履约周期包括组织会议、官员培训与官员更替会议、编制国家报告、提交国家报告、提交对其他缔约方的提问、官员会议、回答其他缔约方的提问、审议会议 8 个阶段。

3. 重要意义

中国政府一直高度重视《核安全公约》的履约工作，不仅将它视为一项重要的国家政治外交任务，同时也是中国核安全监管部门、核设施营运单位对外宣传和交流的重要窗口和平台。自《核安全公约》签署履约以来，中国核安全监督管理能力不断加强，建立了一套与国际先进水平接轨的核安全监督管理制度和质量保障体系，中国核电机组一直保持安全稳定的运行业绩，从未发生过国际核事件分级二级及以上事件，安全水平得到国际社会的认可。同时，中国先进核电技术不断发展，核电的设计、建造、安装、调试、运行等能力都得到长足进步。通过《核安全公约》履约平台，中国向国际社会呈现了良好的核安全状态，全方位展示了中国核电发展与核安全监管的成就，对中国核能事业的健康可持续发展起到了巨大的促进作用。

二、《中华人民共和国核出口管制条例》的发布及修订

1. 出台背景

1997 年 8 月 1 日，国务院第 61 次常务会议通过了《中华人民共和国核出口管制条例》，1997 年 9 月 10 日以中华人民共和国国务院令第 230 号发布，根据 2006 年 11 月 9 日《国务院关于修改〈中华人民共和国核出口管制条例〉的决定》进行了修订。

《中华人民共和国核出口管制条例》自发布实施以来，对加强中国核出口统一管理，促进和平利用核能的国际合作，规范核出口行为起到了积极作用。2006 年对该条例所进行的修订，主要是为了履行中国加入核供应国集团（Nuclear Suppliers Group，NSG）的有关承诺，同时也是为了适应当时国际核防扩散形势的变化。2004 年 1 月 26 日，中国正式申请加入核供应国集团，并对外承诺将完全按照该集团的出口控制准则和管制清单进行核出口控制，2004 年 6 月 10 日，中国正式成为该集团成员。为了履行中国的有关承诺，进

一步加强核出口管制，加大监管和执法力度，增强条例的可操作性，中国对《中华人民共和国核出口管制条例》的有关内容作出必要的修改。

2. 主要内容

《中华人民共和国核出口管制条例》共24条，对涉及核出口，即《核出口管制清单》[1]（简称《管制清单》）所列的核材料、核设备和反应堆用非核材料等物项及其相关技术的贸易性出口及对外赠送、展览、科技合作和援助等方式进行转移。修订后的《中华人民共和国核出口管制条例》主要体现在以下几个方面：

一是防止核扩散和防范核恐怖主义。防止核扩散和防范核恐怖主义是中国政府的一贯主张，也是核供应国集团出口控制准则的基本要求，因此核出口管制的目的是为了加强对核出口的管制，防止核武器扩散，防范核恐怖主义行为，维护国家安全和社会公共利益，促进和平利用核能的国际合作。国家对铀浓缩设施、设备，辐照燃料后处理设施、设备，重水生产设施、设备等物项及其相关技术等核扩散敏感物项，以及可以用于核武器或者其他核爆炸装置的材料的出口实施严格限制以及国家有权作出中止出口有关物项或者相关技术的决定，并书面通知海关执行等相关要求。

二是有效实施全面保障监督。中国加入核供应国集团时对外承诺，将完全按照核供应国集团的出口控制准则进行核出口控制。为了履行这一承诺，落实中国“把进口国须接受国际原子能机构的全面保障监督作为中国核出口的先决条件”的原则，条例对核出口的定义予以明确规定，并对接受方政府的相关责任和《管制清单》所列物项及其相关技术的过境、转运、通运所需满足的安全要求进行了规定。

三是修改《管制清单》的调整方式。按照原条例的规定，《管制清单》的调整须报国务院批准。考虑到核供应国集团将根据形势的发展不定期地对其管制清单进行修改，中国加入核供应国集团以后也需要根据其规定对中国《管制清单》进行经常的、技术性地滚动调整，没有必要将每次调整都报国务院批准。

四是加强监督管理和明确法律责任。《中华人民共和国核出口管制条例》同时也对相关监督管理职责和法律责任作出了规定。

3. 法规出台的重要意义

《中华人民共和国核出口管制条例》的修订发布和实施，对于贯彻国家关于核防扩散出口管制工作的指导方针，适应国际防核扩散和核反恐斗争形势的发展，体现中国核出口政策的重要调整，树立负责任大国的国际形象，对维护国家安全和社会公共利益具有重要意义。根据国内外形势的发展，结合该条例施行以来中国核出口管制的经验，在保持整体结构不变的情况下，对部分条款进行修改、补充和完善，着重增加反映中国核出口政策重要调整和加强防扩散及防范核恐怖主义方面的内容；在修改中，充分贯彻《中华人民共和国行政许可法》有关高效、透明、便民的精神，同时考虑现行管理体制和有关部门职责分

[1] 2018年6月27日，国家原子能机构、商务部、外交部、海关总署联合发布《核出口管制清单》修订公告，清单自2018年10月1日起施行。

工；注意与核供应国集团的出口控制准则及管制清单相一致，并与国内其他有关法律、法规相衔接。

三、《中华人民共和国核两用品及相关技术出口管制条例》的发布及修订

1. 出台背景

1998年6月1日，国务院常务会议通过了《中华人民共和国核两用品及相关技术出口管制条例》，1998年6月10日，国务院总理朱镕基签署中华人民共和国国务院令第245号发布，根据2007年1月26日《国务院关于修改〈中华人民共和国核两用品及相关技术出口管制条例〉的决定》进行了修订。随着国际防核扩散、核反恐形势发生了重大变化，防止大规模杀伤性武器及其运载工具扩散在国际政治与安全事务中的重要性也日渐凸显。因此，随着中国综合国力的不断增强，健全防核扩散出口管制体系，规范敏感物项和技术的出口，对维护国家安全和社会公共利益，履行所承担的国际义务，树立负责任大国的国际形象具有重大意义，中国开展《中华人民共和国核两用品及相关技术出口管制条例》相关规定的修订工作是十分必要的。

2. 主要内容

《中华人民共和国核两用品及相关技术出口管制条例》共29条，对涉及核出口，即《核出口管制清单》所列的核材料、核设备和反应堆用非核材料等物项及其相关技术的贸易性出口及对外赠送、展览、科技合作和援助等方式进行转移。修订后的《中华人民共和国核两用品及相关技术出口管制条例》，对适用范围、管理机制、企业内控机制建立、监督检查、法律责任以及管制清单调整公布方式等方面作了进一步规定和完善。具体来讲，主要体现在以下方面：

一是明确条例调整适用范围。修订后的《中华人民共和国核两用品及相关技术出口管制条例》所指“出口”是指广义出口，包括“无形技术转让”等，增加了对相关服务以及其他方式转移的许可管理要求。《中华人民共和国核两用品及相关技术出口管制条例》规定核两用品及相关技术出口实行“边境”管理模式，明确从保税区、出口加工区等海关特殊监管区域和出口监管仓库、保税物流中心等保税监管场所出口均适用本条例。同时，为防止中国成为敏感物项和技术扩散通道，条例规定了以过境、转运、通运方式“出口”核两用品及相关技术，也应当申请出口许可。为提高管理工作效能，条例结合物项出口的特点，对几种扩散风险较低的出口形式规定了便利化管理措施，新增了以境外检修、境内检修复运出境以及经商务部确定的其他情形，企业可免于提交有关文件。

二是健全出口管制管理机制。为加强国家有关主管部门对核两用品及相关技术出口的科学决策和管理能力，条例根据核两用品及相关技术出口政策性强、敏感程度高和专业技术性复杂的特点，参考国际通行做法，规定由中国商务部组织有关方面专家组成核两用品及相关技术出口管制咨询委员会，承担国家核两用品及相关技术出口管制的咨询、评估、论证等工作。

三是明确企业应当建立、健全内部控制机制。《中华人民共和国核两用品及相关技术

出口管制条例》规定出口经营者应当建立、健全内部出口控制机制，新增了“全面控制条款”，要求出口经营者在知道或者应当知道，或者得到商务部通知的情况下，其所出口的设备、材料、软件和相关技术，如存在核扩散风险或者可能被用于核恐怖主义目的，即使拟出口设备、材料、软件和相关技术未列入《管制清单》，也应当申请出口许可。同时，要求出口经营者应当妥善保存有关合同、发票、单据、业务函电等资料至少 5 年。

四是加强监督检查和执法力度。为落实中国防核扩散出口管制政策措施，贯彻《中华人民共和国行政许可法》，积极体现主管机关和海关的监管职能，依法查堵违法违规出口，依法查处防扩散个案，防止突发个案给中国国家安全和社会公共利益以及履行所承担的国际义务带来被动和不利影响，依据《中华人民共和国对外贸易法》《中华人民共和国海关法》等法律，条例新增了以下内容：国家对核两用品及相关技术出口，采取任何必要的措施，维护国家安全、社会公众利益以及国际和平与安全。海关可以对拟出口的设备、材料、软件和相关技术是否需要办理核两用品及相关技术出口提出质疑，并要求出口经营者按规定向商务部申办出口许可证件或不属于管制范围的相关证明。为规范质疑程序，条例还要求海关总署会同商务部共同制订有关办法。商务部可以或者会同有关部门对涉嫌违反条例规定的相关活动进行调查、阻止，并明确规定了调查处理范围，即由海关总署负责查验和扣留属于海关监管的货物；由商务部负责查封或者扣留海关监管区域外不属于海关监管货物的涉嫌违法出口核两用品及相关技术的设备、材料、软件和相关技术。另外，条例授权主管部门负责《核两用品及相关技术出口管制清单》的调整和发布。

五是完善有关法律责任。《中华人民共和国核两用品及相关技术出口管制条例》对有关法律责任也作出了规定。

3. 法规出台重要意义

《中华人民共和国核两用品及相关技术出口管制条例》的修订和发布实施，对于积极体现中国防核扩散出口管制政策措施，结合近年来出口管制工作实践，加强出口管制管理，强化出口管制执法，培育企业自律意识；贯彻落实新修订的《中华人民共和国对外贸易法》和《中华人民共和国行政许可法》，依法保障行政机关有效实施出口管制管理，依法对违规行为进行处罚；配合中国加入核供应国集团的需要，调整相关控制准则和管制清单具有重要意义，并加强了中国的核出口管制、防止核武器扩散、防范核恐怖主义行为、维护国家安全和社会公共利益、促进和平利用核能的国际合作。

第五节　核能国际合作的深化

“九五”期间，中国政府与企业在相互尊重，互利共赢基础上，积极与相关国家开展和平利用核能合作。中国与加拿大合作建设重水堆核电厂，与法国合作建设岭澳一期核电项目。同时，中国自己设计制造并向巴基斯坦恰希玛 30 万千瓦级核电厂出口计算机系统及核燃料元件与相关组件。2000 年 6 月，由中国承建的巴基斯坦恰希玛核电厂实现首次并网。1997 年 10 月，中美两国政府部门签署关于和平利用核技术合作的意向性协定，1998 年 3 月 19 日，在中美两国领导人的直接推动下，搁置长达 13 年的中美和平利用核技术合作协定正式生效，意味着美国能源工业首次获准向中国出口核技术。

一、中国与加拿大合作建设的重水堆核电厂

20 世纪 80 年代，中国核电业界达成一个共识：发展核电走压水堆的技术路线。90 年代，在酝酿“九五”期间开工建设的核电项目时，国务院领导指出，在走压水堆技术路线同时，不排除有目的地兼容一定数量的重水堆。

1992 年 2 月，中加双方在北京正式签署了《中华人民共和国国家核安全局同加拿大核安全监管局关于核安全合作的专门协议》，揭开了中加两国秦山核电三期工程坎杜堆安全审评合作的序幕。

加拿大设计建造的坎杜（CANDU）–6 型堆是压力管卧式重水堆的典型代表，因其独特安全性、铀资源利用经济性、较高负荷因子等特点，在世界先进核电堆型中占有一席之地。1993 年 9 月，中核总就引进重水堆核电厂事宜与加拿大方面多次接触。

1994 年，国务院副总理邹家华赴美国、加拿大等国家考察核电厂，在加拿大重点考察了重水堆核电厂，马福邦作为陪同人员一同前往。马福邦是中国的重水堆专家，在中国原子能科学院一直从事重水堆研究工作。回国后他给核工业总公司写报告，提出在中国建造重水堆核电厂，马福邦成为提出在中国建造重水堆核电厂的第一人。1994 年 12 月，邹家华亲临浙江省海盐县螳螂山重水堆厂址（毗邻秦山核电一期、二期）考察。1996 年 11 月 30 日，国务院总理李鹏、副总理吴邦国考察秦山三期（重水堆）核电厂工程厂址。

中加两国谈判从 1995 年 9 月开始，一直谈到 1996 年 11 月 26 日秦山三期（重水堆）核电厂工程商务合同在上海签字，李鹏、吴邦国和加拿大总理让·克雷蒂安出席签字仪式[1]。在前后一年多的时间里，双方共谈了 150 余次，内容包括技术、商务、法律、融资、保险、工程各个方面。加拿大原子能有限公司（AECL）总承包，负责融资 20 亿美元。至此，秦山核电三期工程准备工作按中加主合同要求全面启动。

秦山核电三期是中国重点工程项目之一，是中国和加拿大合作的最大贸易项目，采用成熟坎杜（CANDU）–6 型设计并首次采用一些设计改进，总装机容量为 2×72.8 万千瓦。工程由加拿大原子能有限公司（AECL）和中国核工业总公司签订合同，共同承建。中国核电科研设计、建设单位以及美国柏克德公司和日本日立公司作为主要分包商参与工程建设。业主委托上海核工院和核工业四达建设监理公司分别实施部分建造管理和工程监理。经过中国发展核电的成功实践，中国人形成了自己的技术权威，在概念设计审查阶段，向外方设计单位提出问题 919 个；在设计审查时提出设计改进意见，促成 40 项设计变更。整个工程 96 项设计改进，其中第一次采用的有 21 项。通过设计改进，使秦山核电三期在技术性能、安全水平、经济指标上均达到国际同类机型的最新水平。

[1] 《李鹏同克雷蒂安举行会谈　中加在经济贸易和其他领域合作前景广阔》，《人民日报》，1996 年 11 月 27 日第 1 版。

秦山核电三期工程项目自实施以来受到了中国和加拿大两国高层领导的高度重视。在中加双方的密切配合和共同努力下，该工程取得了巨大成功，并在建设过程中实现了多项技术突破，创造了多项施工纪录。秦山核电三期工程的成功，在国内外引起了很大的反响。1999 年 9 月 11 日和 2000 年 2 月 22 日，乔石和全国政协主席李瑞环分别考察了秦山三期（重水堆）核电厂工程。2003 年 10 月中旬，中共中央总书记胡锦涛、国务院总理温家宝等党和国家领导人，相继在中国核工业集团公司报送的《关于秦山重水堆核电站建设经验的报告》上作了重要批示。胡锦涛充分肯定了秦山核电三期工程建设"成绩可喜，经验可贵"，而且鼓励并寄希望于中核集团公司"再接再厉，创造新成绩"。2003 年 10 月 23 日，国务院副总理曾培炎与加拿大总理让·克雷蒂安共同出席了在浙江秦山召开的秦山核电三期工程全面建成庆祝大会并致辞，盛赞秦山核电三期工程建设取得圆满成功，并为秦山核电三期工程全面建成纪念碑揭幕。

二、中法岭澳一期核电项目的合作

1997 年 5 月 15 日，中国与法国签署《中华人民共和国政府和法兰西共和国政府关于发展和平利用核能合作协定》。同日，由中广核自主建设、法国企业参与项目融资和设备供应并提供技术支持的岭澳核电一期开工建设。2003 年 1 月，岭澳核电一期顺利投入商运，工程质量、进度、投资控制均达到国际同类核电厂的先进水平，被国际原子能机构评为"国际核电工业界的典范"。岭澳核电一期商运后，2 台机组多次刷新国际同类新建机组安全运行纪录。在法国电力公司组织的国际同类型机组年度安全业绩挑战赛中，大亚湾核电厂、岭澳核电一期累计获得 29 项次第一名，金牌总数最多。

在岭澳核电一期建设过程中，中广核全面承担了工程管理、建设、安装和运行管理的任务，聘请部分法国专家担任技术顾问和助理。在法方的支持和协助下，中广核实现了部分设计自主化、部分设备国产化，培养了一大批生产运营和工程建设与管理技术人才。东方电气集团有限公司（简称东方电气）、上海电气（集团）总公司（简称上海电气）等中国企业通过受让技术参与设备供货，提升了核电装备制造能力，实现了设备国产化比例从大亚湾核电厂时不足 1%到 30%的提升。

三、中国与巴基斯坦的合作

在通过双边合作汲取经验的同时，国家核安全局也以"走出去"的方式提供技术服务。中巴两国继 1986 年 9 月 15 日双方签署《中华人民共和国政府和巴基斯坦伊斯兰共和国政府和平利用核能合作协定》后，1992 年 4 月，在巴基斯坦伊斯兰堡正式签署了《中华人民共和国国家核安全局和巴基斯坦伊斯兰共和国原子能委员会核安全辐射防护局关于核安全合作的协议书》。中国向巴基斯坦出口 30 万千瓦恰希玛核电厂机组后，1992 年 6 月 27 日，应巴基斯坦原子能委员会核安全与辐射防护局要求，北京核安全中心与巴基斯坦原子能委员会核安全与辐射防护局在伊斯兰堡签署关于对恰希玛核电厂安全审评提供帮助的协议。

1991 年 12 月 31 日，中国与巴基斯坦签署向巴基斯坦出口 30 万千瓦级核电厂合同。

1993 年 8 月 1 日，中国第一座出口商业核电厂——巴基斯坦恰希玛核电厂，举行了第一罐混凝土浇筑仪式。

1997 年 8 月 20 日，中国自己设计制造并出口巴基斯坦恰希玛的 30 万千瓦级核电厂的计算机系统在北京通过专家验收。

1998 年 1 月 16 日，中核总宜宾核燃料元件厂生产的出口巴基斯坦的 30 万千瓦核燃料元件与相关组件通过出厂验收。

2000 年 6 月 13 日，中国核工业集团公司承建的巴基斯坦恰希玛核电厂实现首次并网，8 月 21 日达到满功率。

四、中美和平利用核技术合作协定的签署

1981 年 10 月 17 日，中国和美国在美国华盛顿签署了《中华人民共和国国家科学技术委员会和美利坚合众国核管制委员会关于核安全合作议定书》，这是中国第一个核安全双边合作协议，该议定书历经多次修订、延长和更新，成为中美核安全长期合作的基础。

1997 年 10 月 29 日，中美两国政府部门签署了《关于和平利用核技术合作的意向性协定》，在该协定中，双方表达了在核材料衡算、控制与实物保护和核保障技术领域开展合作的意愿。

中华人民共和国国家计划委员会和美利坚合众国能源部遵循于 1985 年 7 月 23 日签署的《中华人民共和国政府和美利坚合众国政府和平利用核能合作协定》确定的宗旨，注意到中国出于国内能源需求、能源结构调整和国民经济可持续发展的考虑，希望适度加快发展核电。双方表示支持中国安全、经济和有效地开发核能和建设核电厂，并愿意本着公开、公平、公正的原则选择合作伙伴，促进互利合作，以实现这些目标。希望双方交流信息和经验，加强两国技术合作，并认识到和平利用核技术的合作对双方都有利。双方宣告了一系列合作意向。

1998 年 3 月 19 日，美国能源部宣布，在中美两国首脑直接推动下，搁置长达 13 年的中美两国和平利用核能合作协定正式生效，这意味着美国能源工业首次获准向中国出口核技术。

第四章

“十五”期间的核电发展（2001—2005）

“十五”期间，电力紧缺成为制约中国经济持续快速发展的瓶颈因素，环境污染问题亦日益严重。因此国家决策核电发展战略从“适度发展”转向“积极发展”。“九五”以前，核电的发展较缓，“九五”期间开工了多个项目，但自主设计建设的项目仅有秦山核电二期工程一项。2003 年，国务院副总理曾培炎在杭州召开会议讨论核电发展问题时，提出“积极发展核电”的方针，这也成为中央的战略决策。

能源是国民经济的基础产业，是制约国家经济持续快速发展的重要环节。随着中国国民经济的发展，人民生活水平的提高，对能源的需求不断增加，对能源质量的要求也越来越高。发展核电，它的意义远不止优化能源结构和保护环境。发展核电有利于扩大内需，拉动经济增长，有利于利用高新技术改造传统产业，推动制造业技术创新和高科技产业化进程。1996 年 3 月《中华人民共和国国民经济和社会发展“九五”计划和 2010 年远景目标纲要》提出并在“九五”期间积极贯彻执行的“适度发展核电”方针，同更长远的核电发展规划相衔接，其战略意义十分深远。

“十五”期间，中国核电发展迎来了高峰。党中央、国务院把发展核电作为应对气候变化的重大举措，列入了大力培育的战略性新兴产业，为中国核电的长远发展提供了有力的政策保障。中国在核电自主创新的道路上迈出了新的步伐，发展驶入“快车道”。核电的良好发展还拉动了地质勘探、天然铀采冶、核燃料生产、核废物处置、核技术应用项目、核电设计和运行服务等快速发展，以核电为龙头的中国核工业产业链更加完善。核电行业主管部门和各核电集团积极开展具有自主知识产权的三代核电技术的设计开发工作，启动第三代核电技术招标、引进吸收再创新工作；全力抓好大型先进压水堆核电厂重大专项的计划、组织机构和管理模式的确定；积极安排中长期核能技术研究项目。

第一节 “十五”期间核电发展的方针政策

“十五”期间，核电作为中国核工业主导产业的趋势和地位越来越明显和巩固。秦山、大亚湾两座核电厂的安全稳定运行，小批量建设阶段核电厂的陆续建成投产，为中国核电建设进入新的发展阶段奠定了良好的技术和经济基础。党和国家领导人站在21世纪的新起点，高瞻远瞩，及时作出重大决策，成立国家核电自主化工作领导小组，召开了核电史上影响深远，提出“核电要统一组织领导，统一技术路线，引进国外先进技术，加快自主化建设”发展思路的“杭州会议”。2004年3月22日，国务院召开核电发展问题办公会议，确定招标目标为第三代核电。这些对中国核电发展起到了方向引领和政策保证的作用。

一、国家核电自主化工作领导小组的成立

2003年9月30日，国务院副总理黄菊、曾培炎主持召开核电工作会议，决定成立核电自主化工作领导小组。11月18日，国务院办公厅发文，国家核电自主化工作领导小组成立，国务院副总理曾培炎任组长。

2004年9月2日，曾培炎主持召开国家核电自主化工作领导小组会议，会议决定：岭澳核电二期和浙江三门两个核电工程项目建议书视同国务院核准；同意浙江秦山核电二期扩建和广东阳江两个核电工程项目建议书。

二、“适度发展核电”方针的提出

2000年10月11日，党的十五届五中全会通过了《中共中央关于制定国民经济和社会发展第十个五年计划的建议》。《建议》指出：充分利用现有发电能力，发展水电、坑口大机组火电，压缩小火电，适度发展核电。明确了“十五”期间继续贯彻执行“适度发展核电”的方针。

2003年1月29日，国务院总理办公会原则同意《国家计委关于“十五”电力规划的调整意见》，提出“适度发展核电”的方针。

三、“杭州会议”的召开

2003年9月，黄菊、曾培炎召开会议，专题研究核电发展规划问题。10月24日，曾培炎以国家核电自主化工作领导小组组长的身份，在杭州主持召开全国核电建设会议（简称“杭州会议”），重新启动核电的战略逐渐清晰。国家发展改革委在汇报中认为：“当前中国核岛设计、核电厂总体（含常规岛）设计和关键设备设计、制造三个方面，相对分散，分属不同行业和不同系统。从过去的经验看，如果由电站项目业主负责，分别履行核电技术转让合同，不易落实责任。特别是难以做到引进的技术在国内各方面共享。”因此，建议考虑新思路，采取技术转让集中签约、国内统一组织执行的方式，各方共同出资成立一

个股份制实体，可名为中国核电技术公司。

曾培炎在讲话中阐释了“推进核电建设是国民经济和能源工业健康发展的客观要求，具有十分重要的战略意义和现实意义”。他指出：“要从中国核电可持续发展的要求出发，把技术的先进性和成熟性有机地结合起来，同时考虑安全性和经济性，从相对成熟的先进机型入手，统一采用百万千瓦等级的压水堆技术路线，为今后采用第三代技术打下基础，为发展留出空间。”“在选择对外合作伙伴时，应侧重选择那些能够向中国转让世界核电先进技术的合作方，实现以市场换技术，避免重复引进。要统一组织核电技术的消化吸收工作，实现资源共享，提高中国核电设计自主化和制造本地化水平，构筑中国自主设计、自主制造、自主建设、自主运营的核电产业化平台。”“要确定技术转让目标，选好技术方案，明确招标内容，抓紧组织编制并论证招标文件。可以采取邀请招标加谈判的方式。”

曾培炎强调：“要深化核电建设体制改革，建立新的核电技术引进和开发机制，形成中国统一的具有较高起点的核电技术发展平台。抓紧中国核电技术公司筹建工作，争取尽快拿出组建方案并审查讨论。要按照现代企业制度的要求确定公司的组织运行机制，为完成引进、消化和吸收国外先进成套技术，实现中国核电自主化，提供体制保障。”

“杭州会议”全面总结了中国核电30年的发展经验，提出了“核电要统一组织领导，统一技术路线，引进国外先进技术，加快自主化建设”的发展思路。

四、国务院专题研究核电发展问题

2003年，中国首次将核电纳入国家电力发展规划之中。国家发展改革委明确了核电远景规划：到2020年，中国核电装机容量将达到3600万千瓦。这个规划意味着从2004年起到2020年的16年中，中国每年将至少批准建设两个百万千瓦级核电机组，相当于每年都要建一座大亚湾核电厂。

在当时全球核电发展缓慢的情况下，中国这一发展战略令全球瞩目。根据国际原子能机构动力堆信息系统的数据显示，2000年年底，全世界正在运行的核动力堆共有438座，而到2003年3月，全世界共有441个核电机组运行，仅增加了3座。前国际原子能机构总干事布利克斯离任前感慨地说：“现在，世界核电停滞了。”2003年11月，由中国技术进出口总公司牵头，中国核工业集团和广东核电集团组成业主的核电全球招标项目准备会议召开。法国的法马通公司、美国的西屋公司以及俄国、日本、德国等国家的6大核电设备供应商云集北京。

从1970年算起，中国核电事业已有30多年的发展历史，但国内核电发展规划从来没有进入全国电力规划的大盘子中，都是采取单个安排、分散建设的方式。契机在2003年出现。由于电力供需紧张，电力缺口加大，中国政府在2003年年初决定调整“十五”规划中的电力部分。由此，“适度发展核电”得到了“量化”的机会。根据党的十六大提出的到2020年中国国民生产总值翻两番，达到4万亿美元的经济发展目标估计，届时全国需发电装机容量为8亿～9亿千瓦。国内已有发电装机容量是3.5亿千瓦，需要新增4.5亿～5.5亿千瓦。虽然国家发展改革委的核电远景计划只占2020年全国发电总量的

4%，但绝对数量非常大。这标志着中国核电工业由原先的适度发展进入加速发展的阶段。

2004 年 8 月 30、31 日，中共中央总书记、国家主席胡锦涛与中央军委主席江泽民分别参观了中国核事业 50 年成就展。胡锦涛指出，无论是从促进经济社会发展看，还是从保障国家安全看，我们都必须切实把中国核事业发展好。江泽民指出，更好地发展中国核事业，以造福我们的国家和人民。

第二节　中国核电工业法治化水平的提升

进入 21 世纪，中国政府在加快核电发展的同时，也加快了依法治核的步伐。让人民群众了解核能发电、放心使用核电，并给国际社会以信心，这些都是核电发展的重要基础。为此，中国政府先后颁布了《中华人民共和国放射性污染防治法》《放射性同位素与射线装置安全和防护条例》，出台了《核电厂运行评估管理办法》，核领域法治化水平进一步提升。

一、《中华人民共和国放射性污染防治法》的颁布

1. 出台背景

中国核能与核技术利用事业始于 20 世纪 50 年代，对维护中国国防安全、促进国民经济和社会发展、增强中国综合国力起到了十分积极的作用。但是，核能与核技术利用过程中的安全问题和放射性污染防治问题也越来越突出，这些问题主要表现为：一是中国已有多座核设施，有些核设施已经进入退役阶段，如果监管不严或者处置不当，其遗留的放射性物质将对公众健康和生态环境安全构成重大威胁，现阶段正在运行的核设施也存在潜在危险，一旦发生放射性物质泄漏或者因发生安全事故而产生放射性污染，将危及周边广大范围内的公众健康和生态环境安全；二是中国放射源储存分散且存在管理不善的情况，造成因放射源使用不当或者丢失而导致的放射性污染事故时有发生，影响后果严重；三是在铀（钍）矿和伴生放射性矿开发利用过程中，由于对放射性污染防治重视不够，缺乏对放射性污染防治的专项管理制度，乱堆、乱放放射性废矿渣的情况也普遍存在，由此造成的放射性污染事故也同样威胁着公众健康和生态环境安全；四是中国早期核能发展过程中已产生了很多放射性废物，虽然国家已制定了一系列放射性废物处理处置政策，但是，由于缺乏强制性的法律制度和措施，致使对放射性废物的处置监管不力，在一定程度上对公众健康和生态环境安全构成了威胁。因此制定《中华人民共和国放射性污染防治法》（简称《放射性污染防治法》），就显得十分必要和迫切。

《放射性污染防治法》从立项、起草、修改到最后颁布经历了漫长的过程。1985 年 4 月 11 日，国家环境保护局发布《关于组织〈核污染防治法〉编制起草工作的通知》（环放字〔1985〕1088 号），开启了《放射性污染防治法》的编写与制定工作。之后，《放射性污染防治法》起草小组对草稿反复修改，到 1997 年修改成第四稿。1998 年，国家核安全

局纳入国家环境保护局管理后，从兼顾核安全监管工作的角度考虑，在原放射性污染防治法体系不变的情况下，又补充部分内容。全国人民代表大会高度重视《放射性污染防治法》的立法工作，立即成立《放射性污染防治法》工作组，组织征求行业和社会各界对《放射性污染防治法》（草案）的意见，并开展对《放射性污染防治法》相关专题的调研工作。2002 年 12 月，《放射性污染防治法》（草案）经国务院常务会议讨论通过，提请全国人大审议。2002 年 12 月 24 日，九届全国人大常委会第三十一次会议开始审议《放射性污染防治法》（草案）。之后又经多次审议，于 2003 年 6 月 28 日由十届全国人大常委会第三次会议通过，自 2003 年 10 月 1 日起施行。

《放射性污染防治法》的制定历经近 20 年，起草小组人员几经变化，终获颁布、实施，凝聚了多个部门以及众多放射性污染防治工作者的共同智慧和辛勤努力。

2. 主要内容

《放射性污染防治法》的核心是防止伴有放射性的设施及活动的污染，保护环境。伴有放射性的设施及活动包括核设施、核技术利用和伴生天然放射性矿物资源开发利用的相关设施及活动。《放射性污染防治法》涵盖对大气、水、土壤的放射性污染防治，涉及从核与辐射设施选址、建造、运行直到退役全过程的安全管理，既包括对放射性物质流污染的防治，也包括对能量流污染的防治。此外，对放射性废物处理处置和放射性物品运输也进行了规定。

《放射性污染防治法》确立了以下制度：在核设施的污染防治方面，明确了核设施（选址、建造、装料、运行、退役等）许可制度、环境影响评价制度、“三同时”制度、规划限制区制度、实行国家监督性监测和核设施营运单位自行监测相结合的监测制度、核事故应急制度、核设施退役计划和退役费用预提制度。在核技术利用的放射性污染防治方面，确立了核技术利用许可制度、环境影响评价制度、“三同时”制度、废旧放射源收贮制度、放射源安全保卫制度。在铀（钍）矿和伴生放射性矿开发利用的放射性污染防治方面，确立了开采或者关闭铀（钍）矿和伴生放射性矿的环境影响评价制度、“三同时”制度、铀（钍）矿监测和定期报告制度、铀（钍）矿和伴生放射性矿开采过程中产生的尾矿的贮存和处置制度、铀（钍）矿退役管理制度。在放射性废物的管理方面，确立了排放量申请和报告制度、放射性流出物排放监控制度、高中低水平放射性固体废物和高放射性固体废物分类处置制度、放射性固体废物经营（贮存、处理和处置）许可证制度、放射性废物进境和过境管制制度。

3. 法律出台的重要意义

《放射性污染防治法》出台后，在中国防治放射性污染、保障人体健康、保护环境、促进核能与核技术的开发与和平利用等方面发挥了重要作用。《放射性污染防治法》在总结中国放射性污染防治的实践经验，借鉴国际社会防治放射性污染成功案例的基础上，从实际出发，对放射性污染防治应当遵循的基本原则、放射性污染防治的监督管理、核设施的放射性污染防治、核技术利用的放射性污染防治、铀（钍）矿和伴生放射性矿开发利用的放射性污染防治、放射性废物的管理等极具现实意义的问题，均作出了明确规定，充分体现了国家对放射性污染防治所实行的“预防为主、防治结合、严格管理、安全第一”的方针，有力推动了中国放射性污染防治工作的顺利开展。《放射性污染防治法》的发布实施，标志着中国依法防治放射性污染工作迈出了重要步伐，填补了中国在环境污染领域的一个法律空白，中国特色的环境保护法律制度体系更加完备。

二、《放射性同位素与射线装置安全和防护条例》的颁布

1. 出台背景

随着社会经济水平的不断提高，国际社会对辐射安全的重视程度也与日俱增，国际原子能机构、世界卫生组织、国际劳工组织等 6 个国际组织联合制定了《国际电离辐射防护与辐射源安全基本标准》和一系列指导性文件。2003 年 9 月，国际原子能机构成员国大会批准了《放射源安全与保安行为准则》，中国作为联合国国际原子能机构常任理事国，对国际社会加强辐射安全的努力一直给予积极支持，因此亟需进一步加强中国辐射防护领域的法治化建设，其中涉及放射性同位素与射线装置的安全和防护为重要环节。

中国早期制定的《放射性同位素与射线装置放射防护条例》对放射性同位素与射线装置放射防护的管理体制和制度的规定与中国现阶段实际管理需要不相适应，也与国际先进管理模式相差很大，上述问题在制定《放射性污染防治法》时已被注意到。2002 年 12 月，国务院在向全国人大常委会提请审议《放射性污染防治法》（草案）的说明中明确提出：“国务院决定对核技术利用的污染防治由国务院环境保护行政主管部门归口管理，在本法审议通过后，将对国务院发布的《放射性同位素与射线装置放射防护条例》进行修订，进一步明确归口管理的具体措施。”2004 年 4 月，国家环境保护总局会同卫生部、公安部，在全国开展了为期 8 个月的“清查放射源，让百姓放心”专项行动，旨在进一步摸清中国放射源底数，安全收贮废弃放射源，加强对放射源的监督管理，维护社会的安全与稳定。因此，《放射性同位素与射线装置放射防护条例》的修订依据充分、时机成熟。

《放射性同位素与射线装置放射防护条例》实施后，对放射性污染防治、保护环境、保障工作人员与公众健康和促进核技术的开发与和平利用发挥了积极的作用。但是，随着中国核技术应用的迅速发展，以及中国经济体制改革的不断深入和法制建设的不断完善，《放射性同位素与射线装置放射防护条例》规定的管理体制和制度愈显其局限性。当时，多部门分散管理体制已不能满足实际管理需要，中国对放射性同位素和射线装置实行分段管理、多头负责的监督管理模式，仅对生产、使用和销售三个环节的管理有规定，卫生部门负责颁发许可证，公安部门颁发登记证，环境保护部门负责审查有关单位的环境影响报告书，对其他环节则无明确的规定。实践证明，这种分散的管理体制存在责任不清、易出现监管盲区和死角等问题。当时中国放射源事故平均每年发生约 30 起，大部分属于放射源丢失、被盗，这引起了中央领导和各级政府的高度关注。此外，《放射性同位素与射线装置放射防护条例》缺少对放射源跟踪机制的规定。放射源闲散废弃后出路不明确，很多用源单位不愿或无力承担废弃放射源处理处置费用，而将废弃放射源贮存在极不安全的简陋设施内，给不法分子造成可乘之机。

2005年8月31日，经过修订后的《放射性同位素与射线装置安全和防护条例》经国务院常务会议通过，自2005年12月1日起施行。

2. 主要内容

根据国务院有关"决定对核技术利用的污染防治由国务院环境保护行政主管部门归口管理"和中央机构编制委员会办公室有关放射源安全管理部门职责分工的通知精神，《放射性同位素与射线装置安全和防护条例》明确了国务院环境保护主管部门对辐射防护工作实行归口管理，同时规定对放射性同位素与射线装置的生产、进出口、销售、使用、转让、运输、贮存、处置等各环节实行全过程统一监督管理，完善了对辐射工作单位实行安全许可制度和安全与防护监督检查制度；建立了放射性同位素备案制度；进一步充实对相关单位的安全与防护要求、放射性废物管理要求和辐射事故管理要求，主要修订内容如下：

一是关于条例名称的修改。条例名称由《放射性同位素与射线装置放射防护条例》改为《放射性同位素与射线装置安全和防护条例》。主要理由为：体现国际上通行的对放射性同位素加强安全与安保管理的要求，《国际电离辐射防护与辐射源安全基本标准》和2003年国际原子能机构《放射源安全与保安行为准则》，强调了安全和安保在放射源管理中的重要作用；与《放射性污染防治法》规定的"预防为主、防治结合、严格管理、安全第一"方针相衔接；根据中国辐射事故的经验和教训，安全（包括安保）在防止事故的发生和减少人员的受照方面比单纯的防护起着更重要的作用；安全和防护的监督管理体现了政府职能转变的理念，也易于被大众接受。

二是关于监督管理体制的规定。根据国务院和中央机构编制委员会办公室的要求，对《放射性同位素与射线装置放射防护条例》规定的由卫生、公安部门办理放射工作许可登记，涉及放射性废气、废水和固体废物排放的由环境保护部门审批环境影响报告书（表），放射防护工作由卫生部门进行监督的内容做了相应修改，由环境保护部门负责放射源的生产、进出口、销售、使用、运输、贮存和废弃处置安全的统一监管，卫生、公安等有关部门分别承担相应的监管职责。

三是关于适用范围的规定。根据国际管理经验和中国辐射工作管理实际需要，以及中央机构编制委员会办公室通知精神，《放射性同位素与射线装置安全和防护条例》将对放射性同位素实行分阶段管理改为全过程监督管理，实行"从摇篮到坟墓"的全过程管理。同时考虑到《放射性污染防治法》已将放射性废物处理处置设施作为核设施进行管理，并授权国务院制定有关放射性物质和含放射源的射线装置的运输规定，因此该条例规定："在中华人民共和国境内生产、销售、使用放射性同位素和射线装置，以及转让进出口放射性同位素的，应当遵守本条例。"

四是关于放射源分类管理的规定。放射源分类是实现放射源科学管理的重要基础，有利于更加科学、合理地进行放射源管理和辐射事故管理。国际原子能机构向世界各国推荐的《放射源分类》（TECDOC－1344）是放射源安全和安保管理等许多相关活动的基础，《放射性同位素与射线装置安全和防护条例》采纳了上述建议，明确规定国家对放射性同位素实行分类管理，根据放射源、射线装置对人体健康和环境的潜在危害程度，将放射源分为五类。

五是关于对辐射工作单位实行许可管理的规定。根据国务院有关由环境保护主管部门对核技术利用污染防治实行归口管理和中央机构编制委员会办公室有关环境保护部门负责放射源安全统一监管精神，《放射性同位素与射线装置安全和防护条例》将辐射工作单位向卫生部门申请许可、到公安部门办理许可证登记的制度改为辐射工作单位向环境保护部门申请领取许可证，由环境保护部门将审批颁发许可证的情况通报同级公安部门、卫生主管部门，简化了手续，方便了申请单位。

六是关于放射性同位素备案的规定。在保留《放射性同位素与射线装置放射防护条例》对辐射工作单位实施许可制度的同时，根据《放射性污染防治法》第二十九条的规定，《放射性同位素与射线装置安全和防护条例》建立了放射性同位素备案制度，体现了由单纯管理涉源单位到进一步严格管理放射性同位素，特别是重点控制放射源转移的监管思路转变。在对辐射工作单位实行许可证管理的同时，对生产和进口的放射源进行统一编码，确定放射源的“身份”，只有取得身份编码的放射源才能出厂、进口和销售，从源头上掌握和控制进入用户的放射源的底数；在放射源的每一转移环节采用转移备案制度，实现全过程、动态跟踪，避免某些环节上的管理漏洞。

七是关于辐射事故管理的规定。根据辐射事故管理的实际需要，加强对辐射事故的应急管理、提高应急响应能力、控制和消除辐射事故的影响，在原条例的基础上，增加了有关编制辐射事故应急预案等内容。另外，原条例对法律责任仅做了原则性规定，新条例增加了有针对性的条款，明确了对每一违法行为的具体处罚规定，提高了可操作性。

3. 法规出台的重要意义

《放射性同位素与射线装置安全和防护条例》的修订和发布实施，对于加强中国的放射性同位素、射线装置安全和防护的监督管理，促进放射性同位素、射线装置的安全应用，保障人体健康，保护环境等方面发挥了重要作用；对进一步加强中国的放射防护基础结构建设也起到了重要作用，使中国核与辐射安全监管工作得到不断加强，减少了放射性同位素和射线装置领域的事故隐患，提升了总体核安全水平。

三、《核电厂运行评估管理办法（试行）》的出台

为加强中国核电厂的行业管理，开展核电厂运行评估工作，国防科工委组织编制并印发实施《核电厂运行评估管理办法（试行）》。2002 年 6 月 4 日，国防科工委印发了《核电厂运行评估管理办法（试行）》的通知，并于同日生效。

1. 出台背景

根据国际上核电运行的通常做法，结合中国核电厂运行的实际需要，为加强中国核电厂行业管理，全面开展核电厂运行评估工作，确保核电厂安全经济运行，特制定本办法。

2. 主要内容

《核电厂运行评估管理办法（试行）》共 22 条，明确了出台目的、适用范围，规定了核行业主管部门负责指导和组织核电厂运行评估工作，并组织成立核电厂运行评估委员会

（简称评估委员会），明确了评估委员会的组成、设置、聘任、任期及调整，评估委员会委员的任职资格条件，要求评估委员会委员具有高级技术职称，具有十年以上核电厂或反应堆的运行管理经验，能准确理解和严格执行国家颁布的有关法规、导则和标准。规定了评估委员会的职责、评估队的组成及职责，核电厂营运单位在评估活动中应做到的事项，核电厂运行评估范围、评估的分类、评估的频次，原则上每个核电厂在五年内接受一次综合评估。应核电厂营运单位的申请或核行业主管部门的要求，可组织计划外评估。明确评估活动遵照《核电厂运行评估实施规则》《核电厂业绩目标和评估标准》，并参照《核电厂运行评估指南》执行。此外，对评估方式和程序做了详尽、具体的规定，明确评估报告主要内容包括评估的结论、发现的良好实践和缺陷，以及对发现的缺陷提出的改进建议等。对评估信息的披露也提出了具体要求。在评估过程中发现的缺陷，核电厂营运单位应制定改进措施并予以实施。核电厂营运单位在收到评估正式报告后两个月内向评估委员会提交改进措施计划，评估委员会组织跟踪和检查改进措施计划的实施情况。

3. 意义

《核电厂运行评估管理办法（试行）》的实施，有利于中国各核电厂对运行缺陷的及时发现和及时整改，促进了中国各核电厂运行实践的良性循环和运行水平的持续提高，为中国核电机组的安全运行和中国核电事业的安全发展作出了不可忽视的贡献。

第三节　核电自主化依托项目

国家积极调整能源结构，推动装备制造业升级换代，保持核电技术领先以后，如何引进世界先进的三代核电技术，高起点推进中国核电自主化依托项目建设，成为必须面临和解决的问题。根据中共中央、国务院引进世界百万千瓦级压水堆技术的决策，2004 年 9 月 28 日，在“以我为主，中外合作”的原则指导下，中国全面启动了三代核电技术国际招标工作，对世界上最先进的三代核电技术进行公开招标。通过一系列程序和决策，美国 AP1000 技术入选中国三代核电国际招标，中国决定从美国西屋公司引进 AP1000 核电技术，合作建设自主化依托项目 4 台 AP1000 核电机组，并正式确定为 AP1000 三门、海阳两个依托项目。

一、三代核电自主化依托项目的国际招标

1. 招标决策

2002 年 11 月，国家计委向国务院上报《国家计委关于“适度发展核电”，开展核电自主化工作的请示》，建议成立国务院核电自主化工作领导小组，加强对全国核电发展工作的统筹规划和统一领导，建议在中国已掌握核电技术的基础上，通过“以我为主，中外合作”，设计建造百万千瓦级级压水堆核电厂，并论述了中国适度发展核电的必要性。

2003 年 1 月 29 日，国务院副总理温家宝在国务院会议上对此作出重要指示，强调：

“发展核电，要采用世界先进技术，统一技术路线，不敢再走错一步，不能照顾各种关系。”2003 年 2 月 10 日，国家计委组织召开了核电自主化工作座谈会，会议明确要贯彻发展核电“采用世界先进技术，统一技术路线”的原则，通过立项浙江三门和广东阳江两个项目，对先进核电技术统一招标。

2003 年 5 月 23 日，国家发展改革委发出《关于成立核电自主化依托项目招标团的通知》，第一次出现了“核电自主化依托项目”的提法，明确了招标的目的是为了核电自主化发展，购买的核电机组是自主化的依托。该通知还明确，为积极吸收国际上先进核电技术，保证招标工作的公正性，招标工作由经贸系统的中国技术进出口总公司（简称中技公司）牵头，中国核工业集团公司、中国广东核电集团有限公司派人参加。

招标团明确了招标的标书立足于引进三代核电技术和满足自主化项目建设要求，依托于浙江三门（控股方为中核集团）和广东阳江（控股方为中广核集团）两个核电厂址作为三代核电技术的自主化依托项目，明确了核电技术引进和型号创新可持续发展的问题，并按照市场竞争的原则，启动三代核电技术国际招标谈判。

考虑到核电国产化是一项涉及许多部门的系统工程，需要强有力的协调组织，2003 年 8 月，中国决定引进成熟先进的百万千瓦级压水堆核电机组。9 月 30 日，国务院成立国家核电自主化工作领导小组，开展招标及技术引进谈判工作。

2004 年 3 月 22 日，国务院副总理曾培炎主持召开国务院办公会，专题研究核电发展问题。会议明确招标的主要原则：一是坚持先进性与安全性的统一，要确保核安全；二是要采取技贸结合，全面实现技术转让，引进国际上当前已成熟的三代先进压水堆技术；三是采用中外合作的模式，通过一定数量（4 个机组）的三代核电自主化依托项目建设，实现“四个自主”；四是在消化吸收所引进的先进技术的基础上，通过自主创新，开发出更好的具有自主知识产权的先进堆型；五是加快提升中国整体核电产业水平，实现三代核电自主化、国产化和批量化建设。

2. 标书的编制和修订

根据中共中央、国务院引进世界百万千瓦级压水堆技术决策，进入设定标书和开展国际招标阶段。在“以我为主，中外合作”的原则指导下，中国全面启动了三代核电技术国际招标工作。

招标团组织各成员单位、核电集团公司和机械联合会系统的专家和电力顾问约 100 人对招标文件进行了初稿编制和多轮修订工作。招标团修订了早期设定的招标书，即由原来未指定技术堆型确定为引进百万千瓦级的三代先进压水堆技术，并不再沿袭以往的购买交钥匙工程，而是要求设定全面、充分的技术转让条件，而且技术转让合同与核岛合同同时签订，同时生效。

三代核电技术引进的内容覆盖核岛设计技术和关键设备制造技术，其深度和广度的确定是谈判工作中的难点。在招标和谈判过程中，中方要求投标方承诺全面转让依托项目建设所需、满足美国用户要求文件（URD）或欧洲用户要求文件（EUR）的同类型三代压水堆核电厂全套技术。

招标文件中还要求投标企业所在国政府对企业投标提供支持函，以确保涉核的技术贸易较早期就获得双方政府的支持，即通过政府互信承诺保证技术交易不受政治关系波动干扰。

招标文件中规定，核电技术公司作为技术转让总受让方，负责签署技术转让合同，接受转让技术并在业主、相关设计院和制造企业间共享。

在标书修订过程中，招标团与潜在投标商围绕技术需求、投标资格、技术转让和设备国产化，以及政府出口管制等问题深入交流，并在内部反复讨论后，向国家发展改革委和核电自主化工作领导小组进行了汇报。

3. 正式公开招标

2004 年 9 月 28 日，中国对全世界最先进的三代核电技术进行公开招标。发出《中国第三代核电技术依托项目招标》标书，就国务院批准立项的浙江三门县和广东阳江市的两个核电项目一期工程项目开展国际招标。

三代核电招标依照《中华人民共和国招标投标法》和国际通行规则开展，招标工作公正公开，吸引了国际上拥有先进核电技术的公司参与投标。完全、充分的技术转让是招标文件的明确要求，即中方引进核电技术要求全面、正确、完整，包括制造技术的转让。在招标澄清中，中方招标团强调完整的技术转让将是评价的重点要素，是投标入门的门槛，达不到要求就会出局。

4. 成立国家核电技术公司筹备组

经过充分酝酿，2004 年 10 月 20 日，国家核电自主化工作领导小组研究决定，在国家核电自主化工作领导小组直接领导下，由国家发展改革委具体组织，成立国家核电技术公司筹备组，开展三代核电的国际招标，统一组织实施核电自主化工作，切实做到使全套核电技术在国内不同实体之间共享，筹备组同时负责国家核电技术公司的组建和即将开始的对外谈判准备工作。公司正式组建以前，暂以中国技术进出口总公司的名义对外签约。

按照核电技术引进和设备国产化的要求，在招标工作中，筹备组对核电自主化依托工程的标书不断细化，以此作为对外谈判的依据，与投标方进行标书评定、澄清和谈判。

5. 方案比选和评标工作

2005 年 2 月 28 日下午 4 时，世界三大先进压水堆开发商应标。美国西屋电气提出 AP1000 方案，法国阿海珐集团（AREVA，法马通公司的母公司）提出 EPR 方案，俄罗斯原子能建设出口股份有限公司（Joint Stock Company Atomstroyexport，简称俄罗斯 ASE）提出 VVER/91－99 方案。

在长达一年半的评审过程中，专家们与外方多次澄清、沟通和谈判，对三个投标方的技术、经济和技术转让条件进行了反复和充分的对比。

筹备组分析认为，俄罗斯的方案中未明显增加机组功率，也没有给出电厂设计寿命从 40 年到 60 年的论证依据，电厂年可利用率改善幅度不大，其核安全法规、主设备安全分级、标准体系与国际通行标准以及中国当时的法规要求不一致，所以不建议俄罗斯的

VVER/91－99方案列入定标范围。

2005年10月，初步完成对投标方案AP1000和EPR的技术、安全、经济与商务等方面的全面分析，并完成比选报告。从技术转让角度分析，AP1000的方案内容全面、具体、可实施性强，包括了全部关键技术的研究和试验内容；EPR的方案对技术转让只提出了一些原则性的内容。从技术、经济角度分析，AP1000和EPR在技术上都是成熟的，但AP1000在技术先进性、自主化的技术发展空间、安全性与经济性的统一、自主化后的降价空间，以及技术转让的经验等方面更具有优势。最终，筹备组认为：美国西屋电气公司联队的AP1000方案比法国阿海珐集团的EPR方案在技术先进性与成熟性、潜在的经济性、技术转让条件和与中方合作的共赢条件等方面均具有明显的优势。

6. 民主决策

在核电自主化依托项目国际招标谈判过程中，中共中央、国务院和国家核电自主化工作领导小组多次听取汇报，充分吸纳专家意见，及时作出指示，进行科学论证和民主决策。

2006年2月，筹备组向国家核电自主化工作领导小组汇报，推荐AP1000为首选方案。根据温家宝的指示，国家发展改革委于2006年9月14—16日召开了国家核电自主化工作领导小组专家组扩大会议，会议明确表示不讨论政治外交因素，集中精力从技术的角度去审视、选择对中国核电发展有利的技术方案。

会议邀请35位国内具有代表性的知名核电专家出席，集中对EPR和AP1000的技术等相关问题进行了专门的讨论。大多数专家认为选择AP1000核电技术作为中国核电自主化项目的依托是合适的。专家们还分别阐述了统一技术路线、引进后再创新的重要意义。

2006年11月2日，中共中央总书记胡锦涛主持中共中央政治局常委会会议，听取了中国三代核电技术国际招标和国家核电技术公司组建工作汇报，作出了四项决定：一是从美国西屋公司引进AP1000核电技术；二是合作建设自主化依托项目4台AP1000核电机组；三是在消化、吸收引进技术的基础上自主创新，实现设计并建成具有中国自主知识产权的“大型先进压水堆核电厂”科技重大专项目标；四是批准成立国家核电技术公司，将上海核工院成建制划入国家核电技术公司（简称国家核电）。

7. 合同签订

自2006年8月，中方在谈判过程中正式向美方提出签订政府间的谅解备忘录，以取得美国政府对同意和支持向中国转让 AP1000 技术设备的书面承诺。经外交渠道多次商谈，2006年12月16日，国家发展改革委主任马凯和美国能源部长博德曼代表中美两国政府签署了《中华人民共和国和美利坚合众国政府关于在中国合作建设先进压水堆核电项目及相关技术转让的谅解备忘录》。之后，国家核电与美国西屋公司、绍尔工程公司联合体签署了《中国核电自主化依托项目合作备忘录》。至此，美国AP1000技术被认为入选中国三代核电国际招标。

备忘录签订后不久，由于电力调配方面的原因，中方代表宣布在拟引进的4台机组两个厂址中，三门厂址不变，另2台AP1000机组由广东阳江移至山东海阳，中国电力投资集团公司（简称中电投集团）为项目业主。至此，AP1000三门、海阳两个依托项目4台机组正式确定，标志着中国正式决定引进AP1000技术。

核电厂建设具有技术难度大、安全要求高、建设周期长、投入资金大等特点。建设周期长不仅由于土建、安装周期长，还由于大量设备和材料制造周期长，所以要提前启动长周期设备的锻件订货，尽早获得现场急需的第一批工程设计资料以及为取得国家核安全局颁发开工许可证所必需的初步安全分析报告资料。为此，中美双方在最终合同签署前，先签订了核岛框架合同和技术转让框架合同，以尽快开展前期准备工作。

2007年3月1日下午3点，国家核电作为见证方、三门核电有限公司（AP1000依托项目三门业主，简称三门核电）和山东核电有限公司（AP1000依托项目海阳业主，简称山东核电）作为采购方、中技公司作为商务代理、西屋公司和绍尔集团作为供货方，共同签署了三代核电自主化依托项目核岛采购框架合同；同时，国家核电作为受让方、中技公司作为商务代理、西屋公司和绍尔集团作为转让方，共同签署了技术转让框架合同。

框架合同的签订，标志着美国西屋联合体的AP1000技术方案正式中标中国三代核电依托项目，也标志着浙江三门和山东海阳两个三代核电自主化依托项目正式进入工程准备阶段。

2007年7月24日，中国第三代核电自主化依托项目合同签字仪式在北京人民大会堂举行。国家核电、三门核电和山东核电作为联合采购方，共同与西屋联合体签署了《核电自主化依托项目AP1000核岛合同》（即核岛合同），以及AP1000核燃料采购合同。国家核电与西屋联合体、美国斯必克公司（SPX Corporation）、韩国斗山公司、意大利安萨尔多联合体（Ansaldo Nuclear Ltd）、美国柯蒂斯—怀特公司（Curtiss–Wright Corporation）分别签署了技术转让合同。上述合同的内容，覆盖了西屋公司用于AP1000反应堆的全部设计技术和设计分析软件，以及AP1000反应堆主要设备/部件的设计与制造技术。

国家核电自主化AP1000依托项目核岛合同和技术转让合同签约公司示意图如图4–1所示。

2007年9月24日，第三代核电自主化依托项目核岛、技术转让合同及燃料组件合同，经中美两国政府批准按期生效。根据合同约定，中国将购买美国4台先进的AP1000核电机组，美方转让AP1000设计、设备制造等先进的核电技术。中方完全拥有在引进AP1000核电技术基础上改进和开发的输出功率大于135万千瓦级的大型非能动核电厂的知识产权。11月30日，第三代核电自主化依托工程主设备采购与合作协议在北京签字。国务院副总理、国家核电自主化工作领导小组组长曾培炎出席签字仪式。在签字仪式上，国家核电技术有限公司与中国第一重型机械集团公司等九家制造企业，签订了中国第三代核电自主化依托工程主设备的订货合同和合作协议；哈尔滨电站设备集团公司与中国第一重型机械集团公司，签订了常规岛低压转子锻件合同。[1]

[1] 《我国第三代核电自主化依托工程主设备采购与合作协议签字仪式举行曾培炎出席并讲话》，《人民日报》，2007年12月1日，第2版。

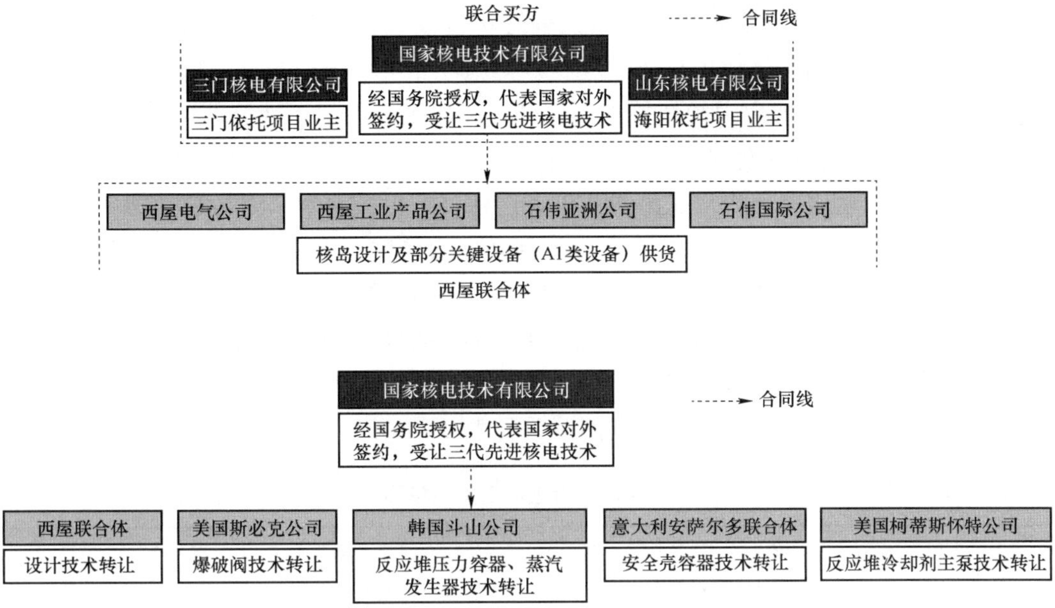

图 4－1 国家核电自主化 AP1000 依托项目核岛合同和技术转让合同签约公司示意图

二、AP1000 技术的引进

2007 年，在国家能源局等有关部委指导下，组建以国家核电为核心的 AP1000 技术引进及分许可[1]项目管理团队。国家核电按照国家“对外统一接收 AP1000 引进技术、对内有序组织国内企业公平共享”的要求，建立技术引进合同管理机制和工作流程，制定配套管理制度，组织中方团队统一协调对接外方项目团队，按期启动、执行并控制技术引进合同进程，确定了由任务包牵头单位负责技术引进及分许可的具体实施方式，有序组织国内企业实现 AP1000 引进技术公平共享，全面推进“引进一项技术、实施一个专项、带动一个产业”国家战略。

（一）项目管理组织体系

按 TT 合同（即 AP1000 技术引进合同）规定，国家核电作为 AP1000 技术引进受让方具有分许可权，选择中国境内的企业作为 AP1000 技术引进的指定用户，指定用户为引进技术指定范围的使用方，在受让方所赋予的权利和义务基础上开展引进技术的消化、吸收和使用。

[1] 在 AP1000 技术引进合同中，美国西屋、美国 EMD、韩国斗山、意大利安萨尔多、美国斯比克公司是“许可方”，国家核电是 AP1000 技术的“受让方”；在 AP1000 技术引进分许可合同中，国家核电是国内分许可的“许可方”，国内分许可的接收主体是“分许可指定用户”。国家核电在履行作为受让方的义务、保障自身合法依规的同时，还肩负“对外统一引进、对内有序许可”职责，向内有序开展 AP1000 分许可服务，向包括国家环保部以及中核、广核（中国广东核电集团有限公司，于 2013 年更名为中国广核集团有限公司，简称中广核集团）、装备制造等 13 个集团 37 家单位分发使用许可，与所有分许可指定用户签订分许可合同，将 AP1000 技术引进合同中的各项责任“平移”到分许可合同当中，以合同关系绑定和落实分许可指定用户的责任和义务。

国家核电和分许可用户签署技术引进分许可协议，规范引进技术的过程管理，确保AP1000技术引进合同、依托项目建设等有效实施，促进各行业领域首批指定用户与后续指定用户的无缝衔接，实现中国核电自主化开发和成果应用的良性循环，促进国家能源结构的调整及核电产业链的发展。

AP1000技术引进及分许可工作涉及国家能源局、海关总署、财政部、国家税务总局及商务部等国家部委，引进技术分许可方包括环保部核安全中心，以及中核集团、中广核集团和装备制造企业等13个集团所属37家分许可用户单位，基本覆盖了国内核电产业的各个环节。涉及国外政府部门包括美国能源部、商务部等，技术许可方包括3个国家的6个公司，分别是美国西屋、石伟国际、柯蒂斯—怀特、斯必克，韩国斗山重工和意大利安萨尔多。AP1000技术引进指定用户集团清单见表4－1。

表4－1　AP1000技术引进指定用户集团清单

政府部门	核电集团（3个）	装备制造企业（10个）	
国家环保部核与辐射安全中心	国家核电技术有限公司（牵头单位6家）	中国第一重型机械集团公司（牵头单位1家）	中国船舶重工集团公司
	中国核工业集团公司（牵头单位2家）	中国第二重型机械集团公司	中国兵器工业集团公司（牵头单位1家）
	中国广核集团有限公司	哈尔滨电气集团公司（牵头单位2家）	大连华锐重工集团股份有限公司（牵头单位1家）
		东方电气集团有限公司	太原重型机械集团有限公司
		上海电气集团总公司（牵头单位2家）	沈阳鼓风机集团有限公司（牵头单位1家）

（二）AP1000技术引进合同

2007年9月24日，AP1000技术引进合同正式生效，有效期15年。TT合同范围覆盖许可方拥有的或有权转让的AP1000相关技术，包括专利、专有技术和资料、研发详细情况、计算机软件等诸多方面，涉及工程设计、设备制造、建造施工、安装调试、运行维护和工程管理等专业领域。

AP1000 TT合同依托34个任务包（TaskPackage，简称TP包）实施，通过文件、计算机软件、培训、服务等方式交付许可方拥有的全部AP1000技术。

技术文件包括技术引进文件（TT类）、核岛合同文件、燃料合同文件（FA类）、培训文件（TR类）、软件文件（CC类）。范围主要涉及核电厂的设计、工程、制造、装配、建设、安装、测试、调试和启动、运行、项目管理、维修和检验的图纸、规格书、技术数据、程序、工艺和质量标准，以及其他文件技术信息，其含有专利、专有技术和信息的描述与解释。

计算机软件包括许可方拥有产权的专有计算机软件（包含源程序）和第三方计算机软件（需另行采购）。

技术培训包括课堂培训和岗位培训两种形式，地点在许可方所在地或受让方所在地。

技术服务包括技术咨询服务和技术支持服务。技术引进工作的目标是有效获得技术转让合同规定的所有文件、图纸和软件，接受技术培训，并根据需要通过技术服务的形式予以补充完善；同时，实现所有技术转让的资料以分许可的形式在国内完整共享。

（三）技术引进及分许可进展

国家核电按照《国家能源局关于 AP1000 三代核电技术转让国内分许可工作的复函》的要求，与国内 37 家单位签署分许可协议，持续完成 7 个引进领域 34 个 TP 包的公平共享，杜绝重复引进，开展技术的引进、评估及验收，推进设计、制造、建造、运维等技术牵头单位与参与单位的无缝衔接，履行分许可合同文件/软件分发及培训服务义务，与分许可单位保持定期沟通并分析其需求，确保依托项目国产化供货和国家科技重大专项课题研究，稳步提升中国三代核电整体技术与管理能力。

（四）AP1000 技术引进合同执行进展

截至 2019 年年底，在国家核电有效组织下，中美双方严格履行技术引进合同，实现 AP1000 技术文件和软件完整交付，5 个技术引进合同按计划执行，并进入收尾阶段。技术引进工作总体完成。

技术转让合同中 34 个任务包通过燃料制造、运行维护、核级锆材、建设管理、核岛设计、仪表控制、设备制造 7 个领域组织协调技术引进合同执行，其中燃料制造、运行维护、核级锆材、建设管理 4 个领域技术引进合同完成验收，核岛设计、仪表控制、设备制造 3 个领域全面进入有序验收澄清阶段。

燃料制造领域，完成验收证书签署，进入更新补充阶段。中核北方核燃料元件有限公司（简称中核北方）完成三门 1、2 号和海阳 1、2 号机组首次换料 64 组燃料组件生产，三门 1 号机组燃料获得产品证书（FAPC）签署，具备燃料国产化制造能力。

运行维护领域，完成验收证书签署，进入更新补充阶段。相关技术已应用于海阳 1 号机组役前检查和 1、2 号机组在役检查，核岛运维软件平台（OMS）运转良好。

核级锆材领域，完成验收证书签署，进入更新补充阶段。国核锆业 AP1000 用核级锆材产品于 2014 年 12 月 24 日通过合格性鉴定，并应用于海阳首次换料用核级锆管棒材国产化生产，标志着中国已全面掌握了 AP1000 核级锆材制造的核心技术。建设管理领域，完成验收证书签署，进入更新补充阶段。有效支撑依托项目建设，依托项目当前已投运。

核岛设计领域，验收完成 93.7%，验收澄清与更新补充有序。燃料与堆芯设计（TP4）进入验收条件准备阶段。设计软件系统集成平台（AMS/NMS）运转良好，剩余极少量文件沟通交付后即可验收。

仪表控制领域，进入验收条件准备及更新补充阶段。已基本具备数字化仪控设计和制造能力，软件系统集成平台（DMS）进入评估测试阶段。

设备制造领域，完成 82%验收，进入验收条件准备及更新补充阶段。爆破阀、屏蔽电机主泵具备验收条件，进入验收准备阶段。反应堆压力容器、蒸汽发生器、堆内构件等设备已经实现依托项目国产化供货。

引进AP1000三代核电技术是中美之间最大的技术贸易项目，是中国核电发展的重大决策，也是在高起点的基础上实现核电自主化和消化吸收再创新战略的重大举措。AP1000技术引进的成功实施，对中国核电技术进步和自主创新，也对探索中外技术合作方式，改善大国关系起到了积极促进作用。

AP1000技术引进是中美高技术合作领域的成功范例。经过十余年的努力，AP1000技术引进消化吸收、依托项目建设运行、自主化创新取得了重大进展和实质性成果。AP1000技术引进合同执行总体顺利，引进消化吸收工作基本完成，中方基本具备了自主设计、制造、建设、运维能力。自主创新品牌“国和一号”（CAP1400）完成型号开发，正在依托示范工程项目进行实践和推广。

第四节　中国核电的产业化发展

产业化是与一定的规模联系在一起的，更与市场化、专业化、标准化、体系化建设密不可分。核电产业也是如此。伴随着“九五”期间建设核电厂的全部顺利投产、核电安全保障体系建设的不断加快，以及运行与技术服务体系逐步完善，秦山核电二期扩建项目与岭澳核电二期获批建设，中国核电产业已初具规模。天然铀资源保障能力和核燃料保障能力不断提高，中国首条重水堆核燃料元件生产线建成投产，VVER－1000生产线改造工程正式开工建设，压水堆核电燃料元件生产线经国防科工委批复立项，建设生产能力为200吨铀/年的压水堆核电燃料元件，并预留生产规模扩充接口。新的核电制造业基地相继开工建设，核电装备制造能力不断提升。中国核电事业发挥的作用逐渐凸显，经济效益和社会效益进一步提高。

一、岭澳核电二期与秦山核电二期扩建项目获批建设

（一）岭澳核电二期

岭澳核电厂二期位于广东大亚湾核电基地，是国务院作出“积极推进核电建设”决策后开工建设的核电项目，也是中国首座采用自主品牌技术方案建设的百万千瓦级核电项目。

2004年7月21日，国家批准建设岭澳核电二期项目建议书。2005年3月14日，国家核准了可行性研究报告，两天后，岭澳核电二期工程主要合同在北京人民大会堂签订。同年9月5日，国家发展改革委核准岭澳核电二期工程。随后，岭澳核电二期工程1号机组核岛筏基于2005年12月15日浇筑第一罐混凝土，正式开工建设。全国人大常委会委员长吴邦国对岭澳核电二期主体工程开工作出重要批示：“岭澳核电厂二期主体工程开工，标志着中国核电自主设计、自主建设、自主制造、自主运营又跨出一大步。在国务院领导下，中国百万千瓦级核电的优化设计和标准化、引进消化吸收新一代核电技术都有了进展。按照规划，中国核电装机容量2020年将达到4000万千瓦，核电事业大有可为。希望你们

为中国核电自主创新作出新的更大贡献。”岭澳核电二期工程 2 号机组核岛筏基于 2006 年 6 月 15 日浇筑第一罐混凝土，正式开工建设。该项目两台机组分别于 2010 年 9 月 15 日、2011 年 8 月 7 日投入商业运行。

岭澳核电二期项目是中广核集团继大亚湾核电厂、岭澳核电一期成功建设和运营后，在广东地区建设的第三座大型商用核电厂。根据规划，项目建设 2 台百万千瓦级核电机组，采用的技术是在岭澳一期压水堆核电机组基础上进行的改进提高。

岭澳核电二期是中国“十五”期间开工建设的唯一一个核电自主化依托项目。该项目由中广核工程有限公司总承包建设。工程设计由深圳中广核工程设计有限公司、中国核工业第二研究设计院、中国核动力研究设计院和广东省电力设计研究院联合承担。主要设备由东方电气、上海电气、中国一重、中国二重等国内企业为主制造，198 家国内供应商参与了设备制造。工程施工建设由核工业华兴公司、核工业二三公司、中建二局、广东火电和天津电建等企业共同参与。项目投产后，由大亚湾核电运营管理有限责任公司负责专业化运营管理。

主体工程开工后，按照国务院核电自主化领导小组提出的“自主设计、自主制造、自主建造、自主运营”要求，中广核集团对工程设计、设备制造、工程管理等做了精心筹划和部署，确定岭澳核电二期采用中广核集团具有自主品牌的大型商用压水堆技术方案——CPR1000 技术方案，并进行了数字化仪控、18 个月换料、半速汽轮发电机组等 15 项重要技术改进和其他 40 项技术改进。

在设备制造方面，岭澳核电二期也以当时国内企业为主，设备监造与技术服务等均由国内企业承担。为实现国产化目标，中广核集团坚持以市场为导向，以工程为依托，创建以国内制造企业为主导的国产化机制，充分利用国内现有设备制造能力，以项目建设带动国产化。其中，百万千瓦级核电厂反应堆厂房环吊等设备已实现国产化，核岛主设备反应堆压力容器、蒸汽发生器、主泵等一批关键设备的自主化比例大幅度提高。

通过岭澳核电二期项目建设，中国加快全面掌握二代改进型百万千瓦级核电厂技术，基本形成百万千瓦级核电厂设计自主化和设备制造国产化能力，为高起点引进、消化、吸收三代核电技术打下坚实的基础。作为中国首个实现百万千瓦级核电厂“自主设计、自主制造、自主建设、自主运营”的核电项目，岭澳核电二期正式拉开了中国核电建设由批量化开工到批量化投产的序幕，提升了中国核电工程建设的自主创新能力和专业化建造水平，带动了中国核电装备制造业全面升级，传承并深化了“安全第一、质量第一”的核安全文化，对优化国家能源结构、有效促进节能减排具有积极作用，为中国核电走向世界提供了有力支撑。

2005 年 1 月 7 日，国务院总理温家宝在考察大亚湾核电基地时指出，党中央、国务院高度重视核电发展，要按照国家发展能源的决策和部署，积极推进核电建设。

2010 年 9 月 5 日，中共中央总书记胡锦涛考察大亚湾核电基地指出，核能是当前世界公认的清洁能源。积极发展核电是优化中国能源结构、减少污染和排放的重要举措。

（二）秦山核电二期扩建项目

秦山第二核电厂位于东海之滨，钱塘江入海口北岸，坐落在海盐县秦山镇杨柳山，与秦山核电一期、三期毗邻，东临杭州湾，地处华东电网负荷中心。

该工程由中国自主承担设计、建造和运营，采用压水反应堆技术，由中核集团、浙江省电力开发公司、申能（集团）有限公司、江苏省国信资产管理集团有限公司、中电投核电有限公司、安徽省能源集团有限公司共同出资兴建，中核集团控股。

秦山第二核电厂采用世界上技术成熟、安全可靠的压水堆型，它的设计与建设采用国际标准，根据20世纪90年代国际先进压水堆核电厂的要求，在堆芯设计、安全系统设计等核电厂安全性和性能方面取得了多项重大创新。

2004年3月，秦山核电二期的2台机组全部并网发电，实现了中国自主建设大型商用核电厂的重大跨越。当月，中核集团向国家发展改革委呈报《秦山核电二期扩建工程项目建议书的请示》。秦山核电二期扩建工程是秦山核电二期1、2号机组的改进工程，即在总结1、2号机组成功经验的基础上，扩建工程设备采购继续采用业主自主采购模式。

2005年1月，国家发展改革委在上海召开秦山核电二期扩建工程（简称秦山二扩）技术改进及国产化方案论证会，秦山核电二期严格按照这次会议精神开展扩建工程的设备采购工作。是年，启动扩建工程的设备采购90项，签订设备合同65项。2005年6月17日，扩建工程堆内构件和控制棒驱动机构设备订货合同签订。7月26日，国务院常务会议核准扩建工程。10月17日，国家发展改革委下发核准文件，工程项目业主为核电秦山联营有限公司。

核二院是秦山二扩的主力设计院。扩建工程是以实施采用先进燃料组件、延长换料周期、稳压器卸压功能延伸、仪控数字化改进等10项重大技术改进为重点的1118项技术改进项目。在这些改进项目中，有的是根据新的核安全法规要求开展的，如开展严重事故分析、概率安全分析实施设计改进，以进一步提高核电厂预防和缓解严重事故的能力；有的是从电厂经济性能考虑的，如运行图的改进、延长换料周期等；还有的是国家核安全局在秦山核电二期1、2号机组安全评审中提出的改进项目以及国内外运行经验反馈必须改进的项目，如主给水隔离、消防系统地改进、安全厂用水泵房的改进等。中国工程院院士、秦山二核总设计师叶奇蓁认为："通过改进，3、4号机组的设计负荷因子由65%提高到75%，大大提高了核电厂的安全性和经济性，也为国家核电技术更好地满足核安全法规积累了经验，为更快地与国际接轨奠定了基础。这些自主设计能力的掌握极大地促进了中国核电技术研发能力的提高，为培养核心人才提供了保证。中国自主知识产权的60万千瓦核电机组得到了进一步的完善和验证，逐渐走向成熟。"同时采用严重事故分析、概率安全分析等设计手段，进一步提高核电厂预防和缓解严重事故能力。秦山二扩压力容器、蒸汽发生器、堆内构件、环吊、核级不锈钢管道等主要设备实现国产化，替代了进口。

至2006年4月扩建工程开工前，压力容器、蒸汽发生器、汽轮机、发电机等影响工程进度的关键设备均已签约。主要设备制造厂工艺准备工作已经展开，部分关键材料已经订货。

2006年4月28日，秦山核电二期3号机组核岛筏基浇筑第一罐混凝土，正式开工建设，2010年10月5日投入商业运行。2007年1月28日，4号机组核岛筏基浇筑第一罐混凝土，正式开工建设，2011年12月30日投入商业运行。2007年3月，已有18项原进口重要设备实现国产化。扩建工程工期由秦山核电二期72个月压缩为60个月。3号机组实际建设工期为53个月7天，提前了6个多月。设备国产化率超过国家要求的70%，达到77%。

在设备方面，大力开展国产化设备与技术的推进和研发工作，加快实现核电设备国产化目标，提升国产化供应商设备研发和技术创新的能力、培养优秀的供应商团队，为核电装备制造业未来的蓬勃发展奠基。4号机组压力容器由中国第一重型机械集团制造，首次实现65万千瓦核电厂反应堆压力容器锻件全部国产，并且部分出口。法兰接管段锻件的制造打破世界上少数几家锻件厂的垄断局面。由上海锅炉厂负责蒸汽发生器的总包项目管理，全面负责锻件、材料的采购，并具体负责3台蒸汽发生器的制造。上海第一机床厂通过中外合作、工艺研发，掌握关键工艺技术，实现了65万千瓦核电厂堆内构件首次由国内自主设计和制造。核一、二、三级不锈钢管道，核级碳钢管道，管件，主蒸汽管道等以往绝大部分需要进口，扩建工程确定由国内三家制造厂承制，实现了上述核级管道管件的国产化，提高了国内核级管道管件的制造、供货能力与技术水平，打破了国外集成供货商的资源垄断。

秦山核电二期1、2号机组的环形吊车从西班牙整机进口，二期扩建工程由太原重工股份有限公司自主负责施工设计和系统设计、设备制造、出厂前的载荷试验。通过中外合作，实现65万千瓦核电厂环吊首次国产化，并完全具备百万千瓦级以及第三代核电厂用环吊的施工设计、制造、试验能力。秦山二扩工程始终坚持自主采购，不断推进设备国产化。对于国内已经基本掌握制造技术的设备，原则上均在国内厂家中招标采购。对于少数国内没有掌握制造技术的核电设备，且国际市场供应充足、稳定的非关键设备，经论证确定后，可对国外招标采购。对于一些关键设备，通过“市场换技术”方式，或者对外引进技术，或者与国外制造商成立合资、合作企业提供设备。对于已引进的技术，加快消化吸收进程，尽快转化为设备制造企业的生产能力。

在管理方面，秦山二扩项目采用大业主的管理模式，逐步建立和完善了规范化、程序化和信息化为核心的管理体系。一个业主，既负责2台机组的运营，又承担2台核电机组的建设，这在国内是开创性的实践。运营与扩建同时进行，是比单一运营或单一扩建更为复杂的系统工程。在人员基本不增和工作任务翻番的情况下，秦山二核提出了“立足自主、统筹互补”的管理模式。“立足自主”就是强调解决核心和关键问题时必须树立“以我为主”的理念，持续提高企业掌握核心技术的水平和自主化管理水平。“统筹互补”即统一领导、全局联动、统筹安排运行机组和扩建工程的人力和物质资源，实现经验共享和管理互补。

在运行方面，秦山二扩在学习国内外经验和秦山核电二期调试经验的基础上，主要依靠业主自己的人员和技术力量，按“调试运行一体化”总体考虑，实现了人员培养和调试向运行的顺利交接与平稳过渡，为机组的安全运行奠定了坚实基础。

作为中国“十一五”期间首个开工的核电项目，秦山核电二期扩建工程在完成后，与秦山一期核电厂、秦山三期核电厂一起，成为华东地区一个重要的核电生产基地。秦山核电二期实现了中国自主建设核电厂由原型堆向商业堆的重大跨越，是中国核电厂自主设计、自主建造、自主管理、自主运营的典范，创立了中国第一个具有自主知识产权的商用核电品牌，被誉为中国核电国产化的开拓者。

二、首条重水堆核燃料元件生产线建成

根据秦山三期核电厂两座 70 万千瓦重水慢化、天然铀燃料压力管式重水堆核电厂每年约 200 吨铀不停对换料的需要，中核北方核燃料元件有限公司和加拿大 ZPI 公司签订 CANNDU－6 型燃料棒束设计与制造技术转让合同，重水堆核燃料元件生产线于 1998 年 4 月 22 日立项，建设生产能力为 200 吨铀/天重水堆核电燃料元件。2000 年 3 月 13 日，国防科工委批复项目初步设计。[1]

2000 年 4 月 1 日，中国首条重水堆核燃料元件生产线在中核北方核燃料元件有限公司内开工建设，2001 年 9 月，完成土建工程；2001 年 11 月中旬，中国首条重水堆核燃料元件生产线生产的重水堆燃料元件完成设备安装调试；2001 年 11 月 27 日进入试生产阶段；2001 年 12 月 1 日，完成秦山核电三期调试用 28 根模拟棒束的制造任务；2001 年 12 月 21 日，中国第一条重水堆核燃料元件生产线在中核北方核燃料元件有限公司建成，实现了重水堆核燃料元件国产化，该生产线每年可生产 200 吨燃料元件。

2003 年 3 月 22 日，首批国产化重水堆核电燃料元件顺利下线，按期完成了向秦山核电三期核电厂供货的任务，标志着中国在借鉴加拿大核燃料生产技术基础上，实现了重水堆核电燃料元件国产化，为中国核电事业的发展作出了重要贡献。2003 年 12 月 4 日，中国第一条重水堆核电厂燃料原件生产线通过了由国防科工委组织的工程竣工验收。重水堆核电燃料元件生产线以稳定的运行过程和可靠的产品质量，证明了中国核燃料元件的生产能力和实力。

三、中国电力投资集团公司的成立

2002 年 3 月 15 日，电力体制改革工作小组成立。中央组织部负责确定国家电监会、国家电网公司、南方电网公司及 5 家发电集团公司领导班子的筹备和组建；国家电力公司负责制订发电资产重组方案；中央企业工委、国家经济贸易委员会、中央机构编制委员会办公室、财政部和国家计委等部门各司其职，紧锣密鼓地开展工作。

2002 年 10 月 15 日，电力体制改革工作小组第四次会议召开。国家计委上报的《关于发电资产重组划分的请示》获得国务院领导批复。国家计委主要负责人、国家经贸委负责人等在讲话中称“电力体制改革进入实施阶段”。

---

[1] 王寿君：《中国核工业集团公司发展史（1955—2015）》，原子能出版社，2018 年，第 621 页。

2002 年 12 月 29 日，中国电力新组建（改组）的 11 家公司在北京人民大会堂正式宣告成立。这一“厂网分开”的电力改制，被视为中国电力工业发展的新里程碑。

中国电力投资集团公司（简称中电投集团）作为新组建的五家发电集团之一，是在原国家电力公司部分企事业单位基础上组建的，是经国务院同意进行国家授权投资的机构和国家控股公司的试点。中电投集团成立时，拥有发电资产可控装机容量 3015 万千瓦，权益装机容量 2222 万千瓦。主营业务以电为核心，煤炭、铝业、物流、环保、供热、金融等产业协同发展，是一家综合性的能源集团公司，注册资金人民币 120 亿元。成员单位包括 5 家全资企业、31 家内部核算单位、46 家控股企业和 15 家参股企业，组建集团公司所涉及成员单位的有关国有资产（含国有股权）均实行无偿划转。中电投集团成立之初，承继了原国家电力公司所有的核电资产及前期项目，包括国内除秦山核电一期以外所有运行核电厂的股权，权益容量合计 135 万千瓦。在此基础上，中电投集团提出了“水、火、核并举”的发展战略，确立了“融核于电，以电促核”的发展理念。

四、大型压水堆燃料元件技术引进和设计制造

为了适应核电厂建设的需要，二机部于 1973 年 8 月决定建设核电厂燃料元件生产线，1974 年 4 月获国家批准[1]。1975 年，在四川宜宾开始建设核电厂燃料元件生产线。同年 11 月，二机部召开核电厂燃料元件技术座谈会。会后，核电厂燃料元件研制的广大职工积极组织攻关试验，经过努力，于 1976 年 7 月完成了核电厂燃料元件芯块的模具试制任务。但由于种种原因，在相当长的时间内，核电厂的工作进展缓慢，核电厂燃料元件生产线也于 1979 年年底暂缓建设。后于 1983 年 1 月恢复，并扩大了原定的生产规模。在研制的同时，注意吸收国外核电厂燃料元件制造的先进经验，并引进了少量的关键设备和技术。1984 年年底，30 万千瓦核电厂第一批考验燃料元件研制成功，并送入堆内考验。1987 年年底，生产线基本建成投入试生产。1988 年建成中国第一条核电燃料元件生产线，生产秦山核电厂 30 万千瓦压水堆燃料元件，填补国内核电燃料元件制造空白。虽然当时一周只能生产 1～2 个组件，生产能力仅仅 50 吨铀/年，但对当时的核工业意义重大。[2]

1989 年 12 月 7 日，秦山 30 万千瓦核电厂燃料组件和相关组件在宜宾核燃料元件厂（即国营 812 厂、宜宾核燃料厂、宜宾核燃料元件厂、中核建中核燃料元件有限公司，下文中为了还原历史，采用了不同时期的不同叫法）通过国家级出厂验收。1990 年 6 月 27 日，中核总工程竣工验收委员会正式向该厂颁发了“国营 812 厂核动力堆 728 元件工程竣工验收合格书”，为中国大型压水堆燃料元件技术引进和设计制造奠定了坚实的基础。

1991 年 1 月 30 日，国家计委就国营 812 厂引进大型核电厂燃料组件制造技术，完善生产线设计任务书批复中核总。

1991 年 5 月 28 日，中国原子能工业公司和法国法杰玛公司，就法杰玛公司向中国宜

---

[1] 王寿君：《中国核工业集团公司发展史（1955—2015）》，原子能出版社，2018 年，第 619 页。

[2] 王寿君：《中国核工业集团公司发展史（1955—2015）》，原子能出版社，2018 年，第 620 页。

宾燃料厂转让90万千瓦压水堆核燃料组件设计和制造技术，签订了技术合作合同。这一合同的签订，使宜宾核燃料厂从1993年年底开始具备向大亚湾核电厂供应核燃料组件的能力。

法杰玛公司是法国法马通和柯杰玛公司的子公司。法马通公司是同中国广东核电合营有限公司合作建造大亚湾核电厂的核能公司。上述合同的签订，是中法两国在核电领域的又一次合作。

1991年5月28日，中核总向国家计委上报了《关于申请812厂引进大型核电厂燃料组件生产线开工建设和下达1991年基建投资计划的报告》。

1993年7月，被列为中核总重点建设项目的国营812厂大型核电元件生产线改建工程进入“攻坚战”。

按照同法杰玛公司签订的技术转让合同以及为大亚湾核电厂 2 号机组生产第一炉换料组件的时间要求，这条改建的生产线于1993年7月全面进行单体试车，8月进行联动试车，9月进行最终评价，12月进行工艺合格性鉴定。

1994年3月30日，宜宾核燃料元件厂引进法杰玛公司AFA17×17核电燃料制造技术改造建设的大型核电燃料元件生产线第一期工程胜利建成，并陆续通过法杰玛公司的各项合格性鉴定和国家有关部门及广东核电合营有限公司的专业评审，于3月30日成功生产出了两个合格的假组件。这标志着中国核燃料元件生产进入了新的阶段。

1994年4月4日，国家核安全局向国营812厂印发了《关于发放核燃料元件生产线完善工程投料批准书的通知》，内容包括：根据《中华人民共和国民用核设施安全监督管理条例》，批准国营812厂核燃料元件生产线完善工程投料试运行。投料批准书的项目是核燃料元件生产线完善工程，持批准书单位是国营812厂，国家核安全局审查了国营812厂提交的核燃料元件生产线完善工程运行申请和有关的技术文件后认为，国营812厂作为核燃料元件生产线的安全承担全面责任的营运单位，所提交的申请文件符合国家的有关法律和规定，安全审评和监督结果表明，该工程的设计、建造和调试能满足核安全的基本要求。它的投料运行不致对工作人员、公众和环境造成损害和污染，国家核安全局在批准国营812厂核燃料元件完善工程投料运行的同时，还要求投料运行必须遵守有关的条件。

1994年4月6日，中核建中核燃料元件有限公司大型核电燃料元件生产线正式投料生产。1994年11月16日，为大亚湾核电厂提供的第一批换料组件制造成功。[1]1995年1月19日，90万千瓦大型核电厂燃料组件和相关组件制造成功庆典在中核总812厂举行。国家计委、国家科委、国防科工委、国家核安全局以及中核总、四川省有关领导和法国驻华使馆官员、法国有关公司领导出席了庆典。

90 万千瓦大型核电厂核燃料组件生产线是在 30 万千瓦核电厂燃料组件生产线基础上，通过引进法国法马通公司先进技术进行改造建设的。改造后的生产线，能够生产 30 万、60万、90万千瓦核电厂燃料组件和相关组件。

---

[1] 王寿君：《中国核工业集团公司发展史（1955—2015）》，原子能出版社，2018年，第620页。

1995 年 1 月 20 日，中国首批具有国际先进水平的 90 万千瓦大型核电厂燃料组件和相关组件正式启程运往大亚湾核电厂。1995 年 1 月 28—29 日，由宜宾核燃料元件厂生产的首批国产 90 万千瓦核电厂燃料组件安全运抵大亚湾核电厂。这批燃料组件供 2 号机组首次大修换料用。这批大型核电组件的制造成功，填补了国内空白，标志着中国大型核电厂燃料组件实现了国产化。

2004 年 11 月，中核建中核燃料元件有限公司承担的 VVER－1000 生产线改造工程正式开工建设。2005 年 9 月 20 日，根据核电发展需要，中核北方公司压水堆核电燃料元件生产线经国防科工委批复立项，建设生产能力为 200 吨铀/年的压水堆核电燃料元件，并预留生产规模扩充接口。项目于 2006 年 7 月开工建设，并于 2009 年建成。

五、新的核电制造业基地的开工建设

中国一重核电石化事业部位于大连市甘井子区棉花岛，1994 年开始筹建，1997 年开工建设，占地面积 25 万米 ^{2}，拥有 5000 吨级出海码头，三个联合厂房总面积约 7.5 万米 ^{2}，是专业化的重型容器制造基地，主要产品包括核反应堆压力容器等，是国家认定的高新技术企业。1999 年成立的中国一重重型装备事业部，位于黑龙江省齐齐哈尔市富拉尔基区，地处哈大齐工业走廊，拥有强大的铸锻钢生产技术和能力，是专业化的大型铸锻钢制造基地，主要产品包括大型核电等能源装备所需关键铸锻件、重型成套机械产品所需关键铸锻件等。

上海临港产业区于 2003 年筹建，2004 年启动。开发建设临港产业区是上海市委市政府着眼于提升产业能级，培育新的经济增长极，提高城市国际竞争力作出的一项重大战略决策。临港产业区由装备产业区、物流园区（包括洋山保税港陆域部分）、综合产业园区、三新园区和临港奉贤分区五大区域组成，具有得天独厚的区位优势，是世界上少有的集航空、海运、铁路、高速公路、内河运输五种交通功能于一体的区域。上海市“十一五”规划把临港产业区确定为重点建设的装备产业基地。临港产业区致力于建设支撑中国能源、交通行业可持续发展的发电及输变电设备等五大装备产业基地以及支撑装备制造业发展的工程机械、物流机械、精密机床等制造基地。在发电及输变电设备制造基地方面，生产百万千瓦等级核电主设备、重型燃气轮机、具有极端（特大、重型、超限）重型装备制造能力的电气重装联合厂房，以及具有 1400 吨吊装能力、5000 吨泊位条件的电气重件码头已建成投产，年产核岛常规岛主设备 2.5 套。上海一机床公司核电堆内构件项目已经建成，年产核电堆内构件和控制棒驱动机构 4.5 套，是全国少数具有此生产能力的企业。核电起重运输项目年产核电成套起重运输、重型起重运输等设备 4.9 万吨。

2004 年，中国东方电气集团有限公司（简称东方电气）决定，在广州南沙投资建立核电重型设备基地，开始了新的产业发展布局。东方电气瞄准“核电装备 30 年技术不落后”的目标，开始打造核电产业发展新平台。这是东方电气核电装备专业化发展布局的开端，也是核电装备制造业专业化基地布局的起点。随着岭澳二期核电厂、秦山核电二期扩建项目的批复，2005 年东方电气获得了岭澳二期核电核岛主设备、常规岛汽轮发电机组

设备大单。

2005 年，其他各装备集团纷纷进行核电制造基地布局：哈尔滨电气集团有限公司（简称哈电集团）入驻秦皇岛开始出海口基地建设。东方电气在四川德阳经济技术开发区与法国阿海珐集团共同投资建立了百万千瓦级核电厂主泵生产基地——东方阿海珐核泵公司。上海电气临港重型装备制造基地一期工程正式开工建设。

同年，哈电集团又在秦皇岛出海口基地进行二期核岛主设备核电厂房建设。东方电气在自贡、武汉等地建设厂房，形成了核岛重型设备、控制棒驱动机构、堆内构件、半转速汽轮发电机组等专业化生产基地。上海电气通过临港二期、闵行基地的扩能和提升，实现了核电专业化发展，这也是国际上配备最集中、最齐全的核电重装备制造基地，为将上海电气打造成全球最具专业化、核电装备能力最集中、装备能力最强的核电主设备制造基地奠定了基础。

中国二重也不甘落后，将发展触角从总部所在地德阳向省会成都和沿海延伸。二重重装技术中心（成都）总部包含两个国家级研发平台——二重重装国家级企业技术中心和大型铸锻件数值模拟国家工程实验室。二重（镇江）重型装备有限责任公司是重大装备出海口基地，位于经济高速发展的长江三角洲江苏省镇江市，厂房占地面积约 1800 亩（合 1.2×10^6 米 ^{2}），由陆域工厂和重装码头两大部分组成。其核电容器厂房占地约 5.3 万米 ^{2}。

中国核电装备制造初步形成了以哈电、东方电气、上海电气三大发电设备制造集团和第一、第二重型机械制造集团等国有大型企业为主的格局，生产能力约占全国总量的 80%。

第五节　核能开发利用的国际合作

2001 年 9 月 25 日，经中巴双方验收，中方承建的恰希玛核电厂移交巴方管理运行，成为“南南合作”的成功典范。2004 年 5 月 4 日，恰希玛核电厂 2 号机组（简称 C–2）签订合同。2002 年 12 月 31 日，中加合作建设的中国首座商用重水堆核电厂——秦山核电三期 1 号机组投入商业运行，2003 年 7 月 24 日，秦山核电三期 2 号机组投入商业运行，秦山核电三期工程全面建成投产。2005 年 9 月 9 日，中核集团和加拿大原子能有限公司在加拿大多伦多正式签署核能合作协议，国家主席胡锦涛出席签字仪式并指出：秦山核电三期建设取得的巨大成功，是中加两国企业合作的典范。中美在能源领域的最大合作是 AP1000 技术的引进，这项合作符合时代大背景。中美经济都处于快速增长期，双方都需要可靠的能源供应，都需要发展各种新的能源，双方有广阔的合作空间。

一、恰希玛核电厂一期的建成投产——“南南合作”的成功典范

恰希玛核电一期工程由中核集团中原对外工程有限公司（简称中原公司）总承包建设。恰希玛核电 1 号机组是中国自行设计建造、首次出口商用的核电工程，也是当时全国最大、最复杂、高新技术含量最高的成套出口项目。该工程被誉为“南南合作”的典范。

1989 年，秦山核电厂处于安装调试阶段，巴基斯坦密切跟踪建设进程。巴基斯坦化石燃料缺乏，水力资源有限，电力供应不足，严重影响了其经济发展，很早就制订了积极发展核电的国家战略。

1991 年 12 月 31 日，秦山核电厂实现并网发电 15 天后，中国便与巴基斯坦签订了建造同样堆型的 30 万千瓦级机组合同，实现了向国外“原装”出口核电机组，从而开创了中国核电“走出去”的先河。

1991 年 12 月 31 日，中国核工业总公司与巴基斯坦原子能委员会（PAEC）签订中国向巴出口 30 万千瓦级核电厂合同，因厂址在巴基斯坦恰希玛地区，故称巴基斯坦恰希玛核电厂。恰希玛核电厂工程于 1993 年 8 月 1 日浇灌第一罐混凝土；2000 年 6 月 13 日核电厂首次并网发电获得成功；2000 年 8 月 21 日，恰希玛核电厂 1 号机组实现满功率运行，9 月 25 日，中巴双方在项目临时验收证书上签字。1 号机组项目自投入商业运行以来，运行业绩一直良好，负荷因子平均在 85%以上，有的换料周期内甚至接近 100%，进入国际原子能机构评定的运行最佳核电厂之列。2001 年 3 月 29 日举行了工程落成典礼；2001 年 9 月 25 日经中巴双方验收，恰希玛核电厂移交巴方管理运行。

恰希玛核电厂一期工程 4 台机组装机容量超过 130 万千瓦，进一步缓解了巴基斯坦电力紧缺困境，缩短巴基斯坦城市和农村的停电时间，推动巴基斯坦国家经济建设，并提升当地人民的生活质量。

恰希玛核电厂的建成，是中国核工业在对外开放新领域的标志性成果。中国国务院总理朱镕基致巴基斯坦总统穆沙拉夫的贺信指出：“恰希玛核电厂将作为两国传统友好合作关系的象征，作为发展中国家之间‘南南合作’的成功典范载入史册。”

二、恰希玛核电厂 2、3、4 号机组的建设

2004 年 5 月 4 日，中核集团与巴基斯坦原子能委员会签署恰希玛核电厂二期项目商务合同。根据合同，中核集团以总承包方式在恰希玛再建一座 30 万千瓦核电机组。C–2 借鉴 C–1 和国内核电项目的成功经验，打造了简化实用的海外工程管理模式——大分包、少合同，少接口、重协调。

2005 年 12 月 28 日，中国核工业集团公司设计承建的巴基斯坦恰希玛核电 2 号机组工程正式开工。巴基斯坦总理阿齐兹、中国国家原子能机构主任等出席开工仪式。

2007 年 12 月 18 日，C–2 穹顶钢衬里整体吊装成功。巴基斯坦总统穆沙拉夫为穹顶吊装按下启动按钮。

2009 年 3 月 16 日，C–2 压力容器吊装至堆腔环形支座上就位。

2011 年 5 月 12 日，巴基斯坦恰希玛核电厂工地，巴基斯坦总理吉拉尼亲临现场为 C–2 庆典纪念碑揭幕，项目实现提前 111 天临时验收。2014 年 6 月 18 日，C–2 项目正式验收。

恰希玛核电厂 3、4 号核电机组（简称 C–3、C–4）是以 C–2 机组为参考电站的 2×34 万千瓦压水堆核电厂，厂址位于印度河东岸，距巴基斯坦首都伊斯兰堡 280 千米。

2008 年 11 月 20 日，中核中原公司和巴基斯坦原子能委员会签署向巴出口 C–3、C–4

核电厂合同，2010 年 3 月 31 日生效，总工期 91 个月，以“交钥匙”方式建设。

2010 年 8 月 5 日，C–3 破土动工。2011 年 3 月 4 日，C–3 浇筑核岛底板第一罐混凝土。2013 年 3 月 6 日，C–3 核岛穹顶吊装完成。C–3 穹顶吊装提前合同工期 100 天实现。2013 年 10 月 24 日，C–3 反应堆压力容器吊装完成，比二级计划提前 53 天。2014 年 2 月 13 日，C–3 首台蒸发器吊装完成。2016 年 11 月 17 日，C–3 首次运行达到满功率 34 万千瓦。2016 年 12 月 6 日，C–3 临时验收。

2011 年 4 月 1 日，C–4 破土动工。2011 年 12 月 18 日，C–4 浇筑核岛底板第一罐混凝土。2014 年 1 月 2 日，C–4 穹顶吊装完成，较合同工期提前 103 天。2014 年 8 月 24 日，C–4 压力容器吊装完成。

2014 年 10 月 10 日下午、10 月 14 日上午，C–4 蒸汽发生器 B 系列和 A 系列分别吊装就位，较二级进度计划分别提前 42 天和 47 天。2017 年 2 月 12 日，C–4 反应堆首次装料。2017 年 6 月 25 日首次并网发电。2017 年 8 月 17 日，C–4 首次运行达到满功率 34 万千瓦。2017 年 9 月 26 日，C–4 临时验收，比计划提前 36 天实现临时验收。

三、中国与加拿大核能合作协定的签署

1996 年 11 月 26 日，中国和加拿大合作建设秦山坎杜型核电厂（秦山核电三期）商务合同在上海签字。该项目采用加拿大坎杜（CANDU）–6 型重水堆核电技术，建造两台 70 万千瓦级核电机组，设计寿命 40 年。

1998 年 6 月 8 日，秦山核电三期 1 号机组核岛筏基浇筑第一罐混凝土，正式开工建设。同年 9 月 25 日，秦山核电三期 2 号机组核岛筏基浇筑第一罐混凝土，正式开工建设。

2001 年 12 月 21 日，中国第一条重水堆核燃料元件生产线在内蒙古包头中核北方核燃料元件有限公司全面建成，24 日生产线全线打通，提前拿出中国第一组合格的重水堆燃料元件，实现了重水堆核燃料元件国产化。

2002 年 12 月 31 日，中国首座商用重水堆核电厂——秦山核电三期 1 号机组投入商业运行。

2003 年 7 月 24 日，秦山核电三期 2 号机组投入商业运行，秦山核电三期工程全面建成投产。

2012 年 4 月，秦山核电三期 1 号机组反应堆堆芯安全装入回收铀燃料棒束，开始世界上第一次回收铀燃料在商用重水堆的示范验证。

2014 年 11 月 8 日，在国务院总理李克强与加拿大总理哈珀的共同见证下，国家发展改革委副主任、国家能源局局长吴新雄与加拿大国际贸易部部长艾德·法斯特签署了《中国国家能源局与加拿大自然资源部关于核能合作的谅解备忘录》，中核集团与加拿大坎杜能源公司签署组建合资公司框架协议，双方共同研发和推广先进燃料重水堆，联合开拓国内国际核能市场。

四、中美核能合作的加强

进入“十五”时期，中国对外开放的深入为中美能源合作继续加强创造了机会，中美能源合作的领域增多。中美双方加强了天然气高效利用、燃料电池、奥运村能源规划、绿色建筑示范、水质量、能源效率、洁净煤技术等多个领域的合作。

2001 年 8 月 31 日，中美清洁能源技术论坛在北京开幕。2001 年 12 月 11 日，经过 15 年的漫长谈判，中国终于成为世贸组织成员，进一步为中美合作创造了史无前例的条件。按照美国政府的许诺，中国“入世”后，美国将给中国永久性的最惠国待遇。2001 年 12 月 27 日，美国总统布什宣布给予中国永久正常贸易关系地位，从而结束了自 1980 年以来美国国会每年都要对此进行年度审议的历史，标志着中美两国真正实现了双边贸易正常化和中国最终融入了以规则为基础的全球贸易体系。这一新的因素成为 21 世纪中美经贸关系的核心内容之一，对整个中美关系产生了极其重要的影响。

早在 2002 年 11 月，国家发展计划委员会（2003 年 3 月改组为国家发展和改革委员会）向国务院上报《国家计委关于适度发展核电，开展核电自主化工作的请示》，建议成立国务院核电自主化工作领导小组，由此开启了中国引进先进核电技术，适度发展核电的序幕。2003 年年初，国务院总理温家宝作出关于加快核电建设的指示，提出“要采用世界先进技术，统一技术路线”。2003 年下半年，中国成立了国家核电自主化工作领导小组，全面启动三代核电技术招标。2004 年 9 月 28 日，中国对全世界最先进的三代核电技术进行公开招标。美国西屋电气公司提出 AP1000 方案应标。

中美两国政府在核电领域的正式合作始于 2004 年 1 月美国能源部长访华之后。2004 年 4 月，美国副总统切尼访华期间，双方就美国向中国出售核电厂设备达成了协议。5 月 23 日，国家发展改革委与美国能源部签署谅解备忘录，同意加强双边能源政策对话。根据备忘录，中美双方将成立一个能源政策工作组，并在共同感兴趣的领域进行一系列对话和合作。这些领域包括能源安全方面的信息交流、能源政策与战略、能效与节能、能源技术的使用和选择以及技术合作等。该备忘录有利于中美两国加深在能源领域的信息交流，并推动双方在一些能源项目方面开展合作。其他一些对话和论坛也将中美能源合作作为一个重要内容，如中美环境与发展讨论会、中美经济发展与改革对话等。在此基础上美国能源公司来华投资的数目和规模日益扩大。

2005 年 6 月 30 日，中美两国政府在华盛顿举行首次能源政策对话，内容包括清洁能源、石油、天然气、核电、节能和提高能效等方面。同一天，美国能源部宣布在北京设立旨在加强两国能源与核能安全合作的办公室。

2006 年 9 月 13 日，第二次中美能源政策对话在杭州举行，决定将提高能效和发展新能源与可再生能源作为未来一段时间内两国能源合作的重点领域。

2006 年 11 月 2 日，中共中央总书记胡锦涛主持中共中央政治局常委会会议，听取了中国三代核电技术国际招标和国家核电技术公司组建工作汇报，作出了从美国西屋公司引进 AP1000 核电技术，合作建设自主化依托项目 4 台 AP1000 核电机组等决策。其后，国家核电技术公司筹备组组长陈肇博与西屋电气公司签署了《第三代核电技术自主化依托工程项目合作备忘录》。由此，中美之间开始了长达 10 余年的核电技术交流与合作。中国走上三代核电的“跨越式”发展道路。

中美核电领域在企业层面的合作最早开始于 1996 年，主要是上海核工院与西屋电气公司在技术方面的交流与合作。1996 年，上海核工院参加了与西屋公司联队（由西屋电气公司、西班牙 SEPI 核电集团和日本三菱重工组成）的合作，进行百万千瓦级核电厂 CPWR－1000 概念设计，上海核工院负责总体设计和核岛系统设计，西屋公司联队负责核蒸汽供应系统与汽轮发电机组的设计。1997 年 5 月，在上海华亭宾馆举行了 CPWR－1000 概念设计汇报会。上海核工院通过该设计，积累了与国外著名核电设计公司合作，按国际标准要求设计百万千瓦级核电厂的经验。

上海核工院与美国百年老牌工程公司萨金伦迪公司开展了持续至今的技术交流与合作。双方自 20 世纪 80 年代初开始交流，并于 1983 年签订了关于咨询反应堆辅助系统厂房初步设计的合同。萨金伦迪公司准备了复核结果和评议意见，分别对每一系统按照美国的规范、标准、管理导则和核电厂工程实践和运行经验进行复核和评议。这些交流合作改进了上海核工院的核电设计，提高了其可靠性、可建造性、可运行性和可维修性。上海核工院还在 2001 年派遣工程技术人员赴美与西屋公司技术专家就核物理领域的一些关键技术共同进行程序开发工作。双方一致同意，一旦研究成果确立即为双方共享。

2003 年 7 月，上海核工院与西屋公司签署了工程合作和堆芯设计程序技术转让合同。双方根据合同要求，建立了上海核工程研究设计院和西屋电气公司工程合作开发中心，通过接受西屋公司委托的堆芯设计技术和软件项目的研发任务，旨在国际先进的堆芯设计技术方面有所发展，为争取核电新项目和运行核电厂的换料技术服务等项目提供有力的技术支持。

2004 年 7 月 23 日，上海核工院与西屋公司签署 AP1000 合作协议。双方初步商定在下列 6 个方面进行合作：基于 AP1000 技术，开展针对三门核电项目的可行性研究报告；基于 AP1000 技术，收集必要信息编制三门核电项目的初步安全分析报告；为支持上海核工院对 AP1000 设计的理解，西屋公司提供必要的技术培训；双方联合开展三门核电项目的费用预算和经济分析工作；双方联合开展基于 AP1000 技术的技术转让方案；双方联合开展基于 AP1000 技术的国产化方案。

第三编

核电工业的积极发展

（2006—2010）

“十一五”时期，中国社会生产力、综合国力显著提高。能有效应对国际金融危机冲击，战胜了汶川地震等重大自然灾害，成功举办了北京奥运会❶和上海世博会❷，保持经济平稳较快发展，完成了“十一五”规划的主要目标和任务，国民经济迈上新的台阶。2006—2010 年，国内生产总值年均实际增长 11.2%，不仅远高于同期世界经济年均增速，而且比“十五”时期年平均增速高 1.4 个百分点，是改革开放以来最快的时期之一。2010 年国内生产总值超过日本，跃升至世界第二位，成为仅次于美国的世界第二大经济体。人民生活水平明显改善，社会保障事业全面推进。载人航天、探月工程、超级计算机等前沿科技实现重大突破。国防和军队现代化建设取得重大成就。

伴随国家整体实力的增长，中国电力工业迎来良好发展机遇。“十一五”期间电力工业发展，以科学发展观和构建和谐社会两大战略思想为指导，秉持提高能源效率，保护生态环境，加强电网建设，有序发展水电，优化发展煤电，积极推进核电建设，适度发展天然气发电，鼓励新能源发电，带动装备工业技术进步，加强国际合作，深化体制改革的基本方针。这也是“十一五”期间中国电力工业发展的基本政策取向。

2006—2010 年的五年间，中国电力工业实现跨越式发展。新增电力装机容量 4.5 亿千瓦，全国总装机容量达到 9.7 亿千瓦，5 年几乎完成了前 50 多年的装机总量，年均增长率 13.3%，创造了世界电力建设的新纪录。全国 220 千伏及以上输电线路总长度达到 44 万千米，变电容量 19.9 亿千伏·安，分别是“十五”末的 1.7 倍和 2.4 倍，基本实现了包括新疆、海南、西藏在内的全国联网，电网规模跃居世界第一。核电发电量年均增长率 6.8%，发电装机规模年均增长率 9.6%。

能源结构优化升级，清洁能源发展迅速，对完成“十一五”节能减排目标作出了重要贡献。单位国内生产总值能耗下降 19.1%，节约近 7 亿吨标准煤。大力发展非化石能源，2010 年发电装机比重合计占 26.6%，比“十五”末提高了 1.6 个百分点。非化石能源占一次能源消费比重达 8.6%，比 2005 年提高了 1.8 个百分点。水电、核电、风电发电量五年累计超过 3 万亿千瓦·时，替代原煤 15 亿吨，减少二氧化碳排放近 30 亿吨。加快天然气开发利用和成品油质量升级，提高煤炭回采率和油田采收率，降低电网线损率，开展节能调度和发电权交易，对节能减排发挥了积极作用。

到了 21 世纪初，中国核电虽然已有一定的产业基础，形成了多国采购、多种机型、多国标准、多种技术并存的发展模式，但尚未完全掌握百万千瓦级大型核电技术，与世界先进水平存在较大差距，没有形成自主化、规模化发展的能力。

为了在较短时间内赶上国际先进水平、实现自主发展、保障核电安全，中国决定引进世界先进核电技术，加快推进三代核电自主化发展的战略决策。2006 年 11 月 2 日，中共中央政治局常委会作出决定：一是从美国西屋公司引进 AP1000 技术；二是中美合作建设

❶ 第 29 届夏季奥林匹克运动会，又称 2008 年北京奥运会，2008 年 8 月 8 日在中国首都北京开幕，8 月 24 日闭幕。

❷ 中国 2010 年上海世界博览会（Expo 2010 Shanghai China），是第 41 届世界博览会，于 2010 年 5 月 1 日—10 月 31 日在中国上海举行。

自主化依托项目 4 台 AP1000 核电机组；三是在消化、吸收引进技术的基础上自主创新，中国实现设计并建成具有自主知识产权的“大型先进压水堆核电站”科技重大专项目标。

2005 年 10 月 11 日，党的十六届五中全会通过的《中共中央关于制定国民经济和社会发展第十一个五年规划的建议》提出了“积极发展核电”的方针。2007 年 7 月 14 日，国家发展改革委发布《核电中长期发展规划（2005—2020 年）》，确定了“积极推进核电建设”的发展方针，标志着中国核电发展进入新的阶段。在这一方针的指导下，“十一五”期间，一批重大核电项目相继开工建设。国家先后核准了 13 个核电项目，共 34 台机组、3702 万千瓦；在建核电机组 28 台、3097 万千瓦，在建规模占全球的 40%以上；在运机组达到 13 台、1080 万千瓦。投运核电机组保持安全稳定运行，多项指标在世界核电运行者协会同行评估中居于领先水平。

“十一五”期间，大型能源装备自主化制造能力大幅提升。二代改进型核电关键设备国产化率达到 80%以上，核电控制系统、蒸发器 U 型管、应急电源、核级阀门等一大批核电关键设备实现了国产化。三代核电超大型锻件、蒸发器、主管道、安全壳等关键设备能够自主制造。

“十一五”期间，中国继续开展先进核能技术的研究工作。2006 年，快堆技术作为前沿技术列入《国家中长期科学和技术发展规划纲要（2006—2020 年）》。2007 年 12 月，国家科技部和国防科工委联合批复，确定了中国实验快堆工程“十一五”的建设目标及项目经费和工程投资。2010 年 7 月 21 日，由中核集团中国原子能科学研究院自主研发的中国第一座快中子反应堆——中国实验快堆（CEFR）达到首次临界。

“十一五”期间，中国核电的建设投入比过去 20 年的总量还要多，中国核电进入了快速发展时期。通过核电厂的批量建设，中国成为全球核电在建规模最大的国家。核电厂的安全性、经济性得到较大提升，为中国核电发展打下坚实基础。

“十一五”期间，中国经济社会发展中仍存在一些矛盾和问题，主要是经济发展内生动力不足，投资消费出口比例失调，结构调整进展缓慢，创新驱动作用不明显；低成本优势正在减弱，资源环境约束强化；制约科学发展的体制机制障碍较多；面临的国际形势日趋复杂多变，国际竞争压力加大等。2010 年 10 月 18 日，党的十七届五中全会通过的《中共中央关于制定国民经济和社会发展第十二个五年规划的建议》（简称《建议》）对在新的历史起点上向着全面建设小康社会目标继续前进作出全面部署，明确提出“十二五”规划的主题是科学发展，主线是加快转变经济发展方式，此外还提出在确保安全的基础上高效发展核电。2011 年 3 月，十一届全国人大四次会议批准了《中华人民共和国国民经济和社会发展第十二个五年规划纲要》。核电产业作为资金密集型、技术密集型产业，内需驱动型和外需拉动型集于一体的产业，成为加快转变经济发展方式、激活经济高质量发展的新引擎，推动产业结构转型升级的新动力，扩大对外开放合作的新动能。

第五章

核电走向自主化发展

20 世纪 70 年代，中国政府作出了发展核电的决定，经过 30 多年的努力，中国核电从无到有，取得了很大的发展。自 1983 年确定压水堆核电技术路线以来，“十五”期间，在“适度发展核电”方针的指导下，中国在压水堆核电厂设计、设备制造、工程建设和运行管理等方面已经初步形成了一定的能力，为实现规模化发展奠定了基础。到“十一五”期间，在“积极推进核电建设”的发展方针指导下，通过国外技术转让和自主研发，中国掌握了第三代核电建造的关键技术，建立了核电工程建造的施工技术标准体系和管理规范，完善了适合中国国情的核电建造管理模式，实现了第三代先进压水堆核电厂的自主化开发。同时，继续保持了在高温堆技术领域的国际领先地位，完成了高温气冷堆技术由实验阶段向商用阶段的转化研究、产业配套和示范电厂建设三大任务。

1985—2007 年，中国共建设了 13 台核电机组；而 2008—2010 年三年间，10 座核电厂、28 台核电机组陆续开工。这其中大部分机组，采用的均是“二代加”核电技术。核电厂的批量化建设为以后吸收三代核电技术、提升装备制造业水平打下了良好基础。

第一节　积极发展核电的政策

“十一五”期间，国家把积极推进核电建设作为加强基础产业设施建设的重要举措，具有重大战略意义。截至 2004 年 12 月，世界上共有 30 个国家和地区的 441 座反应堆投入商业运营，装机容量 36 742.2 万千瓦。核电在全球供电量中所占比重约 16%，在全球一次能源中所占比重约 6.7%。中国是继美国、英国、法国、俄罗斯、加拿大和瑞典之后能自主设计和建造核电厂的国家，但到 2002 年，中国核电发电量和装机容量的比重仅分别达到 1.57%和 1.26%，在拥有核电的国家中是最低的，核电的发展状况与中国核大国的地位极不相称。

积极推进建设核电不仅仅是经济需要，更是促进整个核工业长远发展的战略需要。建设核电也是保障国家能源安全的需要。从中国的替代能源资源看，积极推进核电是最现实的选择。建设核电是经济可持续发展的必然选择。拥有财务上能够生存、关联面较大的核电是拉动中国经济增长、促进经济结构优化与升级的难得的驱动项目[1]。

一、《核电中长期发展规划（2005—2020年）》

为贯彻落实“积极推进核电建设”的发展方针，实现核电技术的跨越式发展，缩小与世界核电先进水平的差距，国家发展改革委组织编制了《核电中长期发展规划（2005—2020年）》（简称《规划》）。

2006年3月22日，国务院总理温家宝主持召开国务院常务会议审议并原则通过《规划》，2007年10月，《规划》正式获批。《规划》是指导中国核电建设的重要文件，对于实施核电自主化发展战略、合理安排核电建设项目、做好核电厂址的开发和储备、建立和完善核电安全运行和技术服务体系、配套落实核燃料循环和核能技术开发项目的保障条件等方面具有重要意义。

《规划》共包括五个部分。第一部分总结了国内外核电发展历程和现状。第二部分分析研究了中国发展核电的重要意义。第三部分提出了中国发展核电的指导思想、方针和目标。第四部分详细阐述了中国核电发展技术路线、自主化发展战略、厂址开发和保护、核电建设项目布局和进度安排、核燃料循环方案以及核电投资估算等。第五部分详细描述了规划实施的保障措施和政策安排。

《规划》提出，中国核电发展的指导思想和方针是：统一技术路线，注重安全性和经济性，坚持以我为主，中外合作，通过引进国外先进技术，进行消化、吸收和再创新，实现核电厂工程设计、设备制造和工程建设与运营管理的自主化，形成批量建设中国自主品牌大型先进压水堆核电厂的综合能力。发展目标是：到2020年，核电运行装机容量争取达到4000万千瓦，并有1800万千瓦在建项目结转到2020年以后续建。核电占全部电力装机容量的比重从现在的不到2%提高到4%，核电年发电量达到2600亿～2800亿千瓦·时。

《规划》要求，到2020年，在引进、消化和吸收新一代百万千瓦级压水堆核电厂工程设计和设备制造技术的基础上，进行再创新，实现自主化，全面掌握先进压水堆核电技术，培育国产化能力，形成较大规模批量化建设中国品牌核电厂的能力。对于核电厂址的选择和保护，要根据核电厂址的要求，依照核电发展规划，严格复核审定，按照核电发展的要求陆续开展工作。各地区、各部门应合理安排核电项目和进度，确保中国核电工业健康有序地发展。

为了确保规划内容的顺利实施，《规划》提出了如下保障措施和政策安排：核电企业要按照社会主义市场经济的总体要求，建立健全现代产权制度，规范企业法人治理结构，推进体制改革和机制创新；将核电设备制造和关键技术纳入国家重大装备国产化规划，形成设备的成套能力；依法强化政府核电安全监督工作，加强安全执法和监管；加强核应急系统建设，制定事故预防和处理措施，建立并保持对辐射危害的有效防御体系；建立和完

[1] 李忠：《积极发展核电具有重大战略意义》，《国防科技工业》，2006年第3期。

善核电专业化运行与技术服务体系，全面提高核电厂的安全、稳定运行水平；大力加强各类人才的培养工作，提高待遇，做好人才储备；对国家确定的核电自主化依托项目和国内承担核电设备制造任务的企业实行税收优惠及投资优惠政策。

随着《规划》的实施，中国核电工业进入新的发展阶段，核电的自主创新能力得到提高，核电装备的自主化制造有利于提升中国装备制造业水平，为中国经济社会的可持续发展作出更大贡献。

二、大型先进压水堆及高温气冷堆核电站重大专项总体实施方案的审议通过

进入21世纪，中国与世界许多国家一样，面临电力需求上升、能源供应紧张、温室气体减排压力增加的挑战。在国际上三代核电技术取得重大突破后，中国积极推进核电建设的条件具备，时机成熟。

2003年1月，国务院总理温家宝在听取核电工作汇报时强调，发展核电要“采用世界先进技术，统一技术路线”。

2004年3月，国务院副总理曾培炎主持召开国务院专题会议，明确引进三代先进压水堆技术，要求全面、充分的技术转让，建设自主化依托项目4台机组，开发具有自主知识产权先进堆型，整体提升核电技术水平。按照这一部署，中国全面启动三代核电技术国际招标工作。

2006年2月9日，国务院发布《国家中长期科学和技术发展规划纲要（2006—2020年）》，确定了包括“大型先进压水堆及高温气冷堆核电站”在内的16个重大专项。同年3月22日，国务院常务会议审议并原则通过《核电中长期发展规划（2005—2020年）》，决定统一核电发展技术路线，通过引进、消化、吸收、再创新，实现先进压水堆核电站工程设计、设备制造、工程建设和运营管理的自主化。按照热中子反应堆——快中子反应堆——受控核聚变堆“三步走”的步骤开展工作。积极跟踪世界核电技术发展趋势，自主研究开发高温气冷堆、固有安全压水堆和快中子增殖反应堆技术，根据各项技术研发的进展情况，及时启动试验或示范工程建设。

（一）《大型先进压水堆重大专项总体实施方案》

2007年5月，国家核电重大专项领导小组会议明确“做好第三代技术引进与国家中长期科技规划大型先进压水堆重大专项的结合工作。并将第三代核电技术的引进、消化、创新，与自主开发工作结合起来，统筹安排，合理配置资源，避免重复投资”。

基于国务院赋予国家核电“两体一台”[1]核电发展定位，以及关于大型先进压水堆核电站专项任务是在中央已经确定引进的AP1000三代核电技术的基础上进行消化、吸收，研制出具有中国自主知识产权的核电技术的要求，2007年8月，国家核电牵头组织《大型先进压水堆核电站重大专项总体实施方案》（简称《总体实施方案》）的编制，充分考虑

[1] “两体一台”指国家核电是受让第三代先进核电技术，实施相关工程设计和项目管理，通过消化吸收再创新形成中国核电技术品牌的主体；是大型先进压水堆核电站重大专项CAP1400/1700的牵头实施单位和重大专项示范工程的实施主体；是实现第三代核电技术AP1000引进、工程建设进而自主化发展的主要载体和研发平台。

大型先进压水堆核电站重大专项（简称压水堆专项）与三代核电引进技术的有效衔接。

《总体实施方案》编制遵照《关于重大专项实施方案编制和论证有关要求的通知》（国科发计字〔2007〕37号）的要求。《总体实施方案》分项目概述、总体技术方案、课题设置和条件保障、示范工程建造、进度计划、基础条件、组织管理模式和主要承担单位、经费概算、筹资方案、效益和风险分析、重大专项启动的成熟性11章。上海核工院共提出了77项初步方案的总体参数，并在此基础上根据自主知识产权的要求、工程实施的技术难度、工程实施的时间进度、技术方案的经济性等，提出了重大专项示范工程的总体技术方案。

2007年12月，国家发展改革委组织相关部门和专家对《总体实施方案》进行了审评，给予肯定评价。

2008年1月3日，曾培炎主持召开大型先进压水堆及高温气冷堆核电站重大专项领导小组第四次全体会议，明确由国家核电技术有限公司作为实施主体，建设大型先进压水堆（CAP1400）核电站示范工程。

2008年2月15日，国务院常务会议审查并原则通过《总体实施方案》。会议指出：经过深入科学的论证，压水堆专项的实施方案已基本成熟，具备启动实施的条件，批准由国家核电牵头实施作为该项目压水堆专项，并作为压水堆专项示范工程实施主体。

会议重申了国家决策，强调：为加快中国核电产业发展，优化能源结构，实施大型先进压水堆核电站重大专项十分必要。大型先进压水堆是当前国际核电发展的主流堆型，要在引进国外先进技术的基础上，通过消化、吸收和再创新，自主开发先进堆型并建设示范工程，建成拥有自主知识产权的大型先进压水堆核电站。

大型先进压水堆核电站重大专项的总体目标是：在AP1000技术引进和自主化依托项目建设的基础上，通过国产化AP1000自主设计，实现AP1000技术的消化、吸收，全面掌握以非能动技术为标志的三代核电技术。并在此基础上，进一步研究开发具有中国自主知识产权的大型先进压水堆核电站技术，建成CAP1400示范工程，拥有一批高水平的知识产权成果，使中国核电设计、制造、建造和运行技术实现跨越式发展，2020年进入核电技术先进国家行列。

同时，通过大型先进压水堆核电站重大专项的实施，促进和形成具有国际先进水平的核电技术研发体系、先进核电试验验证体系、关键设备制造技术体系以及先进核电标准体系；培养出一支高素质的核电技术人才队伍；使中国具备自主创新能力，满足核电长期可持续发展的需求。

压水堆专项的总体目标分解为以下几个领域目标：

消化吸收目标。在AP1000引进技术的基础上，通过全面参与自主化依托项目的设计、工程管理和尽量多的设备制造，理解并初步掌握AP1000核电技术。同时，开展国产化AP1000的自主设计和关键设备设计，制造技术的消化、吸收，2010年具备国产化AP1000建设能力，全面掌握AP1000设计技术、工程建造、设备制造技术。

创新研发目标。在AP1000技术基础上，通过增大堆芯容量、优化总体技术参数，在安全性不低于 AP1000 的前提下，提高经济性，突破 CAP1400 核电站关键设计技术、重大试验验证技术、关键设备改进、设计和制造技术，完成具有自主知识产权的 CAP1400 大型先进压水堆核电站技术的研发。进一步在非能动技术、屏蔽电动泵研发等方面取得全面突破，开发 170 万千瓦级的先进压水堆核电站技术，使中国核电技术达到世界压水堆技术前沿。

工程目标。通过重大专项实施，使中国具备国产化 AP1000 核电机组的批量建设能力，完成 CAP1400 大型先进压水堆核电站示范工程建设，全面掌握大型先进压水堆核电站关键建造技术，最终具备 CAP1400 核电站标准化、批量化的自主建设能力。

核电创新体系建设目标。通过有关核电企业、研究单位、大专院校和设备制造等单位的广泛参与，培养出一批高水平的核电科研、设计、工程管理人才队伍；促进和形成以第三代核电技术为代表的国际先进设计软件、关键技术试验研究、设备验证等一系列完整的科研设计和安全审评手段；实现核电主要设备、材料的国产化，形成具有国际先进水平的核电技术研发、先进核电试验验证、关键设备制造以及核电规范标准等的核电自主创新技术体系，以及由核心技术、专利、专有技术、标准等组成的自主知识产权体系。

《总体实施方案》的批准，为压水堆专项的成功实施奠定了科学坚实的基础。

（二）《高温气冷堆核电站重大专项总体实施方案》

2007 年 2 月 2 日，高温气冷堆核电站重大专项技术方案顺利通过国防科工委专家论证。4 月 17 日，国家重大专项领导小组召开第一次全体会议，决定由国防科工委牵头实施高温气冷堆专项，并在国防科工委设立高温气冷堆专项领导小组办公室。9 月 26—28 日，国防科工委组织编制的《高温气冷堆核电站重大专项总体实施方案》通过专家评审。

2008 年 2 月 15 日，《高温气冷堆核电站重大专项总体实施方案》获国务院批准。

高温堆分项总目标是：以中国已经建成运行的 1 万千瓦高温气冷实验堆为基础，攻克高温气冷堆工业放大与工程实验验证技术、高性能燃料元件批量制备技术，建成具有自主知识产权的 20 万千瓦级模块式高温气冷堆商业化示范电站，以及开展氦气透平直接循环发电及高温堆制氢等技术研究，为发展四代核电技术奠定基础。

此外，国家能源局于 2019 年 6 月 11 日印发《大型先进压水堆及高温气冷堆核电站科技重大专项实施管理办法》《大型先进压水堆及高温气冷堆核电站科技重大专项资金管理实施细则》《大型先进压水堆及高温气冷堆核电站科技重大专项综合绩效评价管理细则》《大型先进压水堆及高温气冷堆核电站科技重大专项档案管理实施细则》四项制度，以实现对大型先进压水堆核电站和高温气冷堆核电站两个分项的规范和高效管理。

三、《核电站乏燃料处理处置基金征收使用管理暂行办法》的出台

核电已经成为中国重要的国家能源战略发展内容，而核电厂的乏燃料处理处置问题也是核电发展的重要问题之一。因此，必须加快推进乏燃料后处理项目的建设，实现乏燃料的离堆安全贮存和处理。由于乏燃料后处理项目生产工艺复杂、建设周期长、资金投入巨大，以及乏燃料后处理项目的投资费用、资金来源乃至整体的经济性均对项目能否顺利建

设产生巨大影响，财政部、国家发展改革委、工业和信息化部于2010年7月12日颁发了《关于印发〈核电站乏燃料处理处置基金征收使用管理暂行办法〉的通知》（财综〔2010〕58号），其中设置了专项的核电站乏燃料处理处置基金，并制定了其征收和使用管理的相关规定和办法。该办法自2010年10月1日起施行。

《核电站乏燃料处理处置基金征收使用管理暂行办法》对核电站乏燃料处理处置基金征收、使用管理作出了相关规定和说明，其主要内容包括总则、征收、使用、监督检查、附则，共五章，具体规定的内容如下：

中国乏燃料后处理处置采用向已投入商业运行五年以上的压水堆核电机组按实际上网销售电量征收乏燃料基金，征收标准为0.026元/（千瓦·时），专项用于核电厂乏燃料的处理处置，具体使用范围包括乏燃料运输，乏燃料离堆贮存，乏燃料后处理（含乏燃料后处理中试厂进行的商用核电站乏燃料后处理），乏燃料后处理所产生的高放废物的处理处置，乏燃料后处理厂的建设、运行、改造和退役，乏燃料处理处置的其他支出。

《核电站乏燃料处理处置基金征收使用管理暂行办法》明确指出，乏燃料处理处置基金年度预算，应优先安排乏燃料运输、乏燃料离堆贮存、乏燃料后处理、高放废物处理处置等支出，再安排乏燃料后处理厂建设、运行、改造和退役等相关支出。根据《核电站乏燃料处理处置基金征收使用管理暂行办法》的指示，可以明确地看出乏燃料后处理厂的建设和运行期间所需资金应由乏燃料处理处置基金提供。另外，未经国务院或财政部批准，任何地方、部门和单位不得擅自改变乏燃料处理处置基金的征收对象、范围和标准，不得减征、免征、缓征、停征乏燃料处理处置基金，也不得改变乏燃料处理处置基金的使用范围和原则。

《核电站乏燃料处理处置基金征收使用管理暂行办法》的发布和实施，对促进中国核电事业发展，规范核电站乏燃料处理处置基金的征收、使用管理具有重要意义。

四、“十一五”规划纲要中“积极发展核电”方针的提出

根据《国民经济和社会发展第十一个五年规划纲要》《国家中长期科学和技术发展规划纲要（2006—2020年）》《国防科技工业“十一五”规划纲要》《国防科技工业中长期科学和技术发展规划纲要（2006—2020年）》及《核电中长期发展规划（2005—2020年）》，国防科学技术工业委员会制定了《核工业“十一五”发展规划》（简称《规划》），提出“十一五”期间，核工业发展以核电发展为龙头，全面提高核电自主化能力和国产化水平，新开工建设核电装机容量1000万千瓦以上，确保在役核电站安全稳定运行，基本建立适应核电发展的设计、建造、运行和技术服务体系以及中国压水堆核电标准体系。

形成适应核电发展的核燃料供应体制和机制，全面提升核燃料生产各环节的研发能力、技术水平和产能，确保核燃料的稳定与可靠供应。实现核技术应用若干系列产品的产业化，促进产值较快增长，提高整体水平和竞争力。

积极推进核电建设，大幅提升核电自主化能力。加快核电批量建设。建成投产田湾核电厂；充分利用先进、成熟的二代改进核电技术，建设岭澳核电二期、秦山核电二期扩建

工程，新开工建设辽宁红沿河、山东海阳等一批新的核电项目；通过国际招标引进三代核电技术，建设浙江三门、广东阳江核电厂示范工程。通过“十一五”核电批量建设，全面提升中国核电设计、建造自主化能力，提高核电工程施工、安装能力和技术水平；建立核电设计、制造、建设的标准体系，推进核电产业化进程。

实施大型先进压水堆和高温气冷堆核电站科技示范工程。充分利用中国已有技术基础，消化吸收国外先进核电技术，开展大型先进压水堆的相关设计和科研攻关工作，实现自主创新，突破大型先进压水堆关键技术，通过实施示范工程，为中国品牌的大型先进压水堆核电站的标准化、批量化建设奠定坚实基础。实施高温气冷堆科技工程，在已建成1万千瓦实验堆的基础上，通过进一步自主研发，建设电功率为20万千瓦高温气冷堆示范核电站，实现中国自主知识产权的模块化高温气冷堆技术产业化，使中国在高温气冷堆领域保持国际领先水平。通过实施示范工程，进一步提高中国核电自主研发、设计和创新能力。

加强在役核电厂运行管理。开展核电运行、维修、在役检查等技术的研究，完善运行评估和经验反馈体系，加强运行管理，确保在役核电厂的安全稳定运行，提高核电厂安全性、经济性和可靠性。开展核设备鉴定与核工业无损检测验证技术研究，建立中国核设备鉴定体系和核工业无损检测技术验证体系。

开展先进核能技术研究工作。建成中国实验快堆，掌握快堆基本技术，为中国快堆的进一步发展奠定基础；开展高温气冷堆制氢技术和工艺研究，逐步掌握关键技术，为建设相关试验台架创造条件。提高中国在未来新一代核能系统的选型定型、标准制定及知识产权保护等方面的影响力。

“十一五”时期，为满足中国能源需求的迅速增长，保持经济的可持续发展，中央确定了“积极发展核电”的方针。国务院通过的《核电中长期发展规划（2005—2020年）》明确，核电运行装机容量由2005年的700万千瓦争取提高到2020年的4000万千瓦，为实现上述目标，在未来10年中，中国每年要开工建设3台以上核电机组，核燃料循环各环节生产能力到2020年也要在现有基础上提高4～6倍。这给核工业的发展带来了前所未有的机遇，也使其面临新的挑战。

国家发展改革委在2007年4月发布《能源发展“十一五”规划》提出贯彻落实“节约优先、立足国内、多元发展、保护环境、加强国际互利合作”的能源战略，努力构筑稳定、经济、清洁的能源体系，以能源的可持续发展支持中国经济社会可持续发展。

《能源发展“十一五”规划》提出，2010年，中国一次能源消费总量控制目标为27亿吨标准煤左右，年均增长4%。煤炭、石油、天然气、核电、水电、其他可再生能源分别占一次能源消费总量的66.1%、20.5%、5.3%、0.9%、6.8%和0.4%。与2005年相比，煤炭、石油比重分别下降3.0、0.5个百分点，天然气、核电、水电、其他可再生能源分别增加2.5、0.1、0.6、0.3个百分点。一次能源生产目标为24.46亿吨标准煤，年均增长3.5%。煤炭、石油、天然气、核电、水电、其他可再生能源分别占74.7%、11.3%、5.0%、1.0%、7.5%、0.5%。与2005年相比，煤炭、石油比重分别下降1.8、1.3个百分点，天然气、核电、水电和其他可再生能源分别增加1.8、0.1、0.8、0.4个百分点。

《能源发展“十一五”规划》在“十一五”时期中国能源建设的总体安排提出，推进核电建设，建成田湾核电一期、岭澳核电二期工程，开工浙江三门、广东阳江等核电项目，做好一批核电厂前期工作。积极支持高温气冷堆核电示范工程。

第二节　“十一五”时期的核电管理体制

21 世纪初，中国政府在作出三代核电自主化发展的重大决策后，2009 年中央经济工作会议提出将核电纳入战略性新兴产业，中国的核电产业进入创新发展的重要阶段。中国在注重技术创新的同时，进一步深化核电体制改革，力求打造一个支撑自主化发展的核电工业体系，积极努力提升中国核电产业的国际竞争力。2008 年，国家能源局与国家国防科技工业局组建，后由能源局作为大型先进压水堆及高温气冷堆重大专项的牵头组织单位。2007 年成立了中国核能行业协会，协助政府开展核能行业管理。2002 年，中国电力投资集团公司成立，2006 年后获得山东海阳核电建设运营资质。2007 年国家核电技术有限公司成立，牵头组织三代核电自主化战略实施。2007 年中国核电工程有限公司（简称中国核电工程公司）重组成立，推进核电建设自主化、专业化发展，实现核电工程管理与国际接轨的重大体制创新。

一、国家能源局与国家国防科技工业局的组建

（一）国家能源局

党的十七大报告中首次公开提出了“大部制”改革思路，即“加大机构整合力度，探索实行职能有机统一的大部门体制，健全部门间协调配合机制”。2008 年 3 月 11 日，国务院向十一届全国人大一次会议提交《国务院机构改革方案》，大部制改革方案首次浮出水面。其中，有关能源管理机构改革的内容为：“加强能源管理机构。设立高层次议事协调机构国家能源委员会。组建国家能源局，由国家发展改革委管理。将国家发展改革委的能源行业管理有关职能及机构，与国家能源领导小组办公室的职责、国防科学技术工业委员会的核电管理职责进行整合，划入该局。国家能源委员会办公室的工作由国家能源局承担。不再保留国家能源领导小组及其办事机构。”

2008 年 3 月 15 日，十一届全国人大一次会议听取了国务委员、国务院秘书长华建敏关于国务院机构改革方案的说明，3 月 15 日，会议通过关于国务院机构改革方案的决定，批准了该方案。

成立国家能源局是国务院机构调整方案中的一项重要内容，旨在加强对能源行业的集中统一管理，应对日益严峻的国际国内能源问题，保证国民经济持续稳定健康发展。

2008 年 7 月，国务院正式批准中央编制委员会办公室拟订的国家能源局重要职责、内设机构和人员编制，对外公布。这标志着新组建的能源行业管理机构正式开始运行。

国务院批准国家能源局为国家发展改革委管理的国家局，其主要职责包括划入原国家

能源领导小组办公室职责、国家发展改革委的能源行业管理有关职责，以及国防科学技术工业委员会的核电管理职责等。具体包括：拟订能源发展战略、规划和政策，提出相关体制改革建议；实施对石油、天然气、煤炭、电力等能源的管理；管理国家石油储备；提出发展新能源和能源行业节能的政策措施；开展能源国际合作。

职责明确要求国家能源局加强对能源问题的前瞻性、综合性、战略性研究，拟订能源发展规划、重大政策和标准并组织落实，提高国家能源安全的保障能力。国家能源局还承担国家能源委员会的具体工作。该委员会主要负责研究拟订国家能源发展战略，审议能源安全和能源发展的重大问题，是中国能源战略决策和统筹协调的高层次议事协调机构。

国家能源局"三定"方案中还明确了与国家发展改革委、工业信息化部的职责分工，炼油、煤制燃料和燃料乙醇的行业管理由国家能源局负责。关于能源价格的管理，"三定"方案明确，国家能源局提出调整能源价格、产品价格的建议，报国家发展改革委审批或审核后报国务院审批；国家发展改革委调整涉及能源产品的价格，应征求国家能源局意见。"三定"方案明确，国家能源局负责煤炭、石油、天然气、电力（含核电）、新能源和可再生能源等能源的行业管理，组织制定能源行业标准，监测能源发展情况，衔接能源生产建设和供需平衡，指导协调农村能源发展工作。

国家能源局职责中加强了能源的国际合作，由国家能源局牵头开展能源国际合作，与国外能源主管部门和国际能源组织谈判并签订协议。协调境外能源开发利用工作，核准或审核煤炭、石油、天然气、电力、天然铀等能源境外重大投资项目。国家能源局的职责中还包括能源节约和能源科技装备工作，负责能源行业节能和资源综合利用，组织推进能源重大设备研发，指导能源科技进步、成套设备的引进消化创新，组织协调相关重大示范工程和推广应用新产品、新技术、新设备。

国家能源局共设综合、政策法规、发展规划、能源节约和科技装备、电力、煤炭、石油天然气、新能源和可再生能源、国际合作司 9 个司，编制 112 人[1]。2013 年 6 月国务院批准《国家能源局主要职责内设机构和人员编制规定》，国家能源局内设机构调整为 12 个，新成立的核电司负责拟订核电发展规划、计划和政策并组织实施，组织核电厂的核事故应急管理工作。

（二）国家国防科技工业局

国家国防科技工业局（简称国防科工局）是工业和信息化部管理的国家局。根据 2008 年 3 月 15 日十一届全国人大一次会议通过国务院机构改革方案，国务院拟组建国家国防科技工业局，承担原国防科学技术工业委员会核电管理以外的职责，核电管理由新组建的工业和信息化部管理，不再保留国防科学技术工业委员会。

国防科工局前身是 1998 年成立的中华人民共和国国防科学技术工业委员会。国防科技工业作为国家战略性高技术产业，涵盖核、航天、航空、兵器、船舶、电子 6 大行业，肩负着强军和富国的双重使命。一方面，强军是国防科技工业的立业之本，保障军品供给，

[1] 《国家能源局成立》，《中国能源》，第 30 卷第 8 期，2008 年 8 月。

为能打仗、打胜仗提供物质条件是国防科技工业的第一要务；另一方面，国防科技工业要在先进制造领域发挥引领作用，在国家经济社会发展中发挥牵引、辐射和带动作用，把技术优势转化为产业优势。国防科工局作为中国主管国防科技工业的行政管理机关，其主要职责是为国防和军队建设服务、为国民经济发展服务、为涉军企事业单位服务。同时，国防科工局还负责组织协调政府和国际间原子能机构和航天活动方面的交流与合作。

国防科工局具体负责组织管理国防科技工业计划、政策、标准及法规的制定与执行情况监督。

国防科工局的主要职责有：研究拟定国防科技工业和军转民发展的方针、政策和法律、法规；制定国防科技工业及行业管理规章；组织研究和实施国防科技工业体制改革；组织军工企事业单位实施战略性重组；组织国防科技工业的结构、布局、能力调整、企业集团发展和企业改革工作；研究制定国防科技工业的发展规划、结构布局、总体目标；组织编制国防科技工业建设、军转民规划和行业发展规划；组织管理国防科技工业质量、安全、计量、标准、统计、档案、重大科研及其推广；拟定核、航天、航空、船舶、兵器工业的产业和技术政策、发展规划，实施行业管理；指导军工电子的行业管理；负责国家核电建设、同位素生产和民用爆破器材生产流通的行政管理；负责组织管理国防科技工业的对外交流与国际合作；代表中国政府参加有关国际组织及其有关活动；负责军工企事业单位的军品出口管理。以中国国家原子能机构（CAEA）的名义组织协调政府和国际组织间原子能方面的交流与合作；以中国国家航天局（CNSA）的名义组织协调政府和国际组织间航天活动方面的交流与合作。根据其主要职能，国防科工局内设 17 个职能机构（司、局）。

二、中国核电工程公司的成立

中国的核工业设计，是从 1955 年国家作出创建核工业的战略决策后，才开始兴起的尖端技术领域。核工业第二研究设计院（简称核二院）、核工业第四研究设计院（简称核四院）、核工业第五研究设计院（简称核五院）就是 20 世纪 50 年代中叶伴随着中国核工业的创建和核工业建设的展开而组建形成的核工业设计队伍。

核二院是 1958 年 1 月为承担核工业设计而组建的设计院（建工部三院），是中国最早从事核工程设计的综合性设计院；核四院是 1958 年 1 月为承担铀矿冶工程设计而组建的设计单位（冶金部三司七处）；核五院是 1957 年 1 月为开展核燃料元件工程（408 工程）设计开始组建的设计队伍（408 工程设计组），核六院是 1958 年 12 月第二机械工业部设计院为开展核武器研制基地工程设计组建的设计队伍，后来两院于 1984 年合并，并更名为核工业部第五研究设计院。

1958 年后，随着核工业建设的发展和核工程设计水平的不断提高，核工业设计机构和队伍几经归并、剥离，形成了中国核燃料循环完整的研究设计体系。1958 年 2 月后，随着第三机械工业部更名为第二机械工业部后，建工部三院划归二机部更名为二机部设计院，408 工程设计组划归二机部设计院成立第十六设计室，原冶金部三司七处（设计处）划归二机部改名为二机部十二局设计处。1960 年 11 月，二机部设计院（核工业设计院）、第十局、十二局设计处（矿冶设计）合并，成立新的十局；1962 年，二机部根据工作发展需要，十局分为设备局（十局）和设计局（十三局），设计局主管设计工作，承担全部的核工业设计任务。

1960 年后，为了中国核工业发展的需要，二机部设计院相关设计室的设计人员开始下放到地方筹建工厂设计处，如二〇二厂设计处、二二一厂设计处等；1962 年，矿冶设计部分从十三局剥离成立二机部第一设计院；1964 年，第十三局分为十三局、第二设计院、第三设计院三个单位，第二设计院主要承担核反应堆工程和核燃料后处理的工程设计任务。其后，第一设计院经与相关矿冶研究所、勘察队合并，于 1969 年更名为二机部第四研究设计院，1988 年核工业部更名为核工业总公司后，二机部第四研究设计院更名为核工业第四研究设计院；二〇二厂设计处、二二一厂设计处在历经多次调整后，于 1984 年合并更名为核工业部第五研究设计院；二机部第二设计院于 1988 年更名为核工业第二研究设计院。

2006 年 5 月 28 日，以核工业第二研究设计院为主组建的中国核电工程公司正式揭牌成立，这是国内第一个“中国”字头的核电工程公司。

2007 年 12 月，中核集团将核工业第二研究设计院、核工业第五研究设计院的主营业务和骨干力量及核工业第四研究设计院从事核电工作及相关专业的技术骨干，重组成立中国核电工程公司，这是中核集团为完成中国核电中长期发展规划，推进核电建设自主化、专业化发展，实现核电工程管理与国际接轨的重大体制创新，是加强集团化运作、集中优势资源、发挥整体优势的重要举措。

中国核电工程公司是中国少数具备核电、核化工、核燃料研发设计能力，专业配备最完整的工程公司。公司业务范围涵盖了核电前期策划、可行性研究、项目咨询、环境评估、工程设计、设备采购、施工管理、建设监理、调试实施与管理、技术服务、招标代理、人员培训等。

中国核电工程公司是中国最早从事核电研究设计的单位，从技术后援到引进消化吸收、自主设计再到自主品牌，逐步实现了中国百万千瓦级压水堆核电厂研发设计的“四级跳”。公司同时开展的研发设计任务包括具有自主知识产权的第三代压水堆核电“华龙一号”（HPR1000）、ACP100 的研发设计，AP1000 第三代核电技术消化吸收，第四代快堆研发设计，以及裂变–聚变混合堆关键课题的研究。

随着中国核电建设迈入自主化新阶段，尤其是一年有多台机组同时开工的大规模发展阶段，通过工程公司这种成熟而又有效的国际工程管理模式，可以有力推动中国核电设计和工程管理自主化、促进设备制造国产化、节省资金、降低发电成本，实现核电建设系列化、规范化，推动核电可持续发展。

中国核电工程公司是以工程技术为基础，以工程建设为主业，具备工程项目设计、采购、施工或施工管理、设备系统调试、项目管理能力的国际型工程公司。以设计为龙头的工程总承包的最大特点是实行设计、工程管理一体化，达到工程项目资源最佳配置，减少沟通环节，真正体现风险与效益、责任与权利、过程与结果的统一。

2008 年 4 月以后，中国核电工程公司先后承接了福建福清核电工程、秦山核电扩建工程（方家山核电工程）、海南昌江核电工程、江苏田湾核电工程、辽宁徐大堡核电工程、湖南桃花江核电工程等核电项目及八二一厂放射性废物处理工程的总承包工作。同时，负责集团内部所有核电选址和拟建项目的前期论证工作；承担包括乏燃料后处理、放射性废物处理、核设施退役等方面的科研设计工作；承担核电厂核反应堆燃料元件生产线、核材料及核部件生产线的专业研究设计及核设备集成和民用环保等工作。

三、中国核能行业协会的成立

2007 年 4 月 18 日，中国核能行业协会经国务院同意、民政部批准设立。该协会是由与核能利用相关的核设施建设、运营、研究设计、建筑安装、设备制造、核燃料循环、技术服务、人才培养等领域以及热心核能利用的企事业单位自愿组成的全国性、行业性、非营利性社会组织。成立之初正式加入协会的有 159 家单位。

协会的最高权力机构是会员代表大会，会员大会每 5 年召开 1 次；理事会是会员代表大会的执行机构，在会员代表大会闭会期间，理事会领导协会开展日常工作，对会员代表大会负责。

协会的宗旨是：遵守中华人民共和国宪法、法律、法规和国家政策，弘扬爱国主义精神，践行社会主义核心价值观，遵守社会道德风尚，自觉加强诚信自律建设。贯彻国家关于核能发展的方针政策，做好政府与会员单位之间、会员单位之间、国内与国际之间的沟通与交流，维护全行业和会员的合法权益，向政府建言献策，为企业排忧解难，努力发挥桥梁和纽带作用，推动核能行业的自主创新和技术进步，为提高核能利用的安全性、可靠性和经济性提供服务，促进核能行业又好又快又安全地发展。

20 世纪 90 年代中期，由于当时中国核电发展规模尚小，没有形成多元化发展局势，所以时机尚不成熟。随着核能行业的发展，其一是核电的规模在不断扩大，到 2006 年国内已有 9 台核电机组投入运行，并且一批新的核电项目正在建设之中，展示出中国核电发展的美好前景；其二是主导核能发展的主体增多，从原来的中核集团一家为主体，到增加了中国广东核电集团有限公司、中国电力投资集团公司多个投资主体并存的局面；其三是核能行业整体规模在不断扩大，如核燃料的生产规模迅速扩大，核电设备制造行业中除三大动力集团竞相发展核电设备制造能力之外，中小企业也纷纷崛起。此外，清华大学、哈尔滨工程大学、南华大学、东华理工大学、苏州大学等各大高校纷纷增设核专业，核教育培训事业蓬勃发展。这个时候，靠任何一个管理主体都已经不能再涵盖整个行业，代表行业利益，反映行业呼声，因此成立一个跨集团的行业协会，是众望所归。

同时，中国经济发展和行政管理体制改革的需要，也催生了对核能行业协会的需求。如何发挥中介组织的作用，协助政府开展核能行业管理，是政府部门十分关心的一个重要问题。

从国外核能协会发展的经验来看，发展行业协会是推动整个行业健康发展的重要途径和必要手段。

协会成立历时一年，共分三个阶段：2006 年 1—4 月是发起阶段，由国防科工委专家咨询委、中核集团、中核建设集团、中广核集团四方，发起筹备核能行业协会，100 多个核能行业企事业单位积极响应；5—12 月进入申报筹备阶段，按照社团登记条例的要求向民政部上报了申请文件和相关材料，等待批准；2007 年 1 月，民政部正式批复同意成立协会，1—4 月，协会进入正式筹备阶段。

经过十多年的发展，协会基本形成了在行业具有较高公认度的核电同行评估及经验交流、重大课题研究、科技奖励及成果鉴定、技术咨询服务、安全及质量管理等行业培训以及国际核电展等支柱性服务业务，基本形成了协会“五刊一网”、微信公众号等新媒体应用，以及核电运营信息网、核电系列数据统计分析报告、行业科技创新成果信息等核能行业信息共享服务平台。

协会 400 余家会员来自核设施建设、运营、研究设计、建筑安装、设备制造、核燃料循环、技术服务、人才教育培养等领域的企事业单位，并吸收部分境外独资企业作为联系会员。

协会设立了由国内核能领域知名专家组成的专家委员会，包括政策研究、设计与核安全、建安调试、运行和维护、设备、核燃料循环与后处理、铀资源、厂址与环境、核专业人才培养 9 个专业组。同时设立了作为监督管理机构的组织管理委员会和经费管理委员会。

2010 年 2 月 26 日，经全国性行业协会商会评估委员会评定，中国核能行业协会荣获 5A 等级，并被民政部评为全国先进社会组织。

四、中国电力投资集团公司成为国家第三个核电控股建设运营商

2002 年，根据《电力体制改革方案》，中国电力投资集团公司（简称中电投集团）承继了原国家电力公司全部核电资产，是五大发电集团中唯一拥有核电资产的发电集团，并拥有多个内陆和沿海核电厂址资源。

2009 年 9 月 23 日，国务院核准山东海阳核电一期工程，作为控股业主，中电投集团由此成为中国继中核集团、中广核集团之后具有核电建设运营资质的第三大核电集团，也因此成为中国第一家具有控股开发核电资质的发电企业。

到 2010 年年底，中电投集团参股核电权益容量 135.08 万千瓦，控股开发国家第三代 AP1000 核电技术依托项目山东海阳核电一期工程，等比例控股建设辽宁红沿河核电项目，拥有广西白龙、湖南小墨山、江西彭泽、吉林靖宇等多座沿海和内陆核电厂址，参股投资的核电项目有秦山二期核电厂、秦山三期核电厂、江苏田湾核电厂等。

五、国家核电技术有限公司的成立

中国在掌握第二代核电建设的技术后，为了实施国家能源发展战略的需要，实现核电体制改革的重大突破，同时尽快提高中国核电自主化能力、推进核电建设、开展三代核电国际招标项目，政府决定组建国家核电技术公司。

国家核电技术公司注册资本为人民币 40 亿元，由国务院和中核集团、中电投集团、中广核集团、中国技术进出口总公司四家大型国有企业共同出资组建。其中，国家出资 24 亿元人民币，占注册资本的 60%；中核集团、中电投集团、中广核集团和中国技术进出口总公司各按 10%的比例出资。

国家核电技术公司作为中央管理的国有重要骨干企业之一，在国家核电自主化工作领导小组领导和有关部门指导下，承担三代核电技术的消化、吸收和再创新工作。在不转移外方责任的条件下，组织外方、项目业主成立项目联合管理机构，负责核电自主化依托项目核岛及其接口等相关工程设计、设备采购和工程建设。

2003 年 9 月 30 日、10 月 24 日和 2004 年 3 月 22 日，国务院三次会议均原则同意设立国家核电技术公司，统一归口，负责对外引进技术，对内组织消化吸收工作，实现国内核电科研、设计、工程方面资源共享，提高中国核电设计自主化和制造本地化水平，构筑中国自主设计、自主制造、自主建设和自主运营的核电产业化平台。

2004 年 10 月 20 日，国家核电自主化工作领导小组会议研究决定，在国家核电自主化领导小组的直接领导下，成立国家核电技术公司筹备组。

2006 年 11 月 2 日，中共中央总书记胡锦涛主持中共中央政治局常委会会议，听取了中国三代核电技术国际招标和国家核电技术公司组建工作汇报，作出了批准成立国家核电技术公司，将上海核工院成建制划入国家核电技术公司等重大决策。

2007 年 2 月 26 日，国家核电自主化工作领导小组召开会议，为推进核电建设，尽快提高中国核电自主化能力，经党中央、国务院同意，成立国家核电技术有限公司。

2007 年 4 月 19 日，国务院发布《关于组建国家核电技术有限公司有关问题的批复》（国函〔2007〕35 号），阐明组建国家核电技术公司是“实施国家能源发展战略的需要，是核电体制改革的重大突破，是尽快提高中国核电自主化能力、推进核电建设、加快能源结构调整的重大举措”。同时，国务院批文还明确，国家核电技术有限公司是“经国务院授权，代表国家对外签约，受让第三代先进核电技术，实施相关工程设计和项目管理，通过消化吸收再创新，形成中国核电技术品牌的主体，是实现第三代核电技术引进、工程建设和自主化发展的主要载体和研发平台”。

2007 年 5 月 22 日，国家核电技术有限公司在北京人民大会堂举行了成立仪式，国务院副总理曾培炎出席。

2007 年 7 月 24 日，三代核电依托项目签字仪式在北京人民大会堂举行。国家核电、三门核电、山东核电与美国西屋公司等签订了依托项目 4 台机组的核岛采购和技术转让合同，曾培炎出席。以此为标志，合同谈判全面完成。同年 9 月 24 日，AP1000 技术转让合同与依托项目的其他相关合同如期生效。期间，中方工程设计人员已分批前往美国执行设计分包合同。同年 11 月 29 日，由国家发展改革委主办、国家核电技术有限公司承办的 AP1000 设备国产化第一次工作会议在北京召开。至此，依托项目 4 台机组关键设备的国内供货厂商基本落实，与部分供应厂家签订了 AP1000 设备技术转让合同。此外，在设备采购方面，国家核电技术有限公司也编制完成了关键设备采购计划，分析拟定了设备潜在供货商长名单，并开展了主要设备潜在供货商的评价工作。同年 11 月 30 日，压力容器、蒸汽发生器、堆内构件、钢制安全壳等主要设备的采购协议也签署完毕。

在充分利用国内装备制造能力的同时，国家核电技术有限公司通过多种途径，积极稳妥地进入了部分关键环节和国内空白的制造领域。

2007 年 12 月 26 日，由国家核电技术有限公司实施总承包的依托项目，发布了启动令——2007 年 12 月 31 日作为工程零点，实现了按计划计时。由此，AP1000 依托项目前期准备工作符合工程建设进度与合同要求，正式进入工程实施阶段。

国家核电技术有限公司接受国家大型先进压水堆及高温气冷堆核电站重大专项领导小组的直接领导和国家发展改革委等相关部委的业务指导以及行业管理，实行计划与财政关系单列，由国务院国资委代表国务院履行出资人职责。公司董事长、党组书记、总经理由中央管理，公司副职由国务院国资委党委管理。

2007 年 7 月 24 日，中美签署三代核电依托项目合同。7 月 25 日，上海核工院与美国西屋公司、绍尔公司签署了《三代核电依托项目工程与设计分包合同》。上海核工院负责 AP1000 自主化依托项目的总体设计，负责 AP1000 国产化项目的自主设计，负责大型先进压水堆核电站重大专项的研究开发和总体设计。

2008 年 2 月 15 日，国务院常务会议审查并原则通过《大型先进压水堆核电站重大专项总体实施方案》，批准由国家核电技术有限公司牵头实施大型先进压水堆核电站重大专项，并作为重大专项示范工程的实施主体。

2011 年 10 月 27 日，上海市国资委与国家核电技术有限公司在上海正式签署关于上海发电设备成套设计研究院联合重组的协议，上海发电设备成套设计研究院正式加盟国家核电。

第三节 核安全设备监督与放射性物品运输管理条例的出台

中国是核能与核技术利用大国，核安全是国家安全的重要内容，政策法规是核安全的基本保障。《民用核安全设备监督管理条例》和《放射性物品运输安全管理条例》的公布实施，表明中国核安全法规标准建设向“形成法律、行政法规、部门规章相衔接，法规要求和技术标准相结合的法规标准体系，实现核能开发利用安全监管全覆盖”的方向迈进了一大步，为核电发展夯实了基础。

一、《民用核安全设备监督管理条例》的出台

民用核安全设备的质量和可靠性直接关系到核设施的安全稳定运行。为加强对民用核安全设备的监管，国家核安全局、机械电子工业部和能源部于 1992 年共同发布了《民用核承压设备安全监督管理规定》，对提高民用核安全设备的安全性能，保障核设施的建造

质量和安全运行发挥了重要作用。但是，随着核电建设的快速发展和政府职能的转变，中国民用核安全设备的监管工作遇到了一系列新情况、新问题，主要包括：一是民用核安全设备标准体系尚不完善，中国核电建设大都采用国外标准，国内标准体系尚不完善，制约了民用核安全设备国产化；二是民用核安全设备设计、制造、安装、无损检验单位的许可证条件和程序不够明确，既影响了有效监管，也给相关申请人领取许可证带来了不便；三是部分民用核安全设备设计、制造、安装、无损检验单位和民用核设施营运单位对民用核安全设备的质量管理和全过程控制不到位，民用核安全设备质量事件时有发生；四是早期采用的核安全监管措施难以适应中国核电发展的需要，随着中国核电发展步伐的加快和核安全监管体制的转变，需要进一步明确监管职责，完善监管手段，提升监管水平。为了解决以上相关问题，落实国务院领导关于“抓紧制定中国核电建设法规和标准”的重要批示，适应中国发展第三代核电的需要，《民用核安全设备监督管理条例》于 2007 年 7 月 11 日由中华人民共和国国务院令第 500 号公布，自 2008 年 1 月 1 日起施行，根据 2019 年 3 月 2 日发布的《国务院关于修改部分行政法规的决定》进行了修订。

《民用核安全设备监督管理条例》由总则，标准，许可，设计、制造、安装和无损检验，进出口管理，监督检查，法律责任和附则组成。

二、《放射性物品运输安全管理条例》的出台

长期以来，中国放射性物品的运输安全管理面临的形势十分严峻，放射性物品运输是核能和核技术开发应用中的一个重要环节，相对于在受到严格控制的固定场所内实施的生产加工、贮存与处置环节而言，放射性物品运输是最容易发生核与辐射安全事故的薄弱环节，因此有必要制定专门的核与辐射安全法规，对放射性物品运输安全进一步加强管理。20 世纪 90 年代初，中国放射性物品运输安全存在的问题主要包括：一是放射性物品运输安全的管理体制不健全，放射性物品运输涉及环境保护（核安全）、国防工业、铁路、交通、民航、公安、卫生等多个部门，部门间工作机制缺乏协调，且放射性物品运输安全管理中存在着放射性物品分类不完善，安全监管成本较高、效率较低，运输容器设计质量和水平有待提高，运输容器制造单位管理和质量控制有待加强等问题，这些需要通过立法工作完善放射性物品分类制度及其具体管理措施，需要强化对放射性物品运输容器设计和制造的管理，以确保放射性物品运输安全；二是放射性物品运输安全的监管制度和措施不到位，一方面，现行核安全立法中缺乏有针对性的放射性物品运输安全的管理制度和措施，另一方面，现行的放射性物品运输安全的相关标准由于缺乏行政法规的支持无法有效实施，放射性物品运输环节监管制度不健全，重复监管与监管缺位同时存在，需要通过核安全立法进一步完善和规范对放射性物品运输环节的监管。

加强放射性物品运输安全管理也是履行国际义务的需要，作为国际原子能机构的成员国，中国的放射性物品运输安全管理尚未完全严格执行国际规则，这不仅严重威胁到中国的放射性物品运输安全，而且与中国作为一个核能发展大国的地位和应该承担的国际履约责任也不相符，同时也影响了中国核燃料和放射源（同位素）的进出口。综上所述，为了

加强放射性物品运输的安全管理，保障人体健康，保护环境，促进核能、核技术的开发与和平利用，中国迫切需要制定放射性物品运输安全相关条例。

1993 年，由国家核安全局牵头，会同卫生部、国家环境保护局、公安部、铁道部、交通部、邮电部、民航总局和中核总等有关部门组成《放射性物品运输安全管理条例》起草组，着手进行《放射性物品运输安全管理条例》的起草。1995 年，《放射性物品运输安全管理条例》被列入国务院的立法计划并于同年 11 月 18 日提交国务院审议，但受机构调整的影响，条例立法工作被暂时搁置。1998 年，国家核安全局在机构改革后被并入国家环境保护总局管理。1999 年，国家环境保护总局启动《放射性物品运输安全管理条例》的起草工作，起草小组收集并分析了国际原子能机构和美国、法国等国家有关放射性物品运输安全管理的相关资料，并对中国放射性物品运输安全管理的现状、经验和问题进行了分析研究，最终形成草案，分别于 1999、2004 年和 2006 年向国务院有关部门和相关单位征求意见。2006 年 12 月 19 日，国家环境保护总局局务会议审议通过草案，上报国务院法制办。国务院法制办组织有关部门和专家赴广东、山东等省市开展调研，组织召开运输企业和业内知名专家参加的座谈会，取得了大量资料和信息。国务院法制办多次组织相关部门召开协调会，对部门职责分工等问题进行详细论证。国务院法制办还联合国家环境保护总局对行政许可事项专门召开听证会，仔细论证了《放射性物品运输安全管理条例》所涉及的行政许可事项的合理性和科学性。在此基础上，国务院法制办对草案进行修改并形成征求意见稿，并于 2008 年 6 月 5 日向全社会公开征求意见，经修改后上报国务院法制办办务会审议通过形成报批稿。2009 年 9 月 7 日，国务院第八十次常务会议通过该条例，2009 年 9 月 14 日由中华人民共和国国务院令第 562 号公布，并自 2010 年 1 月 1 日起施行。

《放射性物品运输安全管理条例》由总则、放射性物品运输容器的设计、放射性物品运输容器的制造与使用、放射性物品的运输、监督检查、法律责任和附则组成，共七章。

第四节　国际合作的深化

“十一五”期间，中国继续加强核领域双边多边合作，不断提高自主化产业能力。经过数年工作，先后于 2006 年正式加入国际热核聚变实验堆计划；2007 年加入第四代核能系统国际论坛，积极参与国际核聚变堆和第四代核能等先进技术的研究；2009 年与俄罗斯签署了关于田湾核电二期项目合作的相关文件；2010 年中国领导人在首届核安全峰会上就加强核安全提出 5 点主张。五年间，中国严格履行核不扩散的国际义务，加强和平利用核能领域的国际合作，进一步推进核能和平利用，更好地为中国经济社会发展服务。

一、中国加入国际热核聚变实验堆（ITER）计划

为了能从根本上解决人类生存发展的能源需求，同时保护好人类赖以生存的自然环

境，世界核能界联手不断研究核能利用技术。从热中子反应堆到快中子反应堆，从裂变能到聚变能，都承载着人类对未来的期望。核聚变反应的原理类似太阳发光发热，即在上亿摄氏度的超高温条件下，利用氢的同位素氘、氚的聚变反应释放出核能。核聚变的燃料氘和氚可以从海水中提取。由于核聚变反应不产生高放射性废物、无核临界事故、不排放温室气体、燃料资源丰富，核聚变能成为未来人类新能源的希望所在。

利用核聚变能发电是人类开发核聚变能源的主要目标。为了开发和利用核聚变能源，实现“人造太阳”的梦想，人类经历了半个多世纪的艰苦探索。到20世纪80年代中期，已有一批大型托卡马克装置建成、运行并取得了一系列实验结果，设计和建造托卡马克实验堆的基础已经具备，磁约束聚变研究也已达到建造热核聚变实验反应堆的阶段。

国际热核聚变实验堆（International Thermonuclear Experimental Reactor，ITER）是1985年在美苏两国日内瓦峰会上由美国总统里根和苏联领导人戈尔巴乔夫共同倡议，国际原子能机构赞同的超大型国际合作项目，主要目标是建造一个基于超导托克马克装置，输出聚变功率为40万～70万千瓦，等离子体放电时间为400～3000秒的热核实验堆，验证大规模应用磁约束核聚变的科学可行性和工程技术可行性。1988年，美国、苏联、欧盟多个成员国（简称欧盟）和日本四方开始工程设计，1998年完成工程设计和部分关键技术预研。其后，欧盟、日本和俄罗斯又经过3年的努力，完成了对原工程设计方案的修改和大部分部件的预研，使工程造价由100亿美元降低到50亿美元，于2001年7月完成ITER工程设计最终报告。此后，欧盟、日本、俄罗斯和加拿大于2001年11月开始ITER计划谈判。

ITER装置由复杂的子系统和部件组成，主要包括超导磁场线圈系统、真空室系统、真空室内部件、低温杜瓦、水冷系统、低温站、等离子体加热和电流驱动系统、供电系统、加料和抽气系统、氚系统、诊断系统、遥控操作系统、运行控制和安全监控系统等。

在ITER计划谈判过程中，美国因其国内聚变政策变化于1998年退出，2003年2月重新加入ITER谈判。韩国和印度分别于2003年6月和2005年12月参加ITER谈判。加拿大由于不能承诺10%的成本分摊最低门槛而于2003年退出谈判。

中国参加ITER计划起源于2001年4月核工业西南物理研究院致函中共中央总书记江泽民，建议中国参加ITER计划并制订国家聚变能开发规划。根据江泽民7月6日的批示，国防科工委和国家自然科学基金委于2001年9月5日联合召开了核聚变技术专家座谈会。会后，国防科工委致函江泽民，提出“ITER计划聚集了世界上最优秀的聚变科学家和工程技术人员，国内科学家普遍认为中国对加入ITER计划一事应持积极的态度”。2002年8月，科学技术部（简称科技部）基本完成中国加入ITER计划谈判的调研和政策评估。2002年9月，科技部组建“加入ITER计划前期评估工作专家组”，开展技术评估。在经过充分评估和论证后，2003年1月，国务院正式批复了由科技部、外交部、国防科工委、中国科学院、中核集团于2002年12月18日联合上报的《关于加入国际热核聚变实验堆计划的请示》，同意中国加入ITER计划，相关工作由科技部牵头。

根据国务院授权，科技部于2003年1月10日致函ITER谈判四方，代表中国政府申请加入ITER计划谈判；同年2月中国正式参加ITER计划谈判；2004年初正式申请加入ITER计划。由科技部、外交部、国防科工委、中国科学院和中核集团等部门有关人员及科技、能源专家组成的中国参与ITER计划谈判代表团，参加了ITER第八次政府间谈判会议以来的所有多边、双边谈判和磋商活动。谈判议题涉及ITER的厂址选择、费用分摊、ITER组织高层管理人员的职责划分和名额分配、信息与知识产权、人员管理条例、资源管理条例、采购分配、采购体系和方法、退役、协定文本、ITER组织的特权与豁免等内容。同时，科技部还牵头成立了中国参加ITER计划谈判部际领导小组，组建了由中国核聚变和核工程专家组成的ITER计划中国专家委员会，为中国参加ITER计划谈判提供全面的科学和技术支持，保障了中国参与ITER计划的各项权益。

2006年11月21日，科技部部长代表中国政府与欧盟、印度、日本、韩国、俄罗斯和美国六方代表在法国总统府共同签署了《联合实施国际热核聚变实验堆计划建立国际聚变能组织的协定》，并与除美国外的其他五方代表签署了《联合实施国际热核聚变实验堆计划国际聚变能组织特权和豁免协定》，世界瞩目的人类开发热核聚变新能源的宏伟计划由此启动，中国成为正式会员。2007年8月30日，十届全国人大常委会第二十九次会议决定，批准了上述两个协定，为中国参加ITER计划并在计划实施过程中行使权利、履行义务提供了法律保障。

根据联合实施ITER计划协定，ITER建在法国南部的卡达哈什，建设周期10年，建成后运行20年，去活化及退役5年，预计2025年年底建成。全寿期总费用110余亿欧元，其中建造费用约55亿欧元。在建造阶段，ITER各方的费用分摊比例为：欧盟承担总经费的45.45%，其余6方各承担9.09%；各方贡献额中，90%为实物（加工并提交装置部件，按ITER组织设计预算计价），10%为现金；各方已有的知识产权为背景知识产权，可在成员方之间有偿转让，ITER装置上新产生的知识产权和研究成果则平等分享。各方按照相关部件的《采购包安排协议》（Procurement Arrangement，PA）加工或研制装置部件，在规定的时间节点将合格部件运抵现场，由ITER国际机构（International Organization，IO）组织安装、调试和运行。

部件研制与生产是ITER计划实施的关键所在。虽然在设计阶段，欧盟、美国、日本、俄罗斯等用了近14年时间进行ITER部件的预研，解决了大部分关键技术和生产工艺问题，但除少量直接从市场采购外，ITER大多数部件需要研制并通过质量认证方能使用，涉核部件还必须通过法国核安全当局审查并发放许可证，难度很大。

在部件研制及任务分摊方面，中方中科院合肥物质研究院和核工业西南物理研究院等单位承担了分属6个采购包的12个具体采购包，分别为环向场和极向场线圈超导导体、磁体支撑、磁体馈线、校正场线圈、包层第一壁、包层屏蔽模块、气体加料和辉光放电清洗系统、高压变电站设备、交—直流转换器、电源无功补偿系统和诊断系统。这些采购包体量大、工艺复杂、加工制造难度大，研制费和加工费预计达50亿元人民币。

ITER是核科学技术、超导技术、大功率微波技术、等离子体技术、高能粒子束技术、复杂系统控制技术、机器人技术以及精密加工技术等的综合集成，汇集了20世纪六七十年代以后全世界磁约束核聚变研究的主要科学和技术成果，是人类受控核聚变研究走向实用的关键一步，备受各国政府与科技界的高度重视和支持。参加 ITER 计划对于正在奋力迈向世界科技大国和强国的中国来说是一次难得的历史性机遇，对推动中国核聚变能的研究和发展，带动其他相关领域的技术和产业发展，实施能源技术革命、科教兴国战略和人才强国战略、建设创新型国家具有重大的战略意义。

截至 2006 年，ITER 计划是中国以平等、全权伙伴身份参加的规模最大的国际科技合作计划。为了组织实施 ITER 计划，2007 年 2 月，国务院批准设立了“ITER 计划专项”，同步开展国内配套研究；2008 年 10 月 10 日，经中央机构编制委员会办公室批准，中国国际核聚变能源计划执行中心在北京挂牌成立，ITER 中国工作全面展开。

2007—2017 年，在中国参与 ITER 计划的带动下，中国磁约束核聚变能发展研究共部署 119 个项目，支持涉及聚变堆基础与物理研究、现有装置升级改造、ITER 采购包预研、聚变堆关键技术、测试包层等 13 个重要领域，总计安排经费约 40 亿元，取得了多项国际和国内第一的研究成果，使中国在核聚变领域处于与国际同等甚至某些方面领先的地位。主要表现在以下方面：

一是聚变科技研究水平大幅提升。中国全超导托卡马克核聚变实验装置（EAST）“东方超环”于 2017 年 7 月 3 日实现了 101.2 秒稳态长脉冲高约束等离子体运行，是世界上第一个实现稳态高约束模式运行持续时间达到百秒量级的托克马克核聚变装置，两次获得国家科学技术进步奖。中国环流器二号（HL－2A）装置在等离子体粒子与热输运研究方面取得了若干创新性研究成果，已被推广到国际上多个聚变装置的加料及物理研究中。HL－2A 装置的高温等离子体诊断系统研制获国家科学技术进步奖二等奖。

二是聚变产业初见雏形。中国承担 ITER 计划 12 个采购包，全部按期优质完成工艺认证或实物交付，不仅提升了中国聚变工程的研发能力，还带动了国内聚变产业的发展，初步形成了稳定有序的研究院所与企业间的上下游合作关系，参与 ITER 项目的单位超过百家。通过导体采购包任务的执行，实现了中国低温超导股线 100%国产化，研发能力和工业化生产能力国际领先；通过第一壁采购包的研发，中国真空热压铍材制造技术与美国同处国际领先水平，国内铍材相关产业获得发展；ITER 级高强度不锈钢管等结构材料生产打破国外垄断，实现了全面国产化；气体注入系统氚兼容流量控制阀研制填补了国内空白。在高端机械制造方面，磁体支撑、屏蔽包层、矫正场线圈研发制造工作使中国在大锻件晶粒尺寸及性能控制、深孔钻技术、大型薄壁异形锻造技术、大型部件干切削加工技术、激光焊接技术等很多方面取得了突破性进展，大幅提升了相关企业的国际竞争力，国际声誉日趋扩大。在电气工程方面，无功补偿及滤波系统单台容量排名世界第一，成功研制的非标变流器设备功率居全球第一。此外，中国企业还承接了 ITER 欧盟方极向场超导线圈制造任务，ITER 内部线圈研发与制造任务；首次成功竞标获得 ITER 蒸汽冷凝罐设计供货，对确保 ITER 计划整体进度发挥了重要作用。2019 年 9 月 30 日，由中核集团牵头的中法联合体成功中标 ITER 主机的工程安装，并正式签订了国际热核聚变实验堆主机安装一号合同（TAC1）。这是有史以来中国企业在欧洲市场中竞标的最大核能工程项目，也是中国核能单位首次以工程总承包形式成功参与国际大科学工程项目，体现了中国制造与核工程建设的总体实力。

为促进国内核聚变产业的健康发展，配合 ITER 计划任务的实施，中国开展了核聚变专项标准研究工作，建立了核聚变标准体系，2017 年颁布了中国首批核聚变采购包专项标准。

三是布局人才战略顶层设计，培养壮大人才队伍。锻炼了一支具有国际化视野的工程技术人才队伍，锤炼了一支具有国际大科学工程管理能力的队伍，磨炼了一支深谙国际交流谈判的国际化人才队伍。累计共培养各类人才近3500人，其中副高级职称以上人才2000余人。

四是在国际舞台发出中国声音。通过深度参与 ITER 计划高层决策与组织管理，中国科技部、外交部、国防科工委、中科院、中核集团、国家审计署等单位的代表先后担任 ITER 组织理事会、管理咨询委员会、科技咨询委员会、财务审计委员会、测试包层模块计划的轮值主席或副主席等职务；ITER 组织中，中方职员数量居欧盟外六方之首，成为支撑 ITER 国际组织日常运行的重要力量。

中国先后与美国、日本、韩国、ITER 组织、欧盟、俄罗斯、法国签署了核聚变双边、多边合作协议，同时还加入了国际能源署多个实施协议；在国际核聚变界的主流国际会议中扮演着举足轻重的角色。

在技术层面，中方聚变界为攻克 ITER 计划技术难题贡献了中国智慧。中科院等离子体物理研究所提出的 ITER 磁体电源设计方案，核工业西南物理研究院提出的气体注入系统“阀门箱屏蔽方案”设计修改建议、极向场线圈支撑设计变更建议因性能更加突出并降低了加工难度获得 ITER 组织采纳，为 ITER 的顺利实施作出了重要贡献。

中国制定了磁约束核聚变能发展战略和路线图。在 ITER 计划专项资金之外，国家重点研发计划另外安排资金，开展中国核聚变工程实验堆 CFETR（China Fusion Engineering Test Reactor）的设计研究和热核聚变单项（单元）技术研究。2015 年完成了 CFETR 概念设计，2017 年 12 月 5 日启动工程设计，2018 年 1 月 13 日，国家发展改革委批准在安徽合肥建设聚变堆主机关键系统综合研究设施。

中国加入 ITER 计划受到党和国家领导人的亲切关怀和支持，江泽民、胡锦涛、习近平等多次考察中国核聚变研究单位和托克马克装置，全国上百家研究院所、高等院校、企业通力合作。正如中共中央总书记习近平在 2014 年国际工程科技大会上所言，参加 ITER 计划对中国经济社会发展和工程科技进步起到了重要促进作用[1]。

二、中国加入第四代核能系统国际论坛

第四代核能系统国际论坛（The Generation IV International Forum，GIF）成立于 2001 年 7 月，旨在引领全球主要的核能国家共同合作开发被称为第四代核能系统的下一代先进

[1] 罗德隆，何开辉：《国际热核聚变实验堆计划——从倡议到实施》，《中国基础科学・综述评述》，2008 年第 4 期。

核能系统，以便更好地解决21世纪中叶核能发展面临的可持续性、安全可靠性、经济性、防扩散与实体保护等各种技术挑战，满足世界未来的能源需求。截至2019年年底，GIF共有14个成员，分别是澳大利亚、加拿大、中国、英国、法国、日本、韩国、俄罗斯、南非、瑞士、美国、阿根廷、巴西和欧洲原子能共同体。

中国由科技部牵头于2005年启动加入GIF的国内准备工作，2006年6月国务院正式批准了科技部和国防科工委（2008年变更为国防科工局）关于加入GIF的申请。2006年7月，科技部部长率领中国代表团出席了在美国华盛顿举行的GIF政策组会议并作了申请加入GIF的陈述报告，8月GIF正式来函表示同意接纳中国为成员。2006年11月28日，科技部部长代表中国政府签署了GIF《章程》，中国成为GIF的正式会员；2007年11月30日，外交部部长签署了GIF《第四代核能系统研究和开发国际合作框架协定》加入书，2008年3月GIF框架协定对中国正式生效。此后，中国陆续于2008年10月、2009年3月和2014年5月加入了GIF超高温气冷堆、钠冷快堆和超临界水冷堆核能系统研究开发国际合作系统安排，清华大学核能与新技术研究院、中国原子能科学研究院、中国核动力研究设计院和上海交通大学分别作为GIF超高温气冷堆、钠冷快堆和超临界水冷堆协议下的国内项目执行单位正式参加了这三个系统有关燃料、材料、运行与安全、系统整合与评价、热工水力等相关项目的合作研发。2019年10月18日，经科技部批准，中科院核能安全技术研究所签署了中国加入GIF铅冷快堆临时系统指导委员会谅解备忘录，正式参与GIF铅冷快堆的合作研发。中科院上海应用物理研究所作为观察员自2013年起参与了GIF熔盐堆的相关活动。

在此期间，中国积极参与GIF政策组、专家组、产业咨询高级顾问组、风险与安全、经济建模和防扩散与实物保护方法学工作组、钠冷快堆安全标准制定、技术路线图更新、先进制造与工程材料等专题组的活动，增强了在GIF的话语权和影响力。

受科技部国际合作司与国防科工局系统工程二司的委托，中国核能行业协会自2011年8月29日起，承担了GIF联络办的日常工作。为更好地协调组织国内相关单位参加GIF活动、整合国内资源、分享GIF信息发挥了重要作用。

在科技部、国防科工局等部门的大力支持下，中国自加入GIF以来，在高温气冷堆、钠冷快堆、超临界水冷堆、铅冷快堆和熔盐堆研究等方面取得了一系列重要成果。自主研发的20万千瓦高温气冷堆核电站示范工程（HTR–PM）高温气冷堆技术及其工程应用位居国际前列。60万千瓦钠冷快堆示范工程于2019年12月开工建设，计划于2023年建成运行。中国铅基堆CIEAR–I设计方案已被列入国际原子能机构小堆目录，中国首座铅铋合金零功率反应堆——启明星Ⅲ号于2019年10月9日在中国原子能科学研究院实现首次临界，建成了世界上规模最大、参数水平最高的液态铅合金技术综合实验平台，形成了具有自主知识产权的铅基堆技术体系。2MWt液态燃料钍基熔盐实验堆（TMSR–LF1）的建设正在顺利进行，其技术水平达到国际先进水平。在超临界水堆方面，推出了CSR1000超临界水冷堆大堆设计方案与小堆技术方案，SCWR热工水力与材料化学研究达到国际先进水平。在第四代核能技术的研究方面，中国攻克并掌握了多项关键核心技术，实现了与其他先进核能国家的同台竞技，为第四代核能系统的发展贡献了中国方案。

通过参加 GIF 第四代核能系统的研发合作，中国及时了解了国际上先进核能技术的最新发展动态和发展趋势，分享了第四代核能技术研究开发的最新成果，少走了弯路，降低了研发风险，节省了时间和投入，缩短了与成员国在相关领域的技术差距，填补了有关技术空白，促进了中国第四代核能技术的基础研究、工程设计和科技进步，增强了中国在先进核能技术方面的自主创新能力，为中国未来核电的长期可持续发展奠定了一定的技术基础。与此同时，熟悉了国际大科学研究计划的组织模式与管理方式，培养了一批国际化人才，提升了中国在国际上的影响力。

三、中俄田湾核电二期项目合作文件的签署

2009 年 10 月 13 日，在俄罗斯总理普京访华并与国务院总理温家宝举行定期会晤之际，中核集团总经理孙勤、俄罗斯原子能工业公司总经理基里延科代表双方签署了关于田湾核电二期项目合作的相关文件，原子能院、原子能公司及俄罗斯原子能出口公司的领导代表双方签署了有关中国示范快堆项目合作的相关文件。

江苏核电有限公司负责田湾核电厂的建设及商业运行管理，负责中国核电部分核电新厂址的开发和保护。江苏核电有限公司成立于 1997 年 12 月 18 日。由中核核电有限公司、上海禾曦能源投资有限公司、江苏省国信集团有限公司 3 家公司共同出资组建，股比为 50%、30%和 20%。

田湾核电二期 3、4 号机组为俄罗斯 AES－91 改进型压水堆核电机组，以一期工程为基础采用改进提高方式，单台机组装机容量提升至 112.6 万千瓦。汽轮发电机组由全速机更改为半速机。常规岛与 BOP（核电厂配套设施）设备国产化率达到 98%。

主要技术特点：安全系统 4 通道、堆芯熔融物捕集器、全数字化仪控系统、反应堆厂房双层安全壳、移动式应急柴油机、非能动氢气复合器等。安全性优于当前世界上正在运行的绝大部分压水堆核电厂。发生堆芯严重损坏或熔化事故的概率小于 3.3×10^{-6}/（堆·年）［世界上一般标准为 1×10^{-4}/（堆·年）］。发生严重放射性泄漏事故的概率小于 6.4×10^{-8}/（堆·年）［世界上一般标准为 1×10^{-5}/（堆·年）］。

田湾核电二期 3、4 号机组是继中俄成功合作建设 1、2 号机组后，双方继续深化核能合作的又一重大项目。项目得到了中俄两国领导人及相关政府部门、中核集团公司的高度关注、大力支持和积极协助。

2007 年 11 月 6 日，在中俄总理第十二次定期会晤期间，国防科工委主任张庆伟与俄罗斯原子能署署长基里延科签署了《中俄和平利用核能中期合作议定书》。同时，江苏核电有限公司和俄罗斯原子能建设出口股份有限公司签署了《关于合作建设田湾核电站扩建工程两台机组的原则协议》。

2008 年 10 月 28 日，在莫斯科举行中俄总理第十三次定期会晤期间，中核集团公司和俄罗斯原子能集团公司签署了《关于合作建设田湾核电站扩建两台机组和中国示范快堆的备忘录》。

2009 年 6 月 16—18 日，中国国家主席胡锦涛访俄期间，中俄两国政府发表了《中俄元首莫斯科会晤联合声明》，声明中提及：双方探讨了经济合作优先方向之一，即核能合作情况，并对该领域取得的进展表示满意。双方将启动田湾核电厂 3、4 号机组的建设。

2010 年 3 月 23 日，在中国国家副主席习近平及俄罗斯副总理茹科夫共同见证下，中俄双方签署了《田湾核电站 3、4 号机组框架合同》。

2010 年 9 月 27 日，在中国国家主席胡锦涛及俄罗斯总统梅德韦杰夫共同见证下，中俄双方签署了《田湾核电站 3、4 号机组技术设计合同》。

2010 年 11 月 23 日，在中国国务院总理温家宝及俄罗斯总理普京共同见证下，中俄双方签署了《田湾核电站 3、4 号机组总合同》。

2012 年 12 月 27 日，田湾核电厂 3 号机组核岛浇筑第一罐混凝土，成为 2011 年福岛核事故后，中国重启核电建设第一个获准开工的核电项目。2013 年 9 月 27 日，田湾核电厂 4 号机组核岛浇筑第一罐混凝土，较计划提前一个月开工建设，标志着田湾核电厂二期工程土建施工全面展开。

3、4 号机组分别于 2018 年 2 月 15 日、12 月 22 日投入商业运行，工程按计划全面投产。

田湾核电二期工程荣获 WANO 莫斯科中心（the World Association of Nuclear Operators-Moscow Centre，WANO－MC）颁发的新机组成功调试和启动荣誉奖牌以及第十一届俄罗斯国际核工展的最佳启动奖。

四、《乏燃料管理安全和放射性废物管理安全联合公约》的签署

2006 年 4 月 29 日，十届全国人大常委会第二十一次会议决定：加入于 1997 年 9 月 5 日经国际原子能机构外交大会审议通过的《乏燃料管理安全和放射性废物管理安全联合公约》，同时声明：

一是中华人民共和国政府对第 2 条（u）项以及第 27 条提及的“超越国界运输”的理解是：作为抵达国的《乏燃料管理安全和放射性废物管理安全联合公约》任何缔约方在同意来自另一缔约方的国内实体的超越国界运输前，应当向该超越国界运输的启运国确认该超越国界运输已得到该启运国的批准。

二是在中华人民共和国政府另行通知前，《乏燃料管理安全和放射性废物管理安全联合公约》暂不适用于中华人民共和国澳门特别行政区。

放射性废物管理是当今世界面临的一个重要问题，也是保障核能事业健康可持续发展，保护公众、社会和环境免受放射性损害的关键工作。国际社会一直高度重视放射性废物的管理问题，建立了相关的国际放射性废物管理法律制度，截至 2001 年，其中有关放射性废物管理方面最重要的全球性公约为《乏燃料管理安全和放射性废物管理安全联合公约》。

1997 年 9 月 5 日，《乏燃料管理安全和放射性废物管理安全联合公约》在国际原子能机构第四十一届常委会上获得通过，2001 年 6 月 18 日，公约正式生效，这是继《核安全公约》

以来国际放射性废物管理领域又一重大发展，至 2001 年 6 月，该公约共有缔约国 42 个。

五、首届核安全峰会的召开

2010 年 4 月 12、13 日，首届核安全峰会在美国首都华盛顿举行，中国国家主席胡锦涛出席了 4 月 13 日的会议并发表讲话。美国总统奥巴马主持会议。来自 40 多个国家的领导人或代表及联合国、国际原子能机构等组织的负责人出席会议。会议主要讨论核恐怖主义威胁、各国和国际社会的应对措施以及国际原子能机构在核安全领域的作用等问题。与会领导人围绕议题发言。

胡锦涛在会上发表题为《携手应对核安全挑战 共同促进和平与发展》的讲话。他指出，核安全问题事关核能和经济可持续发展，事关社会稳定和公众安全，事关国际和平与安宁。加强核安全符合各国共同利益，需要我们携手努力。

胡锦涛就加强核安全提出 5 点主张。第一，切实履行核安全的国家承诺和责任。各国应该履行相关国际义务，加强国内相关立法和监督管理机制，采取有效措施保护本国核材料和核设施安全。第二，切实巩固现有核安全国际法框架。我们应该推动《核材料实物保护公约》修订案尽早生效，促进《制止核恐怖主义行为国际公约》的普遍性，有效打击核材料非法贩运。第三，切实加强核安全国际合作。各国应该分享核安全经验，加强信息交流和执法合作。应该支持国际原子能机构在核安全领域发挥主导作用。第四，切实帮助发展中国家提高核安全能力。第五，切实处理好核安全与和平利用核能的关系。

胡锦涛强调，中国本着负责任的态度，高度重视核安全，坚决反对核扩散和核恐怖主义，为此作出了一系列积极努力。一是全面加强核安全能力。中国已建立较为完善的核安全法规和监管体系，采取有效措施确保核材料和核设施安全，保持着良好核安全纪录。二是严格履行核安全国际义务。中国支持并严格履行现有核安全国际公约及联合国安理会相关决议。三是重视并积极参与国际核安全合作。中国积极支持国际原子能机构核安全工作，是“打击核恐怖主义全球倡议”的创始伙伴国，同许多国家保持双边交流。四是积极向发展中国家提供核安全援助。中国向本地区国家提供了力所能及的帮助。

胡锦涛强调，实现核能完全和平利用是全人类的共同愿望。中国一贯主张全面禁止和彻底销毁核武器，坚定奉行自卫防御的核战略，始终恪守在任何时候和任何情况下不首先使用核武器的政策，明确承诺无条件不对无核武器国家和无核武器区使用或威胁使用核武器。中国坚决反对核武器扩散，积极支持加强国际核安全努力，坚定支持各国平等享有和平利用核能权利。

其他与会领导人也根据会议议题发表了意见主张。会议凝聚国际社会共识，加强各国在核安全领域的合作。

第六章

核电厂的批量化建设

“十一五”期间，中国确立了“积极推进核电建设”的方针，随着国民经济发展对电力，尤其是清洁电力需求的不断增长，中国对核电发展抱有更大的热情及信心，在积极发展核电的方针基础上，中国核电建设迎来了一个高潮期。在积极“走出去”的同时，核电也在加大国际合作，引进先进的三代核电技术。采用 AP1000 技术的三门核电 1、2 号机组，海阳核电 1、2 号机组相继并网发电，成为全球第一批建成的 AP1000 核电机组。2019 年 12 月，广东台山核电 1 号机组完成 168 小时示范运行，具备商业运行条件，成为全球首台具备商运条件的 EPR 三代核电机组；AP1000 及 EPR 首堆机组的进展，为全球三代核电技术的发展作出了积极贡献，中国核电经过数十年的发展实现了机组数量以及技术的共同进步。

除东南沿海地区外，内陆地区的核电发展也进入了人们的视野。2004 年，至少有 11 个省（自治区、直辖市）提出了各自的核电发展计划，其中大部分是内陆省份，包括湖北、湖南、安徽、江西等。

通过核电厂的批量建设，中国核电设计、建造自主化能力全面提升，核电设计、制造、建设的标准体系初步建立，为高起点引进、消化、吸收三代核电技术打下坚实基础。

第一节　AP1000 自主化依托项目的建设

中国核电从 20 世纪 70 年代初正式起步，到 21 世纪初，有了一定的基础，但由于历史原因，30 多年间中国核电处于多国采购、多种机型、多国标准、多种技术并存的发展模式，并没有形成自主化、规模化发展的能力。2003 年年初，随着中国经济重上快车道，能源短缺成为大问题，中央高层决定重启核电建设。考虑到此前核电建设中存在多头引进、技术路线和技术标准不统一，自主化、国产化进展迟缓，与国外先进水平的差距逐渐拉大等问题，决策层确定了未来核电建设“采用先进技术、统一技术路线、推进核电发展”的方针。经过一年多的调研，听取 70 多次集体汇报，历经上百次讨论之后，国务院决定通过国际招标方式，在浙江和山东各建设一个采用世界先进技术的国家核电自主化依托项目。

2015 年 9 月，中国国家主席习近平出访美国期间与美国首脑达成共识：中美双方要“认识到三门、海阳在建 AP1000 项目的重要性，两国有关企业将共同努力，尽早实现三门 1 号机组安全投产”。

浙江三门、山东海阳两个三代核电 AP1000 自主化依托项目核岛工程建设采用 EPC（工程采购建造总包合同）模式，由国核工程有限公司（简称国核工程）负责核岛工程总承包和非 A1 类（A2/A3BC 类）设备采购，西屋联队负责核岛设计及 A 类设备供货。上海核工院作为依托项目总体设计院，承担依托项目两个电站的总体规划与总体设计、全厂设计接口管理、BOP（核电厂配套设施）工程子项、系统设计及其相关的工程设计服务等工作。三门项目的常规岛及电站辅助设施由三门核电自行管理，常规岛设计由日本三菱重工和华东电力设计院联合承担。

浙江三门、山东海阳依托项目几乎同时建设，由于工程设计未固化、设备供货滞后等因素，且有多家合同主体，接口关系复杂，项目管理难度大。在核岛建设高峰期，近 800 位中外方管理人员和 6000 多位施工人员参与项目建设，同时协调 400 多家供应商和 10 多家施工单位。为实现三代核电技术引进、消化、吸收，充分发挥国内核电建设和管理能力，在不转移外方责任的前提下，实施 AP1000 依托项目核岛工程建设和核岛（NI）合同管理，国家核电成立 AP1000 工程项目管理部，对 AP1000 核岛工程建设、合同执行及其相关工作进行指导、监督、管理和协调，核岛（NI）合同联合采购方和西屋联队共同组成联合项目管理团队，即联合项目管理组（JPMO）和两个现场项目管理组（SPMO）负责项目的核岛工程设计、设备采购和工程建设，向两个业主就核岛 EPC 工程“交钥匙”并相应承担质量、安全、进度、投资“四大控制责任”。

浙江三门、山东海阳两个三代核电 AP1000 自主化依托项目，是中国三代核电自主化总体部署中承上启下的重大项目。

一、浙江三门核电厂建设

浙江三门核电厂地处浙江东部沿海，位于浙江省台州市三门县健跳镇东北部的猫头山嘴半岛山，濒临三门湾，北、东、南三面环海，西面靠猫头山。厂址为滨海厂址，距三门县城（海游镇）约 26 千米，距宁海县约 30 千米，距宁波市区直线距离约 83 千米。

浙江三门核电工程是国务院于 2004 年 7 月 21 日批准实施的首个国家核电建设自主化依托项目。2004 年 9 月 1 日，国家发展改革委批复三门核电一期工程项目建议书，批准三门核电按 6 台 125 万千瓦级核电机组规划建设，一期工程建设 2 台，并明确将通过招标引进国际上先进的第三代压水堆核电技术。2004 年 9 月 2 日，中国政府发出三代核电国际招标书，美国西屋联队、法国法玛通公司和俄罗斯原子能建设出口公司 3 家企业竞标。2006 年 12 月 16 日，国家发展改革委宣布选择美国西屋电气公司和绍尔工程公司联合体作为优先中标方，并和美国能源部代表中美两国政府签署《中华人民共和国和美利坚合众国政府关于在中国合作建设先进压水堆核电项目及相关技术转让的谅解备忘录》。国家发展改革委主任和美国能源部长出席了签字仪式。之后，国家核电技术公司筹备组与西屋公司签署了《第三代核电技术自主化依托工程项目合作备忘录》。至此，美国 AP1000 技术入选中国三代核电国际招标。

2005 年 4 月，中核集团三门核电有限公司成立，作为三门核电工程的业主，全面负责工程的建造、调试、运营和管理，由中核集团、浙江省能源集团有限公司、中电投核电有限公司、中国华电集团公司和中国核建共同出资组建。

2006 年 12 月，国家核电自主化工作领导小组确定三门核电一期工程为三代核电自主化依托项目。经国家发展改革委评审通过项目申请报告后，2009 年 4 月，国务院对三门核电一期工程予以核准。同年 9 月，海阳核电一期工程获得国务院核准。

三门核电 1 号机组核岛负挖工作自 2008 年 2 月 26 日正式开工，2008 年 7 月 25 日完工。海阳核电 1 号机组核岛负挖工作自 2008 年 7 月 29 日正式开工，2009 年 1 月 15 日完工。2008 年 2 月 26 日、2008 年 7 月 29 日，三门核电 2 号机组、海阳核电 2 号机组相继开始核岛负挖。

2009 年 2 月和 7 月，国家核电授权其全资子公司国核工程有限公司分别与三门核电有限公司和山东核电有限公司签署了《三门核电一期核岛工程承包合同》和《海阳核电一期核岛工程承包合同》。

2009 年 3 月 29 日，依托项目首台机组——三门核电 1 号机组核岛筏基第一罐混凝土开始浇筑。这是国内在核电工程建设中首次采用核岛筏基混凝土一次性整体浇筑的方式，创造了国际上核电厂核岛筏基大体积混凝土整体连续浇筑的成功范例，标志着依托项目工程建设全面展开。

2009 年 4 月 19 日，国务院副总理李克强出席三门核电一期工程开工仪式并宣布工程开工，标志着中国三代核电 AP1000 项目工程建设全面展开。三门核电 2 号机组于 2009 年 12 月 15 日开始核岛筏基第一罐混凝土浇筑，正式开工建设。

2009 年 5 月，国核工程成立 AP1000 项目部，负责履行国家核电在核岛（NI）合同项下所承担的所有权利和义务，并执行核岛承包合同。联合项目管理组（JPMO）受国核工程 AP1000 项目总经理委托，在授权范围内履行核岛（NI）合同和核岛承包合同工作内容，负责 AP100 核岛项目管理，主要包括设计管理、A 类设备管理、非 A 类设备采购及与之相应的项目控制和质量保证，实施协同和联络等工作。三门和海阳现场项目管理组（SPMO）作为现场项目管理机构，主要负责现场设计、采购、施工管理（调试由业主自行管理），并相应承担安全、质量、进度、投资“四大控制”责任。

项目建设过程中，国家能源局高度关注依托项目的进展。以三门项目为例，建立了首堆项目周报、日报机制，及时传递项目进展信息。自 2013 年 7 月 8 日起由三门核电向国家能源局传真报送《三门核电一期工程建设进展周报告》，如实反映项目进度与延误情况。至 2018 年 11 月 9 日报送最后一期，共计向能源局报送周报 265 期。2018 年 6 月 5 日至 2018 年 9 月 20 日，三门核电还每日向国家能源局传真报送 1、2 号机组启动阶段调试进展，共报送 62 期能源局日报。

三门核电建立了与能源局领导的非定期专题报告机制，及时报告能源局领导关切的问题。例如：2016 年 1 月 22 日，三门核电通过《一期工程项目进展及投资执行情况简报》，向国家能源局核电司报告了一期工程延期超概情况；2016 年 5 月 30 日，向国家能源局专题汇报工程进展，对拖期超概情况进行了详细汇报；2016 年 7 月 22 日，向来访的国家能源局领导专题报告了三门核电一期工程拖期、超概情况及经济性问题。

2017 年 6 月 30 日，经设计方西屋公司分析，三门核电 1 号机组 ADS（自动泄压系统）排放试验满足试验验收准则，标志着 AP1000 首堆补充热试所有试验项目全部完成，至此，首堆热试工作全部顺利结束，进入装料准备阶段。

三门核电 1 号机组于 2016 年 7 月 30 日开始进行热态功能试验，至 2016 年 12 月 2 日热试试验项目基本执行完成。为保证机组未来 60 年寿命期内的安全稳定运行，热试项目执行完成后，三门核电本着机组绝不“带病”进入装料的原则，牵头协调各参建方，通力协作，攻坚克难，开展了大量的消缺工作来消除机组调试过程中发现的问题和缺陷，着力解决 ADS（自动泄压系统）第 4 级管道振动、PMS（保护和安全监控系统）和 PLS（电厂仪控系统）软件逻辑变更、CA31 和 MN20 中子屏蔽盒缺陷、自动排放阀门粘连等一系列重难点问题。为验证缺陷处理结果，1 号机组于 2017 年 6 月 3 日开始进行补充热试，试验结果符合预期和规程要求。

三门核电 1 号机组于 2018 年 4 月 25 日开始首次装料，6 月 21 日首次达到临界，6 月 30 日 4 时 48 分，AP1000 三代核电全球首堆——中核集团三门核电 1 号机组首次并网成功，各项技术指标均符合设计要求、机组状态控制良好，标志着机组建设正式进入并网调试阶段，为后续开展各功率平台瞬态试验和按期投入商业运行奠定了坚实的基础。8 月 10 日，国家核安全局正式释放大于 90%功率平台控制点。9 月 21 日凌晨 3 时 57 分，1 号机组顺利完成 168 小时满功率连续运行考核，机组具备投入商业运行条件，这也是全球首台具备商运条件的 AP1000 核电机组。2018 年 8 月 24 日 17 时 22 分，三门核电 2 号机组首次并网成功，11 月 5 日 21 时 47 分顺利完成 168 小时满功率连续运行考核，机组具备投入商业运行条件。至此，三门核电一期工程两台机组均达到满功率运行。

三门核电一期工程 1 号机组自 2018 年 9 月投入商运以来，实际状态符合预期，未发生 INES（国际核事件分级）1 级及以上核事件，未发生非计划停机、停堆事件，核电厂人员的个人剂量和集体剂量均保持较低水平，放射性流出物排放总量低于国家监管部门批准排放年限值。

2019 年三门核电年度发电 106.71 亿千瓦 · 时，上网电量 98.61 亿千瓦 · 时。[1]

三门核电在工程设计中进行了大量的创新和优化，开创了多个第一：首次开展核岛 14 个系统设备在常规岛内布置设计；首次在核电中采用第一跨设计；首次考虑了龙卷风对汽机房的影响；首次进行了厂房 60 年设计基准期混凝土耐久性标准研究；首次将核电厂楼面的加速度响应和反应谱分析研究用于非结构构件抗震设计；首次在国内核电厂取水工程中运用盾构法隧道技术；第一次设计了非放射性生产废液槽式排放厂房；设计了全球

[1] 《2019 年 1—12 月全国核电运行情况》，中国核能行业协会网站，2020 年 2 月 12 日。

内径最大（4.1 米）的核电机组循环水管道；设计了国内核电项目最深泵房基坑（坑底标高为－20.75 米）；设计了国内核电项目最深常规岛地下布置汽轮机厂房（最底层标高为－19.25 米）。

三门核电厂全面建成后，年上网电量约 500 亿千瓦•时。三门核电工程是浙江省满足新增电力需求，调整电力结构、实现节能减排目标的重大举措。三门核电一期工程的技术引进和工程实施，也为中国企业掌握第三代核电技术工程设计和设备制造技术，建立健全核电技术标准体系，形成自主开发和建设的中国三代核电技术品牌提供了条件。

二、山东海阳核电厂建设

山东海阳核电厂地处山东东部沿海，位于山东省烟台市海阳市留格庄镇，濒临乳山湾，地处三面环海的岬东端，东临黄海，西南靠凤城港。厂址为滨海厂址，距海阳市区约 22 千米，距烟台市直线距离 93 千米，距青岛市直线距离 107 千米。

海阳核电项目采用美国西屋公司设计的 AP1000 三代核电技术。该技术由于运用非能动的安全系统，可较大幅度地简化系统，减少设备数量，提高核电厂的安全性和经济性。中电投集团（现国家电力投资集团有限公司）下属山东核电有限公司是依托项目山东海阳核电厂的业主，负责海阳核电项目的建设和运营。

2003 年 7 月，山东海阳核电项目出资人第一次会议在北京召开。出资人中国电力投资集团公司、中国国电集团公司、中国核工业集团公司、山东省国际信托投资有限公司和烟台市电力开发有限公司的代表出席了会议。会议审议通过了《山东海阳核电项目公司投资协议书》，并举行了签字仪式。会议审议并原则同意山东海阳核电项目公司筹备处组建方案，并委托中电投集团组建筹备处。

2004 年 3 月，山东海阳核电项目出资人第三次会议在北京举行。会议同意调整现行投资比例，接受华能能源产业控股有限公司为新的资方，按照本次会议审定的投资比例注册成立公司。本次会议审定的各出资方投资比例：中国电力投资集团公司、山东省国际信托投资有限公司、烟台市电力开发有限公司、中国国电集团公司、中国核工业集团公司、中国华能集团公司分别为 65%、10%、10%、5%、5%、5%。

2004 年 7 月，六家出资人签署了《公司股东协议书》，明确了公司出资方、股比、公司名称、公司组织形式、公司注册地、注册资本及项目资本金、经营任务和范围等。2004 年 9 月 10 日，山东核电有限公司正式挂牌成立。

2007 年 4 月，国家发展改革委批准同意海阳核电 1、2 号机组开展前期工作；2007 年 7 月，签署三代核电自主化依托项目合同；2008 年 7 月，海阳核电一期工程核岛负挖正式启动；2009 年 9 月，海阳核电一期工程获得国务院核准并取得建造许可证，9 月 24 日 1 号核岛浇灌第一罐混凝土。

山东海阳核电厂规划建设 6 台百万千瓦级压水堆机组，留有 2 台扩建余地，单机容量 125 万千瓦。其中，一期工程建设 2 台美国西屋电气公司第三代核电技术 AP1000 百万千瓦级压水堆核电机组。

2009 年 7 月，国家核电授权其全资子公司国核工程有限公司与山东核电有限公司签署了《海阳核电一期核岛工程承包合同》。

2009 年 9 月 24 日、2010 年 6 月 20 日，海阳核电 1、2 号机组相继开始核岛筏基第一罐混凝土浇筑。

2018 年 6 月 21 日、8 月 8 日，海阳核电 1、2 号机组相继开始首次装料。8 月 17 日，海阳 1 号机组首次并网；8 月 24 日，三门 2 号机组首次并网；10 月 13 日，海阳核电 2 号机组首次并网。首次并网试验作为机组启动大型综合性试验，是核电厂整套启动试验期间的关键试验项目，是对全厂工艺系统，电气系统，仪控系统的设计、制造、安装、调试质量的一次整体检查和验收。2018 年 9 月 25 日、2018 年 12 月 2 日，海阳核电 1、2 号机组相继首次达到 100%满功率运行。

2018 年 10 月 22 日，山东海阳核电厂 1 号机组具备商运条件，成为全球第二台具备商运条件的 AP1000 三代核电机组。2019 年 1 月 9 日，山东海阳核电厂 2 号机组具备投入商运条件。至此，中国建设的 AP1000 三代核电自主化依托项目 4 台机组全部建成。

山东海阳核电一期工程 1、2 号机组投入商运以来，两台机组总体运行良好，三道安全屏障完整，核安全管理、工业安全管理、辐射与三废管理等各项指标受控，构筑物、系统和设备在可控安全状态。未发生 INES（国际核事件分级）1 级及以上核事件，核电厂人员的个人剂量和集体剂量均保持较低水平，放射性流出物排放总量低于国家监管部门批准排放年限值。

2019 年海阳核电全年发电 204.94 亿千瓦·时，上网电量 191.87 亿千瓦·时。[1]

通过技术引进，承担设计任务的上海核工院掌握了 AP1000 燃料与堆芯、安全分析、关键设备、系统及试验、结构抗震等研发设计的关键技术。常规岛及其 BOP（核电厂配套设施）的设计及技术服务工作，海阳核电一期由山东核电直接委托国核电力规划设计研究院承担，在从选址、初步可行性研究、可行性研究、总体设计、初步设计、施工图设计、现场服务、预算编制直至竣工图编制的整个过程中，积累了丰富的设计和管理经验，为后续核电工程创造了坚实的技术储备。

三、三代核电自主化依托项目的经验

2007 年，国务院批复成立国家核电技术公司。作为中国“大型先进压水堆重大专项”的实施主体，国家核电技术公司承载着高起点推进中国三代核电自主化发展的重要使命。其核心任务是成功引进、消化、吸收 AP1000 三代核电技术，并进行再创新。同步开发 CAP1400、CAP1700 系列压水堆技术，形成中国自主知识产权的系列“大型先进压水堆”技术，以此带动中国装备制造业、电力工业等相关产业的发展。

到 2019 年，AP1000 技术引进消化吸收基本完成，“国和一号”（CAP1400）施工设计基本完成，设备制造进展和施工准备等满足现场施工需求。压水堆重大专项总体进展顺利，进展如下：完成 AP1000 引进技术消化吸收和经验反馈，形成 CAP1000 标准设计。AP1000

---

[1] 《2019 年 1—12 月全国核电运行情况》，中国核能行业协会，2020 年 2 月 12 日。

依托项目 4 台机组相继投入商运，各项指标均符合设计要求，进一步验证了 AP/CAP 系列非能动设计的成熟性，具备自主的批量化建设能力。

CAP1400 初步设计通过国家能源局审查；PSAR（初步安全分析报告）通过国家核安全局安全审评。2018 年国务院常务会议审议了“国和一号”示范工程核准申请，生态环境部完成了示范工程环评审批意见公示，示范工程施工进展满足计划要求，重大专项科技成果在示范工程建设中不断体现。

自主开发了 CAP1400 核电型号，具有完全自主知识产权（中国专利保护协会对 CAP1400 知识产权专题报告评审结论）。截至 2019 年年底，形成知识产权成果 6149 项，申请国家专利 1756 项（其中发明专利 1165 项），获得国家授权专利 1112 项（其中发明专利 643 项），技术秘密 767 项，软件著作权 305 项，各类标准 409 份等。相关成果组成完整的核电自主知识产权体系。

形成具有国际先进水平的核电技术研发体系，包括覆盖热工、燃料、物理、安全分析、水化学和先进核电设计软件 COSINE 等三代软件体系，以及 ACME、IVR、PCS 等高水平试验设施和试验技术人才，为中国先进核电技术的自主创新和可持续发展提供了基础。

全面掌握大型先进压水堆核电厂关键设备自主设计、自主制造的能力。CAP1400 数字化仪控系统、爆破阀、反应堆压力容器、蒸汽发生器、堆内构件、控制棒驱动机构、主管道、一体化堆顶组件、环行吊车及燃料装卸和贮存系统、自主化燃料定型组件等均完成研制，CAP1400 燃料小组件已入俄罗斯 MIR 堆辐照考验，首台国产化 AP1000 屏蔽主泵制造成功，CAP1400 屏蔽主泵、湿绕组主泵正在开展试验。CAP1400 设备国产化率达 85%以上，形成完整的自主化核电工业体系和供应链体系，使中国具备年产 6～8 台套三代核电设备的制造能力。

开展了 CAP1700 预研先期工作，概念设计通过国家电力投资集团有限公司内部评审。

通过重大共性技术开发，构建了中国先进核电标准体系框架，实现了中国核电领域在国际标准化组织（ISO 和 IEC）标准制定上的历史性突破；建成了满足三代核电设备材料鉴定要求的 EQ 平台，形成了完善的核电设备鉴定技术和标准体系等，解决制约中国核电产业发展的重大技术瓶颈，带动和促进了核电技术进步。

建立与国际先进水平接轨的核电厂建设和运营管理体系。突破了核电建造常规方法，掌握以模块化建造为标志的三代核电建造技术，形成了先进核电模块化建造体系，实现“工厂化预制”和“模块化施工”的土建和安装的平行施工。依托项目的机组可利用率、WANO 指标等达到国际领先水平。

压水堆专项培养出一支具有自主创新能力和国际先进水平的核电技术人才队伍。参研人员 26 000 余名，形成了 27 支具有较高水平的创新团队，涌现出一批高水平专家，在 IAEA（国际原子能机构）、WANO（世界核电运营者协会）、ASME（美国机械工程师协会）、IEEE（电气和电子工程师协会）、IEC（国际电工委员会）、IAQ（国际质量科学院）等国际组织中担任重要职务，提升了中国核电在世界舞台上的话语权，成为中国核电“走出去”和“请进来”的推动者。

三代核电技术 AP1000 最根本的特点是“非能动”安全系统，其在成熟的压水堆核电技术基础上，成功引入安全系统非能动的理念，使核电厂安全系统的设计发生了革命性变化：在设计中采用非能动事故预防和缓解措施；简化安全系统配置；减少安全支持系统等，大大降低发生人因错误的可能性，具有设计简化、系统设置简化、工艺布置简化、施工量减少、工期缩短、应急响应时限要求降低等一系列优点。AP1000 机组采用非能动系统的简化设计，使机组预防性检修、试验、役检等项目大幅缩减，减少了大修工作总量，降低了辐射剂量，缩短了换料大修时间。

依托项目 4 台机组优异的运行业绩，在 WANO 综合指数排名靠前。WANO 在其官方网站公布了 2019 年世界核电 WANO 综合指数排名，世界 403 台参与评价的核电机组中，三门核电厂 1 号机组、海阳核电厂 1 号机组获得满分 100 分，与其他 63 台核电机组并列世界第一。

建设和运行实践表明，AP1000 技术是安全、成熟、可靠的先进技术，其革新性的非能动安全系统设计理念对世界核电技术的进步和发展产生了深远影响，其严苛的设备要求代表着核电装备制造“高精尖”的方向，促进了装备制造产业的革新。进入调试和运行以来，AP1000 技术的先进性、经济性得到全面展现。在充分吸收依托项目建设经验并逐步国产化、批量化后，优势将进一步释放，AP1000 技术在全寿命周期内的建造、调试、运维优势将得以全方位展现。

党中央、国务院始终高度重视依托项目建设，将项目合作纳入中美战略与经济对话机制和高层互访议题。国家能源局利用中美两国能源和核领域有关交流机制，多次进行部长级协调，推动美政府和企业加大投入、履行责任。

安全方面，工程建设期间，核岛没有发生重伤以上安全事故，三门核电厂安全生产天数 3823 天、海阳核电厂安全生产天数 3532 天，20 万工时事件率介于 0.15%～0.5%合理范围内。三门核电一期工程获得电力建设项目“安全生产标准化达标一级资质”。

质量方面，依托项目建立了运转有效的质量管理体系和科学完备的程序体系，覆盖项目管理、建设、制造、调试各领域。建设期内，未发生重大质量事件，控制点一次合格率达 95%。首燃料循环运行业绩充分验证了工程建设质量。

有效攻克工程建设难题，提升技术和管理能力。项目参与各方攻坚克难，采取科学、可行的处理方案，妥善解决了建设过程中的各类难题。尤其是中方企业主动作为，加大投入，倡导“一个团队、一个计划、一个声音”的合作理念和文化，强化协同合作力度，提高了工程管理效率，降低了设计和设备交付滞后带来的进度影响。建设过程中遇到的难题包括：

AP1000 模块化建造、开顶法施工、大体积混凝土一次性整体浇筑等新技术、新工艺在核电领域都是首次应用，难度大、要求高，没有现成经验可以借鉴。中国企业做了充分的研究论证和试验模拟，掌握了施工技术，形成了自主成果。

主泵研制过程中，美方企业遇到了叶轮叶片脱落、推力盘点蚀、轴承破损、推力轴承组件的侧夹板断裂等问题，先后经历了四次诊断试验、一次工程试验、两次耐久试验以及两次重新工程和耐久试验，最终完成了所有鉴定试验。为推动主泵研制进展，共组织召开 108 次专题协调会，中国企业全面参与主泵各项问题处理，为国产化主泵研制积累了丰富经验。

中国企业和核安全局深度参与蒸汽发生器支撑、反应堆厂房内部钢结构设计修改等重大设计变更处理，提升了分析、计算和校核能力，加深了对引进技术的理解和消化吸收。

浙江三门核电、山东海阳核电 AP1000 自主化依托项目出现了延期问题。依托项目与计划相比发生了工期延误和投资超概。参与项目建设的有关企业采取了积极的进度控制措施，首堆工期 10 年在国际核电历史上处于可比的水平。

工期延误的主要原因包括：一是原定 56 个月的计划工期对首堆而言偏理想化。二是工程设计滞后、变更多；三是新技术、新工艺首次应用，施工难度大，设备制造及鉴定难度大，设备交付滞后；四是管理模式复杂、接口多，中外企业文化差异大、磨合时间长；五是日本福岛核事故的影响及检查评估。其中，工程设计滞后和设备交付延误是关键因素。

投资超概的主要原因是工期延误，导致财务费用及建设单位、承包商投入大幅增加；次要原因是首堆因素，包括试验验证、设计评估工作量增加及返工报废等。投资超概对依托项目经济性产生了一定影响，但是从营运单位首燃料循环运行情况看，AP1000 机组较高的利用率、较低的运行维护成本能够支撑营运单位取得良好的经济收益。从机组 60 年全寿命周期来看，AP1000 机组与火电等其他发电形式的机组比较具备优势。国产化 CAP1000 技术已充分吸收依托项目经验反馈，造成投资超概的因素已经基本消除，经济性优势将进一步体现。

浙江三门核电、山东海阳核电 AP1000 自主化依托项目，从 2009 年三门核电 1 号机组开工建设，至 2019 年 1 月 9 日最后一台海阳核电 2 号机组投入商运，整个 AP1000 依托项目工程建设过程中，面临着没有参考机组借鉴、首堆设计不成熟、设备制造难度大、新技术新方法应用等各种因素的挑战。依托项目工程建设在国务院，国家发展改革委、能源局、核安全局等各级政府部门以及行业协会的支持和帮助下，由国家核电、三门核电、山东核电组成的联合采购方，与西屋联队一起，采取了一系列措施克服了项目建设中的各项困难，最终实现了依托项目 4 台机组投产发电。

浙江三门核电、山东海阳核电 AP1000 自主化依托项目作为 AP1000 技术的全球首批机组，增强了中国在世界核电发展中的国际影响力，使中国在实现核电强国的道路上迈出了坚实的一步。依托项目建成投产，全面检验了 AP1000 技术引进的完整性和有效性，验证了设备国产化成果和自主建设能力，为自主核电研发、设计、设备制造、工程管理、运行服务等多领域提供了实施载体和经验反馈，为中国三代核电自主化、标准化、批量化和系列化发展奠定了坚实基础。

依托项目建设的同时，在国家能源局组织下，国家电投/国家核电牵头开展了 AP1000 技术转让相关工作。从总体上看，AP1000 主要技术的引进基本完成，截至 2019 年年底，已从接收技术文件、软件为主的阶段转向对引进技术评估验证为主的阶段。经过 AP1000 依托项目工程实践验证，技术引进基本实现了预定的满足依托项目建设需要、技术完整性、关键设备国产化的“三个 100%”的目标，促进了以下几方面能力的提升：

带动了国内核电装备制造业整体水平的提升。在完成依托项目关键设备材料供货的同时，通过 AP1000 设备设计/制造技术的引进、消化、吸收及依托项目建设，带动了国内电装备制造业整体水平的提升。一是国内相关大型设备制造企业已全面掌握了 AP1000 核岛主要设备的制造技术，材料及设备的制造装备能力得到了进一步提升与考验。二是大部分关键原材料已研制成功或已取得重要进展，硬件装备具备世界领先水平，形成了多个专业化的核电设备制造基地。三是装备制造业软实力迅速提升，良好应用 ASME 标准，质量保证、生产管理、核安全文化意识等迅速提升。四是在依托项目建设的推动下，AP1000 国产化设备供应体系已经初步形成。

提升了三代核电自主化研发和设计能力。全面完成了 CAP1000 准设计，满足后续项目第一罐混凝土浇筑（FCD）及后续施工的需要，并在三代核电引进消化及依托项目工程实践的基础上，CAP1400 重大专项研发设计取得重要突破。

提升了三代核电工程建造能力。实现了中国在三代先进核电建设中 6 大关键技术的突破，包括核岛大体积混凝土一次性浇注技术、核电模块的设计和制造技术、钢制安全壳的制造和拼装技术、大型锻件的制造技术、整体锻造的一回路主管道制造技术、主管道组对及焊接关键技术。这 6 大关键技术突破，为中国的核电自主化战略实施提供了丰富的技术积累，为中国三代核电批量化建设奠定了坚实基础。

培育了三代核电建设专业化管理能力和管理人员。基本掌握了 AP1000 工程管理技术，包括 AP1000 工程信息管理系统管理、设计管理、项目控制、采购管理，构建了三代核电建造专业化管理体系。AP1000 依托项目的成功建设培养了大批国际化核电管理人员和技术人员，对推动中国核电业务走出国门起到了良好的促进作用。

第二节　批量化核电项目的集中开工建设

“十一五”期间，在“积极发展核电”的方针指引下，中国利用已经掌握的二代改进型核电技术，兴建了海南昌江、辽宁红沿河、福建宁德、福建福清、广东阳江、浙江秦山方家山、广西防城港等一批二代改进型核电机组。同时，引进了法国欧洲先进压水堆（EPR）技术，建设了广东台山核电厂。中国通过自主建设和引进三代技术建设核电项目，大大提升了核电建设自主化程度，缩小了与发达国家的差距，满足了中国核电产业长期可持续发展的需要。

一、海南昌江核电一期工程建设

海南昌江核电厂位于海南省昌江黎族自治县海尾镇，是中国最南部的核电厂。

2007 年 5 月 21 日，中核集团和华能集团签署了《核电开发与建设战略合作框架协议》，共同建设海南核电项目。海南核电有限公司是海南核电项目业主单位，由中核集团、华能集团，按照 51%和 49%的股比投资组建，全面负责核电项目的建造、调试、运营和安全管理。

2007 年 10 月 29 日，海南核电项目筹备处正式成立，同年 12 月 18 日筹备处揭牌。2008 年 3 月 1 日，中核集团、华能核电开发有限公司与海南省昌江县人民政府签订了合作开发核电项目的协议。2008 年 7 月 18 日，项目获得国家批准，开始建设。

昌江核电厂总投资约 235 亿元，总体规划建设 4 台压水堆核电机组，一次规划分期建设。一期工程是以秦山核电二期为参考电站，结合海南地域特点设计建造的二代改进型 CNP600

压水堆核电机组，综合国产化率由秦山核电二期时的70%上升为82%以上，实施17项重要技术改进、1311项一般改进，如采用数字化分布式仪控系统、主给水隔离设计等。工程建设期间，针对日本福岛核事故经验反馈，在防洪能力、应急补水、移动电源等方面进行了改进。

昌江核电厂1、2号机组分别于2010年4月25日和2010年11月21日开始核岛筏基浇筑第一罐混凝土，正式开工建设。1号机组于2015年12月25日投入商业运行，2号机组于2016年8月12日投入商业运行。2019年，昌江核电厂1、2号机组发电量共97.2亿千瓦·时，上网电量共89.95亿千瓦·时。[1]

海南昌江核电一期工程发电装机规模130万千瓦，年售电收入可达40亿元以上，极大地提高了地方税费收入，并促进了周边发展。作为海南省能源“一号工程”，每年提供电力能源约占海南省电力供应的1/3，使海南一跃成为全国核电占比最高的省份。海南核电工业旅游基地已见规模，成为海南西部科技旅游点，带动了地方旅游业。海南核电一期工程的建成对全面推进“一带一路”建设、海南环境保护以及美好新海南建设都具有深远意义。

二、辽宁红沿河核电一期工程建设

辽宁红沿河核电厂位于辽宁省大连市瓦房店市红沿河镇，是国家“十一五”期间首个批准建设的核电项目，是中广核CPR1000技术批量化建设的第一个项目，是中国首次一次同时装机4台百万千瓦级核电机组标准化、规模化建设的核电项目，也是东北地区第一个核电厂。

辽宁红沿河核电厂原称辽宁温坨子核电厂，1978年开始厂址筛选等工作。1995年3月国家计委批复了辽宁红沿河核电厂项目建议书，后经过十几年的前期工作。

2007年1月4日，国家发展改革委下发了《国家发展改革委办公厅关于调整辽宁红沿河核电工程建设规模开展前期工作的通知》（发改办能源〔2007〕8号），提出“同意辽宁红沿河核电站工程调整建设规模，按4×100万千瓦机组开展前期工作”。2007年7月14日，国家发展改革委下发了《印发国家发展改革委关于核准辽宁红沿河核电一期工程的请示的通知》（发改办能源〔2007〕2019号），核准了辽宁红沿河核电一期工程建设项目，明确的技术路线是在广东岭澳二期压水堆核电机组的基础上进行改进提高，建设4台百万千瓦级压水堆核电机组。

辽宁核电有限责任公司于2003年成立，由中电投集团和大连市建设投资公司按照80%和20%比例出资组建，负责温坨子核电厂（即现红沿河核电厂）的四通一平等前期工作。2006年，中电投集团、中广核集团、大连市建设投资公司按照45%、45%和10%的股比投资组建辽宁红沿河核电有限公司，负责辽宁红沿河核电厂的建设和运营。其中，项目建设和前五年运营由中广核集团为主负责，中电投集团全面参与。工程建设由项目公司通过委托协议委托中广核工程有限公司管理，中电投电力工程公司全面参与。五年之后由两大股东轮流委派董事长、总经理，轮流期限为五年。

2007年8月18日，1号机组核岛筏基浇灌第一罐混凝土，正式开工建设，2013年6月6日投入商运。2、3、4号机组分别于2008年3月28日、2009年3月7日、2009年8月15日

[1] 《2019年1—12月全国核电运行情况》，中国核能行业协会，2020年2月12日。

开工建设，并分别于2014年5月13日、2015年8月16日、2016年9月19日投入商运。1、2号机组单台机组有效建设工期为58个月，3、4号机组单台机组有效建设工期为56个月。

2008年5月，红沿河核电一期工程初步设计正式通过审查。深圳中广核工程设计有限公司作为设计承包方，同时是红沿河项目技术总体院和合同总包院，中国核动力研究院、728院、广东省电力设计院、华东电力设计院作为设计分包院，与深圳中广核工程设计有限公司共同开展施工图设计工作。

红沿河核电项目建设的总体目标是，安全性能较岭澳核电二期有进一步提高，实现更大程度的自主化，总体指标优于岭澳核电二期。通过本项目的建设，进一步提高成套设备自主生产能力，促进形成较为完整的自主化核电工业体系。努力实现质量更好、造价更低、国产化比例更高的目标。

2011年12月18日，由中国核动力研究设计院设计、中国第一重型机械集团公司制造的中国首台完全自主化的反应堆压力容器发运辽宁红沿河核电厂，标志着中国百万千瓦级核岛主设备的制造达到了国际先进水平。

2019年，红沿河核电厂1、2、3、4号机组发电量共327.3亿千瓦·时，上网电量共307.63亿千瓦·时。[1]

红沿河核电厂采用了多项自主创新。例如它的海水淡化系统，开辟了中国大陆核电厂利用海水淡化技术提供淡水资源的先河。

三、福建宁德核电一期工程建设

宁德核电厂位于福建省东北部的福鼎市秦屿镇备湾村，距福鼎市区南约32千米，东临东海，北临晴川湾，是中国第一个在海岛上建设的核电厂，是海峡西岸经济区建设的第一个核电厂，南北承接华东区域电网和福建省电网，靠近负荷中心，区位优势明显，是中国已建、在建和待建核电厂中条件最为优越的厂址之一。该项目也是中国国家核电中长期发展规划颁布后，第一个开工建设的百万千瓦级核电项目。

中广核工程设计有限公司作为宁德核电一期工程的设计总包院，在技术上承担设计总体院角色，负责该项目的工程咨询、初步设计和主要施工图设计工作，负责组织和管理分包院完成施工图设计工作，以及工程建设各阶段相关技术服务，并在宁德3、4号机组首次承担核岛施工图设计工作。设计分包单位主要包括广东省电力设计院、华东电力设计院、中国核动力研究院。

福建宁德核电厂于2004年1月开始厂址查勘。2006年9月1日，国家发展改革委发文同意宁德核电厂开展前期工作。2008年2月16日，宁德核电一期工程（4×100万千瓦）通过国家发展改革委项目核准，采用成熟的二代改进型压水堆核电技术（CPR1000），以岭澳核电二期为参考电站，堆型技术由中广核持续改进和自主创新形成，具有技术成熟、安全可靠、自主化程度高等特点。

[1] 《2019年1—12月全国核电运行情况》，中国核能行业协会，2020年2月12日。

2008 年 2 月 18 日，宁德核电厂 1 号机组核岛筏基浇灌第一罐混凝土，正式开工建设。国务院副总理曾培炎宣布福建宁德核电厂开工，并按下布料机按钮。该机组于 2013 年 4 月 15 日投入商业运行。宁德核电厂规划建设 6 台百万千瓦级压水堆核电机组。一期工程总投资 562 亿元人民币，采用中国自主品牌的核电技术路线。一期工程建设 4 台百万千瓦级核电机组，由中广核集团、中国大唐集团和福建省煤炭工业（集团）有限公司共同投资建设。宁德核电厂 2、3、4 号机组分别于 2008 年 11 月 12 日、2010 年 1 月 8 日、2010 年 9 月 29 日开工建设，并分别于 2014 年 5 月 4 日、2015 年 6 月 10 日、2016 年 7 月 21 日投入商运。4 台机组年发电量约 300 亿千瓦·时，电量主要在福建省内消纳，参与华东电力市场竞争。

2010 年 9 月，国家副主席习近平考察宁德核电建设现场。

截至 2012 年，宁德核电厂是中国百万千瓦级核电机组自主化、国产化程度最高的核电厂，也是海峡西岸经济区建设的第一个核电厂。结合中国已建与在建的大亚湾核电厂、岭澳核电厂、辽宁红沿河核电厂的经验反馈，宁德核电厂进一步采取新技术和技术改进，其安全性和经济性进一步提高，达到国际新建核电厂先进水平。

2019 年，宁德核电厂 1、2、3、4 号机组发电量 313.64 亿千瓦·时，上网电量 292.77 亿千瓦·时。[1]

四、福建福清核电一期工程建设

福清核电厂厂址位于福建省福清市三山镇前薛村岐尾山前沿，三面环海，东北与陆地连接。地质构造稳定，地形地貌条件较好，淡水补给便捷，周围有众多岛屿，避风条件好，浪小流缓且不冻不淤，冷却水取水方便。厂址包容性优良，可适用不同堆型核电建设需要。

中核集团福建福清核电有限公司成立于 2006 年 5 月 16 日，由中国核能电力股份有限公司、华电福建发电有限公司和福建省投资开发集团有限责任公司分别以 51%控股、39%和 10%比例参股共同出资组建。公司实行董事会领导下的总经理负责制，全面负责国家重点工程——福建福清核电厂的建造、调试、运营和管理。

福清核电厂 6 台机组一次规划，分批核准，分期建设。1～4 号机组为二代改进型压水堆核电机组，主要采用经过工程验证的能动系统实现安全功能，实施全 M5 燃料组件、全系统仪控数字化、汽轮机组降低标高布置等 20 多项重大技术改进。

2008 年 11 月 21 日，福清核电厂 1 号机组核岛筏基浇筑第一罐混凝土，正式开工建设，国务院副总理李克强出席开工仪式并宣布开工。该机组于 2014 年 8 月 20 日并网成功，同年 11 月 22 日投入商业运行。2014 年 7 月 18 日，国务院副总理张高丽到福清核电考察。

福清核电厂 2、3、4 号机组分别于 2009 年 6 月 17 日、2010 年 12 月 31 日、2012 年 11 月 17 日正式开工，并分别于 2015 年 10 月 16 日、2016 年 10 月 24 日、2017 年 9 月 17 日投入商业运行。5 号和 6 号机组采用“华龙一号”技术，分别于 2015 年 5 月 7 日和 12 月 22 日正式开工。

福清核电厂首次采用业主负责下的核电工程总承包模式，在项目融资和保险策划等方

[1] 《2019 年 1—12 月全国核电运行情况》，中国核能行业协会，2020 年 2 月 12 日。

面，实施集团化运作、专业化运营、集成式管理，将项目融资和保险管理委托给中核财务有限公司。

根据国家核安全局提出的《福岛核事故后核电厂改进行动通用技术要求（试行）》，福清核电厂对防水封堵、一回路补水、二回路补水、增设移动电源等 11 项实体技术改进项目，制订专项计划并实施完成，得到了国家核安全局的认可。

福清核电是国家“十二五”重点工程项目，也是中核集团首批实行完整意义 EPC 工程总承包模式的百万千瓦核电机组项目。工程秉承“追求卓越、铸就经典”的建设理念，坚持自主创新的发展战略，形成了安全绿色、创新发展、公众沟通、企地共融的核电样本，实现了打造技术最优、质量最高、效益最好的标杆电厂的建设目标。3、4 号机组工程项目在建设过程中，先后创造了同类型机组建设总工期行业领先，机组单价比投资行业最低，主给水系统、主蒸汽系统焊缝焊接质量行业最高等多项优异成绩，由中核二三公司承担的 4 号核岛安装工程，荣获国家安装行业工程质量最高奖——中国安装之星奖，为中国三代核电“华龙一号”示范工程建设积累了丰富的管理及技术经验。福清核电 3、4 号机组工程荣获 2019—2020 年度国家优质工程金奖，成为国内首个获此殊荣的核电项目，填补了核行业工程项目国优金奖的空白。

2019 年，福清核电厂 1、2、3、4 号机组发电量共 307.53 亿千瓦・时，上网电量共 287.46 亿千瓦・时。[1]

五、广东阳江核电厂建设

中广核阳江核电厂位于广东省阳江市阳东县东平镇，1988 年开始进行选址及初步可行性研究工作。

2004 年 3 月 22 日，国务院确定阳江核电厂为三代核电技术自主化依托项目。2004 年 9 月 2 日，国家核电领导小组会议同意阳江核电一期工程项目。2005 年 2 月 16 日，国家发展改革委正式复函同意阳江项目开展前期工作。2006 年，《第三代核电技术自主化依托工程项目合作备忘录》签订后不久，由于电力调配方面的原因，拟引进的 4 台机组两个厂址中，三门厂址不动，另 2 台 AP1000 机组由广东阳江移至山东海阳。

2007 年 6 月 19 日，阳江核电转为按 CPR1000 技术路线开展工作。2007 年 11 月 12 日，阳江核电工程经国务院核准。阳江核电厂 1、2 号机组采用在岭澳核电二期加以改进的 CPR1000 核电机组，按“自主设计，部件采购”模式建造。阳江核电厂建设考虑了国家核安全局 2002 年发布的《新建核电厂设计中几个重要安全问题的技术政策》，通过技术方案进一步改进，尽可能提高反应堆安全系统对严重事故的处置能力。通过对日本福岛核事故经验反馈进行系统的梳理与研究，阳江核电厂 3、4 号机组在阳江核电厂 1、2 号机组的基础上开展了 16 项重大技术改进，采取合理可行的改进措施，加强严重事故的预防和缓解能力，最终形成安全性、可靠性更高的 CPR1000+技术方案。阳江核电厂 5、6 号机

---

[1] 《2019 年 1—12 月全国核电运行情况》，中国核能行业协会，2020 年 2 月 12 日。

组采用 ACPR1000 技术路线，在 CPR1000+基础上实施了 31 项技术改进。

2008 年 11 月 12 日，国务院核准阳江核电基地采用自主品牌的中国改进型百万千瓦级压水堆核电技术，建设 6 台核电机组。阳江核电厂 1、2、3、4、5、6 号机组分别于 2008 年 12 月 16 日、2009 年 6 月 4 日、2010 年 11 月 15 日、2012 年 11 月 17 日、2013 年 9 月 18 日、2013 年 12 月 23 日开始核岛筏基第一罐混凝土浇筑；分别于 2014 年 3 月 25 日、2015 年 6 月 5 日、2016 年 1 月 1 日、2017 年 3 月 15 日、2018 年 7 月 12 日、2019 年 7 月 24 日实现商业运行。

中广核工程设计有限公司作为阳江核电厂工程的设计总包院，在技术上承担总体设计院的角色，负责该项目的工程咨询、总体设计、初步设计，以及分包院施工设计、工程建设各阶段的相关技术服务。

2019 年，阳江核电厂 6 台机组发电量共 439.54 亿千瓦·时，上网电量共 412.86 亿千瓦·时。[1]

六、广西防城港核电一期工程建设

广西防城港核电厂是西部大开发 2010 年开工的 23 个重点项目之一，位于广西壮族自治区防城港市港口区光坡镇红沙村，地处企沙半岛东侧，东临钦州湾，西为老虎港，地处钦州湾盆地西北边缘，核电厂附近地壳安全稳定，所在的北部湾海域属于边缘海，台风频率和出现海啸的可能性极低。一期工程由中广核集团与广西投资集团共同投资，中广核集团为主负责工程建设和运营管理，规划建设 6 台百万千瓦级核电机组，其中一期工程规划建设 2 台单机容量为 108 万千瓦的 CPR1000 压水堆核电机组。

2005 年 10 月，中广核集团有限公司委托深圳中广核工程设计有限公司为设计总院，并联合广西电力工业勘察设计研究院共同开展广西境内核电项目新厂址的选址查勘工作。

2008 年 8 月，中国国际工程咨询公司在广西南宁主持召开了广西红沙核电项目厂址选择报告暨初步可行性研究报告审查会，会议从环境等角度综合分析与评价，最终确定了红沙厂址。

2008 年 10 月，国家发展改革委同意广西防城港红沙核电项目开展前期工作。2009 年 9 月 18 日，广西防城港核电一期工程（2×100 万千瓦）可行性研究报告通过电力规划设计总院组织的评审。2010 年 7 月 18 日，国家核安全局颁发广西防城港核电厂 1、2 号机组建造许可证。自 2010 年 7 月起，防城港核电厂 1、2 号机组设计工作全面转入施工图设计阶段，由深圳中广核工程设计有限公司作为总包方，组织广东省电力设计研究院、广西电力工业勘察设计研究院等单位共同完成。

按照持续改进原则，防城港核电厂 1、2 号机组以岭澳核电厂为参考电厂，在岭澳二期压水堆核电机组上进行改进提高。

2010 年 7 月 30 日，防城港核电一期工程 1 号机组核岛筏基浇筑第一罐混凝土，正式

[1] 《2019 年 1—12 月全国核电运行情况》，中国核能行业协会，2020 年 2 月 12 日。

开工建设，2016 年 1 月 1 日正式投入商业运行；2 号机组于 2010 年 12 月 23 日正式开工建设，并于 2016 年 7 月 15 日首次成功并网发电，2016 年 10 月 1 日完成所有调试工作，正式投入商业运行。

2019 年，防城港核电厂 1、2 号机组发电量共 171.54 亿千瓦·时，上网电量共 161.19 亿千瓦·时。❶

七、浙江方家山核电厂建设

方家山核电厂位于浙江海盐，南临杭州湾，是秦山核电一期工程的扩建项目。方家山核电工程建设规模为 2 台 108 万千瓦压水堆机组，以广东岭澳核电厂为参考电站，采用中核集团自主设计的二代改进型百万千瓦压水堆核电机组，堆芯采用 177 盒燃料组件和内置换料水箱。中国核电工程公司作为总承包单位，全面负责设计、施工、设备采购、调试等。中国核动力院负责反应堆和一回路及部分辅助系统设计，其他项目设计由分包单位负责。

2004—2007 年，中核集团经过前期准备，完成秦山核电厂扩建项目厂址安全分析报告、环境影响评价报告等报告编写和评审。2008 年 2 月 29 日，国家发展改革委发文同意浙江秦山核电厂扩建项目（方家山核电工程）开展前期工作，要求工程建设以中国为主，设备国产化率达到 80%以上。11 月 12 日，国务院常务会议核准方家山核电工程项目，12 月 9 日国家发展改革委下发核准文件。

2008 年 12 月 26 日，秦山核电一期工程扩建项目 1 号机组核岛筏基浇筑第一罐混凝土，正式开工建设。2009 年 7 月 17 日 2 号机组核岛厂房浇筑第一罐混凝土。2010 年 9 月 28 日，1 号机组核岛厂房穹顶整体一次性吊装成功（穹顶总重 175.129 吨，吊装标高 44.83 米），1 号机组于 2014 年 11 月 4 日首次并网成功，2014 年 12 月 15 日投入商运；2 号机组于 2015 年 1 月 12 日并网发电，2015 年 2 月 12 日投入商运。秦山核电基地 9 台机组全部建成投产，实现从 30 万千瓦到 100 万千瓦核电自主发展的重大跨越，成为中国装机容量最大、反应堆堆型最丰富、核电国产化程度最高、核电机组投资比最具经济优势的核电基地。

2019 年，方家山核电厂 1、2 号机组发电量共 169.47 亿千瓦·时，上网电量共 159.59 亿千瓦·时。❶

方家山核电工程 1、2 号机组均刷新了国内同类机组“从首次装料到首次临界再到并网发电”工期纪录，这正是得益于秦山核电基地多年积累的自主创新能力。仅 2 号机组就实施了包括采用先进的燃料组件、全数字化仪控等在内的 18 项重大技术改进和 14 项日本福岛核事故后技术改进。

❶ 《2019 年 1—12 月全国核电运行情况》，中国核能行业协会，2020 年 2 月 12 日。

八、广东台山核电一期工程建设

台山核电厂位于广东省台山市赤溪镇腰古村东北方约 1.2 千米处，地处沿海山区，三面环山，东南面临海。厂址西面距阳江市区直线距离约 80 千米，西北方位距台山市区直线距离约 44 千米，东北方位距珠海市直线距离约 73 千米，东北方位距澳门特别行政区直线距离约 67 千米，北方位距江门市区约 75 千米，距广东国华粤电台山火电厂 12 千米。

2007 年 7 月，台山核电合营有限公司注册成立。引进法国欧洲先进压水堆（EPR）技术建设台山核电厂，是中国政府从国家能源战略出发作出的重要决策，也是中法能源合作的里程碑事件。一期工程引进法国三代核电 EPR（欧洲先进压水堆）技术，建设 2 台单机容量为 175 万千瓦的核电机组，是当时世界上单机容量最大的核电机组。

台山核电合营有限公司是由中广核集团、法国电力集团、粤电集团共同投资的中外合资企业。

2007 年 11 月 26 日，中广核集团与法国阿海珐集团、法国电力集团分别签署了《关于合作建设广东台山核电项目 1、2 号机组的总体协议》《中广核集团公司和阿海珐关于铀矿的投资协议》《中广核集团公司与法国电力公司合资经营台山核电合营有限公司合同》。

2009 年 12 月 11 日，商务部正式批准了该合资项目，颁发了准予设立台山核电合营有限公司的外商投资企业批准证书。

2009 年 12 月 21 日，台山核电厂开工暨台山核电合营有限公司成立，台山核电合营有限公司由中广核集团和法国电力公司按 70%和 30%的比例投资设立，由广东核电集团控股，注册资本金 167.4 亿元人民币。国务院副总理李克强要求将台山核电厂建设成为先进、安全、经济的国际一流核电厂。

12 月 22 日，中广核集团、法国电力公司（EDF）、阿海珐公司（AREVA）、阿尔斯通（ALSTOM）、中核建设、中国建筑总公司、东方电气和上海电气 8 家企业的领导齐聚北京，召开台山 EPR 项目协调委员会第一次会议，共同商讨将台山 EPR 项目建设成为国际 EPR 标杆工程的部署和安排，就相关原则达成共识。

台山核电厂 1、2 号机组分别于 2009 年 11 月 18 日、2010 年 4 月 15 日开始核岛筏基浇筑第一罐混凝土，分别是全球第三、四台开工建设的 EPR 三代压水堆核电机组。台山核电 1 号机组于 2015 年 12 月 30 日率先开始冷态功能试验，成为全球首台开展冷态功能试验的 EPR 三代核电机组。

台山核电厂 1 号机组于 2018 年 12 月 13 日完成 168 小时示范运行，具备商运条件，成为全球首台具备商运条件的 EPR 三代核电机组。2 号机组于 2019 年 9 月 7 日具备商运条件。台山核电厂建设之初就充分吸收了欧洲两个 EPR 先行项目的经验，使台山核电初期工程得以快速推进，最终处于同类机组的首堆位置。

EPR 技术是由法国电力公司及其子公司法马通共同开发的三代核电技术。该技术吸收了过去 40 年国际上积累的压水堆核电机组的运行经验和技术，其中的主要技术已经经过 40 多年来全球 357 台在运压水堆核电机组数千堆•年的运营检验，满足欧洲用户标准和国际原子能机构标准的要求，也满足中国核安全法规的要求。

与 20 世纪八九十年代合作建设大亚湾核电厂不同，台山核电厂工程采用中外联合设计、合作制造的模式，工程管理、建安施工、工程调试和生产运营全部“以我为主”，部分技术借助外方支持。

核岛设计供货由阿海珐公司与中广核工程有限公司、中广核设计公司组成的联合体承担，中方承担的设计工作和供货份额超过 50%，主设备国产化比例达到 50%；汽轮发电机组由东方电气集团与阿尔斯通（ALSTOM）组成的联合体承担，中方份额达到 2/3；常规岛设计供货由中广核工程有限公司、中广核设计公司、阿尔斯通及广东电力设计院组成的联合体承担。

台山核电一期工程 2 台机组采用“中外合作、共同设计、共同建设”的模式，有效推动了中法双方在三代核电技术领域的合作，对中法核电装备制造业的发展意义重大。其中，世界最大单机容量175万千瓦的台山核电厂1号机组核能发电机由中国东方电气集团东方电机有限公司于 2013 年 8 月 24 日完成制造。作为 EPR 全球首堆工程，台山核电项目为世界范围内同类型机组的建设提供了宝贵经验和解决方案。

2019 年，台山核电厂 1、2 号机组发电量共 185.04 亿千瓦·时，上网电量共 173.09 亿千瓦·时。[1]

[1] 《2019 年 1—12 月全国核电运行情况》，中国核能行业协会，2020 年 2 月 12 日。

第四编

核电工业的安全高效发展

（2011—2019）

进入“十二五”，世界经济处于国际金融危机之后的深度调整期，复苏进程艰难曲折；国内经济步入新常态、转型升级压力加大。面对复杂严峻的形势，中国始终坚持对外开放的基本国策，实施更加积极主动的开放战略，以开放促改革促发展促创新，推动内需与外需、出口与进口、“引进来”与“走出去”、东部与中西部协调发展，对外开放再上新台阶，开放型经济对经济社会发展的贡献日益突出。

到“十二五”末期，中国经济、科技实力显著增强。国内生产总值稳居世界第二位。综合国力稳居全球第一阵营。中国基础设施水平全面跃升。科技创新能力明显增强。科技整体水平加速提升，一批重大科技成果达到世界先进水平。高铁、核电、特高压输变电等重大创新成果加速应用，产生重大效益。对外开放成绩显著，成为主要对外投资大国。生态文明制度、法律法规不断完善，相关的体制机制改革和重点建设任务全面推进，能源结构逐步优化。2013 年 9 月和 10 月，中国国家主席习近平在出访中亚和东南亚国家期间，先后提出共建“丝绸之路经济带”和“21 世纪海上丝绸之路”（简称“一带一路”）的合作倡议，得到国际社会高度关注。

“十二五”期间，中国装备制造业持续快速发展，产业规模、技术水平和国际竞争力大幅提升，国际产能和装备制造合作步伐加快，集群式、抱团式走出去增多，涌现一批大型投资合作项目。“十二五”期间，中国电力工业发展规模迈上新台阶，结构调整取得新成就，节能减排达到新水平，装备技术创新取得新突破，电力国际合作拓展新局面，体制改革开启新篇章。截至 2015 年年底，全社会用电量达到 5.69 万亿千瓦•时，全国发电装机容量达到 15.3 亿千瓦，220 千伏及以上输电线路合计 60.9 万千米，变电容量 33.7 亿千伏安。非化石能源在一次能源消费中的比重从 2010 年的 9.4%提高到 2015 年的 12%，超额完成了预定目标。

“十三五”期间，中国经济运行总体平稳，经济结构持续优化，国内生产总值从不到 70 万亿元增加到超过 100 万亿元。创新型国家建设成果丰硕，取得一批重大科技成果。污染防治力度加大，资源能源利用效率显著提升，生态环境明显改善。全面深化改革取得重大突破，供给侧结构性改革持续推进，对外开放持续扩大，共建“一带一路”成果丰硕。经过五年持续奋斗，“十三五”规划主要目标任务胜利完成。国家科技重大专项集中力量抢占制高点，攻克了一批关键核心技术，大幅带动了科技创新型企业快速成长。

“十三五”既是中国全面建成小康社会的决胜期，深化改革的攻坚期，也是电力工业加快转型发展的重要机遇期。这一时期，电力工业面临供应宽松常态化、电源结构清洁化、电力系统智能化、电力发展国际化、体制机制市场化等一系列新形势、新挑战。相应地，电力发展的基本原则是：“统筹兼顾、协调发展，清洁低碳、绿色发展，优化布局、安全发展，智能高效、创新发展，深化改革、开放发展，保障民生、共享发展”。“十三五”期间，中国引进三代核电项目陆续投产，实现良好运行。核电产业投资力度加大，建设节奏趋于稳定，AP1000 技术引进消化吸收基本完成。初步建立起产学研用深度融合的核能科技创新体系和成果转化平台，核电自主创新能力显著增强。一直制约中国核电发展的装备制造技术取得突破，制造业水平得以提升，压力容器、蒸汽发生器、数字仪控系统、爆破阀等关键设备实现了国产化；建成了全球规模最大、最完整的三代核电非能动安全技术试验验证平台。“十三五”期间，中国核电运行安全状况良好，核安全监管能力水平不断提升，核事故应急体系基本完善，配套制度改革取得积极进展。

核电产业形成以来，如何提高核电厂的安全性、经济性和可靠性是核电发展的核心关注问题。福岛核事故后，各国高度关注核电安全问题，中国加强了在役核电厂的运行管理。开展核电运行、维修、在役检查等技术的研究，完善了运行评估和经验反馈体系，加强运行管理，确保了在役核电厂的安全稳定运行。开展核设备鉴定与核工业无损检测验证技术研究，建立了中国核设备鉴定体系和核工业无损检测技术验证体系。2013 年发布的《核电安全规划（2011—2020 年）》和《核电中长期发展规划（2011—2020 年）》强调，发展核电必须按照确保环境安全、公众健康和社会和谐的总体要求，把安全第一的方针落实到核电规划、建设、运行、退役全过程及所有相关产业。2014 年 11 月 19 日，国务院办公厅发布的《能源发展战略行动计划（2014—2020 年）》指出，到 2020 年，在运核电装机容量达到 5800 万千瓦，在建装机容量达到 3000 万千瓦以上。

“十一五”“十二五”时期，中国核电工业现代化进程加速，在利用已经掌握的二代改进型核电技术，建设一批二代改进型核电机组的同时，引进具有国际先进水平的三代核电技术，建设浙江三门和山东海阳两个核电自主化依托项目。在自主建设和引进三代技术建设核电项目的过程中，通过关键技术攻关和研发，实现再创新，研制出具有中国自主知识产权的新一代核电品牌——“华龙一号”“国和一号”。核电项目的自主建设促进了中国核电产业升级，核电重大装备设计制造能力全面提升，核燃料元件制造从引进、消化、吸收、再创新走向自主化研制的产业升级之路，核电厂安全级仪控系统取得突破，有效满足了中国核电“走出去”的需求。安全运行业绩显著提升，核与辐射监管体系不断完善，行业人才素质持续提升，确保了这一时期核电工业安全高效发展目标的实现。

“十三五”末期，中国产业发展进入从规模增长向质量提升的重要窗口期。2019 年，中国扎实推进“四个革命、一个合作”[1]能源安全新战略，聚焦绿色低碳转型，继续深化能源供给侧结构性改革，既保持了量的合理增长，又实现了质的稳步提升。能源供需总体平稳增长，结构进一步优化，单位 GDP 能耗持续下降。其中，核能得到进一步发展。核电是高效、清洁、安全和经济的能源，具有资源消耗少、环境影响小和供应能力强等许多优点。发展核电是中国社会经济不断发展和人民生活水平不断提高的需要，也是优化中国能源结构、缓解环境污染和保证能源安全的需要。中国是世界上少数拥有比较完整核工业体系的国家之一，一直有序、积极地推进核电的应用。但受 2011 年日本福岛核电事件的影响，中国核电工程建设出现滞缓现象，投资规模有所下降。截至 2019 年，中国核电工

[1] “四个革命、一个合作”，是习近平总书记在 2014 年 6 月 13 日中央财经领导小组第六次会议上提出的能源安全新战略。“四个革命”是指推动能源消费革命，抑制不合理能源消费；推动能源供给革命，建立多元供应体系；推动能源技术革命，带动产业升级；推动能源体制革命，打通能源发展快车道。“一个合作”是指全方位加强国际合作，实现开放条件下能源安全。

程建设投资规模为 335 亿元，同比下降 25.1%。核电装机容量保持向好的趋势，2018 年核电装机量突破 4000 万千瓦。截至 2019 年，中国核电装机容量达到 4874 万千瓦，同比增长 9.14%。2013—2019 年，中国核电装机容量复合增长率 22.17%。随着中国核电项目陆续完工投产，核电应用进一步推广，中国核电发电量保持增长的趋势。截至 2019 年，中国核电发电量达到 3487 亿千瓦·时，同比增长 18.4%。值得注意的是，虽然发电量持续增长，但核电在整个发电总量中的占比仍然较低，仅约为 4%的比重，距离全球平均水平仍有差距。

自 2015 年核准 8 台新建核电机组后，中国核电行业经历了 3 年多的“零核准”状态，在 2019 年迎来复苏。有序稳妥推进核电建设仍然是中国的基本战略，安全高效发展核电是全面进入清洁能源时代的必然选择。

2019 年 9 月 3 日，中国政府首次发布《中国的核安全》白皮书，全面分享了中国核安全监管理念和实践，有效回应了社会公众对核安全的关切，展示出中国倡导构建核安全命运共同体的决心和行动力。与此同时，《中华人民共和国核安全法》的颁布为实现核能利用的持久安全和健康发展提供了法制保障。核安全法规标准顶层设计日趋完善，修订工作加快。

第七章

核电发展的重大突破与成就

在核工业发展的历史进程中，中国核电走出了一条自主设计、自主建造、自主运营、自主管理的自力更生发展民族核电与“高起点起步，引进、消化、吸收再创新”相结合的自主发展之路，通过持续自主创新和引进 AP1000、EPR 等先进三代核电技术，核电自主研发能力得到跨越式提高，成功研发出具有中国自主知识产权的“华龙一号”“国和一号”核电技术，中国核电实现从“中国制造”到“中国创造”的历史性转变。

一直以来，中国把核电的质量控制、全寿命周期核安全摆在重中之重的位置。通过进一步加强顶层设计，营造发展环境，构建起一整套安全合理、系统完备、科学规范、运行有效的制度和人才体系，夯实核电安全基础。在核安全法制建设和监管方面，中国核安全体系日渐完善。1959 年二机部设立安全防护处和劳动保护处；1960 年国务院批准成立由卫生部和二机部双重领导的、负责全国核安全卫生防护工作的卫生防护局；1984 年 10 月，国务院批准成立国家核安全局，1998 年并入国家环境保护总局，对核安全实施统一监管，逐步建立起独立、公开、法治、理性、有效的监管体系。《中华人民共和国核安全法》的发布使得中国核安全法律法规体系更趋完备。

核电装备制造业是典型的技术密集型和资金密集型行业，汇集了大量的前沿技术，代表一国的技术创新能力和制造业水平。核级设备要求高、难度大，通过大力推进自主创新和消化吸收国外先进技术，中国核电关键设备和材料的自主化、国产化取得重大进步，掌握了关键设备设计、制造的核心技术。国内核电装备制造业产品供应链已经全面覆盖了国内建设的各类核电堆型，国内核电装备制造能力达到了国际先进水平。从大亚湾核电厂1%的国产化率，到岭澳核电厂一期 30%的国产化率、岭澳核电厂二期 64%国产化率，再到“华龙一号”“国和一号”85%以上的国产化率，中国核电设备自主化能力持续提升，这一进程也成为中国核电逐步走向独立自主的真实写照。

中国核电“走出去”从“借船出海”走向“造船出海”。“华龙一号”走出国门，“华龙一号”海外示范工程——巴基斯坦卡拉奇核电 2 号、3 号机组工程——进展顺利。2016 年 9 月 29 日，中国广核集团与法国电力集团、英国政府签署了英国新建核电项目一揽子协议，实现了中国核电走出去的历史性突破。

2015 年 1 月 15 日，在中国核工业创建 60 周年之际，中共中央总书记习近平作出重要指示，对中国核工业取得的成就给予充分肯定，为新形势下中国核工业发展指明了方向。习近平指出，60 年来，几代核工业人艰苦创业、开拓创新，推动中国核工业从无到有、从小到大，取得了世人瞩目的成就，为国家安全和经济建设作出了突出贡献。核工业是高科技战略产业，是国家安全重要基石。要坚持安全发展、创新发展，坚持和平利用核能，全面提升核工业的核心竞争力，续写中国核工业新的辉煌篇章。国务院总理李克强批示指出，希望弘扬传统，聚焦前沿，全面提升核工业竞争优势，推动核电装备“走出去”，确保核安全万无一失，为把中国建成核工业强国而继续奋斗。

第一节　“十二五”“十三五”时期的方针政策

日本福岛核事故后，中国核电建设一度陷入低潮。2012 年 10 月，国务院常务会议讨论并通过《核电安全规划（2011—2020 年）》和《核电中长期发展规划（2011—2020 年）》，明确“十二五”期间只在沿海安排建设少数经过充分论证的核电项目，不安排内陆核电项目。“十三五”期间中国的能源结构向清洁低碳方向调整，核电始终被寄予厚望。核电规划以沿海核电带为重点，安全建设自主核电示范工程和项目。建成三门核电 1、2 号机组及海阳核电 1、2 号机组 AP1000 项目。建设福建福清核电 5、6 号机组及广西防城港 3、4 号机组“华龙一号”示范工程。开工建设山东荣成核电 CAP1400 示范工程。开工建设一批沿海新的核电项目，加快建设田湾核电三期工程。积极开展内陆核电项目前期工作。加快论证并推动大型商用后处理厂建设。加强核燃料保障体系建设。

国家领导人也多次在重要会议上提出推动沿海地区核电项目建设。2014 年 4 月 18 日，在新一届国家能源委员会首次会上，国务院总理李克强强调，在采用国际最高安全标准、确保安全的前提下，适时在东部沿海地区启动新的核电重点项目建设。[1]同年 6 月 13 日，在中央财经领导小组会议上，中共中央总书记习近平强调，在采用国际最高安全标准、确保安全的前提下，抓紧启动东部沿海地区新的核电项目建设。

一、《核电安全规划（2011—2020 年）》和《核电中长期发展规划（2011—2020 年）》的发布

2011 年福岛核事故之后，中国暂停了所有核电新项目的审批，这使得包括福建福清核电厂、广东阳江核电厂在内的多个核电项目的建设进度不得不推迟。按照当时的定调，在《核电安全规划（2011—2020 年）》和《核电中长期发展规划（2011—2020 年）》出台之前，中国不会重启核电新项目的审批。

根据核电行业 2011 年年底的统计，中国沿海地区有 21 台核电机组的建设项目已经获得国家发展改革委的批复，同意开始前期工作。在这些项目中，除辽宁徐大堡、山东石岛

[1] 《李克强：积极发展清洁能源　推动改善环境质量》，《人民日报》，2014 年 4 月 21 日，第 1 版。

湾和广东陆丰三个项目外，其余都是在现有核电项目基础上的扩建项目。如果这些项目顺利开工，未来三年中国将平均每年新建 7 台核电机组，总装机容量超过 2000 万千瓦。

2012 年 10 月 24 日，国务院常务会议再次讨论并通过《核电安全规划（2011—2020 年）》和《核电中长期发展规划（2011—2020 年）》。2013 年 2 月，国务院正式批准《核电安全规划（2011—2020 年）》和《核电中长期发展规划（2011—2020 年）》。在原发展规划基础上，进一步对接新形势，充分认识核安全的重要性和紧迫性，坚持把安全放在核电发展首位，按照热中子—快中子—受控核聚变“三步走”发展战略，以百万千瓦级压水堆为主，积极推进高温气冷堆、商业快堆以及其他安全性能优良堆型的基础研究、开发设计和工程建设工作，配套建立独立完整和先进的核燃料循环体系，计划至 2020 年运行装机容量达 5800 万千瓦、在建装机容量达 3000 万千瓦。

《核电中长期发展规划（2011—2020 年）》提出，稳妥恢复正常建设，合理把握建设节奏，稳步有序推进；科学布局项目，“十二五”时期只在沿海安排少数经过充分论证的核电项目厂址，不安排内陆核电项目；提高准入门槛，按照全球最高安全要求新建核电项目，新建核电机组必须符合三代安全标准。

二、四部委《关于进一步加强核电运行安全管理的指导意见》的联合印发

自 20 世纪 80 年代中国核电事业起步开始，就确立了安全第一的发展方针。党的十八大后，中国更加强调核电安全，把核安全纳入国家安全体系，提出理性、协调、并进的核安全观。2014 年 4 月，习近平总书记在主持召开中央国家安全委员会第一次会议时提出总体国家安全观，首次将核安全纳入国家安全体系，清楚地指明了核电安全的极端重要性。

2017 年，国家发展改革委、国家能源局、环境保护部、国家国防科技工业局在全行业联合组织开展了为期一年的“核电安全管理提升年”专项行动。专项行动分三个阶段：一是企业自查；二是现场检查；三是整改提升。2017 年 5—8 月，国家发展改革委、国家能源局、环境保护部、国家国防科技工业局联合组织 260 多名专家，对各有关核电集团和核电基地开展现场检查，并于 2017 年 11 月 29 日在北京召开“核电安全管理提升年”专项行动总结交流会。这次专项行动是中国核电发展历史上检查范围最广、持续时间最长、动员力度最大、参与人数最多的一次安全大检查，是对中国核电安全状况的一次全面“体检”。一是检查对象全覆盖，涉及各有关核电集团总部、13 个核电基地、56 台在运在建机组；二是检查内容全面，共 21 项检查项目、299 项检查指标；三是检查方式多样；四是各部门各司其职、通力配合。

总体上看，中国核电安全管理体系健全，安全监管严格有效，核安保、核应急管理比较完备，在运在建核电机组安全和质量可控、在控，核电安全是有保障的。2017 年中国核电运行指标继续保持国际先进水平，85%的指标优于世界中值水平，74%的指标达到世界先进值水平，较 2016 年分别提高 3.4、3.9 个百分点，全年未发生 1 级及以上运行事件，无安全意义的 0 级运行事件数量同比下降 46%。

检查中发现，核电厂在制度落实、管理精细化等方面存在一些不到位的地方。针对这些问题，四部委会同有关单位和专家研究进一步加强核电安全管理。其间，多次召开座谈会，听取相关部门、企业、专家的意见，凝聚行业共识，聚焦核电运行关键环节，坚持问题导向，形成了《关于进一步加强核电运行安全管理的指导意见》。

2018 年 5 月，国家发展改革委、国家能源局、生态环境部、国家国防科技工业局联合印发《关于进一步加强核电运行安全管理的指导意见》，提出坚持创新、协调、绿色、开放、共享的发展理念，坚持理性、协调、并进的核安全观，坚持安全第一、预防为主、责任明确、严格管理、纵深防御、独立监管、全面保障的原则，加强核安全文化建设，落实安全生产主体责任，将确保安全的方针落实到核电运行管理各个环节、各项工作中，确保核电安全万无一失。目标是确保核电运行安全始终处于受控状态，运行安全水平始终保持国际前列并持续提升；核电企业安全管理体系更加完善，安全生产责任制全面落实，安全管理水平持续提升；政府安全管理能力不断提高，核电行业安全管理、核安全监管、核应急响应、核安保能力进一步增强；核电安全得到更加充分、全面、有效的保障。

三、三代核电首批项目试行上网电价政策的出台

2002 年国务院发布的《电力体制改革方案》[1]在中国电力改革进程中具有里程碑式的意义。这不仅仅是因为它提出了厂网分开、主辅分离和独立监管等重大改革政策，更是因为它顺应了整体经济体制转型的浪潮，正式确立了中国电力市场化改革的独有特色，即国企改革红利与市场竞争红利的双红利路径。2013 年 6 月 15 日，国家发展改革委印发《关于完善核电上网电价机制有关问题的通知》（发改价格〔2013〕1130 号），明确 2013 年 1 月 1 日后投产的核电机组，实行标杆上网电价政策。2013 年 1 月 1 日以前投产的核电机组，电价仍按原规定执行。2015 年 3 月，《中共中央、国务院关于进一步深化电力体制改革的若干意见》（中发〔2015〕9 号）发布，国家发展改革委、国家能源局于 2015 年 11 月发布 6 个配套文件，作为对《中共中央、国务院关于进一步深化电力体制改革的若干意见》的具体细化和落实，其根本目的就是要将中央文件确定的电力市场体系进行明确和规范，通过输配电价改革、电力市场建设、交易机构的组建和规范运行、有序放开发用电计划、放开售电侧竞争、规范燃煤自备电厂监管等措施，明确市场竞争的主体、机构，建立公平规范的市场竞争规则，完善市场信用体系，充分发挥市场在资源配置中的决定性作用。同时，落实政府在市场监管方面的责任，更好地发挥政府作用。

2017 年 3 月 10 日，海阳核电一期工程上网电价研究课题评审研讨会在海阳召开，国家发展改革委价格司、山东省物价局等方面专家参加会议。会议评审了电价课题报告，对电价消化问题进行了探讨，建议应以海阳核电一期工程实际成本为基础，并考虑海阳核电一期工程作为国家三代核电首批示范机组的实际情况，按照国家核电相关政策，合理核定海阳核电一期工程上网电价水平。8 月 15 日，国家发展改革委价格司组织召开核电电价

[1] 《国务院关于印发〈电力体制改革方案〉的通知》（国发〔2002〕5 号）。

座谈会。参会各方对现行核电标杆电价政策执行情况进行分析评估，对三代核电机组电价事项进行讨论，确定在短期内启动三代核电电价课题研究。9 月 8 日，国家发展改革委价格司在上海召开核电上网电价定价机制研究课题启动会。参会各方共同审议了课题组编制的课题研究大纲，价格司领导进行总结并提出指示意见，要求课题组全面评估核电标杆电价政策执行情况，在对三代核电合理价格机制研究的基础上，进行合理价格水平计算，形成各方都能接受的定价机制方案。12 月 14 日，国家发展改革委价格司组织召开完善核电上网电价机制座谈会，参会各方分别汇报了完善核电上网电价的思路建议。价格司领导针对三代核电定价机制提出指导意见。

2018 年 3 月 30 日，国家发展改革委价格司组织召开了“三代核电价格机制研究”课题讨论会，国网能源研究院、复旦大学分别汇报了价格机制研究、辅助服务市场分析方面的内容，各方围绕课题初稿内容进行了讨论交流。课题组计划修改完善初稿内容，在与各核电集团进一步讨论具体条件后，向国家发展改革委价格司进行汇报。价格司组织相关省份物价部门和专家进行评审确定，依据课题成果研究出台三代核电电价政策。10 月 15 日国家发展改革委价格司在北京组织召开三代核电价格政策座谈会。会议听取了国网能源研究院关于三代核电价格机制研究课题的汇报，各方针对课题内容进行了讨论。12 月 10 日，价格司主持召开三代核电核价专题会议，提出解决电价问题的基本框架，要求三家核电集团及相关省份物价部门根据本次会议情况，在会后书面反馈核价意见，待具备条件后，价格司将向国家发展改革委分管领导进行专题汇报。

2019 年 3 月，国家发展改革委发布《关于三代核电首批项目试行上网电价的通知》，明确对承担技术引进的首批核电机组予以支持，其中广东台山一期核电项目试行价格按照 0.435 0 元/（千瓦·时）执行；浙江三门一期核电项目试行价格按照 0.420 3 元/（千瓦·时）执行；山东海阳一期核电项目试行价格按照 0.415 1 元/（千瓦·时）执行。试行价格从项目投产之日起至 2021 年年底止。

四、《核电厂运行性能指标（试行）》的实施

核电厂的运行经验和监管实践表明，拥有良好运行安全记录的核电厂，在保障核安全方面具备明显的优势。建立核电厂运行性能指标旨在促进核电厂之间运行经验的信息交流，鼓励核电厂追求安全优质的运行业绩，同时也为核安全监管机构等政府相关部门与核电集团公司监督与研究核电厂的运营状况，及时找出核电厂运行中的不良性能和误区，改进核电厂的运行模式和管理制度，提高核电厂整体核安全水平创造了条件。

国际原子能机构（IAEA）早在 20 世纪 80 年代就启动了对核电厂运行性能指标的研究工作，而后随着研究水平的不断提升，国际原子能机构（IAEA）明确要将建立一套科学有效的核电厂运行性能指标作为保障核安全的重要工作之一。在世界其他核电发达国家，建立核电厂运行性能指标体系也是保障核安全的关键措施。2001 年 3 月，美国核管理委员会（NRC）针对美国 103 座核电机组采用的核电厂运行性能指标体系进行了改进和调整，并将监督领域分为反应堆安全、辐射安全和电厂防灾或其他安全威胁的防护三个

部分，以核电厂运行性能指标确保核电厂安全稳定运行。借鉴国际先进经验，并结合中国实际情况，2019 年 7 月 11 日，国家能源局综合司发布《核电厂运行性能指标（试行）》（国能综通核电〔2019〕60 号），要求中核集团、中广核、国家电投、中国华能于每月 8 日将上月的核电机组运行性能指标数据报送至中国核电发展中心，涉及一般及以上安全质量环境事故数量、执照运行事件数量、燃料可靠性、工业安全事故率、承包商工业安全事故率等。这对于指导中国核电厂安全运行具有重要意义。

《核电厂运行性能指标（试行）》对相关运行性能指标进行了规定和说明。具体包括：关于核电厂运行性能指标的设置，安全质量维度指标 14 个，运行生产维度指标 12 个，共计 26 个；《核电厂运行性能指标（试行）》设置的 26 个核电厂运行性能指标，满足以下几点原则：一是明确性，要求性能指标必须具备明确的定义，对核电厂运行有明确的影响和意义；二是可量化性，要求性能指标能够被量化表现，以便在不同核电厂之间对这些性能指标进行对比分析；三是可实现性，要求性能指标的目标值应当能够在核电厂的努力下加以实现，有利于改进和提升核电厂的安全性；四是相关性，要求性能指标应当能够充分反映核电厂的核安全水平、运行可靠性、辐射安全、人员安全以及核电厂运行的经济性等；五是时效性，要求性能指标应当能够明确反映核电厂一段时间内的运行业绩和安全状况，必须具备及时有效的特点。核电厂运行性能指标状态按照规定分为优秀、中值和待改进三类。优秀代表指标状态良好，达到或优于管理预期目标；中值代表指标状态与行业卓越性能目标存在改进空间，需要核电厂关注；待改进代表指标状态偏离良好预期，需采取措施实现改进提升。

核电厂运行性能指标是核电厂运行安全性能方面的一种评价工具，通过收集指标数据，评估核电厂安全性能，找出核电厂运行安全的薄弱环节，不断提高核电厂的安全性。《核电厂运行性能指标（试行）》规定的核电厂运行性能指标，适用于核电厂运行阶段的生产管理活动（运行阶段的起始点以核电机组首次装料为标志，对于首次装料后暂不具备统计条件的指标可待具备统计条件后开始统计），对提高中国核电厂安全性意义重大。《核电厂运行性能指标（试行）》的发布，为进一步加强核电厂运行管理，完善核电厂运行性能指标体系，推进核电行业对标管理，促进核电企业追求卓越和持续改进发挥了重要作用。

五、《关于加强核电标准化工作的指导意见》的发布

安全高效发展核电是中国能源战略的重要组成部分。核电标准化是支撑中国核电安全和可持续发展的重要保障，是促进核电“走出去”的重要抓手，对推动中国由核电大国向核电强国迈进具有重要意义。为进一步加强中国核电标准化工作，2018 年 7 月 23 日，国务院印发了《关于加强核电标准化工作的指导意见》（简称《意见》）部署进一步加强中国核电标准化工作。

《意见》指出，要以习近平新时代中国特色社会主义思想为指导，全面贯彻党的十九大和十九届二中、三中全会精神，立足中国核电长远发展，坚持标准自主化与国际化相结合，凝聚共识，自主创新，加快建设一套自主、统一、协调、先进、与中国核电发展水平相适应的核电标准体系，充分发挥标准的规范、引领和支撑作用，推动核电技术和装备进

步，促进中国核电安全和可持续发展。《意见》明确，到2019年，形成自主统一的、与中国核电发展水平相适应的核电标准体系；到2022年，国内自主核电项目采用自主核电标准的比例大幅提高，中国核电标准的国际影响力和认可度显著提升；到2027年，跻身核电标准化强国前列，在国际核电标准化领域发挥引领作用。

《意见》着眼于解决当前核电标准化工作中面临的标准体系不完善、实施应用不理想、国际认可度和影响力不够等突出问题，提出了5类共11项重点任务：一是优化完善核电标准体系。加快推进核岛机械设备标准技术路线统一，加强标准制修订工作，建立能源行业核电标准动态管理机制，提高标准质量。二是推动核电标准广泛应用。完善与核安全相关标准的认可制度，优化实施反馈机制，实现标准实施—反馈—提升的良性循环。三是扩大核电标准国际影响。推动与核电贸易国建立双边、多边合作机制；加强与核电强国的标准技术交流与合作，推动标准互认、标准共建及技术交流等合作。四是强化核电标准能力建设。建立核电标准信息化工作平台，加强人才队伍建设，支撑核电标准长远发展。五是提升标准自主创新水平。全面开展标准化科研，加强科研成果转化，适时将技术创新成果转化为标准。同时，《意见》明确了建立机制、政府引导、企业配套、资金支持等组织落实措施。

六、《中国的核安全》白皮书的发布

经过30多年的努力，中国已经形成了一套行之有效的、既符合中国国情又接轨国际的核安全监管体系。包括相对完善的法规标准体系，全过程、全方位的核安全许可制度，专业相对完整、分工较为明确的监管机构队伍。贯穿立法、许可、监督、执法、应急、辐射监测、公众沟通等所有工作环节的内部程序制度，并卓有成效地开展了核安全监管工作。中国核安全监管模式与国际接轨，监管水平与国际水平基本一致。

2000年、2004年、2010年和2016年，国际原子能机构对中国开展了4次核安全监管全面综合评估及回访。2016年9月，国际原子能机构对中国开展核与辐射安全综合跟踪评估，认为中国核安全监管有效性不断增强，监管法治化、规范化、国际化程度持续提高，环境保护部（国家核安全局）是一个有效、可靠的核与辐射安全监管部门。

2019年9月3日，国务院新闻办公室发表《中国的核安全》白皮书。《中国的核安全》是中国政府发表的第一部核安全白皮书，白皮书全面介绍了中国核安全事业的发展历程，阐述中国核安全的基本原则和政策主张，分享中国核安全监管的理念和实践，阐明中国推进全球核安全治理进程的决心和行动。白皮书指出，中国始终把保障核安全作为重要的国家责任，始终以安全为前提发展核事业，不断推动核安全与时俱进、创新发展，保持了良好的安全记录，走出了一条中国特色核安全之路。

第二节　日趋完善的核与辐射安全法律法规

政策法规是核与辐射安全监管的标尺，更是避免系统性风险的根本保障。自中国政府酝酿核电建设之初，核安全就受到了高度重视。“十一五”和“十二五”时期，中国核与辐射安全监管快速发展，立法工作稳步推进，法规体系更加完善。中国核安全监管部门一直致力于推动核与辐射安全法规标准体系的科学化、规范化，努力提升核与辐射安全监管的有效性。《中华人民共和国核安全法》作为核安全领域的顶层法律，是国家安全法律体系的重要组成部分，建立从高从严的核安全标准体系，为实现核能的持久安全和健康发展提供了坚实的法制保障。同时，经过不懈努力，中国已基本上建立起一套与国际接轨的核与辐射安全法规体系。

一、《中华人民共和国核安全法》的发布

2011 年以来，随着社会公众对核能产业发展中存在的安全问题愈发关注，以及在国际上发生新的重大核事故背景下，核安全问题已成为影响核能产业发展的重要因素。鉴于中国核安全法律存在的不足和缺失，不利于核安全水平的进一步提高，迫切需要制定一部全面规范核能开发利用活动的核安全法律，国务院于 2012 年两次召开常务会议，审议通过了相关核安全规划，明确提出要抓紧研究制定《中华人民共和国核安全法》（简称《核安全法》）。

为推动核安全立法，做好有关立法的技术支持工作，2012 年 12 月，国家核安全局着手开始《核安全法（草案）》的编制准备工作。2013 年 9 月，十二届全国人大常委会立法规划将《核安全法》列为二类立法项目，明确由全国人大环境与资源保护委员会（简称全国人大环资委）负责牵头起草。2013 年 11 月，国家核安全局接受全国人大环资委的委托，迅速形成了《核安全法（草案）》编制工作方案。2015 年 7 月 1 日，十二届全国人大常委会第十五次会议通过《中华人民共和国国家安全法》，首次将核政策写入法律。

2016 年 4 月，国家主席习近平出席在美国举行的第四届核安全峰会[1]，他在会上指出，确保核安全是各国应尽之责，我们要结合国情，从国家层面部署实施核安全战略，制定中长期核安全发展规划，完善核安全立法和监督机制，并确保相关工作得到足够投入和支持。中共中央、全国人大常委会和国务院高度重视核安全工作，全国人大常委会将《核安全法》立法工作纳入十二届全国人大常委会立法规划，交由全国人大环资委牵头起草并提请审

[1] 第四届核峰会于 2016 年 3 月 31 日—4 月 1 日在华盛顿举行。峰会主题是讨论核恐怖主义威胁的演变，并重点讨论各国可采取的应对措施，以最大限度地减少高浓缩铀的使用、确保核材料安全、打击核材料走私，吓阻、侦查和挫败实施核恐怖活动的图谋。2016 年 4 月 1 日，国家主席习近平抵达美国首都华盛顿，应美国总统奥巴马邀请，出席第四届核安全峰会。

议，按照立法规划关于任务、时间、组织、责任四落实的要求，全国人大环资委成立了立法工作领导小组，制定了工作方案和工作计划，认真研究了相关国内立法和国际立法经验，赴广东、浙江、江苏、北京、四川和甘肃等省、自治区、直辖市，针对核电企业、科研单位和政府相关部门进行调研，组织国务院有关部门、有关科研学术单位、有关企业和律师、学者等，对核安全立法工作中涉及的相关法律问题和技术问题，通过组织召开座谈会、研讨会，举办专题讲座等形式开展立法项目论证和专题研究工作，最终形成《中华人民共和国核安全法（草案）》，该草案于 2016 年 6 月 8 日，经环资委第二十三次会议审议通过，提请全国人大常委会审议。

2016 年 10 月 31 日，全国人大环境与资源保护委员会副主任委员在十二届全国人大常委会第二十四次会议上作了关于《中华人民共和国核安全法（草案）》的说明；2017 年 4 月 24 日，全国人大法律委员会副主任委员在十二届全国人大常委会第二十七次会议上作了全国人民代表大会法律委员会关于《中华人民共和国核安全法（草案）》修改情况的汇报；2017 年 8 月 28 日，全国人大法律委员会副主任委员在十二届全国人大常委会第二十九次会议上作了全国人民代表大会法律委员会关于《中华人民共和国核安全法（草案）》审议结果的报告；9 月 1 日，全国人大法律委员会副主任委员作了全国人民代表大会法律委员会关于《中华人民共和国核安全法（草案）》（三次审议稿）修改意见的报告，会议正式审议通过了《中华人民共和国核安全法》，并由习近平签署第七十三号主席令公布，自 2018 年 1 月 1 日起施行。

二、《放射性废物安全管理条例》的发布

核能是国家满足电力需求、优化能源结构、保障能源安全和环境安全、促进社会经济发展的关键，放射性废物的安全管理是影响核能发展的重要因素，放射性废物的处理处置问题与社会公众健康和环境安全密切相关，放射性废物安全管理是确保核能健康可持续发展的重要前提，一直以来受到国家的高度重视。2003 年 10 月 1 日，《中华人民共和国放射性污染防治法》开始施行，它对中国的放射性废物管理做了原则性的规定，但并不具体，可操作性不够，尤其是对放射性废物贮存、处置机构的资质管理及技术要求并不明确，各省在对核技术应用产生放射性废物（源）的管理上经常采用互相借鉴的方法，国家对核工业尤其是核电行业产生的放射性废物（包括高、中、低放射性废物）的处置也亟须解决。

2011 年 11 月 30 日，国务院常务会议正式通过了《放射性废物安全管理条例》，2011 年 12 月 20 日由中华人民共和国国务院第 612 号令公布，自 2012 年 3 月 1 日起施行，用以进一步规范放射性废物的安全管理，保证核技术应用和核能事业的发展。《放射性废物安全管理条例》细化了《中华人民共和国放射性污染防治法》中的相关规定，使法律更加具体化、规范化，增强了相关规定的可操作性。《放射性废物安全管理条例》的发布实施，进一步完善了放射性固体废物贮存、处置许可制度；明确许可的条件、程序等规定；强化对放射性废物处理、贮存、处置活动的安全监管措施；保证处理、贮存、处置活动全过程的安全；明确处置设施的选址建造、安全条件和关闭后的安全监护等要求；确保处置设施

的长久安全；细化相关违法行为的法律责任等，对于核能与核技术利用事业的发展、防止放射性污染具有深远的意义。

《放射性废物安全管理条例》共 6 章，由总则、放射性废物的处理和贮存、放射性废物的处置、监督管理、法律责任和附则组成，主要规定内容如下。

（一）中国放射性废物安全管理的原则与机制

中国放射性废物的安全管理，应当坚持减量化、无害化和妥善处置、永久安全的原则，这一原则同时也是放射性废物安全管理的核心内容和目标，是国内外放射性废物安全管理的经验总结，也是《中华人民共和国放射性污染防治法》等相关法律的基本要求。放射性废物安全管理是全过程控制的系统管理，需要综合考虑涉及放射性废物产生的各个环节，从源头上尽可能减少放射性废物的产生，通过采取处理处置措施确保无害化，最终达到永久安全。国务院环境保护主管部门统一负责全国放射性废物的安全监督管理工作，国务院核工业主管部门、县级以上地方人民政府环境保护主管部门和其他有关部门依照条例规定和各自的职责负责放射性废物的有关管理工作。条例规定，国家对放射性废物实行分类管理，根据放射性废物的不同特性采取有差别的管理措施，以在保证安全的基础上经济有效地管理放射性废物。

（二）中国放射性废物的处理、贮存和处置

放射性废物处理、贮存、处置活动是放射性废物安全管理的三个核心环节，其中处理是指为了能够安全和经济地运输、贮存、处置放射性废物，通过净化、浓缩、固化、压缩和包装等手段，改变放射性废物的属性、形态和体积的活动。贮存是指将废旧放射源和其他放射性固体废物临时放置于专门建造的设施内进行保管的活动。处置是指将废旧放射源和其他放射性固体废物最终放置于专门建造的设施内并不再回取的活动。做好这三个核心环节的安全管理，就可以最大限度地减少放射性废物对环境的影响。因此《放射性废物安全管理条例》对这三个环节的安全监管措施做出了细致规定，例如：规定放射性废物的处理、贮存和处置活动，应当遵守国家有关放射性污染防治标准和国务院环境保护主管部门的规定；要求核设施营运单位、核技术利用单位应当按照规定将其产生的废旧放射源、其他放射性固体废物和不能经净化排放的放射性废液进行处理，并送交具有相应许可证的单位贮存或者处置；明确放射性固体废物贮存、处置单位应当按照规定，对其接收的放射性固体废物进行贮存、处置并建立情况记录档案，加强安全检查和放射性监测，发现异常情况立即采取措施并报告；强化对放射性废物处理、贮存、处置活动的监督检查手段。同时，放射性废物的处理和贮存是一项专业性和技术性很强的工作，要求从事放射性废物相关活动的单位应建立相应的安保制度、人员培训制度，并定期报告相关情况。

（三）放射性废物监督管理和法律责任

《放射性废物安全管理条例》对涉及放射性废物安全管理的监督管理和法律责任做出了规定，包括县级以上人民政府环境保护主管部门和其他有关部门负有对放射性废物处理、贮存和处置等活动的安全性进行监督检查的职责，核设施营运单位、核技术利用单位和放射性固体废物贮存、处置单位也负有涉及放射性废物处理、贮存和处置过程中的安全保卫、技术和人员防范、应急演练、报告情况等相关责任。对于违反《放射性废物安全管理条例》相关规定的行为，该条例也做出相关法律责任的规定和说明。

《放射性废物安全管理条例》的发布实施，对于加强中国放射性废物的安全管理、保护环境、保障人体健康发挥了重要作用。《放射性废物安全管理条例》对放射性废物处置企业及运营机构均提出了更加严格、更加规范的要求，特别是对从事贮存、处置活动，明确了资质管理和准入门槛，提高了相关企业的资质水平。为了确保放射性废物的长期安全，国家要求产生放射性废物的单位不能自行处理、处置放射性废物，对放射性废物实行生产、处理（处置）、监管分开的原则。《放射性废物安全管理条例》从许可条件、程序等方面对相关制度进行了完善：一是从单位主体资格、专业技术能力、设施设备场所、质量保证体系、财务能力等方面，明确了贮存、处置单位的许可条件；二是细化放射性固体废物贮存、处置许可证的申请和审批程序，许可证的内容、有效期限以及变更程序等事项；三是禁止无许可证或者不按照许可证的规定从事放射性固体废物的贮存、处置活动，目的在于解决核能发展过程中产生的放射性废物的出路与安全监管问题。另外，《放射性废物安全管理条例》也明确了必须由国家对放射性废物的处理、贮存和处置进行统筹规划。

三、中国核与辐射安全法规体系的建立和完善

20 世纪 70 年代，中国的核能与核技术利用事业开始转向主要为国民经济建设服务，中国政府开始布局发展核电，并高度重视核安全。与此同时，为实施国家对核电厂安全的独立监管，1984 年 10 月国务院批准成立国家核安全局。20 世纪 80 年代，中国第一批核电项目（秦山核电厂和大亚湾核电厂）开工建设，核安全局迫切需要尽快建立核安全监管的法律法规基础。而国际原子能机构（IAEA）的核安全标准是在总结各核电发达国家经验的基础上，为成员国政府提供的可以采用或参考的建议文本。经国家核安全局联合相关部委进行研究，将国际原子能机构核安全标准确立为中国核与辐射安全法律法规体系的发展方向。

中国的核与辐射安全法律法规体系是以国际原子能机构的安全标准体系为蓝本编制，结合中国几十年核工业发展经验形成的，既与国际核安全监管实践接轨，又符合中国实际情况，为全面保障中国的核与辐射安全发挥了重要作用。中国的核与辐射安全法律法规体系已基本形成，由法律、行政法规、部门规章、导则和多项技术文件组成。其中，法律由全国人民代表大会或全国人民代表大会常务委员会制定并发布，具有高于行政法规和部门规章的效力；行政法规由国务院根据宪法和法律制定并发布，具有强制力；部门规章由国务院有关部门根据法律和国务院行政法规在本部门权力范围内制定并发布，具有法律约束力；核安全导则由国家核安全局制定并发布，属于推荐性文件；核安全技术文件由国家核安全局制定并发布，作为技术参考。

经过 30 多年的不懈努力，中国基本上建立了一套与国际接轨的核与辐射安全法规体系，中国现行的核与辐射安全法规体系由国家法律、国务院行政法规和部门规章等层级组成，从监督管理的工作内容上形成了由通用系列和其他专项系列组成的多系列法规体系。

通用系列包括《核电厂安全许可证件的申请和颁发》❶《核设施的安全监督》❷《研究堆安全许可证件的申请和颁发规定》❸《核动力厂营运单位的应急准备和应急响应》《核电厂质量保证安全规定》，专项系列包括核动力厂系列、研究堆系列、非堆核燃料循环设施系列、放射性废物管理系列、核材料管制系列、民用核安全设备监督管理系列、放射性物品运输管理系列、放射性同位素和射线装置监督管理系列以及辐射环境系列相关法规。

现行的核与辐射安全法律法规共计 134 项，其中包括法律 2 部，行政法规 7 项，部门规章 27 项，导则 98 项。核与辐射安全法规体系是保障核安全、防治放射性污染、规范和促进核能与核技术利用事业健康可持续发展的重要手段，也是国家核安全监管部门实施监督管理的重要法律依据和技术依据，核与辐射安全法规体系为核安全监督管理制度的建立提供了法律基础和工作指导，对改进核设施的质量和安全发挥了重要作用。

国家法律、国务院行政法规和部门规章等层级的相关法律法规组成了中国核与辐射安全法规体系。《中华人民共和国放射性污染防治法》于 2003 年 10 月 1 日起正式实施；《中华人民共和国核安全法》于 2017 年 9 月 1 日正式发布，自 2018 年 1 月 1 日起施行。这两部法律作为中国的核与辐射安全法规体系的顶层法律，对中国的核安全监管工作具有重要指导意义。另外，国家有关部门正在推动《原子能法》等核能发展相关法律的立法工作。

1986 年和 1987 年，国务院先后发布了《中华人民共和国民用核设施安全监督管理条例》和《中华人民共和国核材料管制条例》，条例系统地规定了民用核设施和核材料监督管理的目的和范围，确立了核安全许可证制度，明确了核材料管制的办法，规定了监管机构和核行业主管部门的职责及营运单位的法律责任。1993 年，国务院发布《核电厂核事故应急管理条例》，规定了核事故应急的方针、对策和措施。2005 年，国务院发布了《放射性同位素与射线装置安全和防护条例》，对放射性同位素与射线装置的分类、生产、销售、使用、转让、进出口及管理等做出了明确规定。2007 年，国务院通过的《民用核安全设备监督管理条例》赋予了国家核安全局在全面实施核安全设备监督管理方面的职能，确定了包括核安全机械设备和电气设备的监管范围，对保障核安全设备设计、制造、安装和无损检验活动的质量有着重要的意义。《放射性物品运输安全管理条例》于 2009 年 9 月 14 日发布，2010 年 1 月 1 日起施行，加强了中国放射性物品运输环节的安全监管，完善了放射性物品运输安全管理制度。《放射性废物安全管理条例》于 2011 年 12 月 20 日发布，2012 年 3 月 1 日起施行，进一步规范了国务院环境保护主管部门对全国放射性废物安全的统一管理。

根据国务院已发布的有关条例，国家核安全局分别于 1987 年 4 月 1 日、1995 年 6 月 14 日、2006 年 1 月 28 日、2019 年 11 月 29 日发布了《核电厂安全许可证件的申请和颁发》《核设施的安全监督》《研究堆安全许可证件的申请与颁发规定》《核动力厂营运单位的应急准备和应急响应》四份配套实施细则。核安全规定是国家核安全局为规范核设施的

❶《中华人民共和国民用核设施安全监督管理条例》实施细则之一。
❷《中华人民共和国民用核设施安全监督管理条例》实施细则之二。
❸《中华人民共和国民用核设施安全监督管理条例》实施细则之三。

技术安全要求而发布的具有法律约束力的文件。截至 2019 年年底，国家核安全局陆续发布了核电厂选址、设计、运行和质量保证安全规定，以及研究堆设计、运行安全规定，民用核燃料循环设施安全规定，核电厂放射性废物管理安全规定等一系列文件。为完善核燃料循环设施监管的法规体系，生态环境部于 2018 年 12 月 20 日发布《乏燃料后处理设施安全要求（试行）》，进一步规范和指导乏燃料后处理设施的选址、设计、建造、调试、运行和退役。为保证民用核安全设备质量，生态环境部分别于 2019 年 6 月 12 日、13 日发布了《民用核安全设备焊接人员资格管理规定》和《民用核安全设备无损检验人员资格管理规定》，以加强民用核安全设备焊接人员和民用核安全设备无损检验人员的资格管理。为规范民用核动力厂、研究堆、核燃料循环设施等核设施安全许可活动，2019 年 8 月 26 日，生态环境部发布《核动力厂、研究堆、核燃料循环设施安全许可程序规定》[1]，该规定自 2019 年 10 月 1 日起施行。

根据国际实践，国家核安全局制定了一系列落实核安全技术要求的支持性文件——核安全导则。核安全导则是说明或补充核安全规定，以及推荐实施安全规定的方法和程序的文件，属于指导性文件，若不执行采用，则必须论证所采用的办法具有等效性，国家核安全局在核与辐射安全法规体系的框架下，陆续制定了 98 项相应的核安全导则。核安全导则是以国际原子能机构的核安全标准为蓝本，结合中国国情而制定的，其版本也随着国际核能与核技术利用的进步而不断升级。

第三节 核电企业的优化整合

中国核电企业优化整合是中国国有企业改革的重要一环。2013 年 4 月，“中国广东核电集团”更名为“中国广核集团”。2015 年 7 月，中国电力投资集团公司与国家核电技术公司重组成立国家电力投资集团，实现优势互补，为核电行业的发展注入新的活力。2018 年 1 月 31 日，中国核工业集团有限公司与中国核工业建设集团有限公司实施重组，企业重组完成后，发挥了“1＋1＞2”的作用。

一、中国广东核电集团有限公司更名为中国广核集团有限公司

中国广核集团有限公司原名中国广东核电集团有限公司（简称广核），是伴随中国改革开放和核电事业发展成长壮大的中央企业。

2013 年 4 月，中国广东核电集团更名为中国广核集团，原公司注册名称中“广东”的地域定位已不能适应集团发展的现实需要，为此，将注册名称由“中国广东核电集团有限公司”变更为“中国广核集团有限公司”。新名称既考虑到与原名称的承继关系，又解

[1] 《核动力厂、研究堆、核燃料循环设施安全许可程序规定》于 2019 年 7 月 11 日由生态环境部部务会议审议通过，2019 年 8 月 26 日正式发布，自 2019 年 10 月 1 日起施行。1993 年 12 月 31 日国家核安全局发布的《核电厂安全许可证件的申请和颁发》、2006 年 1 月 28 日国家核安全局发布的《研究堆安全许可证件的申请和颁发规定》同时废止。

决了原名称的地域局限问题。股东是国务院国资委（持股比例 90%）及代表广东省政府的恒健控股（持股比例 10%）。中国广东核电集团有限公司同步更名为中国广核集团有限公司（简称中广核）。截至 2019 年 12 月 31 日，集团公司注册资本 148.733 7 亿元人民币，职工总人数约 4.1 万人。

从 1979 年到 2019 年，经过 40 年发展，中广核形成了以核为主的产业布局，包括核电、核燃料、核技术应用、新能源、产业金融等，积极培育孵化环保等新业务。截至 2019 年年底，中广核现有二级成员公司 29 家，在运清洁能源控股装机容量 5818 万千瓦，是中国最大的核电集团、世界第三大核电集团，境外天然气发电装机规模居全国第一。

中广核建立了与国际接轨的核电生产、工程建设、技术研发、核燃料供应保障体系，是中国核电发展的主力军、核技术应用产业发展的重要力量，具备在确保安全的基础上面向国内外、跨地区、多基地同时建设和运营管理多个核电项目的能力。

截至 2019 年年底，中广核总资产超过 7500 亿元，核电装机总容量 2714.2 万千瓦（占全国在运核电总装机容量的 55.69%），核电机组总发电量 1901.91 亿千瓦•时，总上网电量 1789.70 亿千瓦•时。

二、中国电力投资集团公司与国家核电技术公司的重组

国家电力投资集团有限公司（简称国家电投）成立于 2015 年 7 月 15 日，由中国电力投资集团公司（简称中电投集团）与国家核电技术公司（简称国家核电）重组而成，注册资本金 450 亿元，是五大发电集团之一，是全球最大的光伏发电企业。

国家电投以控股产业集团——国家核电技术公司为平台，整合了核电资产和业务。国家电投核电业务主要包括：核电项目投资、开发、建设和运营管理；第三代核电技术 AP1000 引进、消化、吸收、研发、应用和推广；核电重大科技专项实施，CAP1400、小堆等先进核电技术研发、应用和推广；核电厂运行、寿期服务，相关设备、材料制造等。

在国家电投的发展版图中，核电具有举足轻重的地位。作为中国第三家拥有核电开发建设运行资质的公司，国家电投拥有全球最先进的非能动三代核电技术。在成立之初，国家电投就承继了中电投集团和国家核电的资源，成为当时五大发电集团唯一拥有核电控股投资运行资质的企业，拥有辽宁红沿河、山东海阳、山东荣成等多座在运或在建核电厂，以及一批沿海和内陆核电厂址资源。中电投集团的核电运营牌照加上国家核电的技术，使国家电投得以成为国务院授权引进核电技术、推进三代核电自主化的实施主体、主要载体和研发平台，以及国家大型先进压水堆核电站科技重大专项 CAP1400、CAP1700 的牵头实施单位和示范工程实施主体。整合后的国家电投具备了核电研发设计、工程建设、相关设备材料制造和运营管理的完整产业链和强大技术实力，肩负着国家三代核电自主化、产业化、国产化的光荣使命。通过开发具有世界先进水平的第三代非能动压水堆核电站 CAP1400，国家电投成为全球核电行业一支重要的竞争力量。截至 2019 年年底，中国三代核电自主化依托项目 4 台机组已全部投入商运，具有自主知识产权的“国和一号”世界先进核电技术，安全性和经济指标达到三代核电的世界先进水平，关键设备国产化率超过

85%，积累知识产权成果 6513 项、国家专利 1052 项。

国家电投还承担了多项国家重大任务。其中牵头组织的国家科技重大专项——重型燃气轮机，是能源动力装备领域的最高端产品，是国家战略性新兴产业。该项目已取得自主铸成大尺寸一级静叶、完成 40 万千瓦级 H/G 级研发设计等里程碑成果。

2016 年，国家电投开始投入氢能技术研发。2019 年，国家电投正式进军氢能、储能领域，并作为战略新兴产业重点发展，随后与德国西门子公司在氢能技术、制氢科创项目、氢能产业能力培育和标准制定等领域开展合作。国家电投自主研发具有国际水准的百万千瓦级功率氢燃料电池组装及系统集成技术，氢能产业已突破基础原材料、关键制造工艺、集成设计与装配等关键问题。2019 年 7 月，研制成功的百万千瓦级功率金属双极板氢燃料电池电堆，在“灵雀 H”[1]飞机获得验证。

国家电投连续 7 年被列入世界 500 强企业，2019 年位列第 362 位。资产总额 1.08 万亿元。截至 2019 年年底，核电装机总容量 698 万千瓦。

三、中国核工业集团有限公司与中国核工业建设集团有限公司的重组

中国核工业集团有限公司（简称中核集团）是经国务院批准组建、中央直辖管理的国有重要骨干企业，前身为第三机械工业部、第二机械工业部、核工业部、中国核工业总公司，创建于 1956 年。1999 年 7 月，根据国务院机构改革的决定，在中国核工业总公司的基础上改组为中国核工业集团公司。2013 年开始，中国核工业集团公司组建董事会，并建立了与董事会相配套的经营管理体制机制。2017 年 12 月，中国核工业集团公司名称变更为中国核工业集团有限公司，企业类型由全民所有制变更为有限责任公司（国有独资）。2018 年 1 月 31 日，经国务院批准，中国核工业集团有限公司与中国核工业建设集团有限公司（简称中国核建）实施战略重组，注册资本金 595 亿元，中国核建整体无偿划转进入中核集团，不再作为国务院国资委直接监管企业。这是继中国电力投资集团公司与国家核电技术公司、国电集团与神华集团合并后，能源行业第三例落地的央企重组。

2018 年 10 月 24 日和 11 月 1 日，中核集团和中国核建分别审议通过了相关吸收合并方案。2018 年 12 月，两家集团签订《债务承继协议》，明确承继的债务标的。2019 年 1 月 17 日，银行间市场清算所股份有限公司出具《债务承继确认书》，确认已将中国核建存续债务融资工具转移到中核集团相关账户，由中核集团按照原发行条款和条件履行相关债务。

中核集团主要在核电、核燃料循环、核技术应用、核环保工程等领域从事科研开发、设计、建造和生产经营，以及对外经济合作和进出口业务，是国内在运核电和在建核电的主要投资方、核电技术开发主体、最重要的核电设计及总承包商、核电运行技术服务商和核电出口商，是国内核燃料循环专营供应商、核环保工程的专业力量和核技术应用的骨干，是国家核工程建设的龙头企业。

合并重组后，新的中核集团建立起先进核能利用、天然铀、核燃料、核技术应用、工

[1] “灵雀 H”为新能源无人验证机，由中国商飞北京民用飞机技术研究中心和国家电投集团中央研究院共同发起研制。

程建设、核环保、装备制造、金融投资等核心产业以及核产业服务、健康医疗等市场化新兴产业，形成更高水平的核工业创新链和产业链，显著提升了中国核工业的资源整合利用水平和整体国际竞争实力。

中核集团是中国核科技的开拓者，先后创造了“中国第一颗原子弹爆炸成功”“中国第一颗氢弹爆炸成功”“中国第一艘核潜艇成功下水”“中国第一座自行设计建造核电厂——秦山核电厂——并网发电”“中国自主知识产权三代核电技术——‘华龙一号’——全球首堆开工建造”“中国自主研发的第一座快中子反应堆”等多项“新中国第一”；积极拓展核能应用范围，自主研发了多用途模块式小型反应堆（玲龙一号）、“燕龙”泳池式低温供热堆等多种堆型和中国环流器二号 A 核聚变研究装置；是中国核能发展与核电建设的主力军，自北向南建成田湾、秦山、三门、福清、昌江五大核电基地；是国家核工程建设的龙头企业，连续 30 余年不间断从事核电建造，涵盖世界上几乎所有核电主流及科研堆型；是中国唯一并且实现批量出口核电厂的企业，向巴基斯坦出口 7 台核电机组。

重组后的中核集团竞争能力进一步加强，有利于更好地在全球核电市场上竞争。中核集团旗下拥有中国核电、中国核建、中国同辐等 6 家上市企业，集团公司资产证券化率达到 60%，涉核资产和人才队伍规模在国内涉核企业集团中最大，是世界上少数几家拥有完整核工业产业链的企业集团之一；拥有核能发电、核燃料、天然铀、工程建设、核环保、核技术应用、海外市场开发、装备制造、资产管理和金融业务等 10 个专业化公司，作为开拓市场的主力；还有中国核动力研究设计院、中国原子能科学研究院等重要科研院所和机构共计 13 家，作为直属单位直接支持服务集团公司改革创新发展。

四、中国核电公司的上市

党的十八大后，各核电集团将国有优质资产通过发行股票上市融资，拓宽了融资渠道，创新了投融资机制，也有利于倒逼企业规范管理和体制、机制创新，积极推进资产证券化进程、实现股权多元化、探索混合所有制，以增强国有资本活力、影响力和控制力，促进产业发展与资本市场深度融合。

2014 年 12 月 10 日，中国最大的核能发电公司——中国广核电力股份有限公司（简称中广核电力）——在香港联合交易所有限公司主板正式挂牌交易，成为首个上市的内地核电企业。2019 年 7 月，中广核电力 A 股 IPO 获得证监会发审委审核通过，成为首个多地上市的内地核电公司。2019 年 8 月 26 日，中广核电力在深圳证券交易所中小板挂牌上市，成为中国首家实现同时在 A 股和 H 股上市的核电企业。中广核电力 A 股 IPO 创造多项市场纪录，是首家同时在 H 股和 A 股上市的纯核电股，是 2016 年以后至 2019 年年底最大的 H 和 A 股项目。

2015 年 6 月 10 日，中国核能电力股份有限公司在上海证券交易所成功挂牌上市，股票简称“中国核电”，中国核电成为 A 股第一家纯核电上市企业。

2016 年 6 月 6 日，中国核能建设股份有限公司正式登陆上海证券交易所，股票简称“中国核建”。

中广核电力、中国核电和中国核建优质资产的上市，有效提升和改善了企业治理结构和资本结构，在提升品牌价值和社会知名度的同时，也规范企业进一步提高核心竞争力和盈利能力，给广大投资者以满意的回报。有利于调动更多社会资本参与核电建设，破解产业发展资金瓶颈，增强自身造血功能，实现良性发展，为核电大规模发展和走向世界提供有力支撑。

第四节　“华龙一号”示范工程的建设

“华龙一号”不同于以往核电技术采用的157堆芯，独创性地采用177堆芯设计，既提高了堆芯额定功率和发电功率，又降低了燃料的线功率密度，提高了安全性。福建福清核电厂、广西防城港核电厂工程的高质量建设，验证了“华龙一号”核电技术的先进性，继续完善中国自主三代核电的标准体系和品牌建设，推动中国核电“走出去”。

一、自主三代核电技术——“华龙一号”

中国自20世纪80年代引进国外技术，通过消化、吸收和再创新，全面实现了自主设计、自主制造、自主建设和自主运营，并跨入了自主创造的新阶段，具备了形成自主知识产权三代核电技术的条件。日本福岛核事故后，国际社会、中国政府部门和社会公众对核安全提出了更高的要求和期望。核电“走出去”在中国上升为国家战略。实现中国由核电大国向核电强国的转变，一个重要标志是拥有自主知识产权的核电技术，并实现“走出去”。中国政府对核电“走出去”高度重视，在2013年中央经济工作会议上，中共中央总书记习近平和国务院总理李克强都提到要把核电和高铁作为重要出口项目，加以推动落实。

进入21世纪，中核集团在原“二代加”核电机型CNP1000的基础上，开发了具有三代核电技术特征的CP1000。在2011年3月日本福岛核事故发生后，中核集团又按照最安全、最先进的设计要求，完成了具有完整自主知识产权的百万千瓦三代核电机组ACP1000的设计。根据国家能源局的要求，ACP1000与中广核的ACPR1000+进行融合，形成了中国具有完整自主知识产权的三代核电技术“华龙一号”（HPR1000）。

“华龙一号”是由中核集团和中广核在30余年核电科研、设计、制造、建设和运行经验的基础上，根据福岛核事故经验反馈，以及中国和全球最新安全要求研发的先进百万千瓦级压水堆核电技术，具有完全自主知识产权的三代压水堆核电创新成果。其研发和成型，走过了一条从技术引进到自主创新，从国内建造到出口国外的发展之路，是中国核电走向世界的“国家名片”，是中国核电创新发展的重大标志性成果。

ACP1000是中核集团在自主设计并建设秦山核电厂CNP300及秦山二期核电厂CNP600的成功经验基础上研发的先进压水堆技术，其研发过程主要经历了三个阶段：第一阶段是自主设计CNP1000。1999年7月，中核集团启动百万千瓦级压水堆核电厂（CNP1000）概念设计；2001年3月完成CNP1000标准设计方案；2005年6月完成CNP1000

初步设计、初步安全分析报告；2007 年 4 月至 2010 年 2 月，在前期研发工作基础上，进一步确定 177 堆芯、单堆布置、双层安全壳等 22 项重大技术改进，型号更名为 CP1000。第二阶段是自主研发具有自主知识产权的 CP1000。2009 年年底，完成 CP1000 示范工程福清 5、6 号机组的初步设计；2009 年 11 月至 2010 年 4 月，为进一步论证总体设计方案和重大技术改进方案的适宜性，开展了 CP1000 重大技术改进、安全设计及验收准则联合（与 NSC）研究；2010 年 4 月底，CP1000 技术方案完成实验验证、论证分析和联合研究工作，方案通过中国核能行业协会组织的国内同行专家审查；2011 年 3 月福岛核事故发生前，已完成 CP1000（结合福清核电二期工程 5、6 号机组厂址）第一罐混凝土浇筑（FCD）前施工图设计，初步安全分析报告（PSAR）已提交核安全局，并召开了第一轮审评对话会；原计划 2011 年 12 月开工建设，因福岛核事故暂停。第三阶段为自主研发具有自主知识产权的三代核电技术 ACP1000。2010 年 1 月，在 CP1000 的基础上启动了 ACP1000 重点科技专项研发。2010 年 12 月，完成《ACP1000/ACP600 方案设计》；2011 年 3 月福岛核事故后，按照最新法规标准要求，完成《ACP1000 概念方案及科研补充报告》；2011 年 8 月，完成顶层方案设计，通过中核集团专家审查会审查并获得正式批复；2012 年 12 月，完成并提交初步安全分析报告（PSAR）；2013 年 2 月，完成示范工程福清 5、6 号机组初步设计，并开展施工图设计，启动主设备采购工作。2013 年 4 月 19 日，中国自主研发的具备完整自主知识产权的先进压水堆核电厂 ACP1000 初步设计通过了国家核行业权威鉴定。专家一致认为，ACP1000 的技术和安全指标达到了国际上三代核电机组的同等水平，设计、建造能够完全实现自主化。

ACPR1000+是中广核在引进法国 M310 核电技术建成大亚湾核电厂基础上，充分考虑中国装备制造业的现实基础，按照最新安全标准《核动力厂设计安全规定》（HAF102）的要求以及 URD（核电用户要求文件）、EUR（欧洲核电用户要求文件）的相关要求，同时借鉴日本福岛核事故的经验反馈以及 AP1000、EPR 等先进设计理念，自主创新研发的三代核电品牌。该型号采用单堆布置、双层安全壳、三个安全系列、157 组燃料组件，自主产权数字化仪控系统（DCS）的“和睦系统”，“能动与非能动”相结合的设计，具有先进、经济、成熟、可靠的三代核电技术特点。2012 年 11 月，中国核能行业协会组织环保部安审中心、中核集团、国家核电、中电投集团、广核、电力规划设计总院（简称电规总院）及有关高校等单位的专家对 ACPR1000+进行审查。与会专家一致认为 ACPR1000+研发工作深入、技术合理可行、达到三代技术水平，可作为中国后续核电发展的技术选择之一。

为满足中国核电“走出去”战略和自身发展需要，中国政府决定由中核和中广核在前期分别研发的 ACP1000 和 ACPR1000+的基础上，联合开发“华龙一号”。

“华龙一号”堆型设计采用“能动与非能动”相结合的先进安全设计理念，全面平衡贯彻纵深防御设计原则，设置完善的严重安全事故预防和缓解措施，以 177 组燃料组件堆芯、单堆布置、双层安全壳为主要技术特征，主要技术指标和安全指标满足中国和国际最新安全要求，具有完整自主知识产权体系，完全覆盖设计、燃料、装备、制造、运行、维护等领域，是国内能独立出口的核电机型。

“华龙一号”核心设备均已实现国产化，中国成为继美、法、俄后，真正掌握自主三代核电技术的国家。“华龙一号”每台机组每年发电近100亿千瓦·时，能够满足中等发达国家100万人口的年度生产和生活用电需求；同时相当于每年减少标准煤消耗312万吨、减少二氧化碳排放816万吨，相当于植树造林7000多万棵。

二、福建福清核电二期工程5、6号机组的建设

中核集团福清核电厂位于福建中部沿海福州福清市三山镇前薛村。全厂规划建设6台百万千瓦级压水堆核电机组。其中，一期工程1至4号机组采用二代改进型压水堆M310成熟核电技术，已经分别于2013年、2014年建成发电。二期工程5、6号机组为“华龙一号”示范工程，肩负着全面验证“华龙一号”核电技术的先进性，继续完善中国自主三代核电的标准体系和品牌建设，推动中国核电“走出去”的国家重任。

2015年5月7日，作为“华龙一号”全球首堆示范项目，福清核电二期工程5号机组正式开工建设。2015年12月8日，国务院新闻办公室会同国家核应急办公室联合组织中央主要外宣媒体和中央重点新闻网站20家媒体30余名记者开展“走进中国核电企业”集中采访活动。全面宣传介绍中国核电技术先进性、核电运行规范性、核电安全可靠性、核应急充分性等方面情况。

2017年5月25日17时58分，中国自主三代核电“华龙一号”全球首堆示范工程——中核集团福清核电5号机组——穹顶成功吊装。这是全球核电建设领域迄今为止规模最大、高度最高的穹顶吊装。穹顶是压水堆核电厂安全壳的顶部部分，体积大、壁厚薄，吊装难度很大。“华龙一号”穹顶重约340吨，是一个直径46.8米的半球体，由五层共153块预制单元体构件组成。穹顶吊装意味着土建施工进入尾声，工程将全面进入设备安装阶段，是重要的里程碑节点。国务院总理李克强对此作出重要批示。批示指出：中国自主研发的三代核电“华龙一号”是推进实施中国制造2025的标志性工程。福清核电5号机组作为“华龙一号”全球首堆，实现核岛穹顶吊装意义重大。谨向全体设计人员和建设者致以诚挚问候！核电建设和运营管理都要确保绝对安全。希望继续发扬工匠精神，精益求精、严格管理，在确保质量和安全的前提下按期建成投产。依托“互联网+”、众创平台进一步汇聚各方创新资源，不断提升中国核电研发制造水平。同时，积极参与国际市场，努力打造世界一流核电品牌，为实现中国制造迈向中高端作出新贡献！

福清核电厂“华龙一号”示范项目，属于中国自主三代核电技术，设计寿命为60年，反应堆采用177堆芯设计，堆芯采用18个月换料，电厂可利用率达90%以上，创新性采用“能动与非能动”相结合的安全系统、双层安全壳等技术，在安全性上完全满足国际最高安全标准要求，实现了先进性和成熟性的统一、安全性和经济性的平衡、能动和非能动的结合，是当前核电市场上接受度最高的三代核电机型之一。其中福清核电二期工程5号机组是“华龙一号”核电技术的首堆，2015年5月7日正式开工建设，计划于2020年建成并网发电。福清核电5、6号机组汽轮机，采用单轴三缸四排汽、冲动凝汽式技术，由一个高中压合缸和两个低压缸组成，由中国东方电气集团有限公司（简称东方电气集团）

自主设计和生产，具有完全自主知识产权。汽轮机扣缸主要部件重达 1988.8 吨，汽轮机轴系长达 40.655 米，是世界在建核电机组中设备尺寸最大、转子单重最大、低压末级叶片最长的汽轮机组。

2015 年 5 月 9 日 20 时 8 分，经过 57 小时 20 分钟混凝土连续浇筑，福清核电 5 号机组核岛反应堆厂房底板 9000 余米 ^{3} 混凝土浇筑工作顺利完成。2019 年 4 月 27 日，5 号机组一回路水压试验正式启动，标志着该机组已经由安装阶段全面转入调试阶段。与此同时，5、6 号机组的建设也在按计划稳步推进中。福清核电二期工程 5、6 号机组建设进展顺利，重大工程节点进度全部按时或提前完成，不仅打破了世界核电行业“首堆必拖”的魔咒，还为后续“华龙一号”的批量化建设奠定了基础。

三、广西防城港核电二期工程 3、4 号机组的建设

防城港核电二期工程采用具有中国自主知识产权的三代核电技术——“华龙一号”，其中 3 号机组已于 2015 年 12 月 24 日正式开工建设，4 号机组于 2016 年 12 月 23 日正式开工建设。防城港核电二期工程的开工建设是积极落实国家“一带一路”倡议、西部大开发和建设北部湾经济区战略的重要举措。防城港核电二期将作为英国布拉德韦尔 B 核电项目（BRB）核电项目的参考电站，成为中国核电“走出去”战略的桥头堡。

2018 年 5 月 23 日，中国自主三代核电“华龙一号”示范项目——中广核防城港核电二期工程——3 号机组穹顶吊装顺利完成，这标志着机组从土建施工阶段全面转入设备安装阶段，为进一步高质量稳步推进工程建设奠定了基础。

中广核防城港核电厂是西部大开发 2010 年开工的 23 个重点项目之一。电站位于广西壮族自治区防城港市港口区光坡镇红沙村，地处企沙半岛东侧。2014 年 12 月，国家能源局批复同意中广核广西防城港核电二期工程按 2 台机组论证，采用“华龙一号”技术方案。2015 年 12 月 16 日，国务院总理李克强主持召开国务院常务会议决定，对中广核广西防城港核电二期工程“华龙一号”三代核电技术示范机组予以核准。

根据 2015 年 10 月中广核与法国电力集团（EDF）签订的英国核电项目投资协议，中广核牵头的中方联合体将与法国电力集团（EDF）共同投资兴建英国欣克利角 C 核电项目（HPC 项目），并共同推进英国塞兹韦尔 C（SZC）和布拉德韦尔 B（BRB）两大后续核电项目。其中的布拉德韦尔 B 核电项目拟采用中国自主三代核电技术“华龙一号”。

2015 年 12 月 23 日，中广核与广西投资集团有限公司、泰国国家电力公司子公司 RATCH 在广西南宁正式签署了《防城港核电二期项目合资协议》。根据协议，三方将在中泰两国政府间和平利用核能协议的基础上，合资成立防城港核电二期项目公司，共同开发、建设和运营该项目。

2017 年 8 月 23 日，国家发展改革委办公厅复函同意防城港核电二期工程 5、6 号机组按“华龙一号”技术开展前期工作。由此，广西防城港核电厂的“华龙一号”机组将达到 4 台。5、6 号机组是国家《能源发展“十三五”规划》中明确的开工备选项目。《防城港核电厂 5、6 号机组环境影响报告书》（选址阶段）和《防城港核电厂 5、6 号机组工程

厂址安全分析报告》已编制完成，具备国家核安全局技术审评条件。《防城港核电厂5、6号机组工程项目可行性研究报告》已编制完成，具备电力规划设计总院审查条件。接入系统、节能评估、核应急方案、水土保持、海域使用论证、职业安全预评价、职业病危害预评价、社会稳定风险分析及评估等专题研究已全部完成。

四、福建漳州核电一期工程的建设

漳州核电项目位于福建省漳州市云霄县境内，介于厦门和汕头两个经济特区之间。厂址地处福建南部用电负荷中心。项目建成后，有利于福建省的节能减排，改善未来福建电力能源结构，改变北电南送的不利局面。厂址毗邻广东省，具有向南方电网输送电力的良好潜在条件。

漳州核电项目（1、2号机组）由中核集团作为项目业主，负责投资、建设及运行管理。项目拟规划建设8台“华龙一号”核电机组，其中6台已列入国家核电发展规划，总投资超1100亿元，其中首批两台机组已开工建设，单台机组建设工期60个月。

2007年3月3日，投资方与漳州市政府签订合作开展漳州核电项目前期工作意向书。2008年5月，项目初步可行性研究报告通过审查。2009年12月，可行性研究报告（A版）编制完成。2010年7月28日，《关于上报福建漳州核电工程项目建议书的请示》上报国家发展改革委。2011年11月28日，成立项目公司——中核国电漳州能源有限公司。2019年10月9日，国家核安全局颁发福建漳州核电厂1、2号机组建造许可证。2019年10月16日，漳州核电厂1号机组核岛筏基第一罐混凝土浇筑（FCD），正式开工建设。

五、惠州太平岭核电一期工程的建设

太平岭核电厂位于广东省惠州市惠东县黄埠镇境内，红海湾西北岸的太平岭一带，西北距惠州市区约76千米，距惠东县城约43千米，距黄埠镇约6.7千米。由中广核工程有限公司、中广核惠州核电有限公司投资建设，项目规划容量为6台百万千瓦级核电机组，拟采用“华龙一号”压水堆技术方案，分期建设，一期建设两台。

厂址选址始于2006年6月。在按照国家有关法规和要求完成选址工作后，于2012年10月列为国家《核电中长期发展规划（2011—2020年）》重点论证厂址；2014年11月，国家能源主管部门同意广东太平岭核电厂项目开展公众沟通、厂址保护和技术论证等相关工作；2019年12月25日，广东太平岭核电厂1、2号机组获得国家核安全局颁发的建造许可证。12月26日，项目一期工程1号机组核岛筏基浇筑第一罐混凝土，正式进入工程建设阶段。

第五节 “国和一号”（CAP1400）示范工程的建设

“国和一号”（CAP1400）是国家电投落实中国三代核电自主化发展战略，在引进、消

化、吸收三代非能动压水堆核电技术（AP1000）的基础上，依托工程项目平台实践和国家大型先进压水堆核电厂重大专项开发的、具有自主知识产权的大型先进非能动压水堆核电型号。“国和一号”（CAP1400）作为国家科技重大专项，在设备制造领域已经提前进行了国产化布局，打破了多项技术垄断，主泵、爆破阀、压力容器、蒸汽发生器、堆内构件、控制棒驱动机构、大锻件、核级焊材、690U 型管等关键设备、关键材料全部实现自主化设计和国产化制造，设备整体国产化率达到 90%以上。国家电投正在积极推动“国和一号”（CAP1400）设备 100%国产化进程。

一、“国和一号”（CAP1400）示范工程的设计与建造

“国和一号”（CAP1400）示范工程厂址位于山东省威海市所辖荣成市南偏东 23 千米处，厂址西北距威海市市中心 68 千米、距烟台市约 120 千米，厂址西南距青岛市约 185 千米、距山东海阳核电厂约 105 千米。

项目一期规划建设 2 台 CAP1400 压水堆核电机组，机组单机发电功率 153.4 万千瓦，设计寿命 60 年。两机组占地面积 89.14 公顷，厂址室外地面设计标高 10 米（设计基准洪水位 6.87 米），满足“干厂址”设计。

2009 年 10 月，示范工程初步可行性研究报告通过电力规划设计总院组织的评审。2014 年 4 月 28 日，CAP1400 核电示范工程“1 号核岛”负挖完成。

2016 年 3 月国家电投与中国华能签订协议：厂址除高温气冷堆外，将由国家电投和中国华能分别建设 3 台 CAP1400 和 3 台 CAP1000 压水堆核电机组，规划总装机容量为 845 万千瓦。

2019 年年初，党中央、国务院批准将 CAP1400 示范工程项目命名为“228”工程（国和一号），该项目于 2019 年开工建设。“国和一号”（CAP1400）示范工程是在消化、吸收、全面掌握以非能动技术为标志的第三代核电 AP1000 技术的基础上，通过再创新研发建设的具有自主知识产权、更大功率的非能动大型先进压水堆核电厂示范工程。

CAP1400 具备自主知识产权，项目采用完全非能动的设计理念，符合国际最高安全标准，其安全性、经济性、环境友好性等方面在世界上处于领先水平。CAP1400 单台机组的输出功率 150 万千瓦，比通常 100 万千瓦核电厂的发电能力高出 50%，由于采用非能动系统设计，大大减少了设备数量，设计上采用 18 个月换料周期，电站寿命延长，进一步提高了机组的可利用率。非能动三代核电技术具有固有安全性能，每堆年发生严重堆芯损坏事件的概率低于十万分之一，每堆年发生大量放射性物质释放事件的概率低于百万分之一。CAP1400 能够有效应对地震、飓风、大飞机撞击、全厂失去外电源等极端事件和极端事故情况，发生极端事件后，堆芯冷却系统借助重力、压缩气体、自然循环以及对流等驱动力带走堆芯余热，防止堆芯融化，实现冷却，事故条件下 72 小时不需要人员干预和场外支援，可靠性高。

国核示范电站有限责任公司和示范工程的成功运作，形成了具有国际先进水平的核电技术研发体系、试验验证体系、先进的核电标准体系，突破了包括主设备、材料、电缆、

泵阀在内的一系列关键制造技术，形成了满足 ASME（美国机械工程师协会）等国际标准的完整产业链，推动形成了完整的 CAP1400 设备制造产业链，有力支持 CAP1400 的设备制造任务。

二、“国和一号”（CAP1400）核心技术具有完全自主知识产权

成功研发“国和一号”（CAP1400）是三代核电引进、消化、再创新的标志。根据中美 AP1000 技术转让合同规定，在 AP1000 基础上开发的核电型号，当电功率大于 135 万千瓦时，中方才能拥有整体型号的知识产权。

为了跨过这个关隘，冲破这个界限，上海核工院在“国和一号”（CAP1400）型号研发过程中，利用举国体制的优势，联合国内相关大学、科研院所、制造业近 477 家单位 26 000 余名技术人员，开展先进核电科研攻关，克服了一系列重大挑战，实现了系统性的重新研发设计和高质量的技术创新，最终成功满足了先进核电与技术转让合同的要求，通过了国内最为严格的安全审评，牵头完成了具有完全自主知识产权的大型先进压水堆核电站重大专项“国和一号”（CAP1400）的开发和示范工程设计。

压水堆专项已形成知识产权 6513 项，获得中国授权专利 1705 项，形成新产品、新材料、新工艺、新装置 392 项，新建 43 个试验台架，全面提升了核电研发、设计、制造、安全审评、试验，以及核电标准、人才建设等国家能力，推动了中国核电产业从二代到三代的整体跨越，为中国三代先进核电的规模化、批量化发展提供了保障条件。

压水堆专项核心成果“国和一号”（CAP1400）获得国内国际权威机构认可，成为中国针对国际市场的主力堆型之一。2015 年 11 月 29 日，中国专利保护协会对大型先进压水堆核电技术 CAP1400 知识产权进行了专题评审。评审专家组认为，CAP1400 技术是依托大型先进压水堆核电站重大专项开发的三代先进核电技术，中方具有完全自主知识产权和出口权。从知识产权角度，CAP1400 可以在国内开工建设，并作为中国自主品牌“走出去”。2016 年 4 月，“国和一号”（CAP1400）顺利通过国际原子能机构（IAEA）通用反应堆安全评审，达到国际原子能机构安全法规标准的最新要求。这是“国和一号”（CAP1400）进一步获得国际权威机构的认可，为型号“走出去”，在更高层次上参与国际竞争奠定了基础。2017 年 9 月，国际原子能机构总干事天野之弥在维也纳参观中国核能展时评价，中国成功设计研发了大型压水堆 CAP1400，这对“核能未来非常重要”。

第六节　高温气冷堆核电站示范工程的建设

高温气冷堆是国际核能领域公认的具有第四代核能技术特征的候选堆型之一。新的技术路线要从实验堆走向示范堆，从压力容器到金属堆内构件，从主氦风机到蒸汽发生器，高温气冷堆示范工程在建设过程中拿下多项核心设备和关键技术的自主知识产权。

中国的高温气冷堆技术研究起步于 20 世纪 70 年代末。1986 年，1 万千瓦高温气冷实

验堆（HTR－10）被列为国家“863”计划重点项目。1995 年，HTR－10 正式开工建设，于 2000 年建成并首次达到临界状态，2003 年实现满功率运行并网发电，成为全球首座球床模块式高温气冷堆。高温气冷堆示范工程由中国华能、中国核建、清华控股有限公司合资建设，出资比例分别为 47.5%、32.5%、20%。

高温气冷堆核电站示范工程采用的是中国自主研发的具有第四代特征的核能技术，该核电站是全球首座球床模块式高温气冷堆商用示范电站，是中国 2020 年前力争实现突破的 16 个国家科技重大专项之一。

一、山东荣成石岛湾高温气冷堆核电站示范工程的设计与建造

华能石岛湾核电厂高温气冷堆核电站示范工程（高温堆示范工程）位于山东省威海市所辖荣成市，地处石岛管理区宁津街道办事处东南 2.5 千米处的海滨，建设 1×20 万千瓦级高温气冷堆核电机组和相关配套设施。

2003 年 1 月，国家“863”计划重点能源项目——由清华大学自主设计建造的 1 万千瓦高温气冷实验堆核电厂——实现并网发电，成为世界上第一座具有模块式高温堆特点的实验核电厂，有力推动了具有自主知识产权高温气冷堆核电厂的研发和建设进程。2006 年 2 月，国务院印发实施的《国家中长期科学和技术发展规划纲要（2006—2020 年）》将高温气冷堆核电厂示范工程列入国家科技重大专项，同年 6 月，国务院成立了大型先进压水堆及高温气冷堆重大专项领导小组。

2007 年 9 月，国防科工委召开高温气冷堆重大专项专家会议，组织审查高温气冷堆重大专项总体实施方案及有关文件，实施方案通过了专家评审。2007 年 10 月国防科工委发文同意开展高温气冷堆示范工程前期工作，2007 年 11 月完成可研报告，2008 年 1 月在济南通过电力规划设计总院审查。

2008 年 2 月国务院常务会议批准高温气冷堆核电厂重大专项实施方案，专项总体实施方案经国务院常务会议批准实施。专项工程的目标是在山东荣成石岛湾核电厂建设一座电功率为 20 万千瓦的高温气冷堆核电厂示范工程（HTR－PM）。以 HTR－PM 建设为牵引，在清华大学核能与新能源技术研究院（简称清华大学核研院）昌平实验基地建设了一批大型试验平台，对关键技术及设备进行工程试验验证。清华大学核研院是高温气冷堆专项技术研发的责任单位，中核能源科技有限公司是高温气冷堆专项核岛工程实施的责任单位，华能山东石岛湾核电有限公司是高温堆示范工程建设和营运的责任单位，国核电力规划设计研究院（简称国核电力院）负责常规岛及其 BOP（配套设施）部分设计，同时也是海工工程设计的责任单位。

2008 年 4 月完成初步安全分析报告。2009 年 6 月完成初步设计，2009 年 8 月现场具备正式开工条件。2009 年 9 月国家核安全局组织核安全与环境专家委员会会议，委员会建议国家核安全局批复高温堆示范工程环境影响报告书，并颁发建造许可证。

2011 年 3 月 1 日，高温堆示范工程获得国务院常务会议批复。作为在建核电工程，因受日本福岛核事故影响，2011 年 7 月 28 日，受到国家核安全局、国家能源局、国家地

震局有针对性的核安全综合检查。

2012 年 12 月 4 日，国家核安全局颁发高温堆工程建造许可证。2012 年 12 月 9 日，国家科技重大专项、世界首台模块式设计的、电功率为 20 万千瓦的华能山东石岛湾高温气冷堆核电厂示范工程 1 号机组核岛筏基浇筑第一罐混凝土，正式开工建设。

2013 年 1 月 13 日，国务委员刘延东赴山东荣成石岛湾高温气冷堆核电厂示范工程工地调研并召开现场协调会，听取参加研发、制造、建设的企业和高校的专家学者、工程技术人员、管理人员的意见建议。

2016 年 3 月 20 日，高温气冷堆示范工程首台反应堆压力容器吊装就位。

2017 年 6 月 19 日，高温气冷堆示范工程 220 千伏倒送电一次成功。

2019 年 4 月 16 日，高温气冷堆示范工程首台主氦风机通过验收。由清华大学核研院、哈电集团、上海电气集团联合研制的主氦风机获得成功，打破了国外技术垄断，攻破了多项关键技术难题，并填补了多项中国技术空白。

二、高温气冷堆的技术创新

模块式高温气冷堆是国际公认的先进反应堆，是第四代核能系统国际论坛（GIF）[1]推荐的 6 种先进核能系统[2]之一。以运行中的 1 万千瓦高温气冷实验堆为基础，先后攻克了高温气冷堆工业放大与工程实验验证、高性能燃料元件批量制备，最终建成具有自主知识产权的 20 万千瓦级模块式高温气冷堆商业化示范电站。示范工程反应堆压力容器高约 29.6 米，重约 700 吨，其高度和重量分别是 AP1000 项目反应堆压力容器的 1.5 倍和 2 倍，是当时世界上尺寸和重量最大的反应堆压力容器，同时也是高温气冷堆核电厂示范工程单体重量最大的设备。

高温气冷堆具有固有安全性高、系统简单、发电效率高、用途广泛、经济竞争性强等优势，其主要技术创新点如下：

一是采用包覆颗粒燃料（TRISO）构成的“全陶瓷型”球形燃料元件，具有在不高于 1620℃的高温下阻留放射性裂变产物释放的能力。

二是采用单曲球床堆芯设计，球形燃料元件自上而下流动。

三是堆芯设计保证在任何运行工况和事故情况下，燃料元件最高温度不超过其安全限值 1620℃。

四是采用燃料元件连续装卸、多次循环的燃料源管理模式。即燃料元件从堆芯顶部装入，从堆芯底部卸料管卸出，卸出的燃料元件逐个进行燃耗测试，已达到卸料燃耗的原件被排出堆外储存，未达到卸料燃耗的元件则被重新装入堆芯，实现燃料元件多次循环，使反应堆燃耗分布更为均匀。

五是设置两套独立的停堆系统——控制棒停堆系统和吸收球停堆系统。控制棒和吸收

---

[1] 2001 年，美国牵头会同英国、瑞士、韩国、南非、日本、法国、加拿大、巴西、阿根廷 10 国及欧洲原子能共同体共同成立了 GIF 并签署了《宪章》，其宗旨是研究和发展第四代核能系统，预计在 2030 年前投入使用。

[2] GIF 推荐的 6 种先进核能系统包括气冷快堆、铅冷快堆、熔盐堆、钠冷快堆、超临界水冷堆、超高温气冷堆。

小球都依靠重力下落，实现停堆功能，提高了停堆系统的可靠性。

六是反应堆堆芯周围全部由石墨和碳砖材料构成，该区域内没有金属部件，使堆芯结构部件能承受高温。

七是反应堆堆芯和蒸汽发生器分别设置在两个壳体内，并由热气导管与壳体相连接，构成一回路压力边界。三个壳体组成的压力边界均通以冷氦气进行冷却，使壳体不承受高温。

八是反应堆压力容器、蒸汽发生器壳体和连接两者的热气导管壳体均包容在混凝土结构的一回路舱室内，一回路舱室具有“包容性”功能，是阻止放射性裂变产物释放的第三道安全屏障。❶

模块式高温气冷堆除了具有固有安全性高、不会发生堆芯熔毁的优势外，还具有广阔的综合利用前景，不仅可以用于发电，在反应堆冷却剂的出口温度提高到 1000～1200℃时，还可将反应堆的高温工艺供热直接应用于炼钢、制氢、煤的液化或气化等工业生产中，达到综合利用的目的。中国的高温气冷堆技术研发历经关键技术研究，1 万千瓦高温气冷实验堆（HTR－10）和国家科技重大专项示范工程（HTR－PM）的研发、设计和建造，已经掌握高温气冷堆的关键技术，形成了较为完善的自主知识产权体系，实现了从跟跑、并跑到领跑世界的跨越式发展。

作为产学研用示范性质工程，高温气冷堆电站示范工程技术方案创新性强，这对核岛研发设计方、总包方、常规岛设计方、建设单位、设备制造单位、施工单位、调试单位以至于国家行业审评机构来说都是个全新的项目、课题。

由于常规岛采用全新设计，两堆带一机，汽轮机运行需要适应两座反应堆的各种事故及运行工况，无堆内再热，通过启停堆系统实现启动过程中的汽水分离。主汽参数为 13.24 兆帕、566℃高压过热蒸汽，热力系统为非标准热力系统，主要系统均需要重新研究设计。

随着专项实施，高温气冷堆逐步形成了一批国内外专利、专有技术、软件著作权等相结合的知识产权体系。高温气冷堆分项累计申请国内专利 600 余项，获得国内专利授权 528 项；申请国外专利 91 项，已获得授权 54 项；登记计算机软件著作权 29 项；完成企业级工法 180 余份，形成专有技术 2000 余项，获得省部级科学技术成果奖励十余项。高温气冷堆示范工程成功研发首台套设备 2200 余台套，其中世界首创的设备 660 余台，显著提升了中国核电装备制造业的加工制造及创新能力。

第七节 福岛核事故后其他核电厂的建设

福岛核事故发生后，中国政府决定严格审批新上核电项目，并开展核电厂安全大检查。

---

❶ 中国核能行业协会：《中国核能发展报告（2018）》，社会科学文献出版社，2018 年，第 118 页。

在此背景下，田湾核电二期工程VVER机组作为中俄最大的核能合作项目仍在2011年7月具备合同生效条件，2012年年底正式开工建设。红沿河核电厂二期工程以及阳江核电厂5、6号机组等“二代加”改进机组投入建设，“二代加”核电机组机型占据了中国在运与在建核电机组机型的大多数。2012年中国政府明确“十二五”时期不安排内陆核电项目，对于2008年批准开展前期工作的湖南桃花江核电项目、湖北咸宁核电项目、江西彭泽核电项目影响重大。

一、田湾核电二期工程VVER-1000机组的建设

2007年11月6日，在莫斯科中俄总理第十二次定期会晤期间，在国务院总理温家宝和俄罗斯总理祖布科夫见证下，江苏核电有限公司（JNPC，简称江苏核电）总经理和俄罗斯原子能建设出口公司（ASE）总裁签订了《江苏核电有限公司和俄罗斯原子能建设出口公司开展田湾二期合作原则协议》。

2010年3月23日，中俄双方企业签署《田湾核电站扩建工程框架合同》。7月28日，江苏核电与中国核电工程公司签署《田湾核电站3、4号机组FCD前工程总承包框架合同》。9月27日，在俄罗斯总统访华期间，在国家主席胡锦涛和俄罗斯总统梅德韦杰夫共同见证下，中俄双方企业签署《田湾核电站3、4号机组技术设计合同》。11月23日，在国务院总理温家宝和俄罗斯总理普京见证下，中俄双方企业在俄罗斯圣彼得堡签署《田湾核电站3、4号机组总合同》。12月27日，国家发展和改革委员会办公厅下发《关于同意江苏田湾核电站3、4号机组开展前期工作的函》（发改办能源〔2010〕3241号）。

2010年8月22日，国务院副总理李克强考察田湾核电厂，强调核电是中国大力发展的新能源，安全是核电的生命线，要始终把确保核安全放到第一位。

2011年3月11日，日本东北太平洋地区发生里氏9.0级地震，并引发海啸，该地震导致福岛第一核电站、福岛第二核电站受到严重的影响。2011年3月12日，日本经济产业省原子能安全和保安院宣布，受地震影响，福岛第一核电站的放射性物质泄漏到外部。3月16日，国务院总理温家宝主持召开国务院常务会议，会议决定，严格审批新上核电项目。抓紧编制核安全规划，调整完善核电发展中长期规划，核安全规划批准前，暂停审批核电项目，包括开展前期工作的项目。

2011年7月18—21日，江苏核电与俄罗斯原子能建设出口公司就《田湾核电站3、4号机组总合同》附件7《仪控系统的设计、供货和服务》，在北京举行新一轮会谈并签署。至此，总合同25个附件全部签署完毕，总合同具备生效条件。7月22日，中核集团下发《关于田湾核电站扩建工程3、4号机组总合同生效相关工作的批复》，同意江苏核电办理总合同生效登记手续，开展相关工作。8月31日，中方和由阿海珐（AREVA）集团、西门子及西门子电站自动化有限公司组成的以阿海珐集团为主导的联合体签署《田湾核电站3、4号机组主仪控采购合同》。10月11日，江苏核电总经理与中国核电工程有限公司总经理在北京就田湾核电站3、4号机组工程承包合同进行高层会谈。会后举行了《田湾核电站3、4号机组工程承包合同》签字仪式。

2012 年 6 月 5 日，在国家主席胡锦涛和俄罗斯总统普京的共同见证下，中俄两国签署《中华人民共和国政府和俄罗斯联邦政府关于在中国合作建设田湾核电站 3、4 号机组的议定书》(草签)。12 月 27 日，田湾核电厂 3 号机组核岛筏基浇筑了第一罐混凝土(FCD)，正式开工建设，2018 年 2 月 15 日投入商业运行。4 号机组核岛筏基于 2013 年 9 月 27 日浇筑了第一罐混凝土，正式开工建设，2018 年 12 月 22 日投入商业运行。

田湾核电二期工程基于一期 2 台机组 10 年运维经验，在与俄方充分进行技术沟通的基础上，做了 433 项设计改进，其中重大设计改进 21 项。田湾核电二期工程 3、4 号机组采用俄罗斯 VVER－1000 型核电机组，与一期形成群堆管理模式，但在一期工程基础上开展了一系列重要先进设计和大量自主化优化，常规岛采用国内设计、制造的半速汽轮发电机组，机组额定容量为 1126 兆瓦，其中常规岛与 BOP(配套设施)设备国产化率达到 98%，从而提高机组安全性、技术先进性，满足国际三代核电的安全标准，而且采用经济性好的半速机，其单位造价比全速机下降很多。

二、二代改进型机组的建设

随着中国核电事业的发展，推进三代核电技术的使用已是大势所趋，但为了确保核电建设的稳步进行、满足经济发展对能源的需求，推动中国二代改进型压水堆的设计并启动小批量建设也是必要的选择。

2003 年，国务院核电自主化工作领导小组成立，要求实现设计、建造、运营、管理四个自主以及设备国产化。在岭澳核电二期、秦山核电二期扩建等工程中，应用了中国“自主设计、自主制造、自主建设、自主运行”的“二代加”核电技术。其中，2005 年 12 月开工、2011 年 8 月建成投产的岭澳核电二期项目，作为国家核电技术自主品牌 CPR1000 示范工程，在中国核电发展中具有承上启下的作用，加快了中国全面掌握二代改进型百万千瓦级核电厂技术，基本形成自主技术品牌核电厂设计自主化和设备制造国产化能力。以 CNP1000 和 CPR1000 为代表的、具有自主知识产权的“二代加”核电机型，占据了中国在运和在建核电机组机型的绝大多数。

红沿河核电厂二期工程 5、6 号机组以及阳江核电厂 5、6 号机组是在福岛核事故发生后开工建设的核电机组，采用 ACPR1000(业内称准三代技术)。ACPR1000 是在 CPR1000＋成熟技术的基础上，考虑福岛核事故的经验反馈、与 HAF102 法规的一致性要求、概率安全风险指引分析、URD/EUR 的顶层安全要求、同类机组经验反馈、解决审评遗留问题等实施了系列改进，提出 31 项重大技术改进方案，形成安全性、可靠性更高的技术方案。

2010 年 5 月 31 日，国家发展改革委办公厅正式签发《关于同意辽宁红沿河核电二期工程开展前期工作的复函》(发改办能源〔2010〕1288 号)，同意红沿河核电厂二期工程开展前期工作。红沿河核电厂二期工程与红沿河核电厂一期工程为同一厂址，采用与一期工程相同的技术方案，建设 2 台百万千瓦级压水堆核电机组。

2011 年发生福岛核事故后，为了持续提升 CPR1000 的安全性，中广核在 2011 年 8 月 14 日召开了 CPR1000 后续设计改进工作会议。2011 年 9 月 20 日，中广核工程设计有限公司组建了 ACPR1000 技术项目团队（原名称 CPR1000M，2011 年 12 月中广核命名为 ACPR1000–P；2012 年 5 月 1 日后，更名为 ACPR1000，以下均称为 ACPR1000）开展设计改进工作，并应用到阳江核电厂 5、6 号机组及红沿河核电厂 5、6 号机组中。

2013 年 9 月 15 日、12 月 23 日，阳江核电厂 5、6 号机组核岛筏基浇筑第一罐混凝土，正式开工建设。红沿河核电厂二期工程（5、6 号机组）采用 ACPR1000 技术方案。以阳江核电厂 5、6 号机组为参考技术方案并同时考虑非能动和相关防冻设计改进。红沿河核电厂 5、6 号机组核岛筏基分别于 2015 年 3 月 29 日、2015 年 7 月 24 日开始浇筑第一罐混凝土，正式开工建设。红沿河核电厂二期工程是福岛核事故后第一个批准建设的核电项目，也是 ACPR1000 技术系列的最后 2 台机组。

田湾核电厂三期工程是国家重点工程、江苏省“十三五”期间重大投资建设项目。田湾核电厂 5、6 号机组采用中核集团自主 M310+改进型压水堆核电技术，是国内 M310 压水堆核电机组的收官之作，机组按照国际国内最高安全标准，结合国内外同类型机组运行经验反馈，实施了 41 项重大技术改进，350 项重要技术改进，机组安全性得到显著提升，主要安全指标达到三代核电技术标准，国产化率已达 95%以上。

田湾核电厂 5、6 号机组单台额定功率 111.8 万千瓦，5 号机组于 2015 年 12 月 27 日开工建设；6 号机组于 2016 年 9 月 7 日开工建设。5 号机组第一罐混凝土浇筑原定于 2011 年 4 月中旬，但因当年 3 月 11 日突发的福岛核事故而延迟。福岛核事故以后，面对核安全局新的技术要求，田湾核电厂 5、6 号机组在借鉴国内外同类型机组运行经验反馈的基础上，按照国际国内最高安全标准，充分考虑多种极端灾害叠加等因素，实施了 41 项重大核安全技术改进，其中包括已经在三代核电上实施的“三大非能动排热”改进，通过技术改进大大提高了机组设计的固有安全性。同时，5、6 号机组还实施了 300 多项与非核系统安全相关的重大技术改进，提高了机组效率。

三、内陆核电厂的厂址选择和保护

中国从 20 世纪 80 年代就启动了内陆核电厂址选择和保护工作。2005 年 11 月，国家发展改革委发布《关于开展湖北湖南江西核电厂址论证比选工作的通知》。2007 年 11 月，国家公布《核电中长期发展规划（2005—2020 年）》，华中地区核电项目纳入“十二五”期间可选新开工核电项目。2008 年 2 月，国家发展改革委同意湖南桃花江核电厂、湖北咸宁核电厂、江西彭泽核电厂采用第三代压水堆（AP1000）核电技术路线开展项目前期工作。

三个内陆核电项目均已初步完成项目审批与核准所需的工作，包括核安全局进行的选址阶段环境影响评价、厂址安全评价、应急方案等，并基本完成“四通一平”、建设期临时生产生活设施建设，少部分长周期关键设备采购等。

《能源发展“十三五”规划》指出，要积极开展内陆核电项目前期论证工作，加强厂址保护。规划对内陆核电没有明确开工时间表，但预留了内陆核电重启的政策空间。三个核电项目已将工作重点转移到厂址保护和核电科普宣传等。

湖南桃花江核电厂位于益阳市桃江县沾溪镇荷叶山，距桃江县城 18 千米，距益阳市 38 千米，距长沙市 108 千米（均为直线距离）。当地地质结构稳定，地震烈度低，水源充足，是优越的内陆核电厂址。桃花江核电厂规划建设 4 台 125 万千瓦机组，总装机容量为 500 万千瓦。一期工程建设 2 台核电机组。

湖北咸宁核电厂位于湖北省咸宁市通山县大畈镇富水水库中段北岸，距通山县城直线距离 20 千米，距咸宁市直线距离 38 千米，距武汉市直线距离 100 千米。咸宁核电项目规划建设 4 台百万千瓦级压水堆核电机组，一次规划，分期建设。

江西彭泽核电厂位于江西省九江市彭泽县马当镇境内，距彭泽县城约 22 千米，距九江市约 80 千米，距南昌市约 170 千米。彭泽核电项目规划建设 4 台 125 万千瓦核电机组，总装机容量为 500 万千瓦，一期工程建设 2 台核电机组。

内陆核电和沿海核电的安全要求是一致的，适用的法律和法规也是完全相同的。由于内陆和沿海地区自然与社会环境的差异，内陆核电厂选址过程中更加关注地震安全，洪水安全、用水安全、大气弥散与非居民区设置等因素，在设计和运行上更加注重液态放射性流出物的排放控制。

第八节　国际交流与合作的全面深化

一直以来，核安全问题都备受国际社会的关注，中国积极开展核安全体系建设，采取了许多措施来加强自身核安全能力，并取得了很好的效果。中国在核安全峰会上首次提出的“核安全观”，对深入推进国际核安全合作具有深远意义。国际技术交流与合作向纵深发展，与核大国合作，依托重点核电项目，提升技术水平，尤其是“一带一路”倡议提出以来，在“引进来”的同时“走出去”，先后与巴基斯坦、俄罗斯、法国、英国、阿根廷、阿联酋等国开展国际合作，推动了中国核电产业的快速发展。2015 年 6 月，国务院总理李克强考察中国核电工程公司，指出核电不光要在国内发展，还要“走出去”，与欧美国家合作共同开发第三方市场。2013 年 4 月，国家主席习近平与法国总统奥朗德共同见证了中广核集团与法国电力集团、阿海珐集团长期合作联合声明的签署。

一、核安全观的提出

2012 年 3 月 26—27 日，第二届核安全峰会在韩国首尔举行，本次峰会以加强核材料和核设施安全为主题，回顾 2010 年华盛顿峰会以来取得的进展，重点讨论加强核安全国家措施和国际合作。53 个国家和 4 个国际组织领导人或代表与会。国家主席胡锦涛出席了 3 月 27 日的会议并发表题为《深化合作，提高核安全水平》的讲话，全面阐述中国在核安全领域的政策主张、所做努力和重要举措。

第二届核安全峰会通过了《首尔公报》（简称《公报》），内容涉及全球核安全体系、国际原子能机构作用、核材料、放射源、核安全与核能安全、运输安全、防止不法交易、核检查、核安全文化、情报安全、国际合作等 11 个领域，共提出了 13 项非约束力承诺或鼓励措施。

《公报》说，核裁军、核不扩散和和平利用核能是全世界的共同目标。与会领导人重申了加强核安全、防止核恐怖的政治意愿和采取强有力措施、开展国际合作的必要性，并承诺继续为此作出自发的、实质性的努力。

《公报》说，有效保护包括用于核武器在内的所有核材料及核能设施，同时防止非国家行为者获取核材料，以及相关情报和技术是各国的根本责任。与此同时，还应切实保障其他放射性物质安全。《公报》重申，加强核安全不应损害各国和平开发利用核能的权利。在促进国际合作，履行各国核安全责任方面，除发挥国际原子能机构的核心作用外，还应进一步发挥地区和国际合作的重要性。会议还对福岛核电厂事故，以及核安全与核能安全的相互关系表示关注。为此，各国应以连贯和综合的方式，对核能设施进行设计、运营和管理，有必要具备同时处理核安全和核能安全的行之有效的紧急应对态势和减灾能力。《公报》说，各国将继续以华盛顿峰会公报和工作计划为基础，为使核安全目标取得更大进展而不懈努力。

2014 年 3 月 24—25 日，第三届核安全峰会在荷兰海牙举行。国家主席习近平出席了 3 月 24 日会议并发表讲话，介绍中国核安全措施和成就，阐述中国关于发展和安全并重、权利和义务并重、自主和协作并重、治标和治本并重的核安全观，呼吁国际社会携手合作，实现核能持久安全和发展。

这次峰会以“加强核安全、防范核恐怖主义”为主题，共有 53 个国家的领导人或代表，以及国际组织负责人与会。荷兰首相吕特主持会议，他首先邀请中国国家主席习近平作主旨讲话。

习近平指出，人类要更好利用核能、实现更大发展，必须应对好各种核安全挑战，维护好核材料和核设施安全。加强核安全是一个持续过程。我们要坚持理性、协调、并进的核安全观，把核安全进程纳入健康持续发展轨道。

第一，发展和安全并重，以确保安全为前提发展核能事业。我们要秉持为发展求安全、以安全促发展理念。任何以牺牲安全为代价的核能发展，都难以持续，都不是真正的发展。作为保障能源安全和应对气候变化的重要途径，和平利用核能事业，如同普罗米修斯带到人间的火种，为人类发展点燃了希望之火，拓展了美好前景。同时，如果不能有效保障核能安全，不能妥善应对核材料和核设施的潜在安全风险，就会给这一美好前景蒙上阴影，甚至带来灾难。要使核能事业发展的希望之火永不熄灭，就必须牢牢坚持安全第一原则。

第二，权利和义务并重，以尊重各国权益为基础推进国际核安全进程。切实履行核安全国际法律文书规定的义务，全面执行联合国安理会有关决议，在强调各国履行有关国际义务的同时，尊重各国根据本国国情采取最适合的核安全政策和举措的权利。

第三，自主和协作并重，以互利共赢为途径寻求普遍核安全。核安全首要责任应该由各国政府承担，各国政府要强化核安全意识，加强机制建设，提升技术水平。核安全也是全球性课题，要吸引更多国家加入国际核安全进程，加强交流、互鉴、共享，有关多边机制和倡议要统筹协调、协同努力。

第四，治标和治本并重，以消除根源为目标全面推进核安全努力。完善核安全政策举措，坚持核材料供需平衡，深化打击核恐怖主义国际合作，是消除核安全隐患和核扩散风险的直接和有效途径。只有营造和平稳定的国际环境，才能从根本上解决核恐怖主义和核扩散问题，实现核能持久安全和发展。

习近平强调，发展核事业 50 多年来，中国保持了良好的核安全记录。中国对全国核设施开展了全面安全检查，不断完善国家核安全法规体系，正在制定核安全条例。中国还积极推动核安全国际合作。

习近平最后指出，光明前进一分，黑暗便后退一分。我们在核安全领域多作一份努力，恐怖主义就少一次可乘之机。中国将坚定不移增强自身核安全能力，坚定不移参与构建公平、合作、共赢的国际核安全体系，坚定不移支持国际原子能机构主导的核安全国际合作，坚定不移维护地区和世界和平稳定，为实现持久核安全继续作出自己的努力和贡献。

与会领导人在发言中介绍了各自政策主张和措施，一致认为加强核安全、防范核恐怖主义是未来几年国际社会共同面临的重要挑战，各国都负有维护核材料和核设施安全的责任，同时要深化国际合作并加强协调，建立国际核安全体系并支持国际原子能机构发挥中心作用。

2016 年 3 月 31—4 月 1 日，第四届核安全峰会在美国首都华盛顿举行。国家主席习近平出席了 4 月 1 日会议并发表题为《加强国际核安全体系，推进全球核安全治理》的重要讲话，围绕构建公平、合作、共赢的国际核安全体系，全面阐述中国政策主张，介绍中国在核安全领域取得的新进展，宣布中国加强本国核安全并积极推进国际合作的举措。

这次峰会以“加强国际核安全体系”为主题，共有 52 个国家的领导人或代表，以及国际组织负责人与会。

习近平在讲话中指出，我在海牙举行的第三届核安全峰会上主张构建公平、合作、共赢的国际核安全体系。为此，我们要强化政治投入，凝聚国际共识，构建以合作共赢为核心的新型国际关系，把握标本兼治方向，推进全球安全治理。要强化国家责任，部署实施核安全战略，构筑严密持久防线。要强化国际合作，打造核安全命运共同体，推进协调并进势头。要强化核安全文化，营造共建共享氛围。加强国际核安全体系，人的因素最为重要。法治意识、忧患意识、自律意识、协作意识是核安全文化的核心，要贯穿到每位从业人员的思想和行动中，使他们知其责、尽其职。

习近平指出，海牙峰会以来，中国在核安全领域取得了新进展。中国奉行精益求精的理念，努力探索加强核安全的有效途径，已经将核安全纳入国家总体安全体系，写入国家安全法，明确了对核安全的战略定位。中国坚持言出必行的原则，忠实履行国际义务和政治承诺。中国心怀合作共赢的愿景，积极推动国际交流合作。

习近平强调，中国将继续加强本国核安全，积极推进国际合作，分享技术和经验，贡献资源和平台。中国将构建核安全能力建设网络，推广减少高浓缩铀合作模式，实施加强放射源安全行动计划，启动应对核恐怖危机技术支持倡议，推广国家核电安全监管体系。

只要我们精诚合作，持续加强核安全，核能造福人类的前景必将更加光明。

二、巴基斯坦“华龙一号”核电工程建设

中巴经济走廊是一条连接中国新疆喀什到巴基斯坦西南港口瓜达尔港的公路、铁路、油气管道及光缆覆盖的“四位一体”通道。2013 年 5 月，国务院总理李克强访问巴基斯坦期间，提出建设中巴经济走廊的计划。两国同意，以中巴经济走廊为引领，以瓜达尔港、能源、交通基础设施、产业园区合作为重点，打造“1+4”的合作布局。2015 年 4 月 20 日，国家主席习近平出访巴基斯坦。作为“一带一路”的重要支点，包括核能合作在内的多项涉及中巴经济走廊的政府间合作文件和商业文件获得签署。

巴基斯坦石油、天然气资源短缺，对外依存度达到 68%。水能、风能和太阳能资源丰富，但开发进展缓慢。电力系统顶层规划长期缺失，电力人才缺乏，基础设施薄弱，电力严重短缺。基于中国和巴基斯坦长期友好的核电合作，为帮助巴基斯坦继续改善电力短缺的局面，根据中国与巴基斯坦关于开展核能合作的有关协议，中核集团计划向巴基斯坦出口 5 台“华龙一号”核电机组，预计投资 150 亿美元。

作为中国核电走向世界的“国家名片”，“华龙一号”是完全满足三代核电技术指标的中国自主百万千瓦级压水堆核电机型，是中国核电创新发展的重大标志性成果，为中国核电“走出去”战略提供了有力支撑。“华龙一号”卡拉奇核电项目合同的签约是中核集团实施核电“走出去”发展战略的重要一步，也是具有自主知识产权的百万千瓦级核电项目走出国门的一个重大里程碑，对于贯彻实施“一带一路”倡议，对于中国核电走向世界具有重要的示范意义。

采用中国“华龙一号”技术的项目是卡拉奇核电厂 2、3 号（简称 K–2、K–3）机组，规划发电能力 220 万千瓦，项目总造价 95.9 亿美元。

2015 年 8 月 20 日，卡拉奇核电项目 K–2 机组第一罐混凝土浇筑庆典活动在卡拉奇核电项目现场举行。它是继福建福清 5 号机组之后全球第二个开建的“华龙一号”核电项目，意味着“华龙一号”首次走出国门，正式落地巴基斯坦。它既是中国百万千瓦级核电机组走出国门零的突破，也标志着中国成为国际上第 4 个能独立出口三代核电技术的国家。

2017 年 10 月 13 日卡拉奇核电厂 K–2 机组核岛穹顶吊装完成，顺利实现海外“华龙一号”首堆从工程开工到穹顶吊装总工期 25 个月的目标任务。

2019 年 6 月 17 日 8 时 06 分，卡拉奇核电 K–3 机组外层安全壳穹顶成功吊装就位，标志着核电厂主体结构工程结束，为后续安全壳整体试验和热试创造了有利条件。巴基斯坦当地时间 2019 年 11 月 29 日凌晨 1 时 46 分，卡拉奇核电 K–2、K–3 机组工程 500 千伏倒送电一次成功。500 千伏倒送电，共两条线路，涉及系统多、施工范围广、工程量大，是卡拉奇核电项目建设中一个重要里程碑节点，标志着卡拉奇核电 K–2、K–3 机组“电能外送的高速公路正式通车”，为后期机组系统调试奠定了坚实基础。

卡拉奇核电厂 K–2、K–3 机组开工建设之后，中核集团与巴基斯坦原子能委员会于

2017 年 11 月 21 日签署恰希玛核电 5 号机组商务合同，将在巴基斯坦建设第三台 “华龙一号” 百万千瓦级核电机组。恰希玛核电厂 5 号机组成为 “华龙一号” “走出去” 的第 3 台核电机组，也是中国向巴基斯坦出口的第 7 台核电机组。

卡拉奇核电 K–2、K–3 机组建设情况如下：

（一）K–2 机组

2014 年 4 月 15 日，K–2 机组核岛基坑负挖。2015 年 8 月 20 日，K–2 机组核岛筏基第一罐混凝土浇筑（FCD）。

2016 年 2 月 6 日，K–2 机组钢衬里模块第一环整体吊装就位。2 月 29 日，K–2 机组常规岛第一罐混凝土开始浇筑。

2017 年 6 月 23 日，K–2 机组环吊环梁、环轨整体吊装成功。7 月 26 日，K–2 机组环吊大梁吊装完成。9 月 10 日–20 日，用时 11 天，K–2 机组三台蒸汽发生器全部吊装就位，工期约占同类电站所用时间的 1/3。9 月 30 日，K–2 机组压力容器吊装成功。10 月 13 日，K–2 机组反应堆厂房穹顶吊装就位。卡拉奇核电项目实施的主系统设备预入施工方法得到了验证，把传统的主设备系统安装关键路径变成了非关键路径。

2018 年 9 月 5 日，K–2 机组压力容器吊装成功。

2019 年 6 月 17 日，K–2 机组外层安全壳穹顶成功吊装就位。10 月 23 日，K–2 机组电机空载试验成功。11 月 17 日，在巴基斯坦核安全管理局（PNRA）、巴基斯坦原子能委员会（PAEC）等各方的见证下，K–2 机组二回路联合水压试验里程碑节点完成。11 月 26 日，K–2 机组冷态功能试验正式启动。

（二）K–3 机组

2016 年 5 月，K–3 机组正式开工建设。12 月 29 日，K–3 机组常规岛第一罐混凝土开始浇筑。

2017 年 4 月 15 日，K–3 机组核岛钢衬里模块化吊装完成。

2018 年 4 月 4 日，由哈电集团（秦皇岛）重型装备有限公司承制的卡拉奇 K–3 机组蒸汽发生器顺利发货，完成“华龙一号”海外首堆的全部蒸汽发生器供货。4 月 25 日，K–3 机组核岛环吊环梁、环轨吊装就位。6 月 8 日，K–3 机组环吊大梁吊装完成。8 月 18—23 日，仅用时 6 天，K–3 机组完成三台蒸汽发生器吊装，吊装利用中核中原首创的 e 型翻转支架进行蒸汽发生器翻转，并采取预引入法，比 K–2 机组的 11 天吊装三台蒸发器缩短 5 天，创造了世界核电建造史上蒸汽发生器吊装最快纪录。9 月 29 日，K–3 机组穹顶吊装就位。

2019 年 10 月 11 日，国际原子能机构（IAEA）副总干事带领的安保专家团队对巴基斯坦原子能委员会所属巴基斯坦卡拉奇核电厂 K–2、K–3 机组进行了核燃料安全保卫管理检查，对中核中原主设备预引入施工新工法和安全生产无事故的安全记录表达了高度赞赏。

三、田湾核电 7、8 号机组合作协定书与徐大堡核电 3、4 号机组总合同的签署

2016 年 11 月，中俄总理在圣彼得堡举行第二十一次定期会晤期间，中国国务院总理

李克强与俄罗斯联邦政府总理梅德韦杰夫共同发表《中俄政府首脑关于深化和平利用核能领域战略合作的联合声明》。声明提出：中俄两国政府首脑“支持采用俄罗斯技术共同建设田湾核电站后续2台机组”，并“将委托开展在中华人民共和国境内新厂址系列建造VVER型机组的可能性的研究工作”。为落实联合声明，由国家相关主管部门牵头，中俄两国政府部门及企业经过多轮协商谈判，就田湾核电7号和8号机组、核电新厂址项目、CFR600示范快堆、同位素热源四个核能项目的合作文件达成一致。

2017年7月，中核苏能核电有限公司（简称中核苏能）牵头与俄方在企业层面开展4台VVER机组框架合同谈判，先后组织进行了16轮谈判。2018年6月8日，在国家主席习近平和俄罗斯总统普京的共同见证下，中国国家原子能机构与俄罗斯国家原子能集团签署《中俄示范快堆合作政府间协议》。同一天，国家能源局与俄罗斯国家原子能集团公司签订《中华人民共和国政府和俄罗斯联邦政府关于在中国合作建设田湾核电7、8号机组的议定书》《中华人民共和国政府和俄罗斯联邦政府关于在中国合作系列建设徐大堡核电站机组的议定书》。在此期间，中核集团与俄罗斯国家原子能集团签署《田湾核电站7、8号机组框架合同》《徐大堡核电站框架合同》《中国示范快堆设备供应及服务采购框架合同》。

按照框架合同确定的工作计划，双方于2018年6月、10月启动田湾7、8号机组的技术设计合同及总合同谈判，通过5轮、6轮谈判，分别于2018年11月6日在首届中国国际进口博览会期间签订《田湾核电站7、8号机组技术设计合同》，于2019年3月7日签订《田湾核电站7、8号机组总合同》，上述合同分别于2018年11月9日和2019年3月28日正式生效。双方于2019年1月、3月启动徐大堡核电3、4号机组的技术设计合同及总合同谈判，分别通过第2轮和第3轮谈判，于2019年3月7日签订《徐大堡核电站3、4号机组技术设计合同》。2019年6月5日，在国家主席习近平和俄罗斯总统普京共同见证下，中核集团与俄罗斯国家原子能公司在莫斯科签订《徐大堡核电3、4号机组总合同》。《徐大堡核电站3、4号机组技术设计合同》与《徐大堡核电站3、4号机组总合同》分别于2019年4月1日和2019年6月28日正式生效。

2019年1月，双方启动田湾核电7、8号机组及徐大堡核电3、4号机组的核燃料采购合同谈判，先后进行了14轮谈判，并于2019年7月19日在中俄总理定期会晤委员会核问题分委会第二十三次会议期间签订《田湾核电站7、8号机组核燃料采购合同》（已于2019年9月16日正式生效），于2019年11月6日在第二届中国国际进口博览会[1]期间签订《徐大堡核电站3、4号机组核燃料采购合同》。

[1] 2019年11月5—10日，第二届中国国际进口博览会在中国上海国家会展中心举行，共有181个国家、地区、国际组织与会，3800多家境外企业参展，超过50万名境内外专业采购商到会洽谈采购，展览总面积36万米^2，达成累计意向成交金额711.3亿美元，较首届增长23%。国家主席习近平出席第二届中国国际进口博览会开幕式并作主旨演讲，倡议各国共建开放合作、开放创新、开放共享的世界经济，并提出中国继续扩大开放的五项措施：一是继续扩大市场开放，二是继续完善开放格局，三是继续优化营商环境，四是继续深化多双边合作，五是继续推进共建“一带一路”。

四、中国、法国、英国开展核电合作

中国核电“走出去”，已由企业孤军出海上升到了国家战略。国家主席习近平在2014年3月到访欧洲、7月到访拉丁美洲时力推中国核电“走出去”。国务院总理李克强在2013年的国事访问中多次推介中国核电，在2014年6月访问英国（中英总理年度会晤）和希腊时，推动与英国的核电合作。2014年在政府工作报告中，推动核电等技术装备走出国门被首次写入。

2013年10月18日，中英两国在北京签订《中华人民共和国政府和大不列颠及北爱尔兰联合王国政府关于加强民用核能领域合作的谅解备忘录》，鼓励中英双方企业参与对方国家的核电项目建设。

2014年3月，荷兰第三届核安全峰会期间，国家主席习近平在与英国首相卡梅伦会见时提出要在核电等领域打造示范性强的“旗舰项目”。

2014年3月26日，在国家主席习近平和法国总统奥朗德的见证下，中广核与法国电力集团（EDF）在巴黎签署了双方关于在英国新建核电项目工业合作协议和关于核能领域研发、设计、采购及运维合作协议。根据签署的协议，中广核将通过参股方式参与法国电力公司在英国拟新建核电项目的开发及建设，双方将共同推动由中广核牵头的中国核电企业控股开发英国后续新建核电项目。

2015年4月30日，中广核向欧洲用户要求（EUR）组织发函，提出针对“华龙一号”启动EUR认证的申请，以期为“华龙一号”开发欧洲市场创造条件。

2015年9月25日，欧洲用户要求（EUR）组织针对中广核2015年4月30日向其提出的启动EUR认证的申请，回函同意将中广核“华龙一号”EUR认证列上议事日程，但同时表示，由于EUR认证E版文件正在升版中，待完成升版后再启动相关工作。

2015年10月21日下午，在国家主席习近平和英国首相卡梅伦的见证下，中广核和法国电力集团（EDF）在伦敦正式签订了英国新建核电项目的投资协议。协议明确，中广核牵头的中方联合体将与法国电力集团（EDF）共同投资兴建英国欣克利角C核电项目（HPC），并共同推进塞兹韦尔C（SZC）和布拉德韦尔B（BRB）两大后续核电项目。其中布拉德韦尔B核电项目拟采用中国自主三代核电技术“华龙一号”。

2016年9月29日，中广核与法国电力集团（EDF）、英国政府共同签署了英国新建核电项目一揽子合作协议。确定中广核参股投资英国欣克利角 C（HPC）和赛兹韦尔 C（SZC）项目，控股投资布拉德维尔 B（BRB）项目。这是中国核电企业首次进入西方发达国家。上述英国核电项目公司的股权交割及资本金注入于签约日完成。

2016年10月14日，通用核能系统有限公司（GNS）将“华龙一号”开展通用设计审查（GDA）的申请正式递交英国商业、能源与工业战略部。2017年1月10日，英国政府发布声明，正式受理“华龙一号”通用设计审查（GDA）的申请。2017年1月19日，英国核能监管办公室（ONR）和环境署（EA）正式宣布“华龙一号”通用设计审查（GDA）

启动。

为推动“华龙一号”GDA 审查，中广核在技术准备、项目管理及与英国审查机构沟通等方面作了一系列充分的准备。历时近两年，完成了“华龙一号”技术方案自评估，提前识别技术上可能存在的审评风险，及早采取各种应对措施，从技术上进行准备。项目管理方面，中广核与合作伙伴法国电力集团（EDF）在英国成立了通用核能系统有限公司（GNS），作为推进“华龙一号”GDA 审查的项目主体。通用核能系统有限公司搭建了项目管理团队，以广西防城港核电 3 号机组作为参考电站，制定了一个详细的项目进度计划来保障“华龙一号”GDA 审查的顺利推进。“华龙一号”GDA 审查分为四个阶段，历时共 60 个月。

2018 年 1 月 9 日，国家主席习近平与正在对中国进行国事访问的法国总统马克龙，在北京人民大会堂共同为广东台山核电站 1 号机组成为 EPR（European Pressurized Reactor）全球首堆工程揭牌。在中法两国元首见证下，中国国家原子能机构与法国原子能与替代能源委员会（CEA）签署《中法后处理合作意向书》；中核集团和法国新阿海珐集团签署相关协议备忘录，与法国法马通公司签署全球战略合作协议；中广核和法国原子能与替代能源委员会（CEA）签订核研发技术领域合作协议。

2018 年 3 月 1 日，东方电气集团与法国法马通公司签订英国欣克利角 C 核电项目 2 台机组支撑的供货合同。

2019 年 3 月 25 日，在国家主席习近平和法国总统马克龙共同见证下，中国国家原子能机构与法国原子能和替代能源委员会签署第十三个和平利用核能合作协议书。

五、中国与阿根廷、阿联酋签署核电合作协议

2014 年 9 月 3 日，中核集团与阿根廷核电公司签署了《阿根廷第四座重水堆核电站项目框架合同》。

2015 年 2 月 3 日和 4 日，中国和阿根廷分别签署了《中华人民共和国政府和阿根廷共和国政府关于合作在阿根廷建设重水堆核电站的谅解备忘录》和《中华人民共和国政府和阿根廷共和国政府关于在阿根廷合作建设压水堆核电站的协议》。

2019 年 4 月 11—15 日，中国与阿根廷签署了《中华人民共和国国家能源局与阿根廷共和国财政部关于和平利用核能领域投资合作的合作意向》。

2019 年 7 月 22 日，北京人民大会堂，在中国国家主席习近平与阿拉伯联合酋长国阿布扎比王储穆罕默德·本·扎耶德·阿勒纳哈扬共同见证下，中核集团与阿联酋核能公司签署《中国国家能源局和阿联酋能源和工业部关于和平利用核能合作的谅解备忘录》，与阿联酋国务部长、阿布扎比国际金融中心主席签署建设财资及投融资中心合作协议。按照协议内容，中核集团将和阿联酋企业在核能领域开展相关合作，并筹备成立中核集团设立在海外、辐射全球的全产业链运营和投融资平台，共同探索建立“一带一路”倡议下中国核工业“产业＋金融＋海外市场”的发展模式。

第九节　核应急体系的完善与应急能力提升

为适应中国核工业发展的需要，检验核应急预案及执行程序的有效性，锻炼队伍，保持和提高核应急响应能力，中国于2009年和2015年两次举行“神盾”核应急演习。党的十八大后，按照习近平总书记提出的中国核安全观总要求，着眼核能发展新形势新任务，适应核能发展新期待新要求，针对核能发展新特点新规律，不断推进和创新中国核应急工作的新局面。2016年1月27日，国务院新闻办公室发表《中国的核应急》[1]白皮书，并发布新版《国家核应急预案》。白皮书从核能发展与核应急基本形势，核应急方针政策，核应急一案三制建设，核应急能力建设与保持，核事故应对处置主要措施，核应急演习演练，培训与公众沟通，核应急科技创新，核应急国际合作与交流等八方面，全面集中介绍了中国在核应急领域采取的主要措施和取得的重要进展。

一、核应急体系的完善

中国高度重视核应急，始终以对人民安全和社会安全高度负责的态度强化核应急管理。早在作出发展核电决策之时就同步部署安排核应急工作。切尔诺贝利核事故发生后，中国明确表示发展核电方针不变，强调必须做好核应急准备，1986 年即开展国家核应急工作。1991年，成立国家核事故应急委员会，统筹协调全国核事故应急准备和救援工作。1993年，发布《核电厂核事故应急管理条例》，对核应急作出基本规范。1997年，发布第一部《国家核应急计划（预案）》，对核应急准备与响应作出部署，之后，为适应核能发展需要，多次进行修订，形成《国家核应急预案》。中国核应急管理与准备工作的体系化、专业化、规范化、科学化水平全面提升。

从1991年秦山核电厂并网发电到2019年的近30年来，中国逐步建立健全了核应急的综合体系。主要有五个体系：一是法规制度体系。二是核应急预案体系。中国初步形成了包括《国家核应急预案》、省（自治区、直辖市）核应急预案、核设施营运单位应急预案，以及每个层级的相关部门应急预案于一体的全国核应急预案体系。三是组织指挥体系。建立了国家、省级、核设施营运单位三级核应急响应（指挥）中心，实现互联互通，确保核事故应急处置工作有序实施。四是技术支持体系。五是救援处置体系。国家高度重视核应急救援处置能力建设。按照国务院在2017年1月发布的《国家突发事件应急体系建设“十三五”规划》部署，在“十三五”期间建成国家核事故应急救援队，形成复杂条件下重特大核事故突击抢险和紧急处置能力；指导推进核电企业核事故应急救援队伍建设和省级核应急能力标准化建设。

---

[1] 2016年1月27日，中国政府发表《中国的核应急》白皮书，这是中国在涉核领域发表的第一部白皮书，以总体国家安全观和中国核安全观等重要思想为指导，由前言、正文和结束语三部分组成，全文约1.2万字。

（一）核应急方针政策

中国是发展中大国，在发展核能进程中，通过制定法律、行政法规和发布政令等方式，确定核应急基本方针政策。

中国核应急基本目标是：依法科学统一、及时有效应对处置核事故，最大程度控制、缓解或消除事故，减轻事故造成的人员伤亡和财产损失，保护公众，保护环境，维护社会秩序，保障人民安全和国家安全。

中国核应急基本方针是：常备不懈、积极兼容，统一指挥、大力协同，保护公众、保护环境。

——常备不懈、积极兼容。各级核应急组织以“养兵千日，用兵一时”的态度，充分准备，随时应对可能发生的核事故。建立健全专兼配合、资源整合、平战结合、军民融合的核应急准备与响应体系。核应急与其他工作统筹规划、统筹部署、兼容实施。

——统一指挥、大力协同。核设施营运单位统一协调指挥场内核事故应急响应行动，各级政府统一协调指挥本级管辖区域内核事故应急响应行动。在政府统一组织指挥下，核应急组织、相关部门、相关企业、专业力量、社会组织以及军队救援力量等协同配合，共同完成核事故应急响应行动。

——保护公众、保护环境。把保护公众作为核应急的根本宗旨，以一切为了人民的态度和行动应对处置核事故。把保护环境作为核应急的根本要求，尽可能把核事故造成的放射性物质释放降到最小，最大程度控制、减轻或消除对环境的危害。

中国核应急基本原则是：统一领导、分级负责，条块结合、军地协同，快速反应、科学处置。

——统一领导、分级负责。在中央政府统一领导下，中国建立分级负责的核应急管理体系。核设施营运单位是核事故场内应急工作责任主体。省级人民政府是本行政区域核事故场外应急工作责任主体。

——条块结合、军地协同。核应急涉及中央与地方、军队与政府、场内与场外、专业技术与社会管理等方面，必须坚持统筹兼顾、相互配合、大力协同、综合施救。

——快速反应、科学处置。核事故发生后，各级核应急组织及早介入，迅速控制缓解事故，减轻对公众和环境的影响。遵循应对处置核事故特点规律，组织开展分析研判，科学决策，有效实施辐射监测、工程抢险、去污洗消、辐射防护、医学救援等响应行动。

（二）核应急“一案三制”建设

中国高度重视核应急的预案和法制、体制、机制（简称“一案三制”）建设，通过法律制度保障、体制机制保障，建立健全国家核应急组织管理体系。

加强全国核应急预案体系建设。《国家核应急预案》是中央政府应对处置核事故预先制定的工作方案。《国家核应急预案》对核应急准备与响应的组织体系、核应急指挥与协调机制、核事故应急响应分级、核事故后恢复行动、应急准备与保障措施等作了全面规定。按照《国家核应急预案》要求，各级政府部门和核设施营运单位制定核应急预案，形成相互配套衔接的全国核应急预案体系。

加强核应急法制建设。中国基本形成国家法律、行政法规、部门规章、国家和行业标准、管理导则于一体的核应急法律法规标准体系。早在1993年8月就颁布实施《核电厂核事故应急管理条例》。进入21世纪，先后颁布实施《中华人民共和国放射性污染防治法》《中华人民共和国突发事件应对法》，从法律层面对核应急作出规定和要求。2015年7月，新修订的《中华人民共和国国家安全法》开始实施，进一步强调加强核事故应急体系和应急能力建设，防止、控制和消除核事故对公众生命健康和生态环境的危害。与这些法律法规相配套，政府相关部门制定相应的部门规章和管理导则，相关机构和涉核行业制定技术标准。军队制定参加核电厂核事故应急救援条例等相关法规和规章制度。同时，积极推进原子能法立法进程。2018年10月19日，《中华人民共和国原子能法（征求意见稿）》公开向全社会征求意见。

加强核应急管理体制建设。中国核应急实行国家统一领导、综合协调、分级负责、属地管理为主的管理体制。全国核应急管理工作由中央政府指定部门牵头负责。核设施所在地的省（自治区、直辖市）人民政府指定部门负责本行政区域内的核应急管理工作。核设施营运单位及其上级主管部门（单位）负责场内核应急管理工作。必要时，由中央政府领导、组织、协调全国的核事故应急管理工作。

加强核应急机制建设。中国实行由一个部门牵头、多个部门参与的核应急组织协调机制。在国家层面，设立国家核事故应急协调委员会，由政府和军队相关部门组成，主要职责是：贯彻国家核应急工作方针，拟定国家核应急工作政策，统一协调全国核事故应急，决策、组织、指挥应急支援响应行动。同时设立国家核事故应急办公室，承担国家核事故应急协调委员会日常工作。在省（自治区、直辖市）层面，设立核应急协调机构。核设施营运单位设立核应急组织。国家和各相关省（自治区、直辖市）以及核设施营运单位建立专家委员会或支撑机构，为核应急准备与响应提供决策咨询和建议。

（三）核应急能力建设与保持

中国坚持积极兼容、资源整合、专业配套、军民融合的思路，建设并保持与核能事业安全高效发展相适应的国家核应急能力，形成有效应对核事故的国家核应急能力体系。

国家建立全国统一的核应急能力体系，部署军队和地方两个工作系统，区分国家级、省级、核设施营运单位级三个能力层次，推进核应急领域的各种力量建设。

建设国家核应急专业技术支持中心。建设辐射监测、辐射防护、航空监测、医学救援、海洋辐射监测、气象监测预报、辅助决策、响应行动等8类国家级核应急专业技术支持中心以及3个国家级核应急培训基地，基本形成专业齐全、功能完备、支撑有效的核应急技术支持和培训体系。

建设国家级核应急救援力量。经过多年努力，中国形成了规模适度、功能衔接、布局合理的核应急救援专业力量体系。适应核电站建设布局需要，按照区域部署、模块设置、专业配套原则，组建30余支国家级专业救援分队，承担核事故应急处置各类专业救援任务。军队是国家级核应急救援力量的重要组成部分，担负支援地方核事故应急的职责使命，近年来核应急力量建设成效显著。为应对可能发生的严重核事故，依托现有能力基础，组建国家核应急救援队，主要承担复杂条件下重特大核事故突击抢险和紧急处置任务，并参与国际核应急救援行动。2016 年 5 月 24 日，核事故应急协调委员会五届三次会议正式宣布组建成立中国核应急救援队，这是中国首支核应急“国家队”。中国核应急救援队由 6 支救援分队组成，规模为 320 人，其中包括：指挥协调与技术支持分队、突击抢险分队、工程抢险分队、应急监测与辐射防护分队、去污洗消分队、医学救援分队。中国核应急救援队训练基地由事故场景模拟训练基地、操作技能训练基地、理论教学基地三部分构成。

建设省级核应急力量。中国设立核电站的省（自治区、直辖市）均建立了相应的核应急力量，包括核应急指挥中心、应急辐射监测网、医学救治网、气象监测网、洗消点、撤离道路、撤离人员安置点等，以及专业技术支持能力和救援分队，基本满足本区域核应急准备与响应需要。省（自治区、直辖市）核应急指挥中心与本级行政区域内核设施实现互联互通。

建设核设施营运单位核应急力量。按照国家要求，参照国际标准，中国各核设施营运单位均建立相关的核应急设施及力量，包括应急指挥中心、应急通信设施、应急监测和后果评价设施；配备应对处置紧急情况的应急电源等急需装备、设备和仪器；组建辐射监测、事故控制、去污洗消等场内核应急救援队伍。核设施营运单位所属涉核集团之间建立核应急相互支援合作机制，形成核应急资源储备和调配等支援能力，实现优势互补、相互协调。

按照积极兼容原则，围绕各自职责，中国各级政府有关部门依据《国家核应急预案》明确的任务，分别建立并加强可服务保障核应急的能力体系。

按照国家、相关省（自治区、直辖市）和各核设施营运单位制定的核应急预案，在国家核应急体制机制框架下，各级各类核应急力量统一调配、联动使用，共同承担核事故应急处置任务。

（四）核事故应急处置主要措施

中国参照国际先进标准，汲取国际成熟经验，结合国情和核能发展实际，制定了控制、缓解、应对核事故的工作措施。

实施纵深防御。设置五道防线，前移核应急关口，多重屏障强化核电安全，防止事故与减轻事故后果。一是保证设计、制造、建造、运行等质量，预防偏离正常运行。二是严格执行运行规程，遵守运行技术规范，使机组运行在限定的安全区间以内，及时检测和纠正偏差，对非正常运行加以控制，防止演变为事故。三是如果偏差未能及时纠正，发生设计基准事故时，自动启用电厂安全系统和保护系统，组织应急运行，防止事故恶化。四是如果事故未能得到有效控制，启动事故处理规程，实施事故管理策略，保证安全壳不被破坏，防止放射性物质外泄。五是在极端情况下，如果以上各道防线均告失效，立即进行场外应急响应行动，努力减轻事故对公众和环境的影响。同时，设置多道实体屏障，确保层层设防，防止和控制放射性物质释入环境。

实行分级响应。参照国际原子能机构核事故事件分级表，根据核事故性质、严重程度及辐射后果影响范围，确定核事故级别。核应急状态分为应急待命、厂房应急、场区应急、场外应急，分别对应Ⅳ级响应、Ⅲ级响应、Ⅱ级响应、Ⅰ级响应。前三级响应，主要针对场区范围内的应急需要组织实施。当出现或可能出现向环境释放大量放射性物质，事故后果超越场区边界并可能严重危及公众健康和环境安全时，进入场外应急，启动Ⅰ级响应。

部署响应行动。核事故发生后，各级核应急组织根据事故性质和严重程度，实施全部或部分响应行动。

（五）核应急演习演练、培训与公众沟通

《核电厂核事故应急管理条例》《突发事件应急预案管理办法》《突发事件应急演练指南》《核应急演习管理规定》等规章的发布，明确规定国家核应急演习方针原则、组织机构、内容形式、分类频次、保障准备、实施程序等。截至2019年年底，中国先后组织了代号为“神盾—2009”“神盾—2015”的国家核事故应急联合演习，参演规模近6000人，日本、韩国、法国、巴基斯坦、国际原子能机构等派出官员、专家观摩。

（六）核应急科技创新

中国制定国家核应急工作规划，明确核应急领域科技创新目标要求、体制机制、人才建设、主要任务、保障措施等，取得一批科技创新成果，部分成果达到国际先进水平。

开展“华龙一号”反应堆、AP1000反应堆（美国先进压水堆）、EPR反应堆（欧洲压水堆）、高温气冷堆、快堆等三代核电技术反应堆核应急技术与管理研究。针对多机组同时出现共模事故、内陆核电厂严重事故源项分析、跨地区核应急准备、核燃料循环设施应急准备、核与辐射恐怖袭击事件应急处置等重大课题，持续开展研究，取得一批成果，促进了中国核应急基础技术水平的整体增强。

开展核突发事件（事故）情况下大范围公众群体危机心理援助技术研究，构建相关心理干预模型，提出应对预案、标准和实施指南。针对核辐射特点，研究编制核事故公众防护问与答、核与辐射事故医学应急等面向社会公众的应用丛书。

（七）核应急国际合作与交流

积极加入相关国际公约。中国作为联合国安理会常任理事国、国际原子能机构理事国，高度重视融入国际核安全应急体系。自1984年加入国际原子能机构以来，先后加入《核事故或辐射紧急情况援助公约》《及早通报核事故公约》《核材料实物保护公约》《不扩散核武器条约》《核安全公约》《制止核恐怖主义行为国际公约》等国际公约。

积极履行核应急国际义务。2014年5月，中国加入“国际核应急响应与援助网络”，为国际社会核应急体系建设提供支持。

积极开展双边交流。自1984年起，中国先后与巴西、阿根廷、英国、美国、韩国、俄罗斯、法国等30个国家签订双边核能合作协定，开展包括核应急在内的合作与交流。

积极拓展多边合作。中国国家领导人先后出席2010年华盛顿核安全峰会、2012年首尔核安全峰会、2014年海牙核安全峰会、2016年华盛顿核安全峰会，呼吁国际社会加强核安全应急管理、提升核安全应急能力、增强各国人民对实现持久核安全、对核能事业造福人类的信心。中国国家原子能机构以各种形式与国际原子能机构开展交流与合作，2014年7月，在福建举办“严重核事故下核应急准备与响应”亚太地区培训班，为11个国家和地区的专家提供交流平台；2015年10月，在首次全球核应急准备与响应大会上，中国与90多个与会国家和10多个国际组织共同分享核应急准备与响应的成就，介绍中国核应急方针政策。中国通过亚洲核安全网络、亚洲核合作论坛、亚太地区核技术合作协定等机制，在地区合作交流中积极发挥作用。中国于 2004 年 1 月正式加入世界卫生组织辐射应急医学准备与救援网络。中国持续举办核应急领域国际学术交流活动。中日韩建立核事故及早通报框架和专家交流机制，定期开展相关领域合作与交流。

积极开展应对福岛核事故合作交流。中国是日本的近邻，对福岛核事故尤为关切。在第一时间启动核应急响应机制、开展本国应对工作的同时，积极履行《核事故或辐射紧急情况援助公约》国际义务，向日本政府表明提供辐射监测、医疗救护等援助的意愿。2011 年 5 月，应日本政府邀请，中国组织专家代表团赴日本，就福岛核事故进行交流，提出处置意见建议。中国还选派权威专家参加国际原子能机构福岛核事故评估团，开展福岛核事故影响评估。[1]

二、“神盾”核应急演习的举行

为适应中国核工业发展的需要，检验核应急预案及执行程序的有效性，锻炼队伍，保持和提高核应急响应能力，按照 2013 年新修订的《国家核应急预案》，中国每隔数年要举行一次国家级核应急演习。

（一）“神盾—2009”应急演习

2009 年 11 月 10 日，中国举行了首次国家核事故应急演习（代号“神盾—2009”）。

本次演习是为适应中国核工业发展的需要，检验核应急预案及执行程序的有效性，锻炼队伍，保持和提高核应急响应能力而进行的国家、省、核设施运营单位三级联动，军地协同的国家级联合演习。国家核事故应急协调委员会成员单位及专家咨询组、军队、江苏省核应急组织、田湾核电厂及少量公众共 2000 多人投入实战演练。工业和信息化部部长、国家核事故应急协调委员会主任指挥了本次演习，工业和信息化部副部长，国家国防科工局局长，国家原子能机构主任，江苏省副省长、省核应急协调委员会主任担任副总指挥。

演习模拟的事故情景是，田湾核电厂 2 号机组 1 回路主管道发生泄漏，最终导致主管道大破口事故，安全系统因多种原因失效，放射性物质向环境释放，对核电厂周边公众和环境造成了较大影响。事故发生后，各级核应急组织按照核应急预案要求，迅速开展事故应急响应和救援工作。

为了加强核应急工作的国际交流，国家原子能机构邀请日本和韩国代表团在演习现场观摩，并按照《及早通报核事故公约》向国际原子能机构进行通报。此外，150 余名代表分别在国家核应急响应中心、江苏省核应急指挥中心、连云港前沿指挥所、田湾核电厂、救援行动现场观摩了演习。国务院应急管理办公室、国务院应急管理专家组、中国核能行业协会、有关科研院所的资深专家组成评估团对本次演习进行全面评估。评估专家认为，此次演习方案设计周密、准备充分、组织指挥有力、协同配合得当，参演人员职责明确、作业规范，演习达到了预期目标。

---

[1] 国务院新闻办公室：《中国的核应急》白皮书，2016 年 1 月 27 日。

（二）“神盾—2015”应急演习

为适应中国核能事业发展的需要，检验核应急预案及其执行程序的有效性以及各级应急救援力量的协同性，不断提高核应急的响应能力和水平，2015年6月26日，中国举行了新版《国家核应急预案》发布后的第一次国家级核事故应急联合演习（代号“神盾—2015”）。

演习由国家级、省级、核设施运营单位三级联动，军地协同，采取时空压缩、异地同步的方式展开，国家核事故应急协调委员会27家成员单位参加。同时，还动用了9个国家核应急专业技术支持中心、10支救援分队以及部队相关救援力量，广东省还组织了相应救援力量及部分公众，约1900人投入实战演练。

演习以模拟某核电厂放射性物质向环境有限释放为情景，重点演练在发生核事故的紧急情况下，国家级核应急机构、省（自治区、直辖市）级核应急机构、核设施营运单位组织实施指挥、开展会商研判、进行场外救援、信息发布、军地协同以及相应的应急响应行动。按照《及早通报核事故公约》，还模拟了国家原子能机构向国际原子能机构进行情况通报。

截至2015年6月，中国大陆运行核电机组23台，总装机容量2118万千瓦。在建核电机组27台，总装机容量约3000万千瓦。在运机组保持了良好的核安全记录，在建新建机组采用最先进的核电技术、实施最严格的核安全标准，同步开展最充分的核应急准备，确保核安全。在国家核应急协调委员会成员单位的共同努力下，按照建体系、强能力、重实战的要求，全面加强法规标准体系、预案体系、技术支持体系、救援体系和组织指挥体系等五大体系建设，中国已建有9个国家级核应急专业技术支持中心，25支国家级核应急救援分队，涵盖了辐射监测、航空监测、海洋监测、气象监测、辐射防护、核应急行动、决策支持、医学救援、去污洗消、突击抢险等核应急专业领域，有关省（自治区、直辖市）和核设施运营单位也构建有核应急救援力量，形成了国家级、省级、核设施运营单位三级联动的核应急体系，正不断推进国家核应急体系完善和核应急工作向前发展。

2015年9月7日，国家核应急办公室在北京组织召开“神盾—2015”国家核应急联合演习总结会。

三、《国家核应急预案》的发布

中国早在作出发展核电决策之时就同步部署安排核应急工作。1986年即开展国家核应急工作。1991年，成立国家核事故应急委员会，统筹协调全国核事故应急准备和救援工作。1993年，发布《核电厂核事故应急管理条例》，对核应急作出基本规范。1997年，发布第一部《国家核应急计划（预案）》，对核应急准备与响应作出部署，多次进行修订形成《国家核应急预案》。

2005年后，中国进入核能快速发展时期，新的形势要求国家的核事故应急工作必须与时俱进。《国家核应急预案》修订版出台的背景主要有以下四个方面：一是国家有关法律法规制度不断完善，国家先后出台了《中华人民共和国突发事件应对法》《国家总体应急预案》《国务院关于全面加强应急管理工作的意见》等法律法规制度和规定，对国家核事故应急工作提出了新的更高要求；二是国际社会对核事故应急与核安全提出了许多新的理念，国际原子能机构（IAEA）关于核事故应急工作的理念、文化和标准都为修订《国家核应急预案》提供了参考和借鉴；三是经历了汶川特大地震和日本福岛核事故等重大事件、事故后，在组织应对的过程中，中国核事故应急工作积累了许多丰富的经验，需要总结、提炼和升华；四是随着中国核能事业快速发展，核事故应急管理工作也不断取得进展，这就需要适时对《国家核应急预案》加以修订，同时中国核事故应急基础能力技术水平和专业技术支持能力建设也都有了较大的发展，这些也对修订《国家核应急预案》提出了新的要求。

《国家核应急预案》编制目的在于依法科学统一、及时有效地应对和处置核事故，最大限度地控制、减轻或消除事故及其造成的人员伤亡和财产损失，保护环境，维护社会正常秩序。编制依据包括《中华人民共和国突发事件应对法》《中华人民共和国放射性污染防治法》《核电厂核事故应急管理条例》《放射性物品运输安全管理条例》《国家突发公共事件总体应急预案》和相关国际公约等。

2013 年 6 月 30 日，国务院正式发布修订版《国家核应急预案》。修订版《国家核应急预案》的另一个亮点是根据多年的应急经验进一步细化了应急准备与保障措施，从技术准备、队伍准备、物资保障、经费保障、通信和运输保障、培训演练等 7 个方面提出了非常明确的要求。

《国家核应急预案》的修订工作主要是充分考虑在国家突发事件应对管理理论和普遍规律的基础之上，结合核事故应急工作面临的新形势、新任务和新要求，总结近年来核事故应急准备响应工作的实践经验，在以下几个方面加强了核事故应急相关工作：一是准确界定核事故应急工作的管理范围。2005 年版的预案主要是针对核电厂，修订版《国家核应急预案》将范围扩大到所有核设施及有关核活动已经或可能发生的核事故，也适用于乏燃料运输事故、涉核航天器坠落事故等突发事件的应急准备和响应。二是进一步明确了国家核事故应急工作的原则和责任主体。修订版《国家核应急预案》将坚持“统一领导、分级负责，条块结合、军地协同，快速反应、科学处置”作为国家核应急工作的原则，国家核应急协调委员会在国务院的统一领导下，负责组织协调全国核事故应急准备和应急处置工作。三是进一步强化了指挥机制，在重特大核事故情况下，视情况由国家核应急协调委员会提请国务院成立国家核事故应急指挥部，统一领导、组织、协调核事故应对工作。四是提高核事故应急响应行动的可实施性，细化核事故状态下应该采取的具体措施。根据中国的具体实际，有针对性地分别对核事故现场外应急、厂区应急、厂房应急、应急待命四级状态及对应级别响应行动的启动程序、指挥协调机制及各级核事故应急组织的处置措施、应急状态的终止程序等进行了补充和细化。五是进一步充实细化应急准备与保障措施。六是进一步规范信息报告与发布程序。七是对核事故的善后工作作出相应的规定。

福岛核事故发生以后，中国采取了积极应对措施，在 2011 年到 2014 年这个阶段，放缓了在建核电项目的批复速度，做了大量的工作。具体包括：对在运、在建的核电厂进行了安全大检查；制定了最严格的安全标准；与国际标准对接，参考国际原子能机构推荐的新标准、新理念，全面改进国家核应急准备与响应工作，也要求各核设施运营单位按照新标准完善应急措施；加强顶层设计，进行统筹规划。

四、《核电集团公司间核事故应急相互救援合作框架协议》的签署

核电厂通过采取核安全纵深防御的原则，并不断强化安全文化来保证其安全性。但这仍然不能完全排除发生核事故的可能性。对于核电厂来说，一旦发生核事故，为了控制或者缓解核事故、减轻核事故后果，必须采取不同于正常秩序和正常工作程序的紧急行动，以最大限度地减轻核事故对人员和环境的不利影响。核事故应急工作是核电厂保障核安全的重要环节之一，需要不同核电集团之间的交流协作、统一部署。

2014 年 5 月 5 日，为加强中国核事故应急工作，由中华人民共和国环境保护部（国家核安全局）牵头组织，中国核工业集团、中国广核集团、中国电力投资集团、国家核电技术公司、中国华能集团五家核电集团公司在广东大亚湾核电基地共同签署了《核电集团公司间核事故应急相互救援合作框架协议》，框架协议的签署成功，标志着中国在核事故应急领域形成整体合力，共筑核安全纵深防御底线，实现了核电厂核事故应急相互救援合作机制的构建。《核电集团公司间核事故应急相互救援合作框架协议》是由国家核安全局牵头，在总结福岛核事故教训的基础上，结合中国目前核电项目现实情况设计的，在核事故发生时各核电集团间开展紧急救援和应急支援的协议。在此次会议上国家核安全局还发布了《核电集团公司核电厂核事故场内应急快速救援队伍建设技术要求（试行）》，通过建设集团公司核事故场内应急快速救援队伍，并开展集团公司之间的核事故应急支援，实现国内五大涉核企业集团在核事故应急领域共筑纵深防御底线，形成应对严重核事故的协同机制和整体力量。

《核电集团公司间核事故应急相互救援合作框架协议》遵循就近、通用、对等、互利、可持续、信息共享、统一指挥等主要原则，基本实现了全国范围内核电厂核事故应急能力共建和应急资源共享的目标，极大提高了跨核电集团核电厂之间相互支援行动的时效性和有效性。《核电集团公司间核事故应急相互救援合作框架协议》对有关各核电集团公司间核事故应急的相互救援合作作出了规定和说明。

日本福岛核事故教训深刻，对中国的核电厂核事故应急工作提出了新的挑战和要求。福岛核事故表明，仅靠某个核电公司在核事故发生时实施核事故应急救援的能力是远远不够的，必须加强各核电集团间的沟通协作，在坚持“安全第一，质量第一”根本方针的前提下，培育注重细节的核安全文化，建立一套安全质量保证体系，贯彻纵深防御要求，确保中国核设施运行安全。《核电集团公司间核事故应急相互救援合作框架协议》的签署，也是落实习近平总书记有关加强核安全工作指示精神的重要行动，是福岛核事故后核安全改进的重要内容，是核电厂核事故应急响应能力再提升的重要标志，表明核电集团应急救援工作进入了实质性的力量组建和实施阶段，也标志着国内五大涉核企业集团在核事故应急领域进一步加强密切合作，开始形成应对严重核事故的整体合力。

中核集团、中广核分别依托秦山、大亚湾核电基地组建核事故应急场内救援队伍，在

核事故发生时，依据《核电集团公司间核事故应急相互救援合作框架协议》的相关要求，核事故应急场内救援队伍可快速赶赴发生事故的核电厂，实现事故工况缓解与控制、厂房关键设备抢修与恢复、堆芯诊断与评价、应急关键岗位替换与补充等救援功能，并落实相互救援机制，实现救援设备通用等核电厂核事故应急救援工作目标。

按照《核电集团公司间核事故应急相互救援合作框架协议》的指导原则，在中国各核电集团的核事故应急救援队伍和基地建设实施中，可采取如下发展战略：一是依托运行核电基地和核电厂现有应急资源组建集团层面的应急救援力量、救援队伍，建立救援机制，尽快形成实战应对能力；二是在集团层面应急救援力量的基础上，组建相对独立的救援中心，形成“点面结合、覆盖全国、快速有效、要素齐备、功能齐全”的核电厂应急救援机制。《核电集团公司间核事故应急相互救援合作框架协议》要求核电发展有关部门、企业要根据规定统一应急思想、明确应急目标、健全应急体系、提升应急能力、加强应急准备、重视公众沟通、严格监督检查等办法，把核应急管理工作全面纳入核安全监管轨道，推动中国核事故应急工作又好又快发展。

《核电集团公司间核事故应急相互救援合作框架协议》的签署成功，极大方便了跨核电集团的毗邻核电厂之间，落实具体操作层面的相互救援方案，保证救援的及时性和有效性。同时，《核电集团公司间核事故应急相互救援合作框架协议》的签署也是国内各核电集团公司进一步加强核应急能力建设的积极探索。按照《核电集团公司间核事故应急相互救援合作框架协议》的相关规定，各核电集团的核事故应急救援队伍将在核电厂发生严重核事故情况下，执行场内应急救援任务和承担核电集团间快速支援任务，成为防止反应堆堆芯严重损毁和防止放射性物质向外环境大规模泄漏的一支重要力量，有效提升了中国的核事故应急救援能力水平。

第八章

核电能力的全面提升

核电稳步重启、AP1000 自主化依托项目陆续投产、“华龙一号”开启批量化建设、“国和一号”（CAP1400）示范项目一期工程获得核准与开工建设，这背后是中国核电技术能力，核电装备企业的研发能力、制造水平、管理工艺等的全面提升。

围绕核电技术发展，在保障安全性的前提下，优化提升了三代核电技术经济性，推进核电多用途发展，提升了核电技术的市场竞争力；同时，加快开发了兼顾固有安全性和经济性的四代堆核电技术，加快了快堆和高温堆工程建设，持续投入开展了聚变堆研发。

核电装备产业发展前期，只是完成加工、生产、制造的任务，并不能实现自主化，研发、设计能力不足。通过 20 多年努力，核电装备作为产业发展基础，装备制造企业承担了应有责任，核电装备及一些关键原材料均实现自主生产。

工程建造能力全面提升，不仅能够承担核岛工程建设，也得到了国际市场的认可。实现了核电燃料元件国产化，实现了核电燃料立足国内，既满足了核电厂运行对燃料的要求，也为今后中国核电持续发展提供了可靠保证。核电厂数字化仪控系统实现了国产化和自主化。随着中国核电机组的批量化建设以及核电技术和工程“走出去”目标的实现，这些成果还将拥有更大的应用舞台。在核电技术、装备、燃料元件取得重大突破的同时，安全运行业绩、核与辐射安全监管也取得显著进步，人才队伍不断壮大，核电步入高质量发展期。

第一节　核电自主化技术能力的形成与提升

“十一五”“十二五”时期，中国核电通过依托项目建设引进先进技术；通过消化吸收，全面提升核电产业水平；通过再创新，打造中国先进核电品牌，核电自主化发展能力不断提升。“华龙一号”全面实现关键技术重大突破，真正掌握核心技术和未来竞争及发展的主动权，促进实现以自主设计、自主制造为中心的中国核电自主化发展进程。ACP1000 作为自主研发的三代核电机型，其自主知识产权覆盖了设计、燃料、设备、建造、运行、维护等领域，并已自主开发了核电专用软件，形成了完整的知识产权体系。“国和一号”

（CAP1400）是中国具有完全自主知识产权和出口权的第三代非能动大型先进压水堆机组，满足全球最新安全标准要求，其安全性、经济性和环境相容性达到三代核电的世界先进水平。小型堆、四代堆等新一代核能系统在积极研发过程中，部分堆型基本具备试验示范条件。中国核电科技创新体系不断完善。

一、“华龙一号”的技术融合

“华龙一号”（HPR1000）是中核集团和中广核立足于中国核电30年的设计、建造和运行经验，自主开发的安全、可靠、经济的先进压水堆核电技术，经过华龙技术团队、业内专家历时5年的共同努力，在中核集团和中广核自主研发堆型基础上融合而形成的先进压水堆核电技术。

2010年，在前期研发十余年的百万千瓦级压水堆核电CP1000（堆芯采用177组燃料组件）技术方案基础上，中核集团启动了ACP1000技术方案研发。同年，中广核在前期的ACPR1000基础上启动了ACPR1000+型号（堆芯采用了157组燃料组件）研发。2013年，两家公司分别完成了ACP1000、ACPR1000+型号设计，各自形成了具有完整自主知识产权的三代压水堆核电技术。

2013年4月25日，国家能源局主持召开自主创新三代核电技术合作协调会，中核集团和中广核达成合作共识，同意在前期两集团分别研发的ACP1000和ACPR1000+的基础上，联合开发“华龙一号”。2013年9月，中核集团和中广核专家组已完成8轮技术融合交流，形成“华龙一号”总体技术方案，并于9月5日正式签署《“华龙一号”技术合作协议》，9月25日联合向国家发展改革委上报了《关于中核中广核“华龙一号”自主三代核电技术的请示》。

无论是ACP1000还是ACPR1000+，都融合借鉴了国际先进三代核电技术的设计理念，充分汲取福岛核事故经验反馈，实施了完善的严重事故预防和缓解措施，确保了自主研发的型号具备与国际主流三代核电技术相当的应对极端严重事故的能力，确保核电厂的抗震等级、热工裕量，以及主要技术指标达到或超过国际最高安全标准的要求，满足了福岛事故后新建核电厂的安全指标要求，具有先进、经济、成熟、可靠的三代核电技术特点。[1]

2014年8月21—22日，国家能源局、国家核安全局牵头，组织43位院士及专家评审“华龙一号”总体技术方案。专家们认为，“华龙一号”的成熟性、安全性和经济性可满足三代核电技术要求，核心技术具有自主知识产权，是国内可以自主出口的核电机型。评审会后中核集团与中广核签署“华龙一号”技术融合协议。

2014年11月3日，国家能源局复函福建省和中核集团，同意福建福清5、6号机组采用融合后的“华龙一号”技术方案，建设国内示范工程。同年12月，“华龙一号”落地福清，入选2014年中国能源十大新闻。

[1] 中国核能行业协会：《中国核能发展报告（2018）》，社会科学文献出版社，2018年，第109页。

2014 年 12 月，国家能源局复函广西壮族自治区人民政府和中广核，同意广西防城港核电 3、4 号机组采用融合后的“华龙一号”技术方案，建设国内示范工程。

2014 年 12 月 4—5 日，中核集团 ACP1000 通过国际原子能机构反应堆通用设计审查（CRSR）。这是中国自主三代核电技术首次接受国际同行审查。

福清核电 5、6 号机组，是首个完全自主设计的三代核电技术“华龙一号”示范工程。2015 年 4 月 15 日，国务院总理李克强主持召开国务院常务会议，决定核准建设“华龙一号”三代核电技术示范机组。2015 年 4 月 30 日，国家发展改革委核准批复。同年 5 月 7 日，“华龙一号”首堆示范工程福清核电 5 号机组开工建设。2015 年 5 月 14 日，国务院副总理张高丽主持召开出口核电堆型安全相关问题座谈会，会议明确“首推‘华龙一号’堆型出口”。

2015 年 12 月 16 日，国务院常务会议核准建设防城港核电 3、4 号机组。新的“华龙一号”融合方案统一采用 177 堆芯，并统一主参数、主系统和技术标准。在安全系统方面，则采用“能动与非能动”相结合的设计，提供两种不同配置由市场选择。

2015 年 12 月 30 日，中核集团和中广核在北京签订协议，共同投资设立华龙国际核电技术有限公司（简称华龙国际）。华龙国际注册资本为 5 亿元人民币，中核集团和中广核各持股 50%。2016 年 3 月 17 日，华龙国际正式揭牌成立。

“华龙一号”是中核集团 ACP1000 和中广核 ACPR1000+两种技术的融合。根据协议，华龙国际核电技术有限公司将积极实施国家核电发展战略，致力于持续融合与发展“华龙一号”自主三代核电技术，统一管理并实施华龙技术、品牌、知识产权等相关资产在国内外的经营。华龙国际核电有限公司成立后，进一步与两家集团合作，共同推动“华龙一号”设计的进一步融合和优化，实现了技术和品牌的统一。融合后的“华龙一号”统一采取“177 堆芯”和“能动加非能动”的技术；统一了主参数、主系统、技术标准和主要设备技术要求；充分考虑市场需要，安全系统采用“菜单式”选项；融合后的“华龙一号”实现了技术和品牌的统一，得到了出口目标国的认可，能够满足国际与国内的市场需求。[1]

“华龙一号”的研发，在堆芯设计、系统设计、结构设计和严重事故预防与缓解措施等多方面均实现了自主创新，解决了核电出口在核岛技术方面的知识产权限制。

“华龙一号”的核电设计与分析软件，涵盖了核电设计分析、核电运行支持两个领域的专用软件，实现了理论模型创新和软件技术创新，摆脱了核电机组出口在软件技术方面的知识产权限制。

核燃料技术、蒸汽发生器、主泵、DCS 等关键设备都进行了自主化研发，以进一步提高核电设备的国产化能力，实现首堆工程设备国产化率大于 85%，并为解决“华龙一号”技术出口第三国可能的核禁运限制铺平了道路。

2017 年 4 月 13 日下午，国家能源局会同国家标准化管理委员会、国家核安全局在北

[1] 中国核能行业协会：《中国核能发展报告（2018）》，社会科学文献出版社，2018 年，第 111 页。

京召开《“华龙一号”国家重大工程标准化示范实施方案》发布会，“华龙一号”国家重大工程标准化示范工作正式启动。《“华龙一号”国家重大工程标准化示范实施方案》要求依托“华龙一号”示范工程开展核电标准化示范，用4年左右的时间，进一步完善优化现有压水堆核电标准体系，健全一套自主的、能够满足“华龙一号”国内建设与出口需求的、涵盖核电全生命周期的压水堆核电标准体系。

2017年5月26日，国务院总理李克强对“华龙一号”首堆福清核电5号机组建设工作作出重要批示，强调中国自主研发的三代核电“华龙一号”是推进实施中国制造2025的标志性工程，福清核电5号机组作为“华龙一号”全球首堆，实现核岛穹顶吊装意义重大。2017年6月，国家能源局组织召开了“华龙一号”专家评审会，与会专家一致认可“华龙一号”技术融合成果，融合方案已得到国家能源局复批。

二、ACP1000具备出口条件

ACP1000是中核集团在30年核电设计、建设经验基础上，消化和吸收国家引进的三代核电技术，经过十几年持续研发、不断改进和自主创新，充分考虑福岛核事故后最新经验反馈，充分利用国内外同行优势资源和能力所取得的成果。

2011年3月11日，日本福岛发生核事故。此后，中国核动力院、中国核电工程公司按照最新法规要求，对ACP1000进行改革，完成顶层方案设计。同年8月，ACP1000顶层设计方案得到中核集团批复。根据日本福岛核事故后，国家对核安全要求提升的形势，中核集团明确ACP600/1000重点科技专项调整为以ACP1000研发设计为重点，实验研究尽可能兼顾验证ACP600。ACP1000作为自主研发的第三代先进核电技术，在CNP1000/CP1000基础上，吸收AP1000和EPR设计经验，采用能动与非能动相结合设计理念，考虑了日本福岛核事故的经验反馈，充分利用纵深防御设计原则，设计科技专项达50余项。

2012年9月，中国核电工程公司、中国核动力院完成ACP1000总体设计工作，编制了ACP1000总体技术方案、ACP1000重要安全设计专项报告、ACP1000典型事故分析专项报告等。

2013年4月1—2日，为进一步推进ACP1000三代核电机型出口工作，中核集团组织国家知识产权局、中国核能行业协会等业界专家在北京召开了《三代核电ACP1000自主知识产权和出口相关问题分析报告》专家评审会。与会专家认为，中核集团ACP1000是国内能独立出口的三代机型。

2013年4月，ACP1000初步设计完成，中国核能行业协会于4月18—19日组织评审。2013年5月，ACP1000施工图设计开始启动。2015年5月7日，“华龙一号”全球首堆——福清核电5号机组——正式开工建设。

2015年6月15日，国务院总理李克强考察中核工程公司，详细了解了“华龙一号”等中国三代核电自主创新成果，并表示，核电不光要在国内发展，还要“走出去”，“五个指头要攥成拳”，与欧美发达国家合作开发第三方市场。现场，老中青三代核电人争相向总理表示一定把“华龙一号”打造成世界一流核电品牌。总理说，你们为我撑腰，我去国际舞台为你们扬名。要用最高标准、最优质量、最好性价比，提升中国核电装备在国际市场的竞争力。

三、“国和一号”（CAP1400）通过国家评审

2010 年 12 月 25 日，压水堆重大专项完成首批课题立项，包括 AP1000 核岛重大关键设计技术研究、AP1000 核岛关键设备设计技术研究等 17 个课题。

2011 年，日本福岛核事故后，为重点聚焦核电厂安全增强的落实措施，压水堆专项增加核电安全增强相关课题研究。

2013 年 6 月，CAP1400 示范工程初步安全分析报告（PSAR）第一次审评对话会在北京召开。本次对话会的召开是 CAP1400 审评工作的一个重要节点，在一定程度上完善了 CAP1400 的设计。2014 年 9 月 2—3 日，国家核安全局在北京组织召开了 CAP1400 示范工程初步安全分析报告审评收口会。这标志着长达 17 个月的核安全审评工作基本结束，CAP1400 安全分析报告得到国家核安全局的审评认可。2016 年 2 月 25 日，国家核安全局组织召开专家委员会，审议 CAP1400 示范工程项目建造许可证申请的审评监督情况。经审议，专家委员会一致认为，CAP1400 示范工程满足中国现行有效的核安全法律、法规和标准要求，达到了《核安全与放射性污染防治“十二五”规划及 2020 年远景目标》中为“十三五”期间新建核电机组确定的安全目标。

2014 年 12 月，CAP1400 非能动堆芯冷却系统性能研究及试验、CAP1400 熔融物堆内滞留（IVR）研究及试验、CAP1400 非能动安全壳冷却系统性能研究及试验、CAP1400 反应堆结构水力模拟试验研究、CAP1400 堆内构件流致振动模拟试验研究、CAP1400 蒸汽发生器及其关键部件性能试验等“国和一号”（CAP1400）确定的所有关键试验课题全部完成，建立了具有世界先进水平的试验台架。2018 年 1 月 15—16 日，国家能源局组织专家对大型先进压水堆核电站重大专项“CAP1400 非能动堆芯冷却系统性能试验和验证研究”课题进行正式验收。同年 4 月，六项关键试验课题全部通过国家能源局验收。评审专家认为：六项试验目标、内容全部完成，试验数据真实、完整、可信，验证了 CAP1400 工程设计的合理性，有效地支持安全评审。2018 年共有 18 个重大专项课题通过能源局组织的验收。

2016 年 2 月，CAP1400 示范工程初步安全分析报告（PSAR）通过国家核安全局组织的安全审评。国家核安全局审查认为：CAP1400 满足国际国内最新核安全标准和福岛核事故后的相应要求，符合中国核安全规划中提出的“十三五”期间新建核电厂安全目标。2016 年 4 月 27 日，CAP1400 顺利通过国际原子能机构通用反应堆安全评审，国际原子能机构评价报告认为，CAP1400 初步安全分析报告总体上达到了国际原子能机构安全法规标准的最新要求。

2013 年 3 月 4 日，国家发展改革委发文《关于同意大型先进压水堆核电站重大专项 CAP1400 示范工程开展前期工作的复函》，同意在山东荣成石岛湾厂址建设压水堆专项示

范工程，开展前期工作。2013 年 7 月 19 日，工程现场场平施工开工。2018 年 11 月 2 日，国务院常务会议审议通过 CAP1400 核准申请；2019 年 3 月 29 日，国家发展改革委批准项目核准文件。2019 年 4 月 2 日，国家核安全局颁发建造许可证。2019 年 4 月，“国和一号”商标在国内正式获准注册。

从 2008 年开始，在获得批准的 CAP1400 总体实施方案基础上，上海核工院与参研单位通过对 AP1000 引进技术的消化、吸收，结合 AP1000 依托项目的设计和 AP1000 后续机组的设计实践，开展了技术再创新工作，全面系统地进行了 CAP1400 自主化设计，重点考虑了堆芯设计、关键事故分析、主系统和非能动安全系统设计、关键设备设计等关键参数的优化和平衡，以及设备制造可行性和设计平台保障性。2010 年 6 月，上海核工院完成了 CAP1400 概念设计。2010 年 12 月，概念设计通过国家能源局评审。

压水堆重大专项由国家能源局为牵头组织单位，负责专项具体组织实施，提供政策保障；国家电投、国家核电为牵头实施单位，并作为重大专项示范工程实施主体。顶层的部际联席会议、第二层的牵头组织部门和牵头实施单位、第三层的专项实施主体和课题承担单位的分级决策与管理，为工程的实施提供了保障。2014 年 12 月 29 日，国核示范电站有限责任公司、华能山东石岛湾核电有限公司、国核工程有限公司、上海核工院、国核电力院有限公司签订《大型先进压水堆核电站重大专项 CAP1400 示范工程承包合同》。2019 年 8 月，国家电投组建了核能技术创新与工程建设平台，整合集团内部单位核能板块资源，实现研发、设计、工程、服务的闭环管理一体化运作模式。2019 年 11 月 30 日，国核示范[“国和一号”（CAP1400）示范工程业主单位]与上海核工院签署“国和一号”（CAP1400）示范工程承包合同。

“国和一号”关键设备、关键材料全部实现自主化设计和国产化制造，设备整体国产化率超过 90%。基于依托项目模块化建造技术经验，“国和一号”采用模块化施工，以缩短建造工期。大量的结构模块、设备模块、各种组件、储罐以及管道等采用工厂化预制，提高了标准化生产能力和水平，保证产品质量，减少现场施工工作面，加快了现场工程建造进度。

四、CAP1000 标准设计具备批量化建设条件

CAP1000 标准设计是国家核电“引进，消化吸收，再创新”三个环节中承上启下的中间环节，以三代核电自主化依托项目工程方案和 AP1000 技术转让为基础，根据推进三代核电自主化发展的需要，按照中国法律、法规和规范要求，考虑国产化要求，针对中国内陆和沿海厂址的自主化工程设计。AP1000 技术消化吸收为依托项目建设及后续项目自主化奠定了基础。CAP1000 标准设计以 AP1000 技术消化吸收和依托项目设计和建造经验为基础，不断提升核电的安全性、可靠性和经济性。由国家核电牵头，上海核工院和国核电力院负责 CAP1000 标准设计项目的具体实施。

CAP1000 标准设计从 2008 年开始启动，于 2009 年年底完成初步设计。2010 年 4 月，

全面启动施工设计工作。项目实施过程中，构建了完整的标准化的设计项目管理组织机构、质量保证大纲、管理程序体系、进度计划和接口管理体系等，同时也搭建了标准化的设计管理流程和信息化平台，形成了标准化的设计技术支持服务体系。

截至2019年年底，AP1000依托项目顺利建成，国产化CAP1000标准设计具备批量化建设条件，作为重大专项核心的自主品牌“国和一号”（CAP1400）已经完成型号开发，示范工程已开工建设。经过项目工程实践验证，技术引进达到了预定的目标，满足依托项目建设需要、技术完整性、关键设备国产化的要求。

五、小型反应堆技术取得显著进展

小型化、模块化、多用途的核能系统是国内外的研发热点，也是核电大国争夺未来市场的重要领域。中国陆上小型水堆及海洋核动力平台研发持续开展，形成了ACP100模块化小型堆、“燕龙”泳池式低温供热堆、ACPR50S海上浮动堆、NHR200－Ⅱ壳式低温供热堆、HHP25海上小型堆、CAP200紧凑式小型堆等一系列小型堆技术。

2016年4月22日，国际原子能机构向中核集团提交了ACP100通用反应堆安全审查（GRSR）终版报告。这是继ACP1000之后中核集团又一项通过国际原子能机构反应堆通用设计审查的自主三代核电技术。

这是中国自主小型堆技术首次面向国际同行审查，审查工作从2015年7月开始，主要针对初步安全分析报告等内容进行审查。评审专家来自全球各地，审查结论对151个成员国的核能管理机构有着重要的参考价值。ACP100通过了反应堆通用设计审查，意味着获得了国际权威机构对中核集团小型堆技术ACP100的认可。

国际原子能机构评审专家认为，ACP100是创新的小型压水堆设计，采用了非能动的安全特性，预期能够处理极端环境条件和多重故障，保证早期或大规模放射性释放的实际消除。ACP100的设计基于核电厂的工程研发、设计、建造和运行经验，考虑了福岛核事故后的经验反馈，并且在典型压水堆技术基础上体现了多项一体化结构和安全方面的特点。这标志着中核集团自主设计、自主研发的多用途模块化小型反应堆ACP100成为世界上首个通过国际原子能机构安全审查的小型堆技术，是全世界小型堆发展的一个重要里程碑。

2010年前后，国际上对小型堆的呼声越来越高，原因是可以减少一次性投资，缩短建设周期，并可实现高度的安全性。ACP100可以很好地满足中小型电网的供电、城市供热、工业工艺供汽和海水淡化等特殊领域的需求。作为国家高新技术产业发展项目，中核集团自主设计、自主研发的ACP100在“十二五”期间得到了各界支持，完成了所有科研攻关工作。2015年年底，中核集团的海上浮动核电厂，即“多用途模块化小型堆ACP100”的海上应用型号，被纳入国家《能源技术创新“十三五”规划》。

六、第四代核能系统的前沿开发

第四代核能系统是一种安全性高、经济竞争力强、核废物量少、可有效防止核扩散的先进核能系统，代表了先进核能系统的发展趋势和技术前沿。核电发展的趋势是安全水平更加卓越、经济性更好、核燃料利用率更高、废物产生量更少。

21 世纪初，美国提出并创立第四代核能系统国际论坛（GIF），致力于研发可持续利用的清洁、安全、经济的先进核能系统。目前的研究表明，快堆核能系统是先进核能系统及其核燃料循环体系成熟度和基础研究水平最高的堆型之一。2002 年年底，GIF 和美国能源部联合发布了《第四代核能系统技术路线图》，选出气冷快堆、铅冷快堆、熔盐堆、钠冷快堆、超临界水冷堆、超高温气冷堆六种堆型，作为 GIF 未来国际合作研究的重点。

1987 年，快堆项目纳入国家“863”计划，核工业部拨专款为快堆技术发展建设约 18 000 米^{2}的快堆研究实验设施，包括综合实验楼，钠工艺实验楼、热工和安全实验楼、部件考验和零功率实验楼等实验设施。在“863”计划中安排了 9 大课题和 61 个子课题，建成约 20 台套实验装置和钠回路，开发了设计计算程序，为中国实验快堆项目设计提供了技术基础。

1995 年 12 月，中国实验快堆项目正式立项。2000 年 7 月 18 日，中国与俄罗斯签署了《中俄两国政府关于在中国建造和运行快中子实验堆的合作协议》，推动了两国快堆技术合作。该项目由科技部、国家国防科工局主管，中核集团组织，中国原子能科学研究院（简称原子能院）具体实施。原子能院在实施过程中，组织国内相关大学、研究院和企业等几百家单位共同参与并大力开展国际合作，经过多年不断创新探索和协作攻关，先后完成了快中子实验堆项目的研究、设计、建造、调试，2002 年 8 月核岛主厂房封顶，2005 年 8 月 11 日堆容器首批大型部件吊入反应堆大厅安装，2009 年 5 月开始系统热调试，2009 年 10 月国家能源局批复在原子能院建立“快堆工程研发中心”，2010 年 7 月 21 日项目实现首次核临界。2011 年 7 月 21 日，中国实验快堆成功实现与华北电网并网发电。2012 年 5 月通过科技部验收。2014 年 10 月，示范快堆工程项目总体规划方案获得国家批准，2015 年 7 月 31 日，该工程施工启动，项目功率为 60 万千瓦。

20 世纪 70 代初，中国曾选择钍基熔盐堆作为发展民用核能的起步点，上海“728”工程于 1971 年建成了零功率冷态熔盐堆并达到临界。但限于当时的科技、工业和经济水平，“728”工程转为建设轻水反应堆。2011 年中国重启钍基熔盐堆研究。2011 年，中国科学院围绕国家能源安全与可持续发展需求，部署启动了首批中科院战略性先导科技专项（A 类）“未来先进核裂变能——钍基熔盐堆核能系统（TMSR）”，计划用 20 年左右的时间，在国际上首先实现钍基熔盐堆的应用，同时建立钍基熔盐堆产业链和相应的科技队伍。专项依托中国科学院上海应用物理研究所、上海有机化学研究所、上海高等研究院、长春应用化学研究所、金属研究所等科研单位参与。

七、秦山核电厂运行许可证有效期延续

核电厂设计寿期到期后，通过安全评估及核安全监管部门的评审后继续运行（核电厂运行许可证延续），是国际上普遍采取的实践方法。对于中国来说，核电厂运行许可证延续也是实现核电可持续发展的一种良好模式，是减少碳排放、实现国家“零碳”发展战略

的有效手段。

秦山核电厂初始设计寿期为30年，运行许可证有效期限截止到2021年7月30日。自2012年起，秦山核电厂就延寿与退役的路线选择进行论证，初步确定运行许可证延续（OLE）的营运策略，从2014年开始全面启动运行许可证延续工作。随后，按照国家核安全局发布的核电厂运行许可证延续的相关技术政策要求，秦山核电厂开展了运行许可证延续安全评估与工程改进活动，并于2016年年底向国家核安全局（NNSA）提交了运行许可证延续申请及相关材料，申请延续运行20年。

作为中国首个开展运行许可证延续工作的核电厂，秦山核电厂针对延续运行的关键问题，通过实践探索出了一条适用于中国核电厂延续运行的技术路线，构建出了一套完整的运行许可证延续安全评估技术体系、评估方法和工作标准。秦山核电厂运行许可证延续工作的开展，促进了中国核安全监管部门对核电厂运行许可证延续监管经验的积累和监管法规体系的完善，为后续核电厂延续运行起到良好的示范作用。通过解决本次运行许可证延续的一些关键技术问题，促进了国内核电行业对部分材料老化行为的研究及监督检查水平的提升。秦山核电厂运行许可证延续工作还进一步完善了核电厂老化管理体系，提升了核电厂的安全运行性能。

八、核电工程建设管理与技术水平提升

1958年5月起，伴随着三支建筑队伍和一支安装队伍的先后组建，核工业建设队伍初步形成，并随着核工业建设发展而发展壮大。核工业建设队伍原隶属于中核总（三机部、二机部、核工业部），于1999年分立为中国核工业建设集团。

2007年12月，中核集团以原核工业第二研究设计院、核工业第五研究设计院的主营业务和主干力量，以及核工业第四研究设计院从事核电工作及相关专业的技术骨干为依托，成立中国核电工程有限公司。重组后的中国核电工程公司，整合了优质资源，管理水平不断提高，核电工程的建设水平不断进步。

2008年4月，中国核电工程公司与福清核电公司、秦山核电公司签订福清、方家山两个核电工程总承包合同，成为中核集团首次采用设计、采购、施工、调试总承包形式进行核电工程建设的里程碑事件。随后，中国核电工程公司陆续成为海南昌江、江苏田湾、辽宁徐大堡、福建漳州等20多个核电建设项目工程的总承包。

中国核电工程公司通过EPC管理模式工程实践，在设备采购、工程建设管理、调试管理等方面形成核心能力，总承包管理经验不断积累，多项目管理能力持续加强。充分发挥设计龙头作用，将设计的技术优势与工程管理实践经验有机结合，在设计中合理考虑施工工艺和技术需要，积极探索施工技术优化与升级，对缩短核电建设工期、降低工程造价、提高工程质量有很大促进作用。

中国核电工程公司已建立适应多项目及多堆型、以项目为核心的设备采购精益化管理体系，从采购计划、招标、合同谈判、合同变更、合同执行、费用结算、监造管理等方面，全方位实现采购业务精益化管理。通过多项核电、核化工项目工程实践，形

成“以工程公司为主、业主参与”的调试模式，并建成标准化多厂址调试管理体系、多项目调试管理信息系统和标准化调试技术文件等三大体系，具备独立承担核电厂调试的能力。[1]

中广核工程有限公司是中国第一家专业化的核电工程管理公司，成立于2004年2月。中广核工程有限公司以设计建造一体化（AE）核心能力为基础，形成了以核电工程建设为业务核心，兼顾常规清洁能源项目的业务格局，并在核电在役退役服务、非核工程等业务领域拓展延伸。业务范围主要包括：核电、常规电力、热力、燃气、港口、公路、水利、给排水以及民用建筑工程的承包、管理、咨询、监理；工程建设技术服务、咨询；经济信息咨询；工程建筑项目招标代理；经营进出口业务；建筑工程施工；电力设备和材料的购销；工程设计。自2010年以来，中广核工程有限公司已陆续建成投产20台机组。

2007年，中核东方工程有限责任公司无偿划转至国家核电技术公司，并更名为国核工程有限公司。作为核电建设专业化管理的载体和推进核电自主化建设的平台，国核工程有限公司是全面参与AP1000中外核岛联合管理机构（JPMO）的中方责任主体，主要承担三代核电AP1000依托项目4台机组及AP1000后续机组的建设管理。在依托项目的建造过程中，中方员工与西屋联队联合成立了现场管理机构（侧重于现场工程管理）和联合管理机构（侧重于设备采购和后台支持等）。在中外联合办公过程中，中方人员逐渐掌握了三代核电的设备采购、工程管理、质量控制等先进管理理念。2009年，由国核工程有限公司作为牵头方、上海核工院作为参与方，组成国核联队，以采用核岛工程总承包的模式，开展后续项目总承包工作。在全厂总承包项目中，国核工程与上海核工院、国核电力院三方联合开展全厂总承包。2019年8月9日，国家电投决定，上海核工程院与国核工程有限公司正式优化融合，国家电投核能技术创新与工程建设平台形成。

中国电力建设集团有限公司（简称中国电建）成立于2011年9月29日，是经国务院批准，在中国水利水电建设集团公司、中国水电工程顾问集团公司和国家电网公司、中国南方电网有限责任公司所属的14个省（自治区、直辖市）电力勘测设计、工程、装备制造企业的基础上重组而成的，由国务院国资委直接管理的中央企业。中国电建所属企业参与了大亚湾核电厂、岭澳核电厂、阳江核电厂、红沿河核电厂、宁德核电厂、海阳核电厂、田湾核电厂、防城港核电厂等核电厂的建设。

从“两弹一艇”打破国际核垄断，形成与中国国际地位相称的核威慑力量，到“八五”期间依靠本国力量开工建设、投产的中国第一座30万千瓦压水堆核电厂——秦山核电厂，中国大陆无核电的历史宣告结束。改革开放后，通过合作建设从法国引进的大亚湾2×90万千瓦核电厂，向参与核电厂建设的企业学习，吸收和掌握了国际先进管理经验，为后续核电厂的建设奠定了良好的基础。“九五”期间，中国先后建设了秦山二期、三期核电厂和岭澳核电厂、田湾核电厂等4个核电项目，并建设了向巴基斯坦成套出口的恰希玛核电厂，总装机容量870万千瓦。通过7座核电厂、12个核岛的建设，中国核电企业掌握了核

[1] 王寿君，中国原子能出版社，《中国核工业集团公司发展史（1955—2015）》，2018年，第499页。

电建设的关键技术，全面掌握了包括大体积混凝土防裂，安全壳筒体滑模施工，超强预应力张拉，超大型、超精密核电设备的安装技术，主管道焊接技术，压力容器堆内构件安装技术，高性能混凝土、生物防护重混凝土应用技术，超大型钢牛腿的制作安装技术以及超重型设备的运输、安全壳吊装技术等在内的一系列核电建设关键技术，攻克了核电厂建筑安装方面的数百项难题，逐步形成了核电厂建造的专有技术体系和知识产权。

2019 年，中国在建核电工程整体上稳步推进，各在建核电项目安全、质量、技术、环境保护等方面均取得有效控制。截至 2019 年 12 月底，中国在建核电机组 13 台，总装机容量为 1387 万千瓦，在建核电机组装机容量继续保持全球第一。中国核电机组一览表（截至 2019 年年底）见附录 A。2019 年，福建漳州和广东太平岭核电项目核准开工，标志着三年“零核准”后，国内新建核电已按下重启键，自主三代核电“华龙一号”进入批量化建设阶段。[1]

第二节 核电重大装备的研发设计与制造

中国核电厂建设初期，国内没有制造核电装备的能力，只能依赖国外进口。大亚湾核电厂建设时，中国核电装备国产化率只有 1%，随后建设的岭澳一期核电厂国产化率也不到 30%。随着中国核电事业的发展，在国家有关部门的组织协调和推动下，核电装备制造业的研发、设计、制造水平有了极大提升。红沿河核电厂与宁德核电厂国产化率已经接近 80%，阳江核电厂 5、6 号机组更达到 85%。显然，中国核电产业的国产化步伐在不断加快。

中国核电产业通过自主创新和大规模技术改造、引进消化吸收再创新，建成了具有国际先进水平的核电装备制造基地，掌握了关键设备设计、制造核心技术。已实现从大型铸锻件、压力容器、蒸汽发生器、稳压器、堆内构件等核岛关键设备，和汽轮机、发电机、汽水分离再热器等常规岛关键设备，到核级泵阀、控制系统等设备的研制工作，并有一定数量运行业绩；基本形成了完整的核电装备制造体系，具备了每年提供 12 套成套装备的生产能力，主要技术指标达到国际先进水平，满足了中国核电发展的需求。随着国家高层领导不断力推，中国核电技术及产品已经逐步打开国际大门。

一、首台国产化 AP1000 屏蔽主泵成功研制

2018 年 9 月，由沈阳鼓风机集团核电泵业有限公司（简称沈鼓核电）和哈电集团哈尔滨电气动力装备有限公司（简称哈电动装）共同承制的首台 AP1000 屏蔽主泵在沈鼓核电顺利完成全部产品试验和试验后拆检工作，试验数据显示主泵各项性能参数均满足主泵设计规范书的要求，整体拆检各项指标均满足相关要求。

[1] 中国核能行业协会：《中国核能年度发展与展望（2020）》，2020 年。

主泵对核电厂反应堆系统的安全可靠运行起着重要作用。AP1000 反应堆冷却剂主泵采用带高转动惯量飞轮的大功率屏蔽泵，由于其设计、分析计算、制造、检验和试验技术难度大、要求高，该主泵从技术转让谈判、引进技术、消化吸收到国产化制造的全过程一直备受业界的高度关注。

在国家大型核电压水堆重大专项的支持下，沈鼓核电和哈电动装在引进、消化、吸收 AP1000 屏蔽主泵技术的基础上，开展了多项关键制造技术的国产化攻关，完成了美国机械工程师协会（ASME）的取证、工艺验证、关键零部件制造等里程碑节点任务，最终完成了主泵的制造、装配、试验和拆检工作。国产首台 AP1000 屏蔽主泵严格按照美国原设计方的质量标准制造与验收。主泵试验的成功，标志着国内企业已全面具备了 AP1000 屏蔽主泵的国产化制造能力，为后续 CAP 系列核电厂主泵国产化供货提供了有力保障。

二、CAP1400 湿绕组主泵通过鉴定

主泵是核岛的关键核心设备。2011 年 3 月，国家核电与上海电气集团股份有限公司（简称上海电气集团）商定，在屏蔽主泵研制的同时，作为备用方案并行启动湿绕组主泵的研制。湿绕组主泵为立式、单级、单吸、无轴封核主泵，由于湿绕组主泵没有定子屏蔽套，使得湿绕组电机主泵比同等级的屏蔽主泵体积更小，整体效率高约 10%。

2011 年 9 月，国核工程有限公司与上海电气凯士比核电泵阀有限公司（简称上海凯士比）[1]签订了 CAP1400 主泵研制及供货合同。

2011 年 9 月，上海凯士比与上海核工院组成了主泵联合研发团队，开始了大型先进压水堆核电湿绕组主泵全比例样机的研制攻关，以及核主泵试验台架设计及准备。

2014 年 3 月，位于上海临港的核主泵试验台架建设完成并通过专家会鉴定，该试验台架可以兼容进行轴封型主泵及非轴封型主泵的所有全流量测试项目。

2014 年 12 月，CAP1400 湿绕组主泵样机制造及装配完成，并在试验台上进行首次整机试验。在试验过程中发现，采用新型材料碳纤维增强碳（CFRC）的推力轴承盘磨损明显。在对推力轴承盘制造工艺进行了改进后，又于 2015 年 6 月进行了第 2 次样机试验，确认了水力性能满足要求，但试验因推力轴承盘磨损而再次中断。研发团队经过研究，认为 CFRC 的制造工艺可靠性暂时不能满足主泵的使用要求，转而使用经典的碳石墨材料代替，并于 2015 年 10 月进行了第 3 次样机试验。为了同时解决推力轴承的摩擦性能、水化学性能及寿命的问题，加快设计迭代，决定建造全比例的推力轴承试验台架，专门进行推力轴承的加速疲劳、加载等摩擦试验。

2015 年 10 月，改用了碳石墨作为推力轴承盘的主泵样机成功完成了所有工程试验项目。但是反转试验后，发现碳石墨的推力轴承盘无法承受反转工况，经过充分的原因分析，在改变反转试验转速后，于 2016 年 1 月进行了第 4 次样机试验。2016 年 1—2 月，试验进行了 40 多天，完成了 500 小时及 50 个循环的耐久试验，但电机定子绕线发生局部短路，

---

[1] 上海凯士比是上海电气集团股份有限公司和德国凯士比集团于 2008 年 9 月成立的由中方控股的合资公司。

导致试验再次意外中断。经过了数月的分析，确认了根本原因是并联支路受到磁场感抗的影响，内部的电流严重不平衡，导致了其中一路支路温度过高，最终热量积累损坏了绝缘层。改进之后的样机于2016年10月进行了第5次样机试验，首次完成降电压挂起试验，在进行耐久试验时发现振动过大，研发团队因此决定中断试验。拆检后，发现该次试验损坏的原因为硅钢片的局部温度过高导致绝缘失效，最终温度达到材料熔点损坏转子。在对转子槽形和碳纤维增强碳（CFRC）制造工艺进行优化后，于2018年11月进行第6次试验，发现改进工艺后的CFRC推力轴承仍出现异常磨损，试验中断。之后，采用备选方案碳石墨材料代替CFRC，于2019年1月进行第7次样机试验，以验证除推力盘之外的其他部件的改进效果，试验结果符合预期。同时碳石墨材料再次被确定为湿绕组主泵推力轴承材料。然而因碳石墨材料推力轴承盘不能适应反转工况，最终联合研发团队决定在湿绕组主泵上增加防反转装置，以彻底避免反转工况的发生，并于2019年6月进行第8次，也是最后一次样机试验。2019年6—7月，研发团队完成了全部工程试验及耐久试验。该次试验湿绕组主泵（RUV）样机累计运行724小时11分钟，其中热态运行时间为505小时22分钟，启停552次，反向启动2次，试验和拆检的结果完全满足试验规范的要求，“国和一号”湿绕组主泵样机于2019年7月31日通过了专家组鉴定。

2011—2019年，湿绕组主泵联合研发团队陆续突破了大功率湿绕组电机、水润滑推力轴承材料、双金属大惯量飞轮、超大型马氏体不锈钢承压锻件等设计和工艺难题，成功研制湿绕组主泵，实现了屏蔽主泵外另一技术核电主泵的创新，进一步提升了非能动系列三代反应堆核蒸汽供应系统主设备的自主化和成套化能力。

三、CAP1400屏蔽主泵的成功研制

CAP1400屏蔽主泵由沈鼓核电和哈电动装共同承制。2016年8月29日，由哈尔滨电气集团有限公司（简称哈电集团）自主设计、制造的国家科技重大专项CAP1400屏蔽主泵样机成功交付发运。CAP1400屏蔽主泵样机运抵沈阳鼓风机集团后，将陆续开展动平衡、机组组装、全流量试验台架安装调试等工作。

2019年11月17日，哈电动装承制的CAP1400屏蔽主泵样机顺利完成变频器调试实验，拆解后电机各部件状态良好。截至2019年12月，CAP1400屏蔽主泵转子、下飞轮已全部制造完成，转动部件全部投产，已完成4台产品70%以上的工作量，后续工作有序进行，满足“国和一号”示范工程1号机组主泵的供货需求。[1]

AP1000屏蔽主泵顺利完成出厂实验和CAP1400屏蔽主泵样机成功交付，标志着屏蔽主泵国产化目标的成功实现。在国产化研发过程中，哈电动装提升了设计制造能力，建立了核质保体系，成为国内唯一具备屏蔽主泵设计及制造资质的企业，完全掌握了AP/CAP系列屏蔽主泵制造、检验和试验的关键技术，具备了产品批量交付能力。[2]

---

[1] 中国核能行业协会：《中国核能发展报告（2019）》，社会科学文献出版社，2019年，第70页。

[2] 中国核能行业协会：《中国核能发展报告（2019）》，社会科学文献出版社，2019年，第240页。

四、高温气冷堆蒸汽发生器完成验收

蒸汽发生器是高温气冷堆示范工程的核心设备，由清华大学核研院设计。这是一种全新结构的立式直流蒸汽发生器，采用组件式、中盘管结构，这种结构换热效率高、布置紧凑。每台蒸汽发生器由 19 个换热组件构成，总换热功率达 25.3 万千瓦，蒸汽出口温度为 571℃，是世界上换热功率最大、出口温度最高的气冷堆蒸汽发生器。

蒸汽发生器制造的核心技术之一是换热组件的套装，即如何将 5 层螺旋管束及其支撑部件精密且高效地装配成一个高精度的换热组件。2012—2014 年，清华大学核研院开创性地研发了一整套换热组件的套装工艺和配套的专用工装、工具，成功突破了整个蒸汽发生器制造中的瓶颈。2016 年 1 月，世界首个套装成功的换热组件实验本体制造完成，并在清华大学核研院已经建成的试验平台上吊装就位。2017 年 3 月，正式开始蒸汽发生器工程验证试验，并于同年 7 月，全面完成了整个工程验证试验，进而验证了整个蒸汽发生器设计的合理性。在换热组件套装、制造完成后，清华大学核研院积极参与到工程项目的制造中，与江苏银环精密钢管有限公司共同承担了 HTR－PM 蒸汽发生器换热组件套装的工业化制造开发。通过双方紧密合作，成功地开发了流水线的工业化套装生产线和工业化的专用工装和工具，于 2016 年 3 月实现了首个换热组件的产品供货，并在后续的一年时间内，成功地完成了示范工程项目 38 个换热组件的供货。

高温气冷堆蒸汽发生器工程验证在清华大学核研院的试验回路上完成。该试验回路是当时国内外规模最大、参数最高的螺旋管式直流蒸汽发生器试验回路，热功率 1 万千瓦，氦气温度 750℃，氦气压力 7 兆帕，主蒸汽温度 570℃，主蒸汽压力 14 兆帕。在该试验平台上，先后完成了蒸汽发生器换热组件的 10%、20%、30%、50%及 75%功率试验，对螺旋管束及螺旋管的流体力学、传热学性能、温度分布的均匀性、热工水力瞬态特性、堵管后温度分布、两相流稳定性等进行了测试和验证。

高温气冷堆蒸汽发生器由哈电集团（秦皇岛）重型装备有限公司（简称哈电重装）总装。设备总高约 25 米，最大外径约 4.5 米，总重近 500 吨。总装过程中，哈电重装突破了多项专用的加工、焊接、检测、检验、试验等关键技术。2 台蒸汽发生器分别于 2018 年和 2019 年完成交付。蒸汽发生器的研制是产学研用紧密合作实现中国新型重大核设备研制的一大力作。

在 2018 年 10 月 31 日举行的全球首台高温气冷堆蒸汽发生器验收会上，验收组一致认为：蒸汽发生器及本体附件的数量、主要尺寸、外观质量和相关质量证明文件均满足采购合同和设计文件要求，设备合格，同意出厂。

五、核电大型锻件的成功制造

核电超大型锻件具有技术要求高、规格巨大、形状复杂等主要特点，代表着热加工的最高水平。与以往的核电锻件相比，AP1000 锻件不但具有大型化、整体化、形状复杂化特点，还具有均质化、纯净化、内部质量要求高的要求，部件最大需要采用 500 吨级以上钢锭制造，集中体现了重大技术装备所要求的高端制造能力。2008 年，国家科技重大专项“大型先进压水堆和高温气冷堆”的启动，开启了自主研发核电关键设备超大型锻件的历程。

2009 年，中国第一重型机械集团公司（简称中国一重）研发出 AP1000 核电常规岛汽轮机整锻低压转子锻件，钢锭重达 580 吨。2012 年，中国一重研制出世界最大的 715 吨钢锭，满足“国和一号”常规岛汽轮机组的低压转子 700 多吨钢锭整体锻造要求，并于 8 月 1 日锻造成功。2012 年，中国一重设计制造出由上封头、上封头法兰及堆芯测量接管整体锻造而成的“三合一”一体化顶盖锻件，并研发出带接管的一体化大型封头锻件仿形整体制造技术，达到了国际领先水平。

2010 年，中国第二重型机械集团公司（简称中国二重）成功生产制造出首件具备 110 万千瓦核电第三代质量等级的发电机转子，达到法国阿尔斯通公司（ALSTOM）标准要求，并实现 20 余件批量化制造。2011 年，中国二重突破了核电大锻件中超厚型“饼形件”技术难关，成功自主研制出中国第一件 AP1000 管板，打破了国外设备供应商的技术封锁。2014 年 5 月，中国二重成功研制出中国第一件 AP1000 整锻水室封头，形成适合水室封头等形状复杂零件用的 450 吨级超纯净钢冶炼、浇注和钢锭锭型设计的工艺体系。

2009 年，上海重型机器厂有限公司承接了 20 万千瓦高温气冷堆示范工程压力容器和堆内构件大锻件的研制工作，其中上封头板坯直径超过 7.3 米，是核电行业尺寸最大的拉深成形整体球封头，并于 2012 年实现了山东石岛湾 200 兆帕高温气冷堆核电堆内构件和压力容器锻件顺利交付。2019 年，上海电气上重铸锻有限公司为中国 60 万千瓦快堆首堆工程研制超洁净 304、316H 不锈钢大型锻件，已取得重大技术进展，首批锻件已交付主设备制造企业。该锻件的冶金洁净度、组织要求、力学性能极为苛刻，制造难度极高，是快堆工程的“卡脖子”项目。

近十几年来，中国各大型锻件制造厂顺利完成核电主设备大锻件的研制工作，陆续完成了“国和一号”示范工程、浙江三门核电工程、山东海阳核电工程等核电项目主设备（包括蒸汽发生器、稳压器、主泵、堆内构件、主管道等）大锻件的批量制造和供货，为国家节约了大量的外汇，对降低核电厂工程投资、保证国家核电安全具有重大意义。

六、高温气冷堆主氦风机的成功研制

主氦风机是高温气冷堆示范工程的关键设备之一，是一回路冷却介质循环的核心。其额定转速高，达到 4000 转/分，叶轮直径达到 1200 毫米，且要求在 20%～105%的额定转速范围内连续运行，额定功率 4500 千瓦，是全世界气冷堆一回路中功率最大的能动设备。

主氦风机由清华大学核研院设计。为全面验证主氦风机性能，清华大学核研院与佳木斯电机有限公司、上海鼓风机厂有限公司等，自 2008 年开始研发，经过产学研联合攻关，于 2014 年按照主氦风机产品技术要求，完成了 1:1 工程样机的研制。

主氦风机在研制过程中解决了整机总体设计，系统集成，氦气绝缘条件下的大功率立式高速变频电动机研制，高速重载电磁轴承研制，大型高效离心压缩机研制，大电流、高压差、高电压一回路边界电气贯穿件的研制等多项重大技术难点，是中国自主创新在先进核能核心装备技术上的重大突破。

该工程样机加载国产电磁轴承，2014 年先后在上海鼓风机厂完成出厂试验和耐久性试验；随后于 2015—2016 年，在清华大学核研院的大型氦气工程试验回路上，先后完成了 50 小时氦气热态满功率运行试验、50 次循环寿命试验及多种极端工况试验。2016 年 6 月，加载国产电磁轴承的主氦风机工程样机在清华大学核研院完成全部试验验证任务，全面验证了风机的各项性能指标。

2018 年 5 月 17 日，哈电集团佳木斯电机股份有限公司、上海鼓风机厂承制的世界首台（套）高温气冷堆核电厂示范工程主氦风机设备出厂试验完成。

七、首台百万千瓦级自主化反应堆压力容器验收出厂

反应堆压力容器是安置反应堆并承受其巨大运行压力的密闭容器，是压水堆核电厂的关键设备，具有制造技术标准高、制造难度大和制造周期长等特点，而且是不可替换的设备，必须保证其在核电厂寿命期内绝对安全可靠。1996 年 7 月 17 日，由中国一重制造的中国第一台核电厂反应堆压力容器通过部级验收。它的研制成功结束了中国不能制造核电厂反应堆压力容器的历史，标志着中国核电设备国产化前进了一大步。

2009 年 6 月 15 日，中国首台国产百万千瓦级反应堆压力容器——岭澳核电二期工程 4 号机组反应堆压力容器——在广州制造成功并顺利发运。

这台长 13 米多、重 320 多吨的核岛核心设备是东方电气（广州）重型机器有限公司（简称东方重机）生产制造的，该公司是东方电气集团的出海基地。

在此之前中国只能生产 60 万千瓦级核电厂反应堆压力容器，百万千瓦级反应堆压力容器只能依赖进口。岭澳核电二期工程 4 号机组反应堆压力容器的制造成功，不仅标志着中国核电关键设备国产化取得重大突破，也标志着岭澳核电二期工程的重型设备已全部制造完毕，为核电厂按期建成提供了设备保证。

从 2006 年 9 月至 2009 年 6 月，东方重机陆续完成制造并向岭澳核电厂发运了 6 台蒸汽发生器、2 台汽水分离再热器和 1 台反应堆压力容器，实现了百万千瓦级核电厂重型设备制造的全面国产化。通过岭澳核电二期工程百万千瓦级核电厂重型设备的制造，东方重机全面掌握了核电重型设备的核心制造技术，不断填补国内核电设备制造技术空白，不断提高核电设备的国产化率，带动了国内核电产业链的发展。

八、高温气冷堆反应堆压力容器制造完成

反应堆压力容器是核电厂核岛部分的关键设备，其基本作用包括盛装及包容反应堆堆芯、维持和控制核裂变链式反应、盛装反应堆冷却剂实现核能—热能转换、承受一回路冷却剂与外部压差、屏蔽辐射等，具有尺寸大、重量大、参考标准严、加工精度高、设计制造技术难度大等特点。

从 2008 年 3 月到 2016 年 9 月，上海电气核电设备有限公司陆续制造完成 2 台高温气冷堆反应堆压力容器。通过专项研发，设备制造企业逐一突破控制棒孔道管嘴与顶盖焊接技术及变形控制、大直径筒体和封头整体热处理及变形控制、大直径接管与筒体马鞍形焊缝自动焊接、容器加工和装配过程中尺寸控制、压力容器立式水压试验及应变测量、大锻件制造等多项关键技术瓶颈，最终为示范工程提供了合格产品，对核电重大专项总体目标的实现起到了巨大的推动作用。

高温气冷堆反应堆压力容器的研制成功，满足了山东石岛湾 20 万千瓦高温气冷堆核电站示范工程项目对反应堆压力容器技术规范的要求，提升了中国超大型核电反应堆压力容器的制造能力，填补了国内核电厂核岛主设备制造的一项空白。同时，该项成果还为后续高温气冷堆反应堆压力容器批量化、产业化应用奠定了坚实的技术基础。

九、AP1000 主管道的成功研制❶

AP1000 主管道是连接反应堆压力容器、反应堆冷却剂泵和蒸汽发生器的关键设备，被称作核电厂的“主动脉”。该设备是 AP1000 核电技术装备自主化依托项目中，唯一没有引进国外技术的国产化核岛主设备。在 AP1000 技术转让合同中，主管道不仅是唯一没有技术转让和技术支持的关键设备，而且与其他堆型的主管道相比，其制造为世界首次尝试，没有任何成熟的技术可以借鉴。AP1000 主管道是采用超低碳控氮不锈钢整体锻造而成，可以最大限度地提高 AP1000 核电厂在设计基准事故乃至超设计基准事故下的安全性和可靠性。

2008 年 3 月，渤海船舶重工有限责任公司（简称渤船重工）与国核工程签订产品试验研制合同。2010 年 3 月 2 日签订正式建造合同，用于第一座作为国产化依托项目的三代核电厂。从 2005 年渤船重工自主立项研发的 1 米直径的大口径锻造弯管技术开始，到 AP1000 大口径不锈钢弯制主管道正式产品的发货，历时 6 年，先后用了 26 根锻件，做了近百次相关工艺试验和相应数字仿真，围绕质保体系、取证工作的需求，开展了数百人次的资格培训。2011 年 10 月，主管道在渤船重工举行发货仪式。主管道的成功研制和交付，在满足三门核电首堆工程技术需求的同时，还带动了国内装备制造业在高端不锈钢冶炼、电渣重熔、锻造、机械加工、超大口径和厚壁不锈钢管弯制等重要技术领域的进步和发展。

渤船重工分别于 2010 年 4 月和 2010 年 11 月取得国家核安全局颁发的许可证以及美国机械工程师协会颁发的生产许可证（NPT 和 MO 钢印）。2010 年 4 月 1 日，产品正式开工，经过冶炼、电击棒、电渣回炉、锻造、粗加工、弯制、精加工、焊接、热打磨等 9 道主工序，每道主工序包含着几十道子工序的制造过程，终于把 600 吨精炼钢水变成了发货仪式现场 60 吨的正式产品。

由中国二重自主研发、自主生产的第三代核电 AP1000 主管道，于 2012 年 3 月 16 日

❶ 《AP1000 首堆主管道出厂始末》，中国能源报，2011 年 11 月 2 日。

由四川德阳发往山东海阳核电厂。中国二重研制生产的这套具有完全知识产权的AP1000主管道的面世，标志着中国摆脱了三代核电厂关键装备对国外的依赖，同时也为中国第三代核电厂的建设铺平了道路。

2007年，中国二重通过美国机械工程师协会核电资质取证联检审核，具备了国际核材料和核设备的生产制造资格，成为国内核级锻件的主要生产商；2008年，研制成功完全国产化的CPR1000核电管板，实现了中国核电大型铸锻件零的突破；2009年，在国内率先一次性弯制成功AP1000主管道热段A试制件；2010年，完成AP1000主管道热段试制件全部研制，通过有关专家的技术鉴定，达到世界领先水平，这标志着中国在三代技术核电设备的生产方面取得了突破性进展。

中国二重已掌握了AP1000主管道制造核心技术，形成了稳定的制造工艺和质量保障措施，具备了年产5～6套主管道的生产能力。继首套第三代核电AP1000主管道发往海阳核电厂之后，中国二重为浙江三门核电厂提供的AP1000主管道也发往安装现场。

中国二重始建于1958年，是中国重大技术装备国产化基地之一，其主要生产基地和研发中心分别位于四川德阳、江苏镇江和四川成都。在几十年的发展历程中，中国二重在冶炼、锻造成型、热处理、机械加工、焊接等方面，形成了一批具有自主知识产权的专有技术。进入21世纪后，中国二重快速推进核电等高效清洁能源基础装备的研制，发展成为中国最重要的清洁能源重大技术装备制造基地之一。

十、其他核岛关键设备的研制

中国一重、上海电气核电设备有限公司（简称上核）、东方重机已具备“国和一号”（CAP1400）反应堆压力容器的整体制造能力，上核、东方重机、哈电重装已具备CAP1400蒸汽发生器的整体制造能力，上海第一机床厂有限公司已具备CAP1400堆内构件的整体制造能力，上海第一机床厂有限公司、东方汽轮机有限公司已具备CAP1400驱动机构的整体制造能力，中核苏州阀门有限公司（简称中核苏阀）、陕西应用物理化学研究所、大连大高阀门股份有限公司（简称大连大高）并行完成具有自主知识产权的CAP1400爆破阀研发，湖南长泵科技有限公司、江苏海狮泵业制造有限公司、上海凯泉泵业（集团）有限公司、上海阿波罗机械股份有限公司等国内企业已实现泵阀设备的自主化生产。

CAP1400和“华龙一号”核电项目首台堆内构件均由上海第一机床厂有限公司承担。其中CAP1400堆内构件已攻克了均流板制造、激光焊、高精定位等多方面技术难题，制造水平达到了国际一流。“华龙一号”核电福清5号机组堆内构件突破了精密加工、精密焊接、精密检测、精密装配等关键技术，实现了堆内构件制造、加工、装配、检测、焊接及验收试验用工装设计和制造等的全面国产化。2017年12月底，由上海第一机床厂有限公司、中国核动力研究设计院研制的全球首台“华龙一号”暨福清核电5号机组堆内构件完成总装工作，经过一系列试验后，于2018年4月10日从上海临港发运。

三门和海阳核电厂 AP1000 项目 2 号机组的堆内构件实现国产化供货。两台机组的驱动机构均由上海第一机床厂有限公司承担。

高温气冷堆金属堆内构件由清华大学设计、上海第一机床厂有限公司制造完成。产品制造过程中，制造企业成功开发了堆芯壳 12Cr2Mo1R 的热丝 TIG 焊接工艺，针对堆芯壳部件的焊接特点，设计定制了堆芯壳立式焊接专机；研制了专用的切削加工设备及筒体内支撑，用于加工筒体环段时保持工件的形状；研制了下支承板整体翻转装置，采用“渐进式切削”工艺，保证了下支承板的尺寸精度；研制了专用的筒体翻转运输装置，保证了堆芯壳在翻转、运输过程中的尺寸精度；开发了堆芯壳实时对中测量技术，保证了堆芯壳的整体精度。2017 年 3 月 2 日，由上海第一机床厂有限公司承制的高温气冷堆核电站示范工程首台金属堆内构件，由上海电气集团承制的首台反应堆压力容器发运高温气冷堆示范工程现场。上述两项核岛主设备均打破了世界上同类产品的最大尺寸记录，标志着通过自主创新，核岛主设备已经完全实现了国产化。

2017 年 12 月 17 日，由上海第一机床厂有限公司承制的石岛湾高温气冷堆示范工程第一套控制棒系统交付。控制棒系统是高温气冷堆中一套独立的反应控制和停堆系统，具有正常的反应性控制、补偿和调节作用，并可实现各种工况下的热停堆。

2017 年 7 月 12 日，哈电集团、中国核动力研究设计院研制的中国出口海外首堆“华龙一号”机型核电机组 3 台蒸汽发生器顺利完成出厂验收并发运，此蒸发器实现了设计、制造全部国产化，具有完整自主知识产权，对中国核电产业进一步拓展海外核电装备市场、带动核电技术装备走出去产生积极影响。

2012 年 9 月 25 日，东方重机将国产首套 690 镍基合金 U 型传热管装入广西防城港 1 号机组 1 号蒸汽发生器。这也是首套国产 690 镍基合金 U 型传热管投入使用，正式安装后将运往防城港核电项目现场。

2017 年 10 月 17 日，东方电气集团研制的国内首台福清 5 号机组蒸汽发生器在东方重机发运。东方重机研制了国内首堆“华龙一号”首套第一台 ZH－65 型蒸汽发生器，攻克了水平支承连接板焊接、管子管板胀接、防振条安装、最终焊缝局部热处理中防传热管变形等技术难关，完成了一系列支撑后续蒸汽发生器研制的压力试验和工艺评定工作。

2017 年 11 月 6 日，东方电气集团东方电机有限公司承制的“华龙一号”机型首台发电机通过型式试验，全部指标达到和优于设计要求，标志着中国“华龙一号”首台发电机自主研制成功。

2017 年 11 月 22 日，CAP1400 示范工程使用的 DN450 爆破阀顺利完成热态开启试验。本次试验标志着 CAP 系列爆破阀顺利通过全部鉴定，自主化研制取得圆满成功。

十一、首台 CAP1400 汽轮发电机组的成功研制

通过重大专项研究，哈电集团、上海电气集团、东方电气集团三大主机制造厂均研制出了具有中国自主知识产权的汽轮发电机组，推动了中国制造业的发展，三大主机制造厂

在关键领域均有了显著技术提升。

汽轮机低压转子自主化。哈电集团哈尔滨汽轮机厂低压转子方案采用整锻转子，系与中国一重联合研制开发，掌握大钢锭宏观偏析、大钢锭内部冶金质量的纯净度、锻造心部压实、晶粒度控制和转子性能控制等方面的相关关键技术。东方汽轮机有限公司与上海汽轮机厂低压转子方案采用焊接转子，转子焊接装配精度和焊接变形控制是焊接工艺的难点，世界上只有少数几家公司掌握这一技术。东方汽轮机有限公司与上海汽轮机厂均已掌握焊接转子技术。

末级叶片自主化。末级动叶片是核电汽轮机的关键部件，国内三大主机厂均已完成了静频试验、动频试验、叶根轮槽应力测试、动应力测试、空气动力学试验。

汽轮发电机组（简称 TG 包）设备及关键部件自主化。对于 TG 包的研制开发、关键技术难点在于低压转子的制造、低压末级长叶片的开发，核电厂汽水分离器（MSR 分离器）的开发等，国家核电制定了相应试验大纲，三大制造厂均已经按照大纲要求完成了关键部件的试验验证工作，并通过中国机械联合会组织的专家鉴定。哈电集团与日本三菱公司合作完成了 AP1000 常规岛汽轮发电机组关键设备研制，并已为三门核电厂、海阳核电厂 4 台机组供货。东方电气集团承担了 CAP1400 示范工程 TG 包的设计与制造任务，截至 2019 年年底，汽轮机、发电机、汽水分离再热器、凝汽器等主要部件制造进展顺利，能满足工程进度需求。

2017 年 9 月 15 日，由东方电气集团东方电机有限公司研制的具有完全自主知识产权的单机容量 155 万千瓦的 CAP1400 半转速汽轮发电机成功通过厂内型式试验，各项技术性能满足合同和相关技术标准，综合技术指标全面达到当前国际先进水平，未来将应用于国家科技重大专项 CAP1400 示范工程 1 号机组。至此，中国首台完全具有自主知识产权、单机容量最大的第三代核能发电机终于研制成功，突破了技术瓶颈的长期制约，填补了中国超大容量核电半转速汽轮发电机自主设计的空白。该发电机的成功研制实现了从“引进技术”到“自主技术”的跨越，标志着中国发电设备企业成功掌握大型核电厂常规岛汽轮发电机关键技术，助力中国突破核心技术瓶颈的长期制约，自主创新和可持续发展能力得到持续增强。

十二、CAP1400 常规岛三大泵实现自主化研制

在消化、吸收 AP1000 常规岛主要水泵研制经验的基础上，主给水泵组、大型凝结水泵和冷却水循环泵等 CAP1400 常规岛大型水泵的核心技术方面实现突破，中国核电常规岛用重要水泵关键设备研发单位的设计能力和水平得到提高，CAP1400 常规岛主要水泵（组）的研制工作已完成，产品样机满足鉴定及技术规格书要求，相关技术指标达到国际先进水平，实现批量化生产，为中国大规模发展第三代核电厂建立必要条件。

国核电力院牵头主给水泵、凝结水泵、循环水泵等关键设备材料非标设备的研发，组织编制了常规岛三大泵试验规程，完成了模型开发、试验台架搭建、1:1 水泵样机试制和试验，并通过中国机械工业联合会组织的专家鉴定，实现了泵组整机的自主

化研制，并应用于 CAP1400 示范工程，填补了国内百万千瓦级核电常规岛三大泵自主化空白。

全部研究工作于 2016 年年底完成，最终建立了水泵样机试验方法比选、试验台架建设及试验结果评价的技术体系，掌握了样机试验评价标准和水泵控制策略的关键技术，为 CAP1400 示范工程的顺利推进提供支持。

十三、其他常规岛关键设备的研制

核电专用阀门的研制。阀门是核电厂中的关键设备之一，不仅能控制介质的压力、温度、流量等，还能保护设备，对核电厂的安全稳定性有极为重要的作用。核电厂专用阀门品类繁多，占核电设备费用约 12%，且是最易发生故障的设备之一。常规岛及其 BOP（配套设施）部分的阀门约占核电厂阀门总量的 50%。热力系统中的关键阀门，诸如汽轮机旁路阀、抽汽止回阀、凝结水调节阀等关键阀门对于常规岛的运行调节起到了至关重要的作用。这些常规岛热力系统的关键阀门的设计制造技术还掌握在少数国外企业手中。要实现中国核电产业自主化、中国核电“走出去”，摆脱大型先进压水堆常规岛热力系统关键阀门受制于人的不利局面，保障后续工程的顺利实施，常规岛热力系统关键阀门的国产化替代无疑是亟待研究的课题之一，国核电力院作为常规岛设计院牵头组织开展了相关课题研究工作。

截至 2019 年，以中核苏阀等企业为代表的核级阀门制造企业完成了国内在建项目超过 90%的闸阀、截止阀和止回阀的供应，率先突破核一级截止阀在国内商用核电厂的国产化，实现部分核级安全阀国产化，部分气动调节阀国产化；实现全部蝶阀、球阀国产化；实现 95%隔膜阀国产化。

出口断路器的研制。大型先进压水堆核电厂发电机断路器成套装置的研制，立足于打破国外在大容量核电机组发电机断路器领域的技术垄断，实现大型先进压水堆关键电气设备的技术突破，力争早日实现大容量发电机断路器的国产化，提高后续准备建设的 CAP1000、“华龙一号”等核电机组的设备国产化率，并为核电“走出去”奠定更好的基础。开关产品研制过程中，性能检测是不可或缺的环节。然而，国内试验室还不具备对大容量发电机断路器（尤其是短路开断电流超过 210 千安）的型式试验能力。因此国内产品必须到国外去进行试验，不仅费用昂贵，而且试验周期随之加长，这对于中国的电力装备发展及新产品的研制极为不利。国内需要具备该类产品的试验能力，以满足新产品的试验要求，填补国内大容量发电机断路器设计制造及检测的技术空白，打破国外企业在该领域的垄断。在此背景下，由国核电力院承担的大型先进压水堆核电站发电机断路器成套装置工程应用技术研究工作已于 2019 年年初启动。

第三节　核燃料元件的扩产与自主研制技术提升

核燃料产业是核产业体系的重要环节，中国核燃料产业的发展伴随着中国核工业的创建。中国核燃料产业起步于20世纪50年代，到70年代形成了包括铀矿勘查、铀矿采冶、铀转化、铀浓缩、核部件加工、元件制造、生产堆元件后处理和放射性废物管理等门类齐全的较完整的军用核燃料循环工业体系。

改革开放初期，国家对国民经济特别是国防工业进行了大幅调整。核燃料产业作为中国国防工业的重要组成部分，调整幅度非常大。到20世纪80年代中后期，核燃料系统的军工任务锐减，一些重要核设施关停，一些在建项目下马，全系统经历了令人难以想象的阵痛。

从20世纪90年代后期核电发展以来，核燃料产业走出了困境，实现了快速发展，实现了从纯粹为核军工服务到军民结合式发展的转型，逐步建立了更加先进的产业体系，巩固了在国家国防和经济发展中的重要战略地位。20多年来，铀转化、铀浓缩、燃料元件各环节产能大幅提高，经济实现快速增长，效益大幅提升；多个产业环节通过科技创新实现了技术突破，有些走在了世界的前列。

随着中国核工业的发展，作为中国核燃料循环产业链上的重要一环和核电“走出去”的重要保障，核燃料元件制造也正从自主研发结合引进、消化、吸收、再创新走向自主化研制的产业升级之路，致力于建设面向全球、国际一流的核材料、核燃料元件制造产业。

一、燃料元件生产线的扩建投产

中核建中核燃料元件有限公司（简称中核建中）是中核集团两大核燃料元件基地之一，始建于1965年，自1986年自主建成中国第一条压水堆核燃料元件生产线以来，通过引进国外先进技术和不断自我创新，已具备中国“华龙一号”、法国AFA3G、俄罗斯VVER、低温核供热堆、小堆和快堆等各种类型的核燃料组件，以及初级、次级中子源、控制棒、可燃毒物棒、阻流塞等相关组件的全堆芯核燃料元件供应能力，核燃料元件生产能力达800吨铀/年，一年可以提供上千组燃料元件。

2013年12月26日，中核建中核燃料元件生产线扩建技改工程完成联动试车工作，第一组核燃料组件顺利下线。扩建技改工程形成产能，将中核建中核燃料元件生产线铀综合生产能力从400吨/年提高到800吨/年，标志着中国压水堆核电厂燃料元件制造又跃上了一个新的台阶。2014年6月30日，该扩建技改工程全线正式投产，实现了年产金属铀从400吨到800吨的跨越，产能可满足30个百万千瓦级压水堆核电机组换料需求。

2019年，中核建中成功生产制造出具有完全自主知识产权的“华龙一号”核燃料元件，为福清“华龙一号”和海外巴基斯坦卡拉奇核电项目提供首堆核燃料，被界内誉为中国最强“核能芯”。中核建中作为亚洲最大的核燃料元件供应商，为秦山一期、二期核电厂，广东大亚湾核电厂，岭澳核电厂，田湾核电厂，宁德核电厂，红沿河核电厂，福清核电厂等国内多座核电厂，以及巴基斯坦恰希玛核电厂提供了逾 18 000 组质量优良的核燃料元件，为核电厂的安全稳定和经济高效运行作出了重要贡献。

中核集团另一个核燃料基地——中核北方核燃料元件有限公司（简称中核北方），创建于 1958 年，是中国核工业最早建成的“五厂三矿”之一，也是中国最早建成的集生产与科研为一体的核燃料元件、核材料开发和生产的国有大型骨干企业，是中国重要的核燃料元件和核材料科研生产基地。中核北方拥有 5 条已经建成和在建的核燃料元件生产线，分别为重水堆、AP1000 压水堆和高温气冷堆等提供核燃料元件。

进入 21 世纪，中核北方在承担国家多项重点生产科研任务的基础上，大力推进了核电燃料元件产业的发展，拓展了核技术应用领域，先后建成了重水堆核电燃料元件生产线、压水堆核电燃料元件生产线、国内唯一一条 AP1000 核电燃料元件生产线和全球首条工业规模高温气冷堆核电燃料元件生产线等重点建设项目。生产线自开工建设以来，顺利完成了生产线厂房建设、设备的安装调试等工作，同时在引进、消化和吸收西屋公司技术转让内容的基础上，完成了多项工艺和检验设备的开发和研制，先后组织完成了首套国产 AP1000 燃料骨架制造、三套模拟组件和 CAP1400 自主化燃料原型组件制造，以及 AP1000 控制棒组件制造的生产，并使用自主化格架生产出国内首套 AP1000 核燃料组件。

二、AP1000 燃料元件的本土化生产

2007 年 7 月，经过近三年的国际招标，中国政府选定美国西屋公司的 AP1000 核电技术作为第三代核电技术的引进对象，并由国家核电技术有限公司与西屋公司签订了 AP1000 核电技术转让合同。根据此技术转让合同，国家核电从西屋公司整体接收 AP1000 核电厂建造、设计，反应堆关键设备制造，核燃料元件制造等技术，并在浙江三门和山东海阳建造 4 台 125 万千瓦的 AP1000 核电厂机组。为了实现 AP1000 核燃料元件的国产化，为国内 AP1000 核电厂提供燃料，2011 年 1 月 25 日，国防科工局批准在中核北方建设一条 AP1000 核燃料元件生产线。该生产线设计产能为年产 400 吨（铀）AP1000 核燃料元件，并预留再扩能 400 吨铀/年的生产接口。AP1000 燃料组件是压水堆组件的改进版，所以两者的外形相似，燃料棒、导向管、仪表管的数量、排列的位置也同压水堆组件一致。因此，中核北方 AP1000 核电厂燃料元件生产线所需二氧化铀芯块由中核北方压水堆燃料元件续建工程提供。

2012 年 3 月 28 日，AP1000 核电厂燃料元件生产线破土动工，至 2014 年 11 月，完成全部土建、安装工程。2014 年 5 月开始进入生产线合格性鉴定，2016 年 10 月 11 日完成全部合格性鉴定工作。

2017 年 1 月 14 日，中核北方与三门核电有限公司签订三门核电 1、2 号机组第 2、3、4 个循环的 AP1000 换料组件供货合同，1 月 19 日取得了美国西屋公司颁发的生产线合格鉴定证书。6 月 16 日，中核北方启动三门核电厂 AP1000 换料组件的生产。12 月 22 日，圆满完成三门核电首炉换料组件的生产任务。

2018 年 1 月 12 日，中核北方与山东核电有限公司签署海阳核电项目核燃料换料组件采购合同。根据合同约定，中核北方为山东海阳核电厂 1、2 号机组提供首炉换料国产化燃料组件。本次燃料组件生产采用国产锆合金材料。

2019 年 4 月 3 日，中核北方 AP1000 首批国产化燃料组件通过出厂验收。2019 年 8 月 30 日，国产首批 AP1000 核燃料组件由中核北方启运前往中核集团三门核电厂。这是三代核电 AP1000 核燃料组件国产化的重大里程碑，也是实现 AP1000 核燃料组件国产化战略目标的重要标志，意味着 AP1000 核燃料组件制造成功实现了国产化和产业规模化，具备持续向国内核电厂提供稳定供货的基础。

中核北方自成立以来即承担或参与了国家科技重大专项下多项科研课题的研发。通过这些课题的研发，中核北方对 AP1000 核燃料制造技术进行了消化、吸收，并在此基础上参与了 CAP1400 自主化核电技术的研发，还实现了关键设备的国产化，储备了大量的科研、生产人才。

三、"华龙一号"燃料组件的自主研发

自 2010 年"华龙一号"CF 系列燃料组件专项启动后，中核建中和中国核动力研究设计院一同承担了 CF 系列燃料组件的研制工作。2012—2014 年，短短三年时间，中核建中实现了 N36 特征化组件入堆，CF2 和 CF3 先导组件入堆等一系列重大突破。

按照国际核燃料研发惯例，一种新型燃料组件在完成设计及制造之后，在批量用于核电厂之前，需装载入核电厂反应堆进行辐照考验，以验证其综合性能（辐照、腐蚀和力学性能）是否达到研发的预期目标。

中核核电运行管理有限公司（简称中核运行）是中核集团"压水堆燃料元件设计制造技术"重点科技专项主要参研单位之一，主要承担 N36 特征化燃料组件、CF2 和 CF3 先导燃料组件在大型商用压水堆核电厂的入堆辐照考验工作，包括辐照考验方案、安全分析、核安全审评、运行监督、辐照后检查等相关工作。

2016 年 1 月 28 日，用于"华龙一号"核电厂的 CF3 燃料组件在秦山第二核电厂 2 号机组完成第一燃料循环辐照考验，开始从堆芯卸出。至此，该组件完成了首个燃料循环的堆内辐照考验，这一里程碑节点的完成，对进一步推进燃料组件设计自主化、材料制造国产化具有重大意义。

2018 年 11 月 24 日，中核集团宣布：中国首个自主研发的满足三代核电要求的锆合金材料——CF3 核燃料组件 N36 锆合金材料——首批批量化产品成功下线通过验收，其综合性能指标处于国际先进行列，并启运发货用于 CF3 核燃料元件制造。这标志着中国打破了国外长期垄断的"卡脖子"环节，在大规模应用的道路上又迈出坚实一步。

2019 年 5 月 10 日，中国自主化核电技术"华龙一号"使用的具有完全自主知识产权的 CF3 核燃料元件成功完成批量化制造，并通过出厂验收。9 月 10 日，"华龙一号"全球首堆燃料元件运往福清核电厂。

2019 年 10 月 27 日，中核集团 CF3 燃料组件最后 8 组插入秦山核电二期 1 号机组。

至此，中国自主研制的大型先进商用压水堆燃料组件首批批量化20组组件全部入堆。这标志着中核集团全面掌握高性能核燃料研制技术，形成完整的具有国际市场竞争力的自主燃料体系和产品供应能力，进入产业化应用阶段。

在“华龙一号”研制生产中，中核建中收获了专利成果30多项，“华龙一号”系列科技成果奖近20项，形成重要的研制类总结报告50余份，成就了中国核燃料元件制造的多项第一。20组CF3燃料组件研制成功并入堆考验，实现了中国自主三代核电燃料元件的批量化制造，填补了国内空白，荣获中核集团重大科技成果奖金奖。

“华龙一号”机组设计寿命为60年，反应堆采用177堆芯设计，堆芯采用18个月换料，电厂可利用率达 90%，反应堆对燃料元件的制造工艺和产品质量要求更加严苛。中核建中重新设计了硼硅玻璃管，实施技术攻关，最终研制出的国产硼硅玻璃管打破了国外垄断。同时，中核建中成功将二氧化铀芯块、格架、燃料棒、相关棒等零部件的39项成熟关键工艺直接运用到“华龙一号”组件上。

“华龙一号”核燃料元件与目前世界先进水平的燃料组件相当，燃料设计燃耗 52 吉瓦・天/吨铀，可满足 18 个月长周期循环，燃料破损率设计小于 1/100 000，满足三代核电厂 0.3g 地面加速度的抗震设计要求，且具有优良的机械性能和热工水力性能。“华龙一号”核燃料元件所使用的锆合金、不锈钢等9种牌号、44种规格的原材料均实现了100%国产化，具有完全自主可控能力。

四、高温气冷堆核电站示范工程燃料元件生产线建成投产

燃料元件是高温气冷堆关键核心技术之一。清华大学核研院历经40年持续攻关，完成了从基础科研、设备设计、工艺验证，到工业化生产能力的全流程研究，建立了完整的质量保证体系，形成了具有完全自主知识产权的球形燃料元件工业化生产技术体系。

高温气冷堆燃料元件生产线是国家科技重大专项“高温气冷堆核电站”的配套工程。该生产线的设计能力为年产30万个球形燃料元件，以满足20万千瓦模块式高温气冷堆核电站示范工程燃料元件的供给需求，并为今后中国建设商用模块式高温气冷堆核电站需要的百万数量级球形燃料元件积累技术经验和培养人才。

高温气冷堆示范工程燃料元件生产的关键设备和技术，是依托国家科技重大专项课题，在 HTR-10 实验堆燃料元件生产技术的基础上，由清华大学核研院研发完成的。研发重点包括工业化生产球形燃料元件需要的关键设备，主要工艺扩大带来的关键核心问题，从实验室制备规模向工业化生产规模转变的设备瓶颈和工艺技术瓶颈等，使生产能力由原来的年产2万个提升到年产10万个的规模。从批量制造的燃料元件中抽取的样品，在荷兰的高通量实验堆上进行了严格的辐照，并在欧盟的实验室开展系统的辐照后检查，元件性能完全满足设计要求。

在清华大学核研院完成工业化生产关键设备和技术研究的基础上，中核北方利用这些经过验证的技术建设高温气冷堆核电站示范工程燃料元件生产线，即从化工转化到核芯颗粒制备、包覆颗粒制备和燃料球制备，再到废液和废品回收的完整工业化规模的球形燃料

元件生产线。

2004 年，中核北方与清华大学就高温气冷堆核电燃料元件生产线建设的初步设想进行首次接触。2006 年，国务院发布了《国家中长期科学和技术发展规划纲要（2006—2020年）》，将“大型先进压水堆及高温气冷堆核电站”列为“十一五”期间 16 个国家科技重大专项之一。2006 年 12 月 25 日，中国华能、中国核建、清华大学三方共同出资成立华能山东石岛湾核电有限公司，负责投资、建设、运营 20 万千瓦级高温气冷堆核电站示范工程。2007 年 8 月 27 日，在清华大学，参与示范工程建设的各方就生产线建设达成共识，确定在中核北方新建高温气冷堆核电站示范工程燃料元件生产线。

2008 年国务院批准高温气冷堆核电站示范工程总体实施方案，同意在山东石岛湾建设一座电功率为 20 万千瓦级的高温气冷堆示范核电站，并规划投资 400 亿元，建设 400 万千瓦规模的核电群基地。作为该示范工程的配套项目——球形核燃料元件生产线建设项目——确定由中核北方筹建，国家已核准建设年产 30 万个燃料球的高温气冷堆核电燃料元件生产线，为 20 万千瓦级的高温气冷堆示范核电站提供燃料元件。

该生产线是以清华大学核研院的 1 万千瓦高温气冷实验堆球形燃料元件制造技术作为技术依托，利用清华大学核研院开发的高温气冷实验堆球形燃料元件制造工艺和关键设备，进行适当的工程放大，包含从化工转化开始到核芯制备、包覆颗粒制备、球形燃料元件制备、基体石墨粉制备及废物回收的完整生产线。生产线由核五院进行设计。

高温气冷堆燃料元件生产线于 2013 年开工建设，2014 年完成了厂房建设和设备安装。经过中核北方和清华大学核研院的共同努力，全球首条工业规模的高温气冷堆燃料元件生产线于 2016 年 8 月 15 日在中核北方建成投产。2017 年 7 月完成了首批 20 万个球形燃料元件生产，标志着生产线实现了既定建设目标，产量、质量和产品合格率等指标均达到设计指标。

高温气冷堆核电燃料元件生产线生产初期出现了设备、人员、技术、原材料供应等方面的困难。经过努力，于 2017 年 10 月完成了中核北方下达的生产任务，并做到了连续三天日产量达到 1350 个燃料球，最高日产量达到 1510 个燃料球，验证了生产线能力，找出了制约生产的瓶颈，共生产出合格燃料元件 62 058 个。与此同时，质量、技术指标逐步稳定提高，除包覆颗粒成品率外，二氧化铀核芯、穿衣颗粒、球形燃料元件的产品合格率已接近设计水平。

2017 年全年高温气冷堆元件厂共计开展分散–胶凝系统技术改造，低温炭化炉炉底改造，压制线、终压机自动化全面改造等 13 项技术改造，不仅提高了设备本质运行可靠性，还大大提高生产效率和产品质量，顺利完成全年生产 33 万个燃料球的经营目标。各项考核指标基本达到要求，尤其是烧结后二氧化铀核芯颗粒合格率、包覆颗粒合格率和燃料球合格率均超过年初制定的质量考核指标。另外，二氧化铀核芯颗粒合格率远远超过年初制定的质量目标。

2017 年 7 月 17 日，中核北方举行了高温气冷堆核燃料元件生产线生产推进会暨第 20 万个球形燃料元件下线仪式，这标志着生产线提前实现了既定建设目标，达到设计产能。

2015—2019 年，高温气冷堆核电燃料元件生产线先后进行了烧结炉自动上下料装置改造，对压制下芯球下磨具加粉装置、二次搅拌装置、芯球压制装置和模具清理装置进行改造甚至推翻重新研制；通过增加唯一传感器、物料推进气缸等方式达到各工位的连续、连贯操作；通过增加视觉系统代替人眼实现芯球位置的判别；增加模具工装操作台，以提供机械臂操作位置，同时实现颗粒分离、石墨粉回收等功能；通过将机械臂操作程序的划分，确定 7 个操作优先级和 30 多项防撞互锁程序，实现了机械臂之间的有序配合及各个环节的安全操作。经过两年的设备改造，高温气冷堆元件厂实现了燃料球制备车间车削岗位自动上下料和压制生产线全自动操作，直接减少人员 22 人，实现了单月生产 42 200 个球形燃料元件的目标。

高温气冷堆核电燃料元件生产线作为全球首条高温气冷堆球形燃料元件生产线，可以保障 20 万千瓦高温气冷堆示范电站的燃料元件供应，创造了高温气冷堆球形燃料元件制造技术研究发展的有利条件，保持了中国球形燃料元件制造技术的领先地位，为今后中国建设商用模块式高温气冷堆核电站需要的百万数量级球形燃料元件生产技术积累了可靠的经验。

第四节 核电厂数字化仪控系统的自主研制

核电是推动现阶段中国能源结构转型，实现能源利用清洁化的关键力量之一。在大力发展核电产业的历史进程中，核电仪器仪表必不可少，它是保障核电厂安全运行的关键设备。

从 20 世纪 50 年代，世界上第一座商用核电厂问世以来，核电厂的仪表和控制系统就是核电厂的重要组成部分，核电厂机组的安全、可靠、经济运行很大程度上取决于仪表与控制系统的性能水平。在《国家中长期科学和技术发展规划纲要（2006—2020 年）》和《中华人民共和国国民经济和社会发展第十一个五年规划纲要》制定过程中，核仪器仪表行业都被列入重点领域的优先主题。

核电厂最常规测量使用的仪表有温度、流量、压力、液体等四大仪表。除常规测量的四大仪表以外，核电厂还需要振动测量、位移测量等机械量参数测量仪表，氧计、密度测量传感器、pH 值测量传感器等分析测量仪表，硼浓度的测量与硼表。此外，为了监控和保护核电厂的运行，大型的仪表控制系统更是必不可少。由此可见，核电的建设与仪表行业密不可分。

通过自主攻关和消化、吸收、引进技术，核电厂安全级数字化仪控系统（DCS）已取得突破。特别是“和睦系统”已取得良好使用业绩，打破国外少数公司在该领域的垄断。NuPAC 平台研发成功并通过中美政府核安全监管机构行政许可，是 CAP1400 重大专项核心技术的重大突破，也使 FPGA 技术应用于全球三代核电反应堆安全系统，打破了国际知名核电仪控企业在该领域的长期垄断。“龙鳞系统”是国内首套军民两用的安全级 DCS

系统，为助力中国核电发展以及“走出去”提供了重要的支撑。

一、“和睦系统”的自主研制

“和睦系统”是中国自主核级数字化仪控平台。2016 年 7 月 13 日，“和睦系统”顺利完成国际原子能机构审评，这是中国装备制造业领域的重大里程碑事件。

中广核 2007 年正式启动核级 DCS 的研发。同年，该科研项目被列入国家“863”计划，成为国家重点推动的自主创新项目。2010 年 10 月，中广核成功发布了核级 DCS 产品“和睦系统”。2011—2015 年，依托国家科技重大专项“大型先进压水堆及高温气冷堆核电厂”中相关课题的研发，和睦系统实现了产品化和工程应用目标。“和睦系统”是中广核经过长期的科技攻关，成功研发的具有完全自主知识产权的核电厂安全级数字化仪控系统，填补了中国在该技术领域的空白。至此，中国已成为继美国、法国、日本之后，第四个掌握该技术的国家。

2016 年 7 月 13 日，国务院国资委新闻中心与中广核联合在北京召开“自主核级数字化仪控平台‘和睦系统’通过 IAEA 审评新闻发布会”，宣布收到了国际原子能机构（IAEA）签发的独立工程审评（IERICS）报告，标志着中国具有完全自主知识产权的核级 DCS 通用平台——“和睦系统”——顺利完成 IAEA 审评。

此次审评工作于 2015 年 6 月正式启动，在 2015 年 11 月完成为期 3 天的预评审。此后，来自美国、法国、德国、俄罗斯等 7 个国家的 9 名核电仪控领域权威专家，对“和睦系统”平台的系统构架、安全特性、软硬件、通信、测试验证过程及系统应用等多个方面进行了全面细致的评估。2016 年 4 月，IAEA 专家团完成了对“和睦系统”为期 8 天的现场审查。整个审评活动历时 10 个月，完成了 100 多份文件审查，200 多个技术问题的澄清。

“和睦系统”及其系列自主产品已广泛应用在国内多个在役机组的改造和新机组的建设中，实现了多技术、多堆型的应用覆盖，已覆盖中国 90%以上的在建和在运核电厂。如阳江核电厂 5、6 号机组，红沿河核电厂 5、6 号机组，“华龙一号”示范工程防城港 3、4 号机组和田湾核电厂 5、6 号机组，以及华能石岛湾高温气冷堆示范工程等，“和睦系统”的技术先进性和装备可靠性在实际工程应用中得到了检验。

“和睦系统”可以广泛使用于中国二代在役核电厂的升级改造，并且在“华龙一号”、EPR、AP1000、CAP1400 等三代反应堆和以高温气冷堆为代表的具有第四代核电特征的核电反应堆，以及正在研发的小型堆等领域，应用前景广阔。

核电厂数字化仪控系统是核电厂的“神经中枢”，控制着核电厂 260 多个系统、近万个设备的运行和各类工况处理过程，对于保证核电厂安全、可靠、稳定运行发挥着重要作用，在很大程度上，它代表着中国装备制造技术在控制领域的发展水平。和睦系统顺利完成 IAEA 审评，是中国装备制造业领域的重大里程碑事件。通过 IAEA 的独立审评，意味着“和睦系统”得到了世界权威组织的认可，获得了进入世界市场的“门票”，对于中国核电装备制造业提升全球影响力，推动中国核电“走出去”意义重大。

二、NuPAC系统的自主研制

2011 年 6 月，国核自仪有限公司（简称国核自仪）和美国洛克希德•马丁公司（简称洛马公司）联合向美国核管理委员会（NRC）申请进行核安全级数字化仪控平台的通用性安全评审（LTR），标志着国核自仪与洛马公司联合研发的反应堆保护系统平台取证工作全面展开。

2012 年 1 月，国核自仪和洛马公司向 NRC 递交 NuPAC 平台取证专题报告和相关支持性材料的升版文件。NRC 正式启动对 NuPAC 平台取证专题报告的评审工作。

2012 年 12 月 25 日，国核自仪与国核工程在上海举行了《CAP1400 压水堆示范工程仪控设备研制采购合同》签字仪式，标志着中国三代核电数字化仪控系统自主化、国产化工作已进入工程实施攻关阶段，是国核自仪承担的国家重大专项仪控系统研发成果向工程产品转化的重要里程碑。

NuPAC 平台作为反应堆保护系统平台，是核电厂数字化仪控系统的关键设备，能够在核电厂发生诸如地震、海啸等异常事故工况下，保证核电厂安全停堆，是核电厂的“安全卫士”。NuPAC 平台通过中美政府核安全监管机构行政许可，标志着国家电投下属企业国核自仪具备了在中国境内各类核电机组提供核级数字化仪控系统的能力和资质。同时打破了国际知名核电仪控企业在该领域的长期垄断，为中国先进核电技术进入欧美市场提供了技术准入。

NuPAC 平台的研发成功，是 CAP1400 重大专项核心技术的重大突破，也使 FPGA 技术应用于全球三代核电反应堆安全系统，填补了国内外的空白，形成了技术优势，也使中国核电装备制造业具有参与国内外市场的竞争能力，完成了核电行业多年来的一个夙愿。

2016 年 12 月，美国核管理委员会发布了 NuPAC 平台的安全评估报告报告，成为中国首个获得美国核安全监管机构行政许可的具有完全自主知识产权的核级产品。同期，中国国家核安全局（NNSA）向国核自仪颁发了民用核安全设备设计、制造许可证。2017 年 1 月 5 日，国家电投在国家核电技术公司召开新闻发布会宣布，中国具有完全自主知识产权的 NuPAC 平台，通过中国国家核安全局和美国核管理委员会许可，成为全球首个通过中美政府核安全监管机构行政许可的核电厂反应堆保护系统平台。NuPAC 平台的研发成功是中美两国企业继三代核电技术之后在能源高科技领域又一项重要的成功合作。NuPAC 平台通过了美国核管理委员会严格的安全审核，意味着可以应用于美国的核电厂，是中国高端装备制造业领域一个里程碑的事件。在中国三代核电自主化发展历史上具有非常重要的意义。

先进的 NuPAC 平台将应用于 CAP1400 示范电站和后续的 CAP1000 相关项目。将为中国核电批量化发展提供有力的技术支撑。

2017 年 9 月，压水堆重大专项课题“CAP1400 核电厂数字化仪控系统研制”通过国家能源局验收审查会，标志着中国首个具有完全自主知识产权和国际市场准入资质的核电厂数字化仪控系统样机研制成功，打破了国际知名核电仪控企业在该领域的长期垄断。

2017 年 11 月，基于 NuPAC 平台的 CAP1400 反应堆保护系统 1:1 工程样机在北京顺利通过中国机械工业联合会组织的成果鉴定。此次鉴定的顺利通过，标志着反应堆保护系统 NuPAC 平台工程样机达到国际领先水平，可直接应用于 CAP1400 示范工程。

2018 年 12 月，“国和一号”示范工程首台全范围模拟机在山东荣成完成现场验收测试并交付使用。

数字化仪控系统是核电关键核心系统。在国家科技重大专项支持下，国核自仪建立了完整的“和睿”系列核电数字化仪控系统，包括 NuCON 控制系统平台、NuBAC 多样化驱动系统平台、NuPAC 新一代基于 FPGA 技术的反应堆保护系统平台、NuNIS 堆内测量和堆外核测系统，使中国具备三代核电自主化仪控系统研发、设计、生产、集成和全寿期服务能力，具备年产 6 台套百万千瓦核电机组数字化仪控系统能力。

三、“龙鳞系统”的自主研制

“龙鳞系统”是中核集团自主研发的中国首套军民融合安全级 DCS 平台。该系统是中国拥有完全自主知识产权的平台，适用于核电厂、研究堆、小堆、动力堆等多种反应堆的控制。

1988 年，在多年工程经验基础上，中核集团中国核动力研究设计院（简称核动力院）开启由军转民发展的征程，参与设计秦山核电二期工程反应堆与一回路系统。那时核动力院只负责设计，设备则从国外采购。在一次产品验收时，设计人员发现技术指标与设计需求不符，希望整改却被供货商傲慢地拒绝了。

2013 年年底，核动力院决定自筹经费，启动核电厂安全级 DCS 研制专项——“龙鳞系统”研制项目，为时 5 年。

2016 年 4 月 6 日，核动力院携自主研发的核安全级 DCS 平台——“龙鳞系统”（NASPIC）——首次亮相第十四届中国国际核工业展览会。

2016 年 11 月 19 日，由中核控制系统工程有限公司开发的、具有完全自主知识产权的安全级数字化仪控系统（DCS）平台 NASPIC 8000N 通过 IAEA 独立工程评审，成为国内首个获得国际权威机构认可的基于 FPGA 技术的核电安全级 DCS 平台。

2018 年 1 月，核动力院具有自主知识产权的安全级“龙鳞系统”模拟件通过国家核安全局相关审评单位先决条件检查，顺利开工，这是该院安全级 DCS 在民用核安全电气设备设计和制造许可证扩证进程中的重要里程碑，意味着作为民用核安全设备，龙鳞系统从设计研发转入生产制造，迈上了一个新的台阶。

2018 年 6 月 21 日，“龙鳞系统”接受地震试验。这是取得国家核安全局颁发许可证前的最后一项试验。

2018 年 9 月 1 日，中核集团自主研发“龙鳞系统”重要设备安全级显示单元（SVDU）正式通过中国核能行业协会组织的专家鉴定。

2018 年 12 月 6 日，“龙鳞系统”发布。

“龙鳞系统”拥有完全自主知识产权，已通过最高等级的功能安全认证，部分关键指标达到国际领先水平。

“龙鳞系统”在软件和系统集成方面已经实现 100%的国产化，具有高安全性、高可靠性的特点。

“龙鳞系统”继承了军用安全级平台和“华龙一号”先进堆芯测量系统等安全级设备的核心技术，后发优势使之更加成熟可靠；设计、验证、试验鉴定等各个环节符合最新、最全、最严格的国际和国内标准要求；采用先进可靠的信息安全技术，通信误码率领先国际标准一个量级；机械结构具备高抗震性能，能够保证极端自然条件下的正常工作，满足三代核电要求；研发了具备完全自主知识产权的安全操作系统，有利于之后的程序迭代。

“龙鳞系统”的发布，意味着中国仪控系统设计单位有了参与市场竞争的资格，后续将与世界先进企业对标，朝着小型化、智能化、无人值守核电厂等方向拓展应用空间。龙鳞系统具备“走出去”条件，有助于中国核电技术实现整体出口。

第五节　安全运行业绩显著提升

中国核与辐射安全管理体系是对中国 30 余年核与辐射安全监管实践经验的梳理、归纳和总结。同时，借鉴国际原子能机构安全标准，系统阐述核与辐射管理体系，创新管理理念和方法，优化管理过程，提高监管效能，促进全员参与和持续改进，为核与辐射安全监管体系和监管能力现代化提供了全方位支持。2014 年，国家主席习近平在荷兰举办的第三届核安全峰会上第一次提出中国的“核安全观”。福岛核事故以后，中国政府强调新建核电项目必须严格按照三代安全标准，严守核电技术准入门槛，深入落实核电厂日常工作的维修、检验、安装调试等服务性工作。这为中国核电安全运行提出了更高的要求。截至 2019 年年底，中国 47 台运行核电机组安全业绩良好，单台机组平均运行事件发生率降至 1 起以下，4 台 AP1000 和 2 台 EPR 机组成功完成全面调试，进入商业运行。中国成为世界最先掌握新一代核电厂调试和运行技术的国家。

一、完善核电运行管理体系

在运行管理方面，核电营运单位按照国家核安全法规、导则，以及《质量保证大纲》《生产质量管理手册》《技术规格书》的要求，开展生产运行活动，始终坚持“安全第一、质量第一”的原则，始终追求卓越的人员绩效，确保任何操作都必须按程序要求执行，使核电厂的各项生产活动的风险可知、可控，以实现机组长期安全、稳定、经济运行的目标。

中核集团、中广核、国家电投已运行核电企业，牢固树立核安全高于一切的观念，结合各核电厂实际情况，逐步完善并形成各具特色的运行管理体系。

中核集团秦山核电厂于 1994 年投入商业运行，随后秦山二期、秦山三期于 2002 年后陆续有 4 台机组投入商业运行，2007—2010 年陆续又有田湾和秦山二期扩建工程 4 台机组相继投入商业运行。2010 年前后，中核集团充分意识到核电运行管理专业化、集约化的趋势，着手对核电运行的专业化管理进行实质性的改进与变革，组建成立中核运行公司，受业主公司委托管理核电机组的生产运行。

中核集团建立了生产组织及业务流程标准化、生产过程指标化、生产指挥垂直化的生产管理体系，实现从各核电厂单独运行到专业化改革期间运行管理的平稳过渡，保障各机组安全稳定运行。

参照行业内的良好实践，中核集团开发并投用“无人因失误时钟”，制定了《时钟复位的人因事件准则标准》，编制人因管理推进计划，并进行跟踪管理。对《运行处科学发展绩效考核责任书》层层分解，梳理出各类运行岗位，分别编制与之对应的绩效考核责任书，为处室年度管理目标的顺利完成提供明确的依据和标准。完成运行人员绩效管理系统建设，更完整地体现运行工作的特点和绩效管理提升的重点。

在运行技术支持方面，中核集团严格执行《堆芯监督管理》，加强机组安全稳定运行的监督和跟踪，按时发布堆芯监督月报。严格遵照机组的核设计报告和启动物理报告的计算结果，指导和控制机组的安全稳定运行。

中广核大亚湾核电厂于 1994 年投入商业运行，随后岭澳 2 台机组于 2002—2003 年相继投入商业运行。2003 年前后，为实现大亚湾核电厂、岭澳核电厂“一体化、专业化”运行管理，大亚湾核电运营管理有限责任公司揭牌成立，以专业化的管理来保障核电新项目在组织调度、管理标准、资源配置和经验共享上的统一，通过学习外方业界的成熟做法、先进做法，在专业化运营的集约管理能力建设上开始采取更加有效的措施。2003—2008 年，大亚湾核电运营管理有限责任公司先后与岭东核电、阳江核电、防城港核电签署生产营运委托协议，正式开启跨基地、跨省区域的专业化运营。

中广核从 OPST（组织、程序流程、知识技能、技术工具）四个领域，制定了标准化工作准则，按照“精益化”管理要求，持续提升流程效率和管理效率，统筹群厂行动，强化运行管理标准化，向在建核电项目复制和移植有益经验，推动实现运行管理体系“三化”建设。

中广核组织编写了《电站质量管理手册》（PQOM），后更名为《生产质量管理手册》（PQOM）。中广核根据经验反馈对预防性维修大纲和维修程序不断进行优化升级，使安全文化进一步得到普及，运行管理风险分析工作从被动到主观意识接受。坚持按程序办事，遵守流程，质量保证与质量控制（QA/QC）监督等理念成为员工行动的指南。

国家电投海阳核电厂于 2018 年投入商业运行，在建、待建核电项目已初步形成梯队规模。作为依托项目，在引进、消化、吸收技术的同时，国家电投深入研究美国西屋公司运行管理体系，结合国内行业良好实践，通过机构及程序改进，逐步健全 G.O.S.P（治理、监督、支持、执行）运行管理体系，完善核电厂生产管理的标准化政策、管理大纲、流程和部门职责的制定，完善组织管理体系与管理大纲的运作机制，以满足核电厂安全生产的各项要求，确保各项工作的流程、计划、目标及绩效，以及关键岗位职责和任务清晰，各项工作按照标准化的要求逐步展开并顺利实施。

国家电投积极推进企业职能领域经理人制度（CFAM）和电厂职能领域经理人制度

（SFAM）的机制建设，以更好地遵循“单点责任”原则，以各专业领域对应的同行专家管理团队（PG）及工作组（WG）来推动各业务领域的工作。

随着所属运行核电厂和机组投产数量的增加，国家电投致力于持续优化核电厂运行管理众多业务领域的标准化、集约化和专业化工作，利用组织整体结构的内在效率，来进一步推动各项业务的标准化工作，使人员、规程和流程达到足够的经验水平和可信度。

二、提升核电运行技术服务能力

核电运行技术服务是指为核电厂安全、经济、有效持续运行做好相应的技术服务和支持工作，确保核电机组安全运行，包括员工培训，运行突发事件分析，安全及环境检评，设备维修和管理技术服务，核电厂建设期间的安装、调试服务等。20 世纪 80 年代，参照先进核电国家的运行管理体系，中国需要打造一支核电运行技术服务专业队伍，为核电安全、经济运行保驾护航，核动力运行研究所应运而生。随着核电向规模化发展，核动力运行研究所（中核武汉核电运行技术股份有限公司）、中国核动力院和中国核电工程公司、中广核检测技术有限公司、国核电站运行服务技术有限公司等单位在近 40 年技术沉淀的基础上，通过原始创新，引进、消化、吸收和再创新等途径，使中国核工业在核电运行技术服务领域具备独立自主的较为全面的技术手段和能力，并具备国际竞争力。另外，中核深圳凯利集团有限公司逐步开拓了以核清洁大修服务项目为主，包括辐射防护、文档、仓库、综合技术支持等在内的核电服务项目，之后形成核电产业服务模式，复制发展到全国多个核电厂。

1989—1991 年、1991—1995 年核动力运行研究所通过自主研究与引进技术相结合，分别完成秦山核电厂役前检查和大亚湾核电厂除压力容器外的役前和第一次在役检查。此后，以相同方式相继完成岭澳、秦山二期、田湾、秦山三期、福清、方家山、昌江、三门、海阳、石岛湾和巴基斯坦恰希玛等核电厂 20 多次役前检查和 120 多次在役检查，建立了一支训练有素、经验丰富、责任心强的队伍。

1991—2000 年，核动力运行研究所在吸收、消化引进技术后，进行了反应堆压力容器检查装置和传热管涡流检查装置等全套在役检查装备的二次开发。2008—2015 年，核动力运行研究所成功研制中国第一套具有自主知识产权和完全国产化的反应堆压力容器检查系统和蒸发器传热管涡流检查系统，以及反应堆压力容器顶盖贯穿件检查系统等各种自动化检查系统 70 余套。

核动力运行研究所自主研发的 AP1000 核电机组在役检查技术通过国家能源局组织的技术鉴定，具备自主开展三代核电机组在建在役检查的能力。

针对国内不同核电堆型，中国已全面掌握多种堆型不同技术规范要求的役前和在役检查技术。中核武汉核电运行技术股份有限公司完全掌握 CNP600、CPR1000、M310、VVER、CANDU、AP1000、“华龙一号”、高温气冷堆、快堆等核电机组对应的法国、美国、加拿大、俄罗斯等多种不同规范要求的在役检查技术，并全面实现检查系统的国产化，具备独立的在役检查技术服务能力。至 2019 年年底，完成役前和在役检查技术服务达 300 余次。中广核检测公司完全掌握 M310、CPR1000、ACPR1000、EPR1750 及“华龙一号”等核电机组对应的法国 RSEM 规范要求的在役检查技术，并应用于役前和在役检查技术服务中。国核电站运行服务技术有限公司已全面掌握 AP1000 核电机组役前和在役检查技术，应用于海阳核电厂 AP1000 机组。至 2019 年年底，国内所有核电机组在役检查技术和检测装备，除 CANDU 堆压力管的检查外（正在自主开发），均实现国产化，已具备独立的在役检查技术服务能力，为中国核设施的安全、可靠、经济运行提供有力保障。

中广核的在役检查技术服务由苏州热工研究院承担。2011 年 6 月，苏州热工研究院调整为中广核二级成员公司。该院全面形成二代及二代改进型、“华龙一号”和 EPR 等核电机组的技术支持能力，对核电厂运行提供技术支持服务。到 2019 年年底，国内完成役前和在役检查技术服务共达 500 余次，解决若干工程项目实际问题，为核电厂设备预防性维修、设备安全运行评价作出积极贡献。

在仿真技术服务方面，最早可以追溯到 1995 年 11 月秦山 30 万千瓦核电厂仿真机问世，这是中国首台整体核电厂全范围、全过程、高逼真度的实时仿真机，由秦山核电公司和亚洲仿真控制系统工程公司联合研制，填补了国家核电仿真机的空白，同时也奠定了中国自主知识产权核心技术和关键技术的基础。

核动力运行研究所仿真技术研究经历学习起步、消化吸收、自主开发三个阶段。在始于 2008 年的自主开发阶段，核动力运行研究所紧跟国际先进仿真技术，在仿真平台的基础上，自主开发部件建模软件、图形化建模软件、可视化调整和趋势显示软件等，形成具有完全自主知识产权、国际先进水平的 RINSIM 仿真平台，具有全范围模拟机制造和改造能力。2008 年 6 月 27 日，由核动力运行研究所负责改造升级的秦山第三核电有限公司全范围模拟机通过验收，并处于国际先进和国内领先水平。这意味着中国从根本上摆脱了对国外核动力仿真技术和产品的依赖，为推进中国核电国产化进程奠定了基础。

随着计算机技术发展，核电厂控制系统已从模拟系统过渡到数字化仪控系统（DCS）。核电厂控制系统研发单位以工艺仿真和 I/O 接口技术为基础，开发了核电厂 DCS 工程设计、工厂测试和现场调试验证平台。上述平台在设计院、DCS 制造商和核电厂现场 DCS 调试中得到应用。[1]

2008 年 5 月 9 日，中广核成立北京仿真技术有限公司（简称仿真公司）并投入运作，采取引进技术、高起点自主开发的技术路线，主要业务目标是满足国内外核电建设对核电模拟机的需求，加速推进中国核电仿真的自主化和国产化进程。

进入 21 世纪，上海核工院仿真专业创建了新的数字化仿真技术体系和数字化仿真平台，在核电仿真领域持续发挥重要作用。完成“国和一号”全范围工程设计验证平台的研制及应用，开展三代核电仿真服务。2012—2016 年，国核自仪经过引进、消化、吸收、再创新，已基本具备研制一套国产化三代核电数字化仪控系统能力，并于 2018 年完成

[1] 王寿君：《中国核工业集团公司发展史（1955—2015）》，中国原子能出版社，2018 年，第 511 页。

CAP1400 首台全范围模拟机的研制，并承担 CAP1400 示范二号全范围模拟机，和后续 AP1000 系列全范围模拟机的研制。

到 2019 年年底，AP1000 运行维护完成阶段验收任务，标志着中国核电企业已具备为三代核电厂提供运行服务的能力。核岛运维软件平台（OMS）运转良好。通过技术引进，具备了“在役检查技术、运行管理技术、维修管理技术”三大核电厂运行服务重点领域的核心能力。具备提供包括核电厂换料服务、核电厂换料人员培训、燃料检查和维护的能力；具备反应堆压力容器、压力容器顶盖、蒸汽发生器检查系统和蒸汽发生器二次侧冲洗系统的设计、制造和现场应用的能力；具备建立老化管理相关的规范体系、技术导则和开展老化管理等能力；具备开展核电厂全范围无损检测的能力和资质。

国内主要的专业核电技术服务企业已具备核电厂建设前期、建设期、运行期以及延寿与退役阶段的技术服务能力。随着中国核电产业的不断发展，核电技术服务需求逐年增加，核电技术服务市场管理更加严格，竞争与协作成为行业企业的共同需求。2019 年 11 月 22 日，核电技术服务产业联盟成立大会暨技术服务“走出去”专题交流会在上海召开。中核武汉核电运行技术股份有限公司、国核电力规划设计研究院有限公司、中国原子能科学研究院、苏州热工研究院有限公司等 13 家单位共同签署了核电技术服务产业联盟协议。核电技术服务产业联盟承担信息共享、资源利用、创新驱动、经验反馈、产业联盟等五项职责，首批 13 家单位来自中核集团、中广核、国家电投和中国华能，业务领域涵盖国内全部商用堆型从设计、建造、调试运行、延寿直至退役的全生命周期，中核武汉核电运行技术股份有限公司为联盟秘书单位。联盟的成立，共同提升核安全保障水平，共同促进核电技术服务产业发展，为联盟成员间的交流与合作提供更大平台，形成更加科学、高效的合作机制，加强信息及资源共享，互通互信，互利共赢，通过联盟的成立，可以合力推动核电技术服务产业“走出去”。

三、推行同行评估与运行经验反馈

核电厂运行评估是促进核电厂提高运行业绩和管理水平的有效手段，21 世纪初中国开始正式引进同行评估方法。2002 年 6 月，国防科工委印发《核电厂运行评估管理办法》，正式启动国内核电厂同行评估工作。2007 年，中国核能行业协会承接相关职责，国内同行评估工作成为一项由政府主管部门推动、行业相互支持的一种自律性管理改进活动。通过多年的制度创新和实践，协会采取一系列举措，如开发综合评估标准与专项评估标准，搭建评估数据库管理平台等，进一步强化了对同行评估的能力。

核电厂同行评估方法也得到了充分的应用和发展。2011—2015 年，中核集团所属核电厂共组织、接受国际国内同行评估 70 余次，包括借鉴运行电厂评估经验开展的核电厂工程建设评估、调试准备评估、大修评估、FCD 前项目管理评估、核安全文化评估、公众宣传评估、经验反馈评估、生产领域人员行为规范评估等，涉及核电厂安全管理多个方面。2014 年，中核集团邀请世界核电运营者协会（WANO）开展针对核电公司总部管理的评估活动，是中国大陆第一个接受此类型评估的集团公司，评估的实施对中核集团对标国际卓越安全管理起到了积极的促进作用。[1]

到 2019 年年底，中国核工业建成完整的运行经验交流体系和运行经验交流平台，通过各种分析反馈、培训研讨、定期出版物、人员交流、信息网站等形式为行业提供了一个超越地域局限的，广泛、安全、快捷的信息服务交流平台，加速了核能行业管理、技术、人力等资源的整合，持久、有效地促进了中国核能行业整体水平的不断提高。除此之外，运行经验交流还主要围绕防人因失误、业绩指标等核电厂业绩改进相关领域开展工作，通过对比分析、吸收借鉴、创新并推广应用，致力于核电运行安全管理工作的改进和管理水平的提高。

四、倡导核安全文化建设

1986 年，国际原子能机构（IAEA）国际安全咨询组（INSAG）在《切尔诺贝利事故后评审会议总结报告》中首次提出“安全文化”一词；1988 年，INSAG 在《核电安全的基本原则》中把安全文化的概念作为一种基本管理原则，表述为：实现安全的目标必须渗透到为核电厂所进行的一切活动中去。1991 年，INSAG 出版了《安全文化》（INSAG-4）一书，对核安全文化作出如下定义：核安全文化是存在于单位和个人中的种种特性和态度的总和，它建立一种超出一切之上的观念，即核电厂安全问题由于它的重要性要保证得到应有的重视。在措辞严谨的“安全文化”的表述中，有三方面的含义：

一是强调安全文化既是态度问题，又是体制问题，既和单位有关，又和个人有关，同时还牵涉到在处理所有核安全问题时所应该具有的正确理解能力和应该采取的正确行动。也就是说，它把安全文化与每个人的工作态度、思维习惯及单位的工作作风联系在一起。

二是工作态度、思维习惯及单位的工作作风往往是抽象的，但这些品质却可以引出种种具体表现，作为一项基本任务，就是要寻求各种方法，利用具体表现来检验那些内在隐含的东西。

三是安全文化要求必须正确履行所有安全重要职责，具有高度的警惕性、实时的见解、丰富的知识、准确无误的判断能力和高度的责任感。

中国国家核安全局（NNSA）在总结国际社会和国内发展经验的基础上，也给出了核安全文化的定义：核安全文化是指各有关组织和个人达成共识并付诸实践的价值观、行为准则和特性的总和；它以“安全第一”为根本方针，以维护公众健康和环境安全为最终目标。

2015 年 1 月 14 日，国家核安全局、国家能源局和国家国防科工局联合发布《核安全文化政策声明》，声明指出，中国奉行“理性、协调、并进”的核安全观，其内涵核心为

[1] 王寿君：《中国核工业集团公司发展史（1955—2015）》，中国原子能出版社，2018 年，第 806 页。

“四个并重”，即“发展和安全并重、权利和义务并重、自主和协作并重、治标和治本并重”，它是现阶段中国倡导的核安全文化的核心价值观，是国际社会和中国核安全发展经验的总结。声明的发布，充分体现了中国政府对确保核安全的高度重视。2016 年，国家主席习近平在华盛顿核安全峰会上提出，要“强化核安全文化，营造共建共享氛围”，并指出“法治意识、忧患意识、自律意识、协作意识是核安全文化的核心，要贯穿到每位从业人员的思想和行动中，使他们知其责、尽其职”。2017 年，国家核安全局发布了《核安全文化特征》，以核安全文化 8 项特征为框架，提出了 36 个属性，154 项实践举例，进一步细化阐释了政策声明。2018 年，《中华人民共和国核安全法》正式实施，第九条规定：国家制定核安全政策，加强核安全文化建设。核设施营运单位和为其提供设备、工程以及服务等的单位应当积极培育和建设核安全文化，将核安全文化融入生产、经营、科研和管理的各个环节。2021 年生态环境部发布的《核动力厂管理体系安全规定》第五章，规定了核安全文化建设的具体要求。

核安全文化是核能与核技术利用实践经验的总结，是核安全大厦的基石，是社会先进文化的组成部分，推进核安全文化建设，强化全行业从业人员的核安全文化素养，提升全社会的核安全文化认知水平，对保障公众健康和环境安全、促进核能与核技术利用事业可持续发展具有重要意义。

五、扩大核电规模与提升运行业绩

2009—2019 年，中国核电运行装机规模持续增长，见图 8－1。截至 2019 年 12 月底，中国运行核电机组达到 47 台，总装机规模容量为 4875 万千瓦，仅次于美国、法国，位列全球第三，核电总装机容量占全国电力装机总量的 2.42%，见图 8－2。2019 年，海阳核电 2 号、阳江核电 6 号、台山核电 2 号三台核电机组投入商业运行，其中海阳核电 2 号机组投入商业运行，标志着中国 AP1000 三代核电自主化依托项目全面建成。台山核电 2 号机组投入商业运行，标志着中法两国最大能源合作项目全面建成。

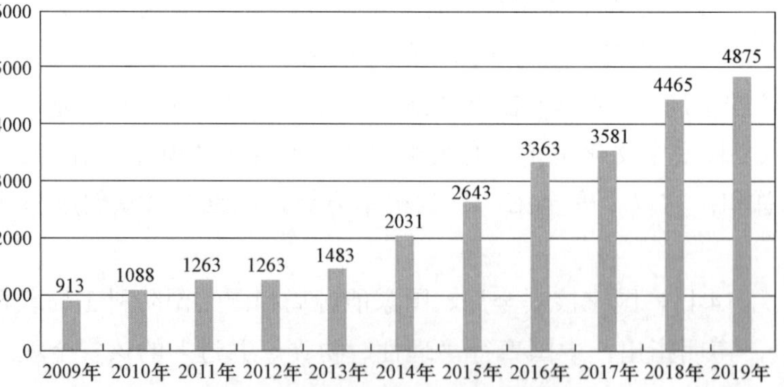

图 8－1　2009—2019 年全国核电装机规模增长情况（万千瓦）

2019 年，中国核电发电量为 3481.31 亿千瓦·时，同比增长 18.09%，约占全国累计发电量的 4.88%，见图 8－3。与燃煤发电相比，核能发电相当于减少燃烧标准煤 10 687.62 万吨，减少排放二氧化碳 28 001.57 万吨，减少排放二氧化硫 90.84 万吨，减少排放氮氧化物 79.09 万吨。近 10 年来，核电发电量持续增长，见图 8－4，为保障电力供应安全和节能减排作出了重要贡献。

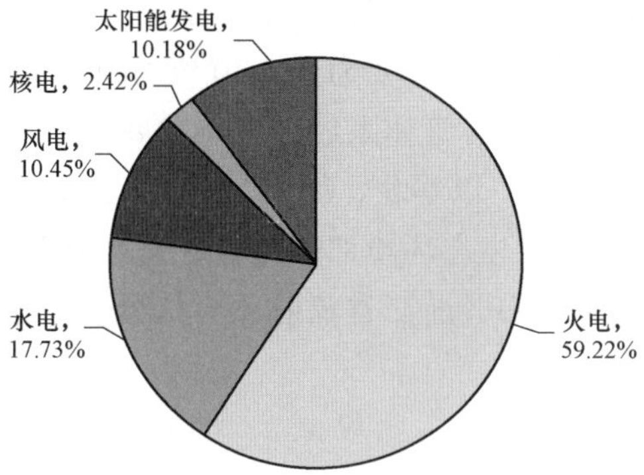

图 8－2　2019 年全国核电装机占比情况

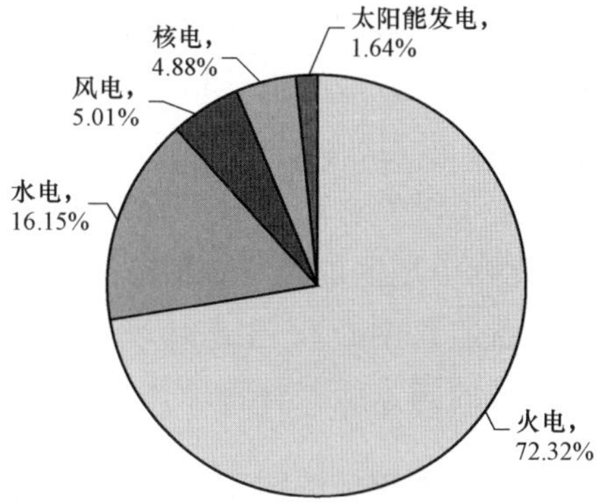

图 8－3　2019 年中国各类电源发电量占比情况

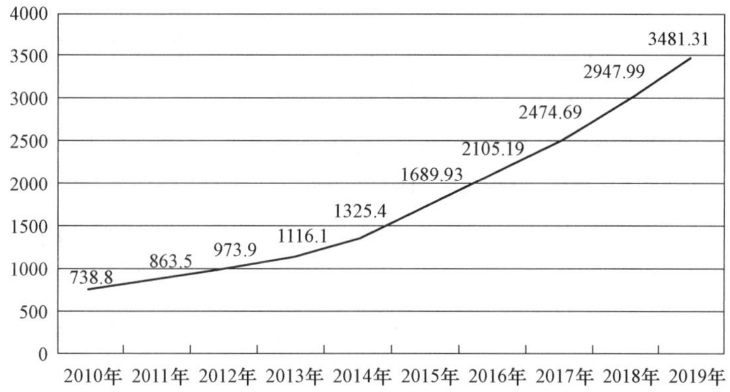

图 8－4　2010—2019 年，中国核电发电量变化情况（亿千瓦·时）

2019 年中国核电平均利用小时数为 7346.22 小时，核电设备平均利用率为 83.86%，同比略有下降。

2019 年，各运行核电厂严格控制机组的运行风险，继续保持安全、稳定运行，发生 1 起国际核事件分级（INES）1 级停运事件，未发生 2 级及 2 级以上的运行事件，主要运行技术指标保持国际前列。各运行核电厂未发生较大及以上安全生产事件、环境事件、辐射污染事件，未发生火灾爆炸事故，未发生职业病危害事故。各运行核电厂放射性流出物的排放量远低于国家标准限制，环境空气吸收剂量率控制在当地本底辐射水平正常范围内。

与世界核电运营者协会（WANO）规定的性能指标对照，在全球 400 多台运行机组中，中国运行机组 83.74%的指标优于中值 72.52%，达到先进值。[1]

第六节　核与辐射安全监管

1984 年 10 月，国务院正式成立国家核安全局，作为国家核与辐射安全监督管理部门，并赋予其监督管理中国民用核设施安全的职责和重任。中国核与辐射安全监管从无到有，不断发展壮大，成为世界核与辐射安全领域不可忽视的一支重要力量。30 多年来，通过不断探索、学习、实践和创新，中国核与辐射安全审评及监管体系经过多年发展已基本形成，建立了以生态环境部（国家核安全局）为行政核心，以华北、华东、华南、西北、西南、东北六个地区的核与辐射安全监督站为监督主力，以生态环境部核与辐射安全中心（核安全设备监管中心）、生态环境部辐射环境监测技术中心（浙江省辐射环境监测站）等为技术支持的国家级监督管理体系。

一、中国核与辐射安全监管体系的建立与完善

建立核设施安全监管体系。1979 年美国三哩岛核电厂堆芯熔化事故引起党和国家领导人对核安全的高度重视，核安全监管和技术审评成为核能开发利用的关注重点。1983 年 9 月 3 日，国务院核电领导小组成立，确立了中国核电发展的方针及技术路线。同年 10 月，国务院核电领导小组第一次会议将建设核电安全监管机构提上日程。1984 年 7 月，国家核安全局成立。为加强对核设施的安全监管，国家核安全局在中国核设施集中的地区设立了派出机构，分别于 1987 年年初、1987 年 7 月、1990 年 1 月、1996 年年底设立了上海核安全监督站、广东核安全监督站、成都核安全监督站和北方核安全监督站。同时，为对核电厂进行有效的技术审评，国家核安全局依托设计院、研究院和高校形成了若干个技术支持中心，并于 1989 年组建了直属的北京核安全中心，负责为国家核安全局提供全面的技术支持。

从 1984—2019 年，经过 30 多年的努力，中国的核安全监管已基本建立了一套与国际接轨的体制和相关的法规、标准体系，培养了一支专业配套齐全的审评和监督队伍，为保障在役核设施运行安全、控制在建核设施建造质量、逐步规范和深入开展辐射环境、放射源与放射性废物监督工作作出了贡献。

建立放射性同位素与射线装置监管体系。新中国成立初期，以放射性同位素、射线装置为主体的电离辐射安全工作被称为“放射性工作”或“放射工作”，由卫生、公安、环保等多个部门联合监管。

1960 年，国务院批准发布《放射性工作卫生防护暂行规定》，中国放射工作监管正式开始。1979 年，国务院卫生部、公安部、国家科委联合发布《放射性同位素工作卫生防

[1] 中国核能行业协会：《中国核能年度发展与展望（2020）》，2020 年。

护管理办法》，对放射性同位素工作场所基建工程，放射性同位素工作的申请、许可和登记，运输与保管，“三废”处理以及事故处理、放射性同位素工作单位的卫生防护组织和剂量监督，放射性同位素处理等进行了规定。1989 年，国务院发布中国第一部放射工作行政法规《放射性同位素和射线装置放射防护条例》（替代《放射性同位素工作卫生防护管理办法》），要求国务院卫生、环保和公安部门按照各自职能和条例有关规定，对放射性同位素与射线装置生产、使用、销售中的放射防护（简称放射工作）实施监督管理，国家对放射工作实行许可登记制度，许可登记证由卫生、公安部门办理，环保部门负责环境影响评价文件的审批。

建立辐射环境管理体系。辐射环境管理的业务范围涉及核设施、核技术利用、电磁辐射以及伴生天然放射性矿物资源开发利用活动领域。中国辐射环境管理工作始于 20 世纪 50 年代，最初主要由污染源产生单位自行管理及上级主管部门进行监管。核设施的辐射环境管理由核工业部门负责；伴生天然放射性矿物资源开发利用活动的辐射环境管理由当时的有色冶金部门负责。1973 年，第一次全国环境保护工作会议组织制定了中国第一部向社会公开的辐射防护标准《放射防护规定》，在 1974 年 4 月获批成为国家标准《放射防护规定》（GBJ 8—1974），环境保护部门正式介入辐射环境领域。1982 年 12 月，环境保护局设立放射性环境管理处，后更名为辐射处，后又升格为核环境管理办公室（副司级），专门负责全国辐射环境管理工作。

电磁辐射环境管理。中国电磁辐射环境管理工作始于 20 世纪 80 年代。1986 年，为防止电磁辐射污染，保护环境，保障公众健康，促进伴有电磁辐射的正当实践的发展，国家环保局组织专家制定标准《电磁辐射防护规定》（GB 8702—1988）。1989 年电磁辐射污染防治写入《中华人民共和国环境保护法》。1996 年 2 月 12 日，国家环境保护局成立电磁辐射环境影响审评专家委员会。1997 年，国家环境保护局发布《电磁辐射环境保护管理办法》，用来指导环保部门开展电磁辐射环境管理。

建立职业健康管理体系。核工业是特殊行业，有其特殊的职业危害因素，除放射性危害因素外，也有一般工业企业所具有的职业危害因素，核工业创建开始就组建了比较完善的辐射防护和预防保健体系。制订了职业健康管理措施，核工业各单位认真贯彻防止职业危害的指导思想，积极采取措施保证安全防护、医疗卫生事业发展、工业职业病防护，设施投入和防护水平不断提高，工作场所职业危害因素的浓度、强度大幅降低，工作场所职业危害因素达到国家标准要求。

1995 年，中国核工业总公司与劳动部联合发布《核电厂职工安全卫生设计规定》。2002 年《中华人民共和国职业病防治法》颁布，2012 年修订后的《中华人民共和国职业病防治法》和《工作场所职业卫生监督管理规定》颁布。2015 年，国家安全监管总局办公厅发布《关于印发〈用人单位职业病危害因素定期检测管理规范〉的通知》，进一步规范和完善职业健康管理体系。

2017 年 2 月 8 日，国务院批复原则同意《核安全与放射性污染防治“十三五”规划及 2025 年远景目标》[1]，由环境保护部、国家发展改革委、财政部、国家能源局、国家国防科工局印发并组织实施。通过规划的实施，到“十三五”末，中国运行和在建核设施安全水平明显提高，核电安全保持国际先进水平，放射源辐射事故发生率进一步降低，核安保能力和核应急能力得到增强，核安全监管水平大幅提升，核安全、环境安全和公众健康得到有效保障。到 2025 年，中国核设施安全整体达到国际先进水平，辐射环境质量持续保持良好，核与辐射安全监管体系和监管能力实现现代化。

2017 年 9 月 1 日《中华人民共和国核安全法》发布，自 2018 年 1 月 1 日起施行。《中华人民共和国核安全法》规定，从事核事业必须遵循确保安全的方针。核安全工作必须坚持安全第一、预防为主、责任明确、严格管理、纵深防御、独立监管、全面保障的原则。

中国核与辐射安全监督管理工作主要包括对核设施（主要包括核电厂、民用研究堆、核燃料浓缩和元件制造、放射性废物处理和处置等）、核设备、核技术利用、铀（钍）矿和伴生放射性矿、电磁辐射装置等 5 类对象相应的核与辐射安全及辐射环境保护工作的统一监督管理；组织开展辐射环境监测和核设施、重点辐射源的监督性监测；组织开展应急培训、相关人员培训及国际公约的履约。

国务院核安全监督管理部门对全国核设施安全实施统一监督，独立行使核安全监督权。国务院核安全监督管理部门可以在核设施集中的地区设立派出机构，实施安全监督。国务院核安全监督管理部门或者其派出机构向核设施建造、运行、退役等现场派遣监督检查人员，进行核安全监督检查。此外，技术支持单位可为国务院核安全监督管理部门及其派出机构提供技术支持，参与核安全监督活动。

核安全检查是指国务院核安全监督管理部门、国务院核安全监督管理部门派出机构、核安全检查组、核安全监督员，或受委托人员对营运单位及有关单位的物项与活动所进行的核实和监视，贯穿于核设施选址、设计、建造、调试、运行和退役的全过程和所有重要活动。核安全检查的目的是核实和监视营运单位及有关单位的核设施物项和活动是否满足核安全管理要求和许可证件规定的条件，督促营运单位及有关单位及时纠正缺陷和异常状态，以确保核设施选址、设计、建造、调试、运行和退役符合批准的文件和有关要求。核安全执法是核安全监督的另一个组成部分。出于保护现场工作人员、公众和环境辐射防护的需要，国务院核安全监督管理部门有权依法对营运单位采取处理、处罚等执法行动，核安全相关行政处罚的种类包括行为罚、财产罚和声誉罚三大类。行为罚包括责令改正、责令限期改进、责令停止建设、责令停工、责令停业整顿、停业整顿、责令限期采取治理措施、暂扣或者吊销许可证件、中止或者吊销许可证件等；财产罚主要是罚款、没收违法所得；声誉罚主要是警告。若营运单位有构成犯罪的行为，还将依法追究其刑事责任。2019 年 11 月 25 日，国家能源局印发《关于进一步规范核电站消防设计和验收审批有关工作的通知》，进一步规范核电站消防设计和验收审批有关工作。通知明确指出，规范和完善核电站消防审批管理，完善专业机构评审工作机制，进一步落实企业主体责任。

[1]《国务院关于〈核安全与放射性污染防治“十三五”规划及 2025 年远景目标〉的批复》（国函〔2017〕29 号）。

二、中国核安全监管机构与职能

中国负责核安全监督管理的部门是生态环境部（国家核安全局）。根据工作需要，生态环境部（国家核安全局）在核设施集中的地区设立派出机构，并有专门单位为其提供技术支持。

国家核安全局主要职责是负责核设施安全、辐射安全及辐射环境保护工作的统一监督管理，形成了 3 个司、6 个地区监督站、2 个技术支持中心三位一体的组织监管体系。核安全监管的方式有很多种，如文件审查、许可证制度、独立校核计算和实验验证、现场监督检查等，对涉核活动每个环节进行有效的监督管理。30 多年来，中国核电发展一直保持着良好运行业绩，从未发生过 2 级以上核安全事故。核电站周边环境辐射水平在天然本底正常涨落范围之内，安全水平可靠。中国运行核电机组各项性能指标均处于世界较先进水平，中国核安全监管成效显著。

中国核安全监管遵循以下基本原则：

一是坚持发展与安全并重。由于核行业的技术复杂性、事故突发性、处理艰难性、后果严重性、影响深远性以及高度的社会敏感性，安全必须作为发展的前提和基础，这也是核安全监管机构存在的意义和价值。同时，又要以安全促进发展，只有建立在安全的基础上，才能真正实现全面、协调、可持续发展。

二是独立性与制衡性并举。良好的核安全监管必然在独立性和制衡性之间形成合理的张力。要通过赋予监管机构一定的合理性、合法性，强化专业独立性，提高工作质量和水平。要通过有效的制衡机制，获得公众的认可。

三是独立性与权威性互动。监管的权威性要求核安全监管机构在安全监管过程中具备绝对的话语权和决策权，在涉及安全的问题上，核安全监管机构应具有一票否决权。通过价值中立的独立决策，增强核安全执法监管公信力。

四是独立性与效率性兼顾。效率是监管制度产生的一个重要历史原因，也是监管制度存在的基础。核安全独立监管程序的设计必须体现效率的要求，尽量减少不必要的环节，降低监管成本。

（一）国家核安全局机关

生态环境部对外加挂国家核安全局的牌子，负责核与辐射安全的监督管理。拟订有关政策、规划、标准，牵头负责核安全工作协调机制有关工作，参与核事故应急处理，负责辐射环境事故应急处理工作。监督管理核设施和放射源安全，监督管理核设施、核技术应用、电磁辐射、伴有放射性矿产资源开发利用中的污染防治。对核材料管制和民用核安全设备设计、制造、安装及无损检验活动实施监督管理。内设 3 个相关司：核设施安全监管司、辐射源安全监管司和核电安全监管司。核电安全监管司负责核电厂、核热电厂、核供热供汽装置、研究型反应堆、临界装置、带功率运行的次临界装置等核设施的核安全、辐射安全、环境保护的行政许可和监督检查，以及相关建造事件、运行事件的独立调查，技术评价和经验反馈等工作。承担相关国际公约国内履约工作。

（二）地区核与辐射安全监督站

生态环境部（国家核安全局）共有6个地区监督站。地区监督站是生态环境部（国家核安全局）的派出机构，根据法律法规授权和环境保护部委托，负责派驻区域内的核与辐射安全监督工作，各地区监督站负责的区域分别是：华北核与辐射安全监督站、华东核与辐射安全监督站、华南核与辐射安全监督站、西南核与辐射安全监督站、西北核与辐射安全监督站、东北核与辐射安全监督站。各个地区监督站的职能基本相同，主要有：负责核设施核与辐射安全的日常监督；负责核设施辐射环境管理的日常监督；负责由生态环境部直接监管的核技术利用项目辐射安全和辐射环境管理的日常监督等。此外，华北核与辐射安全监督站还负有一些与核安全设备监督管理相关的职能，主要是：负责全国民用核安全设备设计、制造、无损检验活动的日常监督；负责全国民用核安全设备持证单位和境外注册登记单位的例行和非例行核安全检查等。

（三）技术支持单位

技术支持单位有生态环境部核与辐射安全中心、生态环境部辐射环境监测技术中心、中机生产力促进中心、苏州核安全中心（苏州热工研究院有限公司）、北京核安全审评中心（中国核电工程公司）和上海核安全审评中心（上海核工程研究设计院有限公司），全面负责中国核与辐射安全监管的技术支持工作。

生态环境部核与辐射安全中心作为生态环境部直属事业单位，是中国唯一专业从事核安全与辐射环境监督管理技术保障的公益性事业单位。中心主要任务是为中国民用核设施及辐射环境安全监管提供全方位的技术支持和技术保障，主要包括：核安全与辐射环境监管技术支持；民用核设施核安全监管政策与法规研究；民用核设施安全审评与监督技术支持；辐射环境安全审评与监督技术支持；核事故与辐射环境事故应急响应与评价；核安全与辐射防护科学研究、相关技术咨询与信息服务等方面。

生态环境部辐射环境监测技术中心，是生态环境部和浙江省政府共同管理的公益类事业单位，下设有监测网络管理室、质量控制与信息评价室、电离辐射监测室、电磁辐射监测室、放射源安全管理室等。根据法律、法规授权和生态环境部的委托，生态环境部辐射环境监测技术中心承担全国核与辐射安全监督、全国辐射环境监测等相关辐射环境监测技术支持和技术服务工作。主要包括：负责国家辐射环境监测网络的运行和管理；承担全国辐射环境监测法律、法规、标准、规划、政策及规范的研究和技术支持；负责全国辐射环境监测系统的质量保证管理工作；承担核事故、特别重大辐射环境事故及处置核与辐射恐怖袭击事件的应急监测技术工作；开展辐射环境保护、分析测试技术与环境影响评价方法的科学研究、技术服务与技术培训工作等方面。

中机生产力促进中心是国务院国资委直接监管的中央大型科技企业集团机械科学研究总院的全资企业，隶属于中机生产力促进中心的机械院核设备安全与可靠性中心，是国家核安全局长期固定的技术支持单位。从国家核安全局成立之初，就开展核与辐射安全技术审评及监管技术支持工作。中心主要围绕核安全机械设备开展技术审评及监督，为国家核安全局提供的技术支持工作。具体主要包括：运行核电厂专项技术审评及监督；在建及拟建核电厂专项技术审评及监督；研究堆专项技术审评及监督；放射性物品运输安全专项技术审评及监督；民用核安全设备专项技术审评及监督；核安全法规标准制修订等方面。

苏州核安全中心依托于中国广核集团苏州热工研究院有限公司，聚焦民用核设施安全保障，广泛参与核安全法规体系建设、核设施安全审评与监管技术支持，是国家核安全局在研究堆、核设备、调试和质保等监管领域主要的技术依托中心。主要职责包括：核与辐射安全法规制修订；运行核电厂、在建核电厂、研究堆安全技术审评；核电厂、研究堆建造、调试、运行期间的核安全监督；核安全设备监管；核与辐射安全监管研究。

北京核安全审评中心在行政上隶属于中国核电工程有限公司，作为国家核安全局的技术支持单位之一，主要负责 CANDU 堆核电站、中国实验快堆等研究堆相关的核安全技术审评与监管技术支持工作。主要职责为：负责秦山第三核电厂特许申请、事件报告、安全整治及更新改造等相关的核安全技术审评与监督；负责中国原子能科学研究院在役研究堆相关的特许申请、事件报告、安全整治及更新改造等相关的核安全技术审评与监督；负责北京凯佰特科技有限公司医用微堆相关的特许申请、事件报告、安全整治及更新改造等相关的核安全技术审评与监督；负责清华大学 5 兆瓦低温供热堆安全再审查相关的核安全技术审评等。

上海核安全审评中心依托于国家电力投资集团海核工程研究设计院有限公司，是核与辐射安全技术支持机构之一，在业务上接受国家核安全局指导，为国家核与辐射安全工作提供技术支持。上海核安全审评中心主要业务包括核设施执照申请与安全审评、试验评价、独立验证，核安全监督专家支持与服务、核安全培训和交流；核设备设计、制造、监督工作；概率安全分析（PSA）评审及其模型验证、设备可靠性研究分析等工作。

三、国际组织对福岛核事故的调查与经验教训总结

2011 年 3 月 11 日，日本当地时间 14 时 46 分，东日本大地震爆发，震级为里氏 9.0 级，震源深度约 24 千米，地震随后引发海啸。

福岛第一核电厂（Fukushima Dai-ichi Nuclear Power Plant）共有 6 台机组，均为沸水堆。其中 1 号机组为 BWR－3MARKⅠ，2～5 号机组为 BWR－4MARKⅡ，6 号机组为 BWR－5MARKⅡ。6 台机组均为 20 世纪 70 年代建成，至 2011 年已服役超过 40 年。地震发生前，1、2、3 号机组正在运行，4、5、6 号机组因例行换料和维修工作而处于停堆状态，其中 4 号机组的反应堆燃料已被卸到其乏燃料池中。

由于地震，1、2、3 号机组进行了自动停堆。同时，地震导致电厂失去厂外电源。6 台机组的应急柴油发电机开始向各自的关键系统提供交流电源（AC），电厂对地震的响应情况正常。

地震后约 40 分钟，高达 14 米的海啸抵达现场，超过电厂的设防标准（约 5.7 米），对电厂设施产生严重破坏，1～5 号机组完全丧失交流电源，进入全厂断电（SBO）状态。6 号机组的 1 台柴油发电机由于布置在较高位置，仍能维持运行。海水泵房和应急柴油发电机被淹没，导致机组丧失余热排出能力，尽管操作人员采取了一些措施，但不足以维持

余热排出功能。1～3 号机组最终发生堆芯熔化事故，锆金属包壳在高温下与水作用产生大量氢气，随后引发 1、3、4 号机组的氢气爆炸，并导致大量放射性物质向外释放。2011 年 4 月 12 日，日本原子力安全保安院（Nuclear and Industrial Safety Agency，NISA）根据国际核事故分级规定将福岛第一核电厂（1～3 号机组）事故评定为 7 级（特大事故），4 号机组事故评定为 5 级。该事故是继美国三哩岛核电厂事故、苏联切尔诺贝利核电厂事故之后，人类利用核能历史上又一次严重的核事故。

福岛核事故以后国际组织和各主要核电国家高度关注，纷纷采取响应行动，着手制定应对类似事故的对策。

国际原子能机构（IAEA）在事故发生第一时间启动事故应急中心，时刻密切关注事态发展。2011 年 5 月，国际原子能机构领导国际专家小组赴日本进行事故调查，并于 6 月编制了一份初步安全评价报告——《IAEA 国际事实调查专家组针对日本东部大地震和海啸引发的福岛第一核电厂核事故调查报告》。

该调查报告得出了国际原子能机构基本安全原则，为应对福岛核事故提供了坚实基础，并且涵盖此次事故经验教训的各个领域等 15 项结论，总结了国际核能社会应利用福岛核事故的数据和信息，提高并完善现有的方法和模型，以确定事故源项并改进应急计划等 16 项教训。

四、福岛核事故后中国的核安全检查与改进

日本福岛核事故发生后，中国政府立即采取了相应的行动。国务院总理温家宝于 2011 年 3 月 16 日主持召开国务院常务会议，听取应对日本福岛核电厂核泄漏有关情况的汇报。

会议指出，3 月 11 日，日本东北部和关东首都圈发生里氏 9 级强震，并引发海啸，日本福岛第一核电厂发生放射性物质泄漏事故。日方正在采取一切可能的措施缓解事故影响。中国辐射环境监测未发现异常，国内所有运行核电机组处于安全状态。根据国家核事故应急协调委员会专家组分析，福岛核电厂目前泄漏的放射性物质经大气和海洋稀释后，不会对中国公众健康造成影响。

会议强调，要充分认识核安全的重要性和紧迫性，核电发展要把安全放在第一位。会议决定：① 立即组织对中国核设施进行全面安全检查。通过全面细致的安全评估，切实排查安全隐患，采取相关措施，确保绝对安全。② 切实加强正在运行核设施的安全管理。核设施所在单位要健全制度，严格操作规程，加强运行管理。监管部门要加强监督检查，指导企业及时发现和消除隐患。③ 全面审查在建核电厂。要用最先进的标准对所有在建核电厂进行安全评估，存在隐患的要坚决整改，不符合安全标准的要立即停止建设。④ 严格审批新上核电项目。抓紧编制核安全规划，调整完善核电发展中长期规划，核安全规划批准前，暂停审批核电项目，包括开展前期工作的项目。

根据国务院 2011 年 3 月 16 日常务会议精神，环境保护部（国家核安全局）、国家能源局、国家地震局联合组织核安全相关领域 50 余名院士、专家组成安全检查团，严格按照国家现行有效的核安全法规和导则，参照国际原子能机构颁布的最新安全标准对中国核

设施进行全面安全检查。检查内容主要涉及厂址选址过程中所评估的外部事件的适当性、核设施防洪预案和防洪能力评估、核设施抗震预案和现场抗震能力评估、核设施消防系统的检查、核设施质量保证的有效性、多种极端自然事件叠加事故的预防和缓解、全厂断电事故的分析评估与失去应急电源后附加电源的可用情况及应急预案、严重事故预防和缓解措施及其可靠性评估、应对群体性事件预案、环境监测体系和应急体系有效性、其他可能存在的薄弱环节等 11 个方面。该次综合安全检查历时 9 个多月。检查范围包括 15 台运行核电机组、26 台在建核电机组、18 座民用研究堆和临界装置、9 座民用核燃料循环设施，以及尚未开展主体工程施工的福清核电厂 4 号机组、阳江核电厂 4 号机组和山东石岛湾模块化高温气冷堆核电厂示范机组。检查主要通过方案评估、文件审查、各核设施安全自查、技术交流、现场勘察、查阅文件记录和结果评估等方式开展。经检查评估，认为中国运行核电厂、在建核电厂及其他民用核设施的安全是有保障的。

在上报国务院的检查报告中指出，中国大陆投运机组均满足现行国家法律法规、标准和技术规范，以及国际先进的标准和规范的要求。但对超设计基准的多重极端自然灾害叠加事故，多数机组还需要进一步采取预防和缓解措施，从而进一步提高相应能力。对在建核电厂检查的初步结论是：核电厂应急安全设计规范普遍达标，但多数机组欠缺抵御多重极端自然灾害叠加事故的能力。没有发现必须停工整顿的情况。

经过 9 个月的核安全大检查，2012 年 5 月，国务院常务会议听取了安全大检查情况的汇报。中国核设施选址对地震、洪水等外部事件进行了充分论证，核电厂设计、制造、建设、运行各环节均进行了有效管理，总体质量受控。运行和在建核电厂能够满足中国核安全法规和 IAEA 最新标准的要求，具备一定的严重事故预防与缓解能力，风险受控，安全有保障。检查中也发现个别核电厂防洪能力不足，严重事故预防与缓解规程不完善、对海啸风险评估能力不足等问题。

为进一步提高中国核电厂及其他民用核设施的安全水平，针对检查中发现的可能影响建造质量和运行安全的问题，国家核安全局于 2012 年 6 月 12 日发布了《福岛核事故后核电厂改进行动通用技术要求（试行）》，提出了 8 项改进要求：核电厂防洪能力改进技术要求、应急补水及相关设备技术要求、移动电源及设置的技术要求、乏燃料池监测的技术要求、氢气监测与控制系统改进的技术要求、应急控制中心可居留性及其功能的技术要求、辐射环境监测及应急改进的技术要求、外部灾害应对的技术要求，以指导各运行和在建核电厂开展核安全改进工作。截至 2015 年年底，这些改进要求均已实施完成。对在役和在建核电机组进行技术改进，提高了纵深防御能力，改善了环境监测和应急控制能力，安全保障能力得到进一步增强。

根据国务院及有关部门的要求，各核电企业积极开展核电厂自评估工作，并配合核安全综合检查组开展现场检查。各核电厂先后完成并提交核安全自查评估报告、综合安全检查改进行动计划、福岛核事故后核电厂改进方案等，并根据机组特点采取了相应的安全裕度增强措施。如秦山核电一期投入 6.5 亿元资金，开展了 56 项整改工作，整改项目涉及的主要方面有：核电厂防洪能力，应急补水及相关设备，移动电源及设置，乏燃料池监测，氢气检测与控制系统，应急控制中心可居留性及其功能，辐射环境监测与应急，外部灾害应对。其中，海堤加高、新建应急中心、增设移动柴油发电机和移动泵等改进项目得到了国家核安全局的充分肯定和赞扬。三门、海阳核电厂设置了局部活动挡水闸板，增设移动式柴油机泵（同时考虑扬程和接口的匹配）和移动式电源车（同时考虑容量和接口的匹配），进一步完善严重事故管理等。

国内核电行业在以下四个方面达成共识：一是在核电厂选址方面，肯定要考虑外部事件，包括自然灾害的叠加效应对核电厂的影响。二是在应急堆芯冷却的可靠性方面，包括电源的多样性等，要求肯定会进一步提高。三是围绕乏燃料池的安全冷却，包括冷源和电源的可靠性方面的标准也会提高。四是整个安全壳的消氢，以及在防止氢爆方面相关设计标准的提高。

福岛核事故后，中国发展核电的原则方针未变，但政府、营运单位、建设单位的核安全意识大为增强，中国核电工业正在向着安全高效的方向发展。

第七节　核电行业人才队伍壮大

核电人才队伍是支撑核电行业发展的基石，从核电队伍初创到第一代操纵员的培养，再到高校核能专业人才的培养、各单位对从业人员的继续教育，中国已经形成了一整套人才培养体系，为核电行业发展提供了坚实的人才保障。

一、核电科研队伍的创建与演变

新中国的核能和核技术利用研究可以从1949年11月15日中央人民政府接管原北平研究院原子学研究所开始算起，以1950年5月19日中国科学院近代物理研究所的成立为标志，当时主要以军工研究为主。1955年，中国作出发展核工业的决定，周恩来总理亲自组织推进，在全国范围内大规模选调干部、专家、高级技工和大学生，使核工业在短时间内集聚了钱三强、何泽慧、王淦昌、朱光亚、邓稼先等一批精英人才。

1956年4月，中共中央发出《关于抽调干部和工人参加原子能建设工作的通知》，将1895名党政管理干部和科学技术干部分别充实到铀矿地质队伍、中科院物理研究所（由中科院近代物理研究所改名而来，后改名为中科院原子能研究所）、核工程研究设计院等单位。1956年11月16日，中央设立第三机械工业部（1958年改为第二机械工业部）后，国务院将冶金部第三司及其所属三矿两厂、建筑工程部第三工业设计院划拨到第二机械工业部统一领导，由建筑工程部、冶金部、一机部及化工部抽调职工组建三个建筑公司和一个安装公司，归属二机部建制。

1958年9月，中央印发《关于第二机械工业部抽调干部和工人的通知》，二机部成立147人组成的11个调干工作组，在全国选调各类人才共16 899人。其中，党政管理干部2579名，科级干部3292名，中高级技术工人11 028名。1960年3月和1962年9月，中央分两批从各工业部门和科学技术部门抽调 232 名高级技术专家到二机部工作。创业初期的核工业，在中央强力支持下，短时间内拥有了一大批实践经验丰富的党政管理干部、学有专长的科技专家和高级技工。这批英才为中国“两弹一艇”的研制作出了不可磨灭的贡献。❶

核科技创新体系建设。经过 60 多年建设发展，中国核工业建立了世界上只有少数几个国家才拥有的完整核科技工业体系。1980—1984 年，核工业部先后建立上海核工程研究设计院、上海核工业第八研究所、核工业计算机应用研究所、核工业标准化研究所。到 1984 年年底，核工业部科研系统工作人员达 38 600 人，其中科技人员 15 900 人，部属科研机构 19 个，研究设计单位六个；厂矿所属科研机构 20 个，在全国形成比较完善的核科学研究体系。❷

伴随着世界格局的调整，20 世纪 70 年代，中国核工业开始了“保军转民”的政策转变，后明确为“军民结合”的方针，逐渐开始了核能的和平利用。

20 世纪 80 年代，根据清理课题，缩短战线，保证重点的方针，对当时有实际意义的军民两用项目，在人力经费物资上予以保证；对那些需求不迫切，且研究周期长的项目则量力而行；对那些不能肯定起作用的项目则坚决停掉，对基础研究和应用基础研究的比例也作出相应调整。❷

1985 年 1 月经中央军委批准，核工业第九研究院（简称九院）对外名称使用中国工程物理研究院。1990 年 2 月，国务院、中央军委调整九院管理体制，由国防科工委直接管理，在国家计划中单列。1991 年 1 月，核工业第一研究设计院更名为中国核动力研究设计院。20 世纪 90 年代，核工业第二研究设计院、核工业第四研究设计院等改制转企。2002 年撤销核工业第六研究所，部分业务骨干调入核工业北京化工冶金研究院，其余人员和研究设施全部并入南华大学。2006 年 10 月，核工业第七研究设计院改制成立中核新能核工业工程有限责任公司。2001 年 7 月，上海核工程研究设计院改制为企业，2007 年 5 月划归国家核电技术公司。2007 年 12 月，依托核工业第二研究设计院、核工业第五研究设计院的主营业务和主干力量及核工业第四研究设计院从事核电工作及相关专业的技术骨干，重组改制成立中国核电工程公司。2009 年 6 月，核工业第四研究设计院改制为中核第四研究设计工程有限公司。❸

1999 年，中核集团成立之初，设立科技与国际合作部，2010 年改为科技部，2011 年改为科技与信息化部，统筹管理中核集团科技创新工作。主要负责中核集团科技创新体系建设、科技发展规划制定、科研项目管理、科技成果和知识产权管理工作，以及质量标准化管理和信息化管理工作。2011 年，按照“缺的补齐、弱的加强、散的集中”的原则，通过动能整合和资源配置，中核集团将偏基础前沿类科研单位集中整合，由中国原子能院、核西物院、中辐院和标准化所，组建中核集团科学技术总院。为支撑中核集团科研基础能

---

❶ 王寿君：《中国核工业集团公司发展史（1955—2015）》，中国原子能出版社，2018 年，第 834 页。

❷ 王寿君：《中国核工业集团公司发展史（1955—2015）》，中国原子能出版社，2018年，第 737 页。

❸ 王寿君：《中国核工业集团公司发展史（1955—2015）》，中国原子能出版社，2018年，第 738页。

力和智库建设，2013 年 11 月 22 日，中核集团技术经济总院成立，是中核集团战略决策与管理服务、信息服务的平台。[1]

1985 年 12 月，联合国开发署确定援助中国建立苏州核电培训中心（侧重运行维护）和秦山核电培训中心（侧重基础理论），拟为秦山核电厂建设培养全方位人才。

1989—1990 年，中广核将 110 多名核电工程师送往法国进行学习，以此为起点，建立起了覆盖工程建设、生产运营、新能源等各业务领域的完整的技术人才培养体系，通过“全员培训、终身教育”，全面实施“培训、考核、授权、上岗”，为各业务领域的发展奠定了人才基础。同时，构建了管理人才培养工程——“白鹭计划”，包含六个阶段，覆盖了从新员工到经营高管各层级的管理人才。自 2004 年开始，中广核陆续开展国际化储备班、定向班、高管班、语言班等 6 个类别培训，形成一个分层、分类、训战结合的国际化人才培养体系。

为促进优质产能及科研成果对行业开放使用，促进核能科技创新发展，对核电重大专项支持的大型科研设施及验证平台进行共享，国家能源局于 2018 年 1 月 22 日发布《国家能源局综合司关于开展核电重大专项科研设施及验证平台开放共享试点工作的通知》（国函〔2017〕29 号）。

2019 年 8 月 9 日，国家电投核能技术创新与工程建设平台改革重组动员会议在上海召开。核能技术创新与工程建设平台的职能定位被明确为“平台 + 研发 + AE”。核能平台和 AE 公司的组建是高质量完成国家核电重大专项的需要，是从核电向核能转型升级发展的需要，是推进国有资本投资公司试点改革的需要。2019 年 9 月 10 日，国家核电、上海核工院（国核工程）召开干部大会。根据《国家核电、上海核工院（国核工程）组织机构设置和职能分工方案》，国家核电、上海核工院（国核工程）本部组织机构主要由职能、业务中心、研发、总承包项目、产业 5 大板块组成。其中职能板块设置 13 个职能部门，业务中心板块设置 7 个专业部（所）、4 个业务中心。核能综合创新研究院（核能产业创新中心、上海核电工程技术研究中心）下设 9 个研究中心，负责组织开展先进核能技术研发与创新、先进型号技术及配套技术的研发，统筹集团内核能研发资源。总承包项目板块设置总承包项目管理部和项目部，负责总承包项目管理和核能项目 EPCS 总承包任务。产业发展事业部下设 5 个中心，负责多元化业务的市场开发和项目管理。

二、核电人才体系的建设

由于核电技术和工程的复杂性、系统性、综合性特点，核电人才的成长具有培养周期长、难度大、行业壁垒高、流动性较差等特点，特别是在核电研究的设计和核电运营领域中更为突出。一名反应堆操纵员从入职到成为合格的值长，一般需要 10 年甚至更长的时间，一名核电研发设计人才的培养更是需要 12～15 年的时间。核电人才培养与核电厂建设一样，属于长周期复杂工程。

[1] 王寿君：《中国核工业集团公司发展史（1955—2015）》，中国原子能出版社，2018年，第 738页。

（一）高等教育与技校、中职教育

核工业创建后，为满足核工业和科技发展需要，陆续开办了全日制高等院校、职工技校、中专院校、职工大学等，核工业在各个时期对所属教育院校建设均十分重视，倾入了大量人力和资金。到 1990 年，全系统有专职教师 502 人，占职工总数的 1.9‰，有各类学校 39 所，其中高等院校 4 所、职工学校 23 所、职工大学 6 所、职工中专 5 所、管理干部学院 1 所。这些教育院校为核工业的建设发展提供了大量人才，作出了重要贡献。面对核领域专业人才短缺问题，中国核工业着手依托国内各大院校设立核专业，为核工业培养核领域专业人才。与此同时，对系统内教育院校进行改革，按照抓大放小的原则下放部分中专和技校的管理权限，由各事业局管理，集中精力服务、管理 4 所高校和 2 所中专学校，即核工业管理干部学院、中南工学院、苏州医学院、华东地质学院，以及南京工业学校和扬州建筑工程学校。20 世纪末，随着国家教育体制改革和工业产业结构调整，中核集团除了保留核工业管理干部学院和核工业研究生院外，其他核工业教育院校划归地方实施属地化管理。

经教育部批准，核工业下属部分科研院所可在各自科研领域内培养硕士和博士研究生，具有研究生招生权与学位授予权。1985 年经教育部和国防科工委批准，核工业研究生部成为教育实体，由中国原子能科学研究院管理，主要任务是为核工业的发展，培养硕士和博士研究生，为在职科技人员提供继续教育和培训服务。研究生教育，设有粒子物理与原子核物理、核能科学与工程、核技术及应用、放射性同位素技术、辐射防护与环境保护、核燃料循环与材料、等离子体物理、凝聚态物理、应用数学和分析化学等 10 余个专业、96 门课程。

截至 2019 年年底，中国约有 20 多所高校设立了核工程与核技术本科专业，如清华大学、上海交通大学、四川大学、西安交通大学、哈尔滨工程大学、中国科学技术大学、武汉大学、华中科技大学、华东理工大学、东华理工大学、南华大学、中山大学、华南理工大学、华北电力大学、东北电力大学、重庆大学等。

培养高水平的核电运营人才是一个复杂的系统工程，为适应核电发展需求，自 1991 年起，核工业研究生部举办了 60 多期核电理论培训班，共培养 2400 余人，基本满足了秦山、大亚湾、岭澳、田湾、三门、福清和巴基斯坦恰希玛等核电厂，以及中国核电工程设计、建造与监理等单位的培训需求，很多学员已经成为主控室操纵员、高级操纵员、值班长等，在核心岗位上发挥重要作用。[1]

（二）继续教育

核工业管理干部学院是中核集团直属的教育培训机构，其前身为第二机械工业部干部学校，是 1964 年 2 月 6 日经中央组织部批准，在西安工程技术大学基础上建立的。1987 年搬迁至北京大兴。核工业管理干部学院实行一套班子三块牌子，同时履行核工业党校和核工业培训中心职能，是中核集团和中核建集团各级领导和各级管理人员开展培

[1] 王寿君：《中国核工业集团公司发展史（1955—2015）》，中国原子能出版社，2018 年，第 848 页。

训的基地。

大亚湾核电厂在1985年成立了生产部培训处（又称培训中心），参考借鉴了法国电力集团的经验和做法，将培训处设置在负责核电厂生产运营的生产部，确保生产现场的信息及时反馈到培训过程中。中广核2005年组建了“核电学院”，正式承担起对各项人才培养工作的管理职能，包括新员工培养、技术人才培养、管理及领导力培养等，覆盖全员的人才自主培养自此展开。

国家电力投资集团公司人才学院成立于2015年12月22日，是国家电力投资集团公司人才培养的主要基地，以打造“覆盖全产业各单位和系统全员，贯穿企业运营管理和员工职业发展全过程”的人才开发大平台服务体系为主线，是国家电投打造职业教育品牌、培养专业和技能人才的主要基地，是国家电投专业和技能人才的评价中心，是国家电投技术输出和市场开发的重要途径，推动国家电投专业技能课程开发和岗位胜任能力提升，实施国家电投“全员培训、终身学习”理念。

“十三五”以来，中国涉核企业大力实施人才兴业战略，通过推动高端人才市场化引进工程，优化各类人才培养机制，形成了一支实力雄厚的核能人才队伍，为中国核电、核燃料循环、核技术应用等领域科技创新与产业发展提供了保障。

截至2019年年底，中国核工业集团有限公司、中国广核集团有限公司、国家电力投资集团有限公司、中国华能集团有限公司、上海电力集团股份有限公司、中国东方电气集团有限公司、哈尔滨电气集团有限公司等涉核企业（单位）共有核能人才约17.6万人。人才资源配置与队伍结构不断优化，共有专业技术人才约9.1万人，技能人才约5.2万人，经营管理人才约3.3万人。核能行业高端人才实力明显增强，共有两院院士47人，国家百千万人才工程34人，享受国务院政府特殊津贴1531人，全国技术能手74人。核能人才发展环境明显改善，不断创新人才建设体制机制，搭建成熟的薪酬管理体系，通过实施上市公司股权激励，混合所有制企业员工持股、科技型企业岗位分红激励、科技型企业项目收益分红激励等手段，积极营造正向激励的良好氛围，推动形成发展造就人才与人才推动发展的良好互动局面。[1]

三、操纵员的培养

无论是核电厂建设质量的保证，还是保证核电厂的安全运行，最重要最关键的因素是人。从世界上核电厂运行中发生的大大小小的事故分析，原因和过程主要有两类：一类是由于某个设备故障引起局部异常，操作人员企图干预以恢复正常，但由于操作人员的误判断或误操作，反而使局部异常扩大为事故甚至是严重事故；另一类是在正常运行条件下，由于依照运行程序，需要开展定期试验、检查等活动，要求运行人员进行操作，也可能由于误操作或设备缺陷而引发的事故。核电厂运行人员的素质和处理事故的操作水平是直接关系到核电厂安全的重要因素。

[1] 中国核能行业协会：《中国核能年度发展与展望（2020）》，2020年。

在秦山核电厂建设初期，人员来源有两条路径：一是从核工业老单位调进；二是从相关专业大学毕业生里招收。秦山核电厂选人调人有两条标准：一是要有正确的人生观和价值观；二是专业技术能力要过硬。在当时的条件下，培养人有两个方法："土""洋"两条路，叫作"土洋结合"。"土"，就是采用核工业老企业的老办法老传统，安排要培养的人员到相关专业的单位去学习培训；如运行人员一定要去电厂运行培训，锤炼运行人员的严细作风、运行习惯；检修人员除到电厂培训外还要到设备制造厂去培训，也要参加安装。"洋"，就是走出去、请进来，进行国际交流与合作，吸取国外培训核电人才的先进理念和经验，并根据国际原子能机构和国家核安全法规的要求，实施核电人员的培训。

20 世纪 80 年代，南斯拉夫为中国核电建设提供了许多帮助，当时核电厂操纵员的培训，理论是在西班牙学的，实践则是在南斯拉夫。南斯拉夫克尔什科核电厂为中国秦山核电厂提供了主控室操纵员和管理人员的培训。培训内容涉及核电厂启动、停止等运行操作、调试规程、化学监督、生产管理等方面。来自中国秦山核电厂的学员们知道这次培训机会来之不易，他们拼命地学，拼命地记，拼命地抄，能学明白的就学懂弄会，学不明白的就抄录下来，再慢慢消化。他们不仅学到了南斯拉夫核电厂的运行和管理知识，还带回了大量的技术资料，为秦山核电厂编制运行人员培训教材、调试和运行规程及管理程序提供了宝贵的参考依据。实践证明，秦山核电厂培训的第一批运行操纵员素质很高，技术作风过硬，他们中的大多数已成为中国核电发展的骨干力量。

大亚湾核电厂一开始就确定了按国际标准对生产运行人员进行培训的方针。113 名学员在国内预培训后，分三批派往法国电力集团进行培训。培训形式包括课堂培训、"影子"培训（即一名培训学员在一名法国核电厂师傅的指导下进行培训学习）、示范培训、模拟机培训与在岗培训等。1990 年 11 月，110 名关键技术岗位骨干人员全部获得法国电力集团颁发的资格证书，学成回国。这三批人每人的培训费用如果按当时的金价折算成等值的黄金，其重量约接近一个人的体重，所以后来有人戏称他们为"黄金人"。

1983 年 2 月，水电部副部长从国防科工委涉核管理部门挑选了十位同志，组建了大亚湾核电厂的首批管理技术队伍。之后，国务院要求各大型核工业企业、常规电厂以及科研院所积极支援大亚湾核电厂的建设。全国共计有 140 名工程师，包括 27 名高级工程师陆续从各地奔赴大亚湾，这其中有长期从事核工业研究，对反应堆设计、建设和管理具有丰富经验的专家，有火力发电厂厂长、总工程师、值长，有来自"两弹"试验场、核潜艇基地的技术骨干。各类技术专家除解决核电厂建设过程中的日常问题之外，还以"传、帮、带"的形式，将自己的知识、经验、技能传授给他人，这其中尤以专门从事核电厂运营人员培训工作的专家贡献最大。据统计，当时大亚湾核电厂先后累计从国内借聘借调约 35 名来自清华大学、西安交通大学、海军工程学院、衡阳工学院等国内大中专院校的专家教授。他们的首要任务就是开发培训课程、编写培训教材、开班授课。这些专家根据当时中国的专业教育情况，参考法国电力集团的系列丛书和大亚湾核电厂的技术资料，并结合自身专业修养，相继开发了适应当时大亚湾核电厂运营人员培养的 34 门系列专业教材，建立了大亚湾核电运营人员培养课程体系的雏形。

第八节 中国核电发展的卓越贡献与机遇

中国核电工业经过近 40 年发展，取得令人瞩目的成就，在造福中国社会的历史进程中发挥了重要作用，作出了重要贡献，成为生态文明、“美丽中国”建设的“生力军”。

从中国当前的发展阶段来看，推进能源革命，实现碳达峰、碳中和愿景目标也同样离不开核能。但 2019 年中国核电发电量占全国累计发电量的 4.88%，远低于世界发达国家水平（OECD，18%），甚至低于世界平均水平（10%），中国现有核电装机规模与实现碳达峰、碳中和目标还不匹配。

一、全面支撑核工业的可持续发展

核电产业对于中国核工业的存续和发展至关重要。

核工业第二次创业是随着改革开放步伐，从核电启动的。核电产业的发展起始于核工业坚决贯彻中央“保军转民”的战略部署，持续实施战略调整。而调整转民，拉动整个核产业链发展的火车头就是核电。借助经济快速发展及对电力的迫切需求，通过大力发展核电，核工业实现产业结构、产业布局根本性变化，进入国民经济建设主战场。集中较大力量投入沿海地区核电建设和经营开发，形成新基地，促使核工业人进一步转变观念，更好适应不断发展的社会主义市场经济要求。

核电快速和安全高效发展，带动和促进核工业整个产业链规模扩大和能力提升，包括铀资源勘查与采冶、铀同位素分离和浓缩、核燃料元件制造、大型设备供应、建筑安装、电力辅业、乏燃料后处理、放射性废物处理处置及技术支持和服务等，对于促进核动力、核燃料等科研开发体系壮大和完善，提升核工业科研开发能力，培养和造就人才队伍，具备突出的系统竞争优势和比较优势。

核工业和核科技密不可分，核电发展不仅有效促进中国核科学技术进步，而且为保持和提升中国核工业能力建设，增强国防实力提供重要平台。发展核电对和平时期保持和提升核工业水平和能力，实现中国从核大国向核强国转变，保障国家总体安全和人民安享和平、和谐幸福生活，具有不可替代的作用。

二、促进能源结构优化，保障电力供应

2017 年中国电力生产中仍有约 72%来自燃煤发电。从煤炭的替代分析，石油、天然气进口依赖度过高，天然气发电还受资源限制；剩余水电可开发容量仅剩约 2 亿千瓦，其开发难度与造价也日益增加，风电、光伏发电等可再生能源具有随机性、间歇性、波动性、负荷电力和电源出力的不确定性，接入电网会产生相应的功率波动。核电正好弥补其他能源的不足，成为中国替代化石能源和改善能源结构的重要途径。

2019 年，核电机组发电量为 3481.31 亿千瓦·时，占全国总发电量达到 4.88%，与太

阳能发电（占 1.69%）、风电（占 5.58%）一并构成清洁能源的重要组成部分，为优化中国能源结构、保证电力供应作出重要贡献。

在运核电上网标杆电价基本与煤电上网电价持平，低于燃气电价，与太阳能发电、风电相比不需配套的调峰调频或储能设施。三代核电技术不仅提升核电机组安全性，也兼顾经济竞争力，在进入批量化建设后，核电电价与计入环境成本的煤电电价相比具备潜在竞争力。核电一次性投资较高，但核电厂寿期可达 60 年，还能延寿，从长远看核电具有经济竞争力。

中国经济发展进入新时期，经济转型和能源结构优化的任务十分艰巨。在未来能源发展战略中，低碳发展、绿色发展将成为主旋律，能源供应的增量部分主要依靠可再生能源和核能。在可再生能源中，水电开发已比较充分，受地域、开发强度及经济性等诸多因素影响，水电进一步开发受到较大制约。作为新开发重点的光伏发电、风电等可再生能源发电方式受到地域、季节、稳定性和经济性的影响，在能源结构中可以维持一定比例但难以单独承担基荷能源的角色。核电正好可以承担基荷能源的重任，为中国能源结构优化和绿色低碳能源体系建设提供有力支持。2018 年 10 月 30 日，国家发展改革委、国家能源局发布《清洁能源消纳行动计划（2018—2020 年）》。目标是到 2018 年，清洁能源消纳取得显著成效；到 2020 年，基本解决清洁能源消纳问题。2019 年 12 月 30 日，《国家发展改革委关于做好 2020 年电力中长期合同签订工作的通知》（发改运行〔2019〕1982 号）印发，鼓励水电、风电、太阳能发电、核电等清洁能源发电机组替代常规火电机组发电。

三、稳定创造经济效益，促进地方经济发展

核电是中国核工业最大的民用产品和支柱产品，体现核工业优势和特色，具有稳定创造经济效益的能力。核电建设具有大投入、大产出的特点，对所在地经济快速发展的带动作用十分明显。

核电项目是资金密集、技术密集、人才密集的特大型项目。从项目启动投资、运营发电、到退役和废物处理，全周期约 100 年，甚至更长时间，资金流非常可观。核电项目建设对国民经济的拉动作用，国务院经济发展研究中心进行过专门研究，结论是每增加 1 台 100 万千瓦核电机组，带动国内生产总值增加 155 亿元，增加社会总产出 456 亿元，每年创造 55.2 万人就业机会；每运营 1 台百万千瓦机组，可以带动国内生产总值增加 40 亿元，增加社会总产出 74 亿元，每年创造 6.4 万人就业机会。核电在发展国民经济和促进就业方面起着十分重要的作用。

核电项目建设常包括大量基础设施建设，从而极大拉动当地经济，促进当地关联企业发展，增加就业机会。核电项目投入运行后，向国家和地方缴纳巨额税费，增加地方经济收入。至 2013 年度，广东大亚湾核电基地 6 台百万千瓦机组累计缴纳税费 391 亿元，其中对地方财政收入贡献为 154 亿元。秦山核电基地 9 台机组投运后，截至 2018 年年底，累计投资 814 亿元，缴纳税费约 375.14 亿元。

作为高新技术产业，核电产业的发展，为区域带来了人才、先进技术汇集的效果，在

拉动当地经济增长、优化区域能源结构的同时，还带动地方产业升级。在秦山核电带动下，海盐经济逐步壮大，进入全国百强县行列。海盐城市更美，教育实力更强，居民素质更高。截至 2019 年 11 月，“中国核电城”海盐入住核电关联企业 78 家，世界 500 强企业 2 家，核电系统企业 20 多家，产值超亿元企业 25 家。引进核电产业项目 60 多个。核电项目落地还增加区域旅游资源，促进当地旅游业发展。山东荣成市依托华能石岛湾核电厂、国核示范电站两大国家级重大项目的辐射带动，以培育做强核电装备制造产业为方向，推行市场化、企业化的项目运作机制，积极打造核电配套和衍生产业基地。

四、显著减少碳排放，助力国家生态文明建设

国际能源署的研究表明，核能是世界发达经济体最大的低碳能源选项。在过去的半个世纪中，核能贡献了一半的低碳电力，帮助降低二氧化碳的长期排放增速，也在欧美等发达国家碳达峰过程中发挥了重要作用。对整个世界来说，节能减排任重而道远，中国也不例外。中国核电工业的发展，显著减少碳排放，保护了环境，中国核电工业成为“美丽中国”建设的重要依靠力量，为“美丽中国”建设做出突出贡献。中国核电工业以奉献安全高效能源、创造清洁低碳生活为使命，将环境保护理念融入核电厂选址、建设和运营等环节，促进人与自然和谐相处，在治理大气污染、缓解雾霾等方面，功不可没。

与燃煤发电相比，1 台百万千瓦核电机组每年可减少排放二氧化碳 600 万吨，二氧化硫 2.6 万吨，氮氧化物 1.4 万吨。2019 年核能发电相当于减少燃烧标准煤 10 687.62 万吨，减少排放二氧化碳 28 001.57 万吨，减少排放二氧化硫 90.84 万吨，减少排放氮氧化物 79.09 万吨。[1]

五、推动核电装备制造向高端化、现代化发展

核电工业的发展，对于装备制造业发展具有全方位牵引作用，促进中国装备制造业不断转型升级。对中国而言，加快装备制造业的高端化、现代化是推动工业现代化的关键，也是实现由“制造大国”向“制造强国”战略转变的重要途径。

根据核电行业通用算法，2 台百万千瓦机组设备费用合计约 168 亿元，国产化比例 86.5%，将直接拉动经济总量达 300 亿元，有 5100 多家制造企业参与其中而获益。1983 年国务院将大型核电厂装备列为国家级重大技术装备，自此，中国核电装备步入一条自主创新与引进消化吸收相结合之路。以秦山一期、秦山二期、岭澳二期等核电工程的建设作为依托，一方面，骨干制造企业大举投资建设装备制造基地；另一方面，引进消化国际先进的百万千瓦先进压水堆技术。核电国产化战略不断深入推进，为中国装备制造业提供重要实践机会，制造能力和技术水平大幅提升。红沿河、宁德、福清、方家山、昌江等一大批核电项目国产化率逐步提高，从大亚湾核电厂国产化率 1%的基础上不断攀升，在建核电机组综合国产化率已达到 80%。而中国自主三代核电技术“华龙一号”首堆与“国和

[1] 中国核能行业协会：《2019 年 1—12 月全国核电运行情况报告》，2020 年 2 月 12 日。

一号”的设备国产化率均可达 85%以上。

核电设备制造业是资金密集（占核电厂总投资的 50%左右）、技术密集（技术难度大，技术要求高，技术含量高），产业关联度高（涉及上下游几十个行业）的产业，核电设备制造业可以代表一个国家装备制造业的最高水平。中国核电装备制造业已形成以上海电气、东方电气、哈电集团为主体的三大核电装备制造基地，以中国一重、二重和上重（上海重型机器厂有限公司）为主的大型锻件和反应堆容器制造集团，以及一批制造核级泵阀、堆内构件、控制棒驱动机构、环吊、主管道、核级电缆等配套设备的专业厂家。已建成的河北秦皇岛、上海临港和广州南沙出海口重型装备制造基地，初步具备年产 10 套左右百万千瓦级核电主设备的能力，能够支撑核电规模化建设需求。随着核电新一轮建设提速，再次给装备制造业带来难得的发展机遇。核电装备制造企业通过信息化与工业化深度融合，从传统离散型生产模式向数字化生产模式转型，形成现代化的核电装备制造工业体系，培养核电主设备成套供应商，为中国核电走向国际市场创造条件。

三代核电发展对国家高端制造业的拉动明显，对促进中国装备制造业发展和技术升级换代起到重要作用。在三代核电项目的建设过程中，中国装备制造企业在吸收消化国外先进技术基础上，积极开展三代核电设备的研发，制造技术持续创新，重大核心关键技术取得突破性进展，形成一批具有自主知识产权的成果，大大提升中国高端装备制造能力和中国自主品牌影响力，为中国装备“走出去”奠定雄厚基础。先进的核电装备制造对人员素质要求更高，国家实行严格准入制与全过程质量监督管理，金属冶炼、大型铸件锻造、精密机械加工、焊接、无损检测等特殊工种需要通过考核持证上岗。国内制造企业以提供高端核电装备为目标，培养逾万名高素质人才队伍。这支人才队伍是支撑中国核电安全高效发展的宝贵财富，也是中国装备制造业转型升级和企业发展的核心竞争力。

六、提升国际影响力的“国家名片”

核电技术属于敏感技术，且需大量资金支持，无论是出口国还是接受国，核电项目的合作是长期的，国与国之间核电合作是百年大计。核能市场的合作不仅是商业行为，而且是国家之间政治、外交、军事等综合实力的竞争。核电“走出去”有利于深化国际间政治经济关系。中国核电与中国高铁一样，已成为提升中国国际影响力的国家外交新名片，促进了中国与其他国家在核能领域的广泛国际合作与交流。

截至 2018 年，中国已与巴基斯坦、阿根廷、沙特、伊朗、埃及、苏丹、加纳、巴西、英国、罗马尼亚、南非、土耳其等国洽谈使用中国核电技术在当地建设核电厂事宜，出口主打产品包括“华龙一号”“国和一号”等三代核电机组，以及具有第四代核电技术特点的高温气冷堆核电机组。截至 2018 年，中国已经在巴基斯坦恰希玛出口建成 4 台核电机组。

2015 年 8 月 26 日，“华龙一号”首个海外项目在巴基斯坦卡拉奇开工建设，现已投入商业运行，为中国核电“国家名片”品牌宣传营造良好舆论氛围。中国已掌握世界主要堆型核电厂的建造、运营和维护技术与方法，形成自主核电品牌，并通过出口积累大量海外工程管理经验。此外，还拥有较完整的产业链和产业体系，铀资源、核燃料、核环保工程的国际合作开发已具备一定基础。中国政府积极推动建立核能和平利用双边和多边合作机制。“十三五”期间，中俄、中英、中法、中加、中哈等政府间的双边核能对话进一步加强，不断推进民用核能领域务实合作。中国积极参与国际热核聚变实验堆（ITER）研究，积极开展 ITER 装置关键部件的研发，陆续承担 18 个采购包制造任务，解决一系列聚变工程关键技术问题，锻炼、培养一支高水平聚变科研和工程技术人才队伍。

中国作为负责任核大国，始终致力于同各国一道，促进各国共享和平利用核能事业成果，坚定不移支持和推进核能领域的国际合作与交流。2019 年 2 月 21 日，世界核电营运者协会（WANO）上海中心正式落地，对于提升以中国为代表的广大亚洲区域的新建核电机组的安全、稳定运行意义重大。

七、不断涌现的重大科技成果

1995 年，“秦山核电站 30 万千瓦核岛工程”项目获得中国建设工程鲁班奖（国家优质工程）。

1997 年 12 月 26 日，全国科学技术奖励大会在人民大会堂举行，由上海核工程研究设计院、秦山核电厂等 11 个单位完成的“秦山 30 万千瓦核电站设计与建造”项目获得国家科技进步奖特等奖。

“核电站安全壳结构检测技术及其应用”项目荣获 2001 年度国家科学技术进步奖二等奖。

2004 年 11 月，中核集团秦山第三核电有限公司荣获 2004 年世界工程师大会“中国企业技术进步与创新奖”项目，12 位企业家获得“中国企业技术进步与创新杰出贡献奖”。

2005 年 3 月 28 日，核工业第二研究设计院、中国核动力研究设计院和核电秦山联营有限公司等单位完成的“秦山 600MWe 核电站设计与建造”项目获国家科学技术进步奖一等奖。

2005 年，“广东岭澳核电站核岛工程”项目获得中国建设工程鲁班奖（国家优质工程）。

2005 年 12 月 26 日，国务院发布 2005 年度国家科学技术进步奖获奖名单，“大型压水堆核电站一回路主管道研制”项目荣获 2005 年度国家科学技术进步奖二等奖。

2006 年，“秦山三期（重水堆）核电站核岛工程”项目获得中国建设工程鲁班奖（国家优质工程）。

2007 年 12 月 26 日，秦山核电二期工程项目获得“中国工业大奖”表彰奖。

2008 年 3 月 29 日，国务院发布 2007 年度国家科学技术进步奖获奖名单，“恰希玛核电工程技术研究设计”项目荣获 2007 年度国家科学技术进步奖二等奖。

2011 年 1 月 14 日，国务院发布 2010 年度国家科学技术进步奖获奖名单，“核电站密封新技术、新产品及应用”项目、“核电厂地基及防护构筑物的抗震安全评价及其工程实践”项目荣获 2010 年度国家科学技术进步奖二等奖。

2013 年 11 月 3—4 日，第 13 届全国追求卓越大会召开，江苏核电有限公司获得第 13

届全国质量奖，成为中国核电行业首家获此殊荣的企业。

2016 年，“恰希玛核电二期工程的设计研究及创新”项目获得中国电力科学技术奖一等奖。

2018 年 1 月 8 日，国务院发布 2017 年度国家科学技术进步奖获奖名单，“压水堆核电站核岛主设备材料技术研究与应用”项目、“泥沙、核素、温排水耦合输移关键技术及在沿海核电工程中应用”项目荣获 2017 年度国家科学技术进步奖二等奖。

“压水堆核电高温高压水环境材料损伤关键测试技术及成套装备与应用”荣获 2018 年度国家技术发明奖二等奖。

2018 年 12 月 9 日，第五届中国工业大奖发布会在北京举行。中国核电工程有限公司荣获第五届中国工业大奖，中国同辐股份有限公司“利用核电重水堆生产钴-60 技术研发及产业化工程”项目荣膺中国工业大奖提名奖。由北京广利核系统工程有限公司代表中广核申报的核级 DCS 平台“和睦”系统研发及产业化应用项目荣获第五届中国工业大奖，成为核电仪控领域首个获得该殊荣的项目。

2019 年 10 月 26 日，国家电投上海核工院申报的“三门核电一期工程核岛建设”项目荣获 2019 年度 PMI（中国）项目管理大奖年度项目大奖。三门依托项目采取 JPMO/SPMO 中外联合管理模式，有效实践本质安全的核安全文化理念，系统建立和执行一套高效的核电质量保证管理体系；推广国际先进的安全和质量管理十大工具，高质量完成全球首堆建设；建成一套适应三代核电工程建造的数字化信息平台。

2019 年 11 月 4 日，由中国核能行业协会评选并首次推荐的福清核电 3、4 号机组工程荣获国家优质工程金奖，辽宁红沿河核电一期工程 3、4 号机组荣获国家优质工程奖。

八、核电发展的新机遇

随着全球人口数量的不断增长和人们生活水平的提高，人类长期大规模利用化石燃料，向环境排放大量的温室气体，致使全球气温升高，严重恶化了人类赖以生存的生态环境。人们越来越意识到减少使用化石燃料，减少温室气体排放，成为缓解生态环境不断恶化的必然选择。为解决电力需求，自 20 世纪 70 年代以来，人们再次把目光投向核电。

核电作为低碳能源，与其他能源相比，核能整个产业链的碳排放极少；而且核电可以大规模提供安全、可靠、稳定、持续的电力供应，不受天气和自然环境的影响。

正像利用其他任何能源一样，人们在利用核能的过程中，不断探索，不断进取。人们不断总结经验，吸取教训，研发新技术、新工艺，完善安全高效的核电建设、运营管理模式，提升核电的安全性、经济性。

作为今后建设重点的三代核电，总体上还处于示范与起步阶段，规模化优势尚未全面显现，加之随着国际上核电安全标准的不断提高，核电的装备制造、机组建设、运行管理成本亦呈上升趋势。

随着全球能源发展进入新阶段，以清洁、低碳、多元化为主要特征的能源转型进程正加快推进，能源投资重心将加速向绿色清洁能源转移，绿色低碳能源发电将成为全球发电的重要力量，核电正迎来新的发展机遇。进入 2013 年后，中国政府多次向全世界表明清洁低碳发展的态度与决心，核能作为技术成熟、可大规模部署的主要低碳基荷电源，将在中国未来的能源转型中发挥不可或缺的重要作用。可以预计，随着中国三代核电的规模化建设，核电必将为中国实现碳达峰、碳中和目标作出更大贡献。

大 事 年 表

1970 · 2 月初，国务院总理周恩来听取上海市工作汇报时指出："从长远来看，要解决上海和华东地区用电问题，要靠核电。"上海市组织传达周恩来关于建设核电厂的指示精神，部署有关工作，并将这一天的日期"728"作为工程代号。

· 11 月 7 日，在中央专委会会议上，国务院总理周恩来听取有关"728"工程的情况汇报。他对二机部的工作提出要求：二机部不能只是"爆炸部"，除了搞核弹外，还要搞核电厂。中国发展核电厂的方针是："安全、适用、经济、自力更生"。

· 12 月 15 日，国务院总理周恩来在主持中央专委会，听取关于建设核电厂的方案汇报时指出，中国建设核电厂要采取"安全、适用、经济、自力更生"的原则。

1971 · 9 月 9 日，国务院总理周恩来主持中央专委会议，听取"728"工程技术方案汇报，原则批准熔盐反应堆方案。

1972 · 10 月 25 日，上海市核电厂工程领导小组提出建造 30 万千瓦级压水堆电站方案，并报国防科委、国家计委和国务院批准。

1973 · 1 月 8 日—3 月 31 日，二机部原子能所中关村分部划归中国科学院，成立高能物理所；兰州近代物理研究所划归科学院；上海原子核研究所划归上海市；位于北京房山的堆工研究所搬迁到四川。

· 2 月 10 日，上海市和二机部联合向国务院报送《关于改变"728"核电站工程建设方案的请示报告》，提出工程方案改为建设 30 万千瓦级压水堆核电站。

1974 · 3 月 31 日，国务院总理周恩来主持召开中央专委会议，听取"728"工程汇报，正式批准 30 万千瓦级压水堆核电站的建设方案。

· 4 月 13 日，国家计委向二机部、上海市发出《关于上海"728"核电站列入计划的通知》，将"728"工程列入 1974 年国家基本建设项目。

1978 · 2 月 11 日，国务院批准国家计委、国家建委、国防科委上报国务院并中央专委《关于上海"728"核电站建设问题的报告》。

· 12 月，国务院副总理邓小平在会见法国外贸部长后，宣布引进两座法国核电站。

1979 · 1 月，国务院副总理谷牧召集国家计委、国家科委、国家建委及一机部、二机部、水电部等部委领导开会，研究上海 30 万千瓦级压水堆核电站建设问题。会议认为这一工程主要是为了掌握核电站的设计、设备制造技术，不是为了搞系列化核电站，工作已铺开，有了初步成绩，不宜草率下马。

· 3 月 28 日，美国宾夕法尼亚州哈里斯堡附近的三哩岛核电厂 2 号机组发生核电史上第一次放射性外逸事故。按照国际核事件分级表，事故被定为 5 级。

·7 月 2 日，二机部向国防科委提交《关于请早日批准建造两座试验性核电站的报告》。

·9 月 21 日，二机部成立核电局，负责归口二机部有关核电方面的工作。

·10 月 22 日，国防科委向全国人大常委会委员长叶剑英、中央专委提交《关于发展核电站问题的请示报告》。

1980·1 月 7 日，中共中央批转《中央科学研究协调委员会会议纪要》。纪要提出，核电站的研究应加强，二机部是原子能工业部，和平利用原子能问题应由二机部统一归口，组织协作。

·2 月 22—28 日，中国核学会第一次代表大会在北京举行。2 月 25 日，国务院批准成立中国原子能工业公司，授权从事铀产品、核燃料循环设备、核电技术设备的进出口贸易。

·4 月 30 日，中国与南斯拉夫在北京签订《关于和平利用原子能合作协定》。

·5 月，二机部和意大利核能委员会在意大利签订《中国第二机械工业部与意大利国家核能委员会关于和平利用原子能科技合作协定书》。

1981·2 月 9 日，西南反应堆研究设计院设计建造的功率为 125 兆瓦的高通量工程试验反应堆建成。同年 12 月 17 日，该工程项目通过国家验收。

·3 月 25 日，国家有关领导人在国防科委《关于调整原子能工业发展方针的请示》上批示，同意原子能工业逐步转到为国民经济建设服务的发展方针。

1982·4 月 16 日，中国与罗马尼亚在北京签订了两国政府间《关于和平利用核能合作协定》。

·5 月 4 日，第五届人大常务委员会第 23 次会议决定将二机部改名为核工业部。

·11 月，国家经委发出关于 30 万千瓦级核电站厂址报告的批复，同意 30 万千瓦级核电站厂址定在浙江省海盐县秦山。

·12 月 13 日，国务院召开常务会议，基本通过广东核电站建设项目。

·12 月 22 日，中法双方通过换文正式签署《中国核工业部与法国原子能委员会关于和平利用核能合作议定书》。

1983·1 月 11—18 日，国家计委、国家科委在北京回龙观召开核能发展技术政策论证会（史称回龙观会议），会后联合下发了《核能发展技术政策要点》。此次会议明确了中国核电发展将采用压水堆技术路线。

·3 月 9 日，国务院召开常务会议，研究有关核电厂发展问题。会议作出核燃料必须立足于国内供应的指示。

·6 月 1 日，浙江秦山核电厂破土动工。

·7 月 15 日，国务院重大技术装备领导小组及其办公室成立，国务院副总理李鹏任领导小组顾问。

·8 月 26 日，国务院副总理李鹏主持成立大型核电站成套设备领导小组，并召开第一次会议。

·9 月 3 日，国务院成立核电领导小组，国务院副总理李鹏任组长。

- 12 月 12 日，国务院同意核电领导小组关于由广东与香港合营在广东深圳特区建设引进大型核电站的报告。

1984
- 1 月 1 日，中国正式加入国际原子能机构（IAEA），由核工业部负责对接。
- 1 月 10 日，核工业部秦山核电厂等项目被列入国家重点建设项目。
- 3 月 12 日，国务院核电领导小组向国务院提交《关于中国核燃料工业发展方针的报告》，提出了中国发展核电所需核燃料立足国内等方针性意见。
- 5 月 9 日，中国和联邦德国签署了《中华人民共和国政府和德意志联邦共和国政府和平利用核能合作协定》。
- 7 月 23 日，国家主席李先念对美国进行国事访问。访问期间，双方正式签署《中美和平利用核能合作协定》。
- 10 月 23 日，姜圣阶被任命为国家核安全局局长，10 月 31 日，国家核安全局召开成立大会。12 月 20 日，国务院办公厅发出《国务院办公厅关于设立国家核安全局的通知》（国办发〔1984〕109 号）。1998 年 3 月 15 日，国家核安全局并入国家环保总局，国家环保总局设立核安全与辐射环境管理司（国家核安全局）。2003 年以后，国家环保总局对外保留国家核安全局的牌子。2008 年 3 月，国家环境保护部对外保留国家核安全局的牌子。2018 年 3 月，国家生态环境部对外保留国家核安全局的牌子。

1985
- 1 月 18 日，广东核电投资公司和香港核电投资有限公司在北京签署广东核电合营有限公司合同。次日，中共中央政治局常委、中央军委主席、中央顾问委员会主任邓小平会见参加签字的香港中华电力有限公司董事局主席罗・嘉道理一行。
- 1 月 26 日，广东核电合营有限公司成立。
- 3 月 20 日，中国自行设计、建造的第一座 30 万千瓦级压水堆核电厂秦山核电厂开工建设。
- 7 月，中国成立了全国核能标准化技术委员会辐射防护分技术委员会，负责辐射防护相关标准的编制计划建议、标准审查工作，并对口国际标准化组织核能委员会辐射防护分委员会的技术业务工作。
- 7 月 31 日，中国和日本签署《中华人民共和国政府和日本国政府和平利用核能合作协定》。
- 12 月，联合国开发署确定援助中国建立苏州核电培训中心（侧重运行维护）和秦山核电培训中心（侧重基础理论）。

1986
- 1 月，国务院常委会议决定，在秦山建设 2 台 60 万千瓦核电厂（即秦山核电二期工程），列入“七五”计划。
- 1 月 5 日，国务院副总理李鹏考察秦山核电厂。
- 1 月 18 日，国务院常务会议决定，核电站建设由核工业部负责。
- 1 月 22 日，中央财经领导小组会议决定，核电厂工作，包括建设、生产运行，向电网售电，均由水电部移交给核工业部统一管理和经营。

· 3 月 20 日，国务院核电领导小组发出《国务院核电领导小组关于贯彻执行国务院对中国核电领导体制调整决定的通知》（国核发〔1986〕第 1 号）。《通知》指出，国务院已决定今后核电事业由核工业部主管，水电部、机械部等部门配合，核电站科研设计建设和生产管理，包括广东核电站在内，均由水电部移交给核工业部统一管理和经营，核电站建成后并入电网运行，接受电网统一调度，向电网售电。

· 3 月 29 日，国务院下发《国务院关于处理第三方核责任问题给核工业部、国家核安全局、国务院核电领导小组的批复》（国函〔1986〕44 号）。

· 4 月 26 日，苏联发生切尔诺贝利核电厂事故。切尔诺贝利核电厂 4 号反应堆堆芯熔毁，反应堆厂房和汽轮机厂房因爆炸和大火被摧毁，大量放射性物质外逸。该事故被定性为核电发展史上最严重的事故，按照国际核事件分级表，事故被定为 7 级。

· 7 月 7 日，国务院向国家核安全局下发《关于核电厂选址、设计、运行、质量保证四个安全规定的批复》（国函〔1986〕86 号）。

· 9 月 15 日，中国与巴基斯坦签订《中华人民共和国政府和巴基斯坦伊斯兰共和国政府和平利用核能合作协定》。

· 9 月 23 日，在北京人民大会堂云南厅，广东大亚湾核电厂代表与法国、英国代表签署大亚湾核电建设“三大合同”（核岛设备和燃料组件供应合同、常规岛设备供应合同、工程技术服务合同）和向法国、英国两国贷款协议。

· 10 月 29 日，国务院发布《中华人民共和国民用核设施安全监督管理条例》。

1987 · 6 月 15 日，国务院发布《中华人民共和国核材料管制条例》。

· 8 月 7 日，广东大亚湾核电厂 1 号机组开工建设，采用法国核电技术，单机容量为 98.4 万千瓦。这是中国首台百万千瓦级商用核电机组。

· 10 月 21 日，国务院批准秦山核电二期工程项目建议书。秦山核电二期工程为商用核电站，装机容量为 2 台 60 万千瓦压水堆型机组。

1988 · 4 月 9 日，第七届全国人大一次会议通过了国务院机构改革方案，决定成立能源部，撤销核工业部，组建中国核工业总公司，由能源部归口管理。

· 9 月 16 日，经国务院批准，中国核工业总公司成立。

· 9 月 20 日，中国签署《中华人民共和国和国际原子能机构关于在中国实施保障的协定》。

1989 · 2 月 13 日，国务委员邹家华考察秦山核电厂，并题词：“国之光荣”。

· 4 月 11 日，国务院办公厅发出《关于对核电建设实行集中统一管理的通知》（国办发〔1989〕19 号）。授权和委托中国核工业总公司对核电站的生产、经营、科研、开发和建设实行统一管理，并对核安全管理工作负直接责任。

· 11 月 16 日，国务院总理李鹏在巴基斯坦举行的记者招待会上宣布，两国总理原则同意在巴基斯坦合作建造 30 万千瓦级压水堆核电厂。

· 12 月 7 日，30 万千瓦级秦山核电厂燃料组件和相关组件在宜宾核燃料元件厂通过国家级出厂验收。

1990 · 4 月 30 日，中共中央总书记江泽民批示，国务院总理李鹏复函四位老部长和著名核科学家，着重指出：把核电纳入国民经济发展规划，落实资金是一个具有战略意义的重要问题。

· 6 月 21 日，中共中央总书记江泽民考察广东大亚湾核电厂，对核电厂建设提出了“安全第一、质量第一”的具体要求和殷切希望。

· 8 月 25 日，中国核工业总公司和巴基斯坦原子能委员会在巴基斯坦签订《中国核工业总公司和巴基斯坦原子能委员会关于合作在巴基斯坦建造一座 30 万千瓦级压水堆核电厂的议定书》。

1991 · 7 月 27 日，国家核安全局颁布《核电厂运行安全规定》和《核电厂厂址选择安全规定》。

· 12 月 15 日，中国自行设计、建造的大陆首座 30 万 kW 压水堆核电厂——秦山核电厂——成功实现首次并网发电，结束了中国大陆无核电的历史。

· 12 月 18 日，国务院总理李鹏致电秦山核电厂，祝贺首次并网成功。

· 12 月 31 日，中国与巴基斯坦签署向巴基斯坦出口 30 万千瓦级核电厂合同。

1992 · 3 月 9 日，中国正式加入《不扩散核武器条约》。

· 7 月 30 日，国务院发布《关于中国中、低水平放射性废物处置的环境政策》（国发〔1992〕45 号）。

1993 · 1 月 11 日，国务院总理李鹏在华北、东北、华东、华中、西北五大电力集团成立大会上指出，要大力发展火电，积极发展水电，适度发展核电，为下个世纪核电有较大的发展打下基础。

· 3 月 22 日，第八届全国人大第一次会议审议了国务院机构改革方案和国务院秘书长罗干关于国务院机构改革方案的说明，决定原则批准国务院机构改革方案。根据此方案，撤销能源部，第三次成立电力工业部。

· 8 月 1 日，中国第一座出口商业核电厂——巴基斯坦恰希玛核电厂——举行了第一罐混凝土浇筑仪式。

· 8 月 4 日，国务院发布《核电厂核事故应急管理条例》。条例出台的目的是控制和减少核事故危害，实行“常备不懈、积极兼容、统一指挥、大力协同”的方针。

1994 · 2 月 1 日，广东大亚湾核电厂 1 号机组正式投入商业运行，标志着中国第一座大型商业运行核电厂正式建成。

· 2 月 5 日，国务院提出“以核养核、滚动发展”的方针，决定组建中国广东核电集团。

· 4 月 1 日，浙江秦山核电厂正式投入商业运行。

· 4 月 6 日，大型核电厂燃料组件生产线在中核建中核燃料元件有限公司正式投产。

· 5 月 6 日，广东大亚湾核电厂 2 号机组正式投入商业运行。

· 9 月，中国广东核电集团有限公司注册成立。

·10 月 1 日，中共中央总书记江泽民为中国核工业创建 40 周年题词："和平利用原子能，发展中国核工业。"

·11 月 7 日，国务院总理李鹏与加拿大总理让·克雷蒂安在北京签订《中华人民共和国政府和加拿大政府和平利用核能合作协定》。

1995·1 月 10 日，纪念核工业创建 40 周年暨劳模表彰大会在北京召开，国务院总理李鹏在贺信中提出：核电是一种新型能源，核能发电在中国已经起步，要依靠自己力量与引进国外先进技术结合，进一步因地制宜发展中国核电事业。

·1 月 20 日，中国首批具有国际先进水平的 90 万千瓦大型核电厂燃料组件从宜宾核燃料元件厂启程运往广东大亚湾核电厂。

·3 月，国家计委批复辽宁红沿河核电厂项目建议书。

·4 月 1 日，中国核工业总公司加入世界核电营运者协会（WANO），并代表秦山核电公司加入 WANO－东京中心，成为 WANO 和 WANO－东京中心一类会员。

·6 月，国务院总理李鹏指示，辽宁核电厂建设以中核总为主进行。辽宁核电厂建设总规模为 4×100 万千瓦。第一期工程安装 2 台 100 万千瓦俄罗斯生产的压水堆核电机组。

·7 月 13 日，秦山 30 万千瓦级核电工程通过国家验收。国务院总理李鹏发来贺信。国务院副总理吴邦国出席验收大会并发表讲话，题词："中国核电从这里起步"。

·11 月，秦山核电公司和亚洲仿真控制系统工程公司联合研制的中国首台整体核电厂全范围、全过程、高逼真度的实时仿真系统——30 万千瓦级秦山核电厂仿真机问世。

1996·3 月 1 日，中国全国人民代表大会常务委员会第十八次会议批准由国际原子能机构 1994 年 6 月 17 日在维也纳举行的外交会议上通过的《核安全公约》。

·3 月 17 日，《中华人民共和国国民经济和社会发展"九五"计划和 2010 年远景目标纲要》提出，贯彻因地制宜、水火并举、适度发展核电的方针，大力推进核技术和平利用，重点发展核电，配套建设核燃料循环系统。

·4 月 25 日，中国与俄罗斯签署《中华人民共和国政府和俄罗斯联邦政府关于发展和平利用核能合作协定》。

·6 月 2 日，秦山核电二期工程 1 号机组开工建设。国务院总理李鹏发来贺信指出，秦山二期主体工程的开工，标志着中国自主开发建设核电厂迈上了一个新台阶。秦山二期采取"以我为主、中外合作"的方式建设，为中国自主设计、自主建造百万千瓦级核电厂积累经验。国务院副总理吴邦国出席开工仪式并讲话。

·7 月 17 日，由第一重型集团公司制造的中国第一台核电厂反应堆压力容器通过部级验收。它的研制成功结束了中国不能制造核电厂反应堆压力容器的历史，标志着中国核电设备国产化前进了一大步。

·11 月 26 日，中国和加拿大合作建设秦山坎杜型核电厂（秦山三期）商务合同在上海签字。国务院总理李鹏、副总理吴邦国和加拿大总理克雷蒂安出席签字仪式。

· 11 月 30 日，国务院总理李鹏、副总理吴邦国考察秦山核电基地。

· 12 月 5 日，连云港核电厂筹备处在京成立。连云港核电厂将从俄罗斯引进 2 台 100 万千瓦级压水堆核电机组，由中俄双方合作建设。

· 12 月 17 日，大亚湾核电厂工程通过国家验收，正式交付生产运行。国务院总理李鹏发来贺信。李鹏在贺信中指出，大亚湾核电厂两台百万千瓦级核电机组顺利通过国家验收，标志着大亚湾核电厂建设和安全生产获得了全面成功。它的成功，开创了我国利用外资建设大型能源基础产业项目的新路子，对我国核电事业的起步、培养技术队伍、掌握核电技术起到了重要作用，为广东核电发展打下了良好的基础。

· 12 月 27 日，中国核工业总公司与俄罗斯原子能部签订《建设连云港核电站框架合同原则协议》，国务院总理李鹏和俄罗斯总理切尔诺梅尔金出席签字仪式。

1997 · 1 月 31 日，秦山第三核电有限公司成立。

· 5 月 15 日，广东岭澳一期核电厂 1 号机组核岛筏基浇筑第一罐混凝土，正式开工建设，单机容量为 99 万千瓦。

· 5 月 15 日，中国与法国签署《中华人民共和国政府和法兰西共和国政府关于发展和平利用核能合作协定》。

· 8 月 20 日，中国自主设计制造并出口巴基斯坦恰希玛的 30 万千瓦核电厂计算机系统在京通过专家验收。

· 9 月 10 日，国务院发布《中华人民共和国核出口管制条例》（中华人民共和国国务院令第 230 号）。

· 11 月 28 日，广东岭澳核电厂 2 号机组核岛筏基浇筑第一罐混凝土，正式开工建设。

· 12 月，全国电力工作会议在北京召开。国务院总理李鹏、副总理吴邦国到会。李鹏作了重要讲话，强调今后电力发展要坚持优化火电结构，大力发展水电，适度发展核电，因地制宜发展各种新能源发电。

· 12 月 26 日，全国科学技术奖励大会在人民大会堂举行。由上海核工程研究设计院、秦山核电有限公司等 11 个单位完成的“秦山 30 万千瓦级核电站设计与建造”在会上获得国家科技进步奖特等奖。

· 12 月 29 日，中俄合作建设连云港核电厂总合同在北京签字。国务院总理李鹏、副总理李岚清和俄罗斯政府第一副总理鲍 • 叶 • 涅姆佐夫出席签字仪式。

1998 · 1 月 1 日，经国务院批准，核能正式列入国家重点鼓励发展产业和技术目录。

· 1 月 16 日，由中核总宜宾核燃料元件厂生产的出口巴基斯坦的 30 万千瓦核燃料元件与相关组件通过出厂验收。

· 3 月 10 日，九届全国人大一次会议审议通过了《关于国务院机构改革方案的决定》。国务院机构改革后成立国家国防科学技术工业委员会，中国政府与国际原子能机构的业务归国家国防科学技术工业委员会负责，以中国国家原子能机构（CAEA）的名义组织协调政府和国际组织间原子能方面的交流与合作。

· 3 月 19 日，美国能源部负责国际能源政策、贸易和投资事务的戴维 • 吉拉德宣布，在中美两国首脑直接推动下，搁置长达 13 年的美中两国和平利用核能合作协定从当天正式生效。该协定生效意味着美国能源工业首次获准向中国出口核技术。

· 6 月 8 日，秦山三期重水堆核电厂 1 号机组核岛筏基浇筑第一罐混凝土，正式开工建设。

· 6 月 10 日，国务院发布《中华人民共和国核两用品及相关技术出口管制条例》（中华人民共和国国务院令第 245 号），后于 2007 年 1 月 26 日修订。

· 9 月 25 日，秦山三期核电厂 2 号机组核岛筏基浇筑第一罐混凝土，正式开工建设。

1999 · 4 月 13 日，国防科工委宣布，经国务院批准，成立中国核工业集团公司和中国核工业建设集团公司。

· 7 月 1 日，根据《国务院关于组建中国核工业集团公司有关问题的批复》，中国核工业总公司完成改组，成立中国核工业集团公司和中国核工业建设集团公司，并举行挂牌仪式。

· 10 月 20 日，中俄当时最大的经济技术合作项目——江苏田湾核电厂——主体工程开工仪式在江苏省连云港市隆重举行。中国国家主席江泽民和俄罗斯总统叶利钦相互致函祝贺，国务院总理朱镕基和俄罗斯总理普京分别发来贺信，国务院副总理吴邦国出席开工典礼并作重要讲话。

2000 · 6 月 13 日，由中国核工业集团公司承建的巴基斯坦恰希玛核电厂实现首次并网。8 月 21 日达到满功率运行。

· 9 月 30 日，江苏田湾核电一期工程 2 号机组核岛筏基浇筑第一罐混凝土，正式开工建设。

· 10 月，中国共产党十五届五中全会通过《中共中央关于制定国民经济和社会发展第十个五年计划的建议》。《建议》指出："能源建设要发挥资源优势，优化能源结构，提高利用效率，加强环境保护""电力建设要立足当前，着眼长远，调整电源结构，加强电网建设，推进全国联网。充分利用现有发电能力，发展水电、坑口大机组火电，压缩小火电，适度发展核电"。

2001 · 3 月 29 日，由中国核工业集团公司承建的巴基斯坦恰希玛核电工程举行落成典礼，国务院总理朱镕基致信巴基斯坦首席执行官穆沙拉夫，称这是"南南合作"的成功典范。

· 10 月 22 日，参加上海 APEC 会议的加拿大总理克雷蒂安一行访问秦山核电三期工程现场。

· 12 月 21 日，中国第一条重水堆核燃料元件生产线在中核北方核燃料元件有限公司建成，实现了重水堆核燃料元件国产化。该生产线每年可生产 200 吨燃料元件。

2002 · 2 月 6 日，浙江秦山核电二期工程 1 号机组首次并网发电。4 月 15 日，投入商业运行。

· 5 月 28 日，广东岭澳一期核电厂 1 号机组投入商业运行。

- 6月4日，为加强中国核电厂行业管理，全面开展核电厂运行评估工作，确保核电厂安全经济运行，国防科工委印发《核电厂运行评估管理办法（试行）》，并于同日生效。
- 6月23日，中共中央总书记胡锦涛到秦山核电基地考察并发表重要讲话。胡锦涛指出，党中央关于建设秦山核电厂、发展中国自主核电的战略决策是英明的、正确的，也表明中国的核电建设队伍是一支勇于开拓、自觉奉献、能打硬仗的好队伍。
- 11月19日，中国首座商用重水堆核电厂——秦山核电三期工程1号机组首次并网发电，12月31日，投入商业运行。
- 12月29日，国务院决定对电力体制进行改革，撤销国家电力公司，新组建的中国电力投资集团公司承继原国家电力公司所有核电资产及前期项目。

2003

- 1月，国家“863”计划重点能源项目——中国首座1万千瓦高温气冷实验堆——并网发电。
- 1月8日，广东岭澳一期核电厂2号机组投入商业运行。
- 1月29日，国务院第149次总理办公会原则同意国家计委关于“十五”电力规划的调整意见，提出“适度发展核电”的方针。
- 2月，中国参加国际热核聚变实验堆（ITER）计划国际谈判。
- 6月28日，十届全国人大常委会第三次会议通过《中华人民共和国放射性污染防治法》，自2003年10月1日起施行。
- 7月24日，浙江秦山三期核电厂2号机组投入商业运行。
- 9月30日，国务院副总理黄菊、曾培炎主持召开核电工作会议，听取汇报并决定成立核电自主化工作领导小组，曾培炎任组长。
- 10月23日，秦山三期重水堆核电厂工程全面建成庆祝大会在浙江海盐秦山基地举行。国务院副总理曾培炎和加拿大总理克雷蒂安代表两国政府出席庆祝活动。
- 10月24日，全国核电建设工作会议在杭州召开。会议全面总结了中国核电30年的发展经验，提出了“核电要统一组织领导，统一技术路线，引进国外先进技术，加快自主化建设”的发展思路。
- 10月27日，中央军委主席江泽民考察秦山三期（重水堆）核电厂。
- 11月18日，国务院办公厅发文成立国家核电自主化工作领导小组，国务院副总理曾培炎任组长。
- 12月4日，中国第一条重水堆核电厂燃料元件生产线工程通过国防科工委组织的工程竣工验收。

2004

- 3月11日，浙江秦山核电二期2号机组实现首次并网发电，5月3日，投入商业运行，标志着国家“九五”重点工程——秦山核电二期工程（1、2号机组）——全面建成投产。
- 3月22日，国务院召开核电发展问题办公会议，确定招标目标为第三代核电技术。

· 5月4日，中核集团与巴基斯坦原子能委员会签署恰希玛核电厂二期项目商务合同。根据合同，中核集团以总承包方式在恰希玛再建一座30万千瓦核电机组。

· 7月21日，国务院批准建设浙江三门核电厂一期工程、广东岭澳核电二期工程。

· 8月30—31日，中共中央总书记胡锦涛与中央军委主席江泽民参观“中国核事业50年成就展”。胡锦涛指出：“无论是从促进经济社会发展看，还是从保障国家安全看，我们都必须切实把中国核事业发展好。”江泽民指出：“更好地发展中国核事业，以造福我们的国家和人民。”

· 9月2日，国务院副总理、国家核电自主化工作领导小组组长曾培炎主持召开国家核电自主化工作领导小组会议，会议决定，岭澳二期和浙江三门两个核电工程项目建议书视同国务院核准；同意浙江秦山核电二期扩建和广东阳江两个核电工程项目建议书。

· 9月28日，中国面向全世界对三代核电技术进行公开招标，发出“中国第三代核电技术依托项目招标”标书，就国务院批准立项的浙江三门和广东阳江（后调整为山东海阳）两个核电一期工程项目开展国际招标。

· 11月，中核集团秦山第三核电有限公司荣获2004年世界工程师大会“中国企业技术进步与创新奖”，12位企业家获得“中国企业技术进步与创新杰出贡献奖”。

2005 · 1月7日，国务院总理温家宝在考察大亚湾核电厂时指出，党中央、国务院高度重视核电发展，要按照国家的发展能源的决策和部署，积极推进核电建设。

· 1月8日，核工业第二研究设计院、中国核动力研究设计院和核电秦山联营有限公司等单位完成的“秦山600MWe核电站设计和建造”获国家科学技术进步奖一等奖。

· 4月18日，国务院副总理曾培炎考察江苏田湾核电厂。

· 7月9日，作为中国核电制造业基地之一的上海电气临港重型装备制造基地一期工程正式开工建设。

· 9月9日，中核集团和加拿大原子能有限公司在加拿大多伦多签署核能合作协议。国家主席胡锦涛出席签字仪式并指出，秦山核电三期建设取得的巨大成功，是中加两国企业合作的典范。

· 9月14日，国务院发布《放射性同位素与射线装置安全和防护条例》，自2005年12月1日起施行。

· 9月22日，秦山核电厂三期工程（重水堆）通过由国家发展改革委组织的国家竣工验收。

· 10月11日，中国共产党第十六届中央委员会第五次全体会议通过的《中共中央关于制定国民经济和社会发展第十一个五年规划的建议》提出了“积极发展核电”的方针。

· 12月15日，广东岭澳二期核电厂1号机组核岛筏基浇筑第一罐混凝土，正式开工建设。

- 12 月 28 日，由中国核工业集团公司设计、承建的巴基斯坦恰希玛核电厂 2 号机组工程正式开工。巴基斯坦总理阿齐兹、中国国家原子能机构领导等出席开工仪式。

2006
- 2 月 9 日，国务院发布《国家中长期科学和技术发展规划纲要（2006—2020 年）》，确定了未来十五年力争取得突破的 16 个重大专项，大型先进压水堆及高温气冷堆核电厂位列其中。
- 3 月 22 日，国务院常务会议审议并原则通过《核电中长期发展规划（2005—2020 年）》。按照“积极发展核电”战略，到 2020 年，核电运行装机容量争取达到 4000 万千瓦，并有 1800 万千瓦在建项目结转到 2020 年以后续建。核电占全部电力装机容量的比重从现在的不到 2%提高到 4%，核电年发电量达到 2600 亿～2800 亿千瓦·时。
- 4 月 28 日，浙江秦山核电二期扩建工程开工建设，建设规模为 2 台 65 万千瓦压水堆核电机组。
- 4 月 29 日，中国加入《乏燃料管理安全和放射性废物管理安全联合公约》。
- 5 月 12 日 20 时 19 分，江苏田湾核电厂 1 号机组首次并网成功。
- 5 月 16 日，中核集团福建福清核电有限公司成立，由中国核能电力股份有限公司、华电福建发电有限公司和福建省投资开发集团有限责任公司分别以 51%控股、39%和 10%比例参股共同出资组建。
- 6 月，国务院成立“大型先进压水堆及高温气冷堆”重大专项领导小组。
- 6 月 15 日，广东岭澳二期核电厂 2 号机组核岛筏基浇筑第一罐混凝土，正式开工建设。
- 11 月 2 日，中共中央总书记胡锦涛主持中共中央政治局常委会，听取了中国三代核电技术国际招标和国家核电技术公司组建工作汇报，作出了四项决定：一是从美国西屋公司引进 AP1000 核电技术；二是合作建设自主化依托项目 4 台 AP1000 核电机组；三是在消化、吸收引进技术的基础上自主创新，实现设计并建成具有中国自主知识产权的“大型先进压水堆核电站”科技重大专项目标；四是批准成立国家核电技术公司，将上海核工程研究设计院成建制划入国家核电技术公司。
- 11 月 21 日，科技部部长徐冠华代表中国政府与欧盟、印度、日本、韩国、俄罗斯和美国 6 方代表在法国总统府共同签署了《联合实施国际热核聚变实验堆计划建立国际聚变能组织的协定》，并与除美国外的其他 5 方代表签署了《联合实施国际热核聚变实验堆计划国际聚变能组织特权和豁免协定》，世界瞩目的人类开发热核聚变新能源的宏伟计划由此启动，中国成为该计划的正式会员。
- 12 月 16 日，中美签署两国政府《中华人民共和国和美利坚合众国政府关于在中国合作建设先进压水堆核电项目及相关技术转让的谅解备忘录》，标志着中国正式决定引进 AP1000 技术，建设中国第三代核电厂，备忘录签订后不久，中方代表宣布在拟引进的 4 台机组中，浙江三门 2 台、广东阳江 2 台调整为浙江三门 2 台和山东海阳 2 台。山东海阳 2 台由中国电力投资集团公司控股。

2007·1月2日，国务院总理温家宝考察田湾核电厂。

·1月28日，浙江秦山二期核电厂4号机组核岛筏基浇筑第一罐混凝土，正式开工建设。

·4月18日，中国核能行业协会成立。

·5月12日，国家核电技术公司（筹）确定国家三代核电自主化依托项目4台AP1000机组中的首台厂址为浙江三门。

·5月17日，江苏田湾核电厂1号机组投入商业运行。

·5月22日，国家核电技术有限公司在北京举行成立大会，国务院副总理曾培炎出席并讲话。根据《国务院关于组建国家核电技术有限公司有关问题的批复》，上海核工程技术研究设计院从中核集团整建制划归国家核电技术有限公司。

·7月11日，国务院发布《民用核安全设备监督管理条例》，自2008年1月1日起施行。

·7月24日，三代核电自主化依托项目合同签字仪式在人民大会堂举行，签署了AP1000核岛设计及部分主设备采购和AP1000核燃料采购2项合同和5项技术转让合同。

·8月16日，江苏田湾核电厂2号机组投入商业运行。

·8月18日，辽宁红沿河核电厂1号机组核岛筏基浇筑第一罐混凝土，正式开工建设。

·8月30日，第十届全国人民代表大会常务委员会第二十九次会议批准科技部签署的《联合实施国际热核聚变实验堆计划建立国际聚变能组织的协定》《联合实施国际热核聚变实验堆计划国际聚变能组织特权和豁免协定》。

·10月，国务院正式批准了国家发展改革委上报的《核电中长期发展规划（2005—2020年）》，标志着中国核电发展进入了新的阶段。

·11月30日，第三代核电自主化依托工程主设备采购与合作协议在北京签字。

·12月26日，秦山核电二期工程项目获得“中国工业大奖”表彰奖。

2008·2月15日，国务院原则通过《大型先进压水堆核电站重大专项总体实施方案》。

·2月18日，福建宁德核电厂1号机组核岛筏基浇筑第一罐混凝土，正式开工建设。

·3月15日，第十一届全国人大第一次全体会议审议通过国务院机构改革方案，决定加强能源管理机构，设立高层次议事协调机构国家能源委员会，组建国家能源局，将核电管理纳入其中；成立国家国防科技工业局，对核工业实施行业管理。

·3月28日，辽宁红沿河核电厂2号机组核岛筏基浇筑第一罐混凝土，正式开工建设。

·6月27日，秦山第三核电有限公司全范围模拟机升级改造通过验收，其技术处于国际先进和国内领先水平。这意味着中国从根本上摆脱了对国外核动力仿真技术和产品的依赖，为推进中国核电国产化进程奠定了基础。

·11月12日，福建宁德核电厂2号机组核岛筏基浇筑第一罐混凝土，正式开工建设。

- 11 月 21 日，国内首次采用核电工程总承包模式建设的福建福清核电一期工程 1 号机组正式开工。国务院副总理李克强出席开工仪式并宣布开工。
- 12 月 16 日，广东阳江核电厂 1 号机组核岛筏基浇筑第一罐混凝土，正式开工建设。
- 12 月 26 日，中核集团浙江秦山核电一期工程扩建项目（方家山核电工程）1 号机组核岛筏基浇筑第一罐混凝土，正式开工建设。

2009
- 3 月 7 日，辽宁红沿河核电厂 3 号机组核岛筏基浇筑第一罐混凝土，正式开工建设。
- 4 月 19 日，单机容量为 125 万千瓦的全球首台 AP1000 核电机组开工仪式在浙江三门举行，国务院副总理李克强出席仪式并宣布三门核电开工。
- 6 月 4 日，广东阳江核电厂 2 号机组核岛筏基浇筑第一罐混凝土，正式开工建设。
- 6 月 17 日，福建福清核电厂 2 号机组核岛筏基浇筑第一罐混凝土，正式开工建设。
- 7 月 17 日，浙江秦山核电扩建项目（方家山核电工程）2 号机组开工。
- 8 月 15 日，辽宁红沿河核电厂 4 号机组核岛筏基浇筑第一罐混凝土，正式开工建设。
- 9 月 24 日，山东海阳核电厂 1 号机组核岛筏基浇筑第一罐混凝土，正式开工建设。该工程采用美国 AP1000 技术，单机容量为 125 万千瓦。
- 10 月 13 日，在俄罗斯总理普京访华并与温家宝总理举行定期会晤之际，中国核工业集团公司与俄罗斯原子能工业公司签署了关于田湾二期项目合作的相关文件。
- 11 月 10 日，中国成功举办了代号为“神盾—2009”的首次国家核事故应急演习。本次演习是国家、省、核设施运营单位三级联动，军地协同的国家级联合演习。
- 11 月 18 日，广东台山一期核电厂 1 号机组核岛筏基浇筑第一罐混凝土，正式开工建设。该工程采用 EPR 技术，单机容量为 175 万千瓦。
- 12 月 15 日，浙江三门核电厂 2 号机组核岛筏基浇筑第一罐混凝土，正式开工建设。

2010
- 1 月 8 号，福建宁德核电厂 3 号机组核岛筏基浇筑第一罐混凝土，正式开工建设。
- 4 月 12—13 日，首届核安全峰会在美国华盛顿举行。国家主席胡锦涛出席 13 日会议并发表题为《携手应对核安全挑战　共同促进和平与发展》的重要讲话。
- 4 月 15 日，广东台山核电厂 2 号机组核岛筏基浇筑第一罐混凝土，正式开工建设。
- 4 月 25 日，海南昌江核电厂 1 号机组开工建设。
- 6 月 20 日，山东海阳核电厂 2 号机组核岛筏基浇筑第一罐混凝土，正式开工建设。
- 7 月 12 日，中国财政部、国家发展改革委、工业和信息化部颁发《关于印发〈核电站乏燃料处理处置基金征收使用管理暂行办法〉的通知》（财综〔2010〕58 号）。该办法自 2010 年 10 月 1 日起施行。
- 7 月 30 日，广西防城港核电厂 1 号机组核岛筏基浇筑第一罐混凝土，正式开工建设。
- 8 月 1 日，秦山核电二期工程 3 号机组一次并网成功。10 月 5 日，投入商业运行。
- 8 月 22 日，国务院副总理李克强考察田湾核电厂。
- 9 月 5 日，中共中央总书记胡锦涛考察大亚湾核电基地时指出，核能是当前世界公认的清洁能源。积极发展核电是优化中国能源结构、减少污染和排放的重要举措。

· 9 月 29 日，福建宁德核电厂 4 号机组核岛筏基浇筑第一罐混凝土，正式开工建设。

· 10 月 18 日，中国共产党第十七届中央委员会第五次全体会议通过的《中共中央关于制定国民经济和社会发展第十二个五年规划的建议》提出了“在确保安全的基础上高效发展核电”的方针。

· 11 月 15 日，广东阳江核电厂 3 号机组核岛筏基浇筑第一罐混凝土，正式开工建设。

· 11 月 21 日，海南昌江核电厂 2 号机组核岛筏基浇筑第一罐混凝土，正式开工建设。

· 12 月 23 日，广西防城港核电厂 2 号机组核岛筏基浇筑第一罐混凝土，正式开工建设。

2011 · 1 月 8 日，国务院发布修订版《核电厂核事故应急管理条例》。

· 3 月 11 日，日本东北部太平洋海域发生强烈地震引发海啸，造成福岛第一核电厂多台机组发生反应堆堆芯熔化、氢气爆炸、厂房被毁、大量放射性物质外逸的严重事故，这是人类和平利用核能历史上又一次严重的核事故，该事故被定为 7 级。

· 3 月 16 日，国务院总理温家宝主持召开国务院会议，听取应对日本福岛核电厂核泄漏有关情况的汇报。会议作出对中国核设施进行全面安全检查、切实加强正在运行核设施的安全管理、全面审查在建核电厂和严格审批新上核电项目等 4 条决定。国家核安全局会同国家发展改革委、国家能源局等随后开展了对全国核电厂的安全大检查。

· 8 月 7 日，广东岭澳二期核电厂 2 号机组投入商业运行。

· 12 月 18 日，由中国核动力研究设计院设计、中国第一重型机械集团公司制造的，中国首台完全自主化的反应堆压力容器发运辽宁红沿河核电厂，标志着中国百万千瓦级核岛主设备制造达到了国际先进水平。

· 12 月 20 日，《放射性废物安全管理条例》（中华人民共和国国务院令第 612 号）公布。

· 12 月 30 日，浙江秦山核电二期工程 4 号机组投入商业运行。

2012 · 3 月 16 日，由中国第二重型机械集团公司自主研发、制造的第三代核电 AP1000 主管道即海阳核电 1 号机组主管道出厂验收并发往用户单位。

· 3 月 26—27 日，第二届核安全峰会在韩国首尔举行，国家主席胡锦涛出席了 27 日会议并发表题为《深化合作，提高核安全水平》的讲话。

· 6 月 12 日，国家核安全局印发《福岛核事故后核电厂改进行动通用技术要求（试行）》，自发布起施行。

· 8 月 1 日，由 715 吨钢锭锻造的百万千瓦级核电常规岛转子在中国一重锻造成功。

· 9 月 25 日，东方电气（广州）重型机械有限公司将国产首套 690 镍基合金 U 型传热管装入广西防城港 1 号机组 1 号蒸汽发生器。

· 10 月 24 日，国务院常务会议再次讨论并通过《核电安全规划（2011—2020 年）》和《核电中长期发展规划（2011—2020 年）》（调整）。

· 11 月 17 日，广东阳江核电厂 4 号机组主体工程开工。同日，福建福清核电一期工程 4 号机组核岛主体工程开工。

· 12 月 9 日，国家科技重大专项、世界首台模块式设计的、电功率为 20 万千瓦的华能山东石岛湾高温气冷堆核电厂示范工程开工建设。

· 12 月 27 日，江苏田湾核电工程 3 号机组核岛浇筑第一罐混凝土，成为 2011 年福岛核事故后，国家重启核电建设第一个获准开工的核电项目。

2013 · 4 月 15 日，福建宁德核电厂 1 号机组投入商业运行，成为海峡西岸地区首台投产的核电机组。

· 4 月 19 日，中国自主研发的具备完整自主知识产权的先进压水堆核电站 ACP1000 初步设计通过了国家核行业权威鉴定。专家一致认为，ACP1000 的技术和安全指标达到了国际上三代核电机组的同等水平，设计、建造能够完全实现自主化。

· 4 月 26 日，经国务院国资委同意和国家工商行政管理总局批准，中国广东核电集团有限公司自 2013 年 4 月 26 日起更名为中国广核集团有限公司，原名称终止使用。

· 6 月 6 日，辽宁红沿河核电厂 1 号机组投入商业运行。

· 6 月 15 日，国家发展改革委印发《关于完善核电上网电价机制有关问题的通知》，新建核电机组实行标杆上网电价政策。

· 6 月 30 日，国务院发布修订版《国家核应急预案》。

· 8 月 24 日，世界最大单机容量发电机——台山核电厂 1 号机组 175 万千瓦核能发电机——由中国东方电气集团东方电机有限公司完成制造，并从四川德阳顺利发运。

· 9 月 18 日，广东阳江核电厂 5 号机组核岛筏基浇筑第一罐混凝土，正式开工建设。

· 9 月 27 日，江苏田湾核电厂 4 号机组核岛筏基浇筑第一罐混凝土，正式开工建设。

· 11 月 3—4 日，第 13 届全国追求卓越大会召开。江苏核电有限公司获得第 13 届全国质量奖，成为全国核电行业首家获此殊荣的企业。

· 11 月 26 日，由中国出口，采用中核集团自主研发的、具有自主知识产权的三代核电技术的巴基斯坦卡拉奇核电项目 2 号机组举行启动仪式。

· 12 月 23 日，广东阳江核电厂 6 号机组核岛筏基浇筑第一罐混凝土，正式开工建设。

2014 · 3 月 24—25 日，第三届全球核安全峰会在荷兰海牙举行，中国国家主席习近平出席了 24 日会议并发表讲话，提出要坚持理性、协调、并进的核安全观，阐述了中国关于发展和安全并重、权利和义务并重、自主和合作并重、治标和治本并重的主张。

· 5 月 4 日，福建宁德核电厂 2 号机组投入商业运行。

· 5 月 5 日，环境保护部（国家核安全局）牵头组织中国核工业集团公司、中国广核集团公司、中国电力投资集团公司、国家核电技术有限公司和中国华能集团共同签署了《核电集团公司间核事故应急相互救援合作框架协议》。

· 6 月 30 日，中核建中核燃料元件有限公司核燃料元件生产线 400 吨扩建技改工程全线正式投产，实现了年产金属铀从 400 吨到 800 吨的跨越，产能可满足 30 个百万千瓦级压水堆核电机组换料需求。

· 7 月 18 日，正在阿根廷访问的中国国家主席习近平与阿根廷总统克里斯蒂娜，在布宜诺斯艾利斯共同见证了中核集团、中国工商银行与阿根廷核电公司签署《关于建设阿根廷重水堆核电项目的实施协议》。

· 7 月 18 日，国务院副总理张高丽到福清核电考察。

· 8 月 20 日，福建福清核电 1 号机组并网成功。11 月 22 日，具备投入商业运行条件。

· 8 月 21—22 日，国家能源局、国家核安全局牵头，组织 43 位专家、院士评审“华龙一号”总体技术方案。专家们认为，“华龙一号”的成熟性、安全性和经济性可满足三代核电技术要求，核心技术具有自主知识产权，是目前国内可以自主出口的核电机型。评审会后中核集团与中国广核集团签署“华龙一号”技术融合协议。

· 9 月 3 日，中核集团与阿根廷核电公司签署了《阿根廷第四座重水堆核电站项目框架合同》。

· 10 月初，重大专项 CAP1400 示范工程初步安全分析报告通过了国家核安全局组织的安全评审。审查认为，CAP1400 满足国内外最新核安全标准，符合中国核安全规划中“十三五”新建核电厂安全目标。

· 11 月 3 日，国家能源局复函福建省和中国核工业集团公司，同意福建福清 5、6 号机组采用“华龙一号”技术方案，建设国内示范工程。12 月“华龙一号“落地福清，入选 2014 年中国能源十大新闻。

· 11 月 4 日，浙江方家山核电 1 号机组首次并网成功。

· 11 月 19 日，国务院办公厅发布的《能源发展战略行动计划（2014—2020 年）》指出，到 2020 年，在运核电装机容量达到 5800 万千瓦，在建装机容量达到 3000 万千瓦以上。

· 12 月 4—5 日，中核集团 ACP1000 通过国际原子能机构反应堆通用设计审查（CRSR）。这是中国自主三代核电技术首次接受国际同行审查。

· 12 月 10 日，中国最大的核能发电公司“中广核电力”在香港联合交易所有限公司主板正式挂牌交易。

· 12 月 24 日，国核锆业 AP1000 用核级锆材产品通过合格性鉴定，标志着中国已全面掌握了 AP1000 核级锆材制造的核心技术，具备了向 AP1000 依托项目提供首炉换料用锆材的能力和条件。

· 12 月，国家能源局复函广西壮族自治区和中国广核集团公司，同意广西防城港 3、4 号机组采用融合后的“华龙一号”技术方案，建设国内示范工程。

2015 · 1 月 14 日，国家核安全局、国际能源局和国防科工局联合发布《核安全文化政策声明》。这是三部门联合推动全行业核安全文化培育与发展的重大举措。

· 1 月 15 日，在中国核工业创建 60 周年之际，中共中央总书记、国家主席、中央军委主席习近平作出重要指示，对中国核工业取得的成就给予充分肯定，为新形势下中国核工业发展指明了方向。习近平指出，60年来，几代核工业人艰苦创业、开拓创新，推动中国核工业从无到有、从小到大，取得了世人瞩目的成就，为国家安全和经济建设作出了突出贡献。核工业是高科技战略产业，是国家安全重要基石。要坚持安全发展、创新发展，坚持和平利用核能，全面提升核工业的核心竞争力，续写中国核工业新的辉煌篇章。

· 中共中央政治局常委、国务院总理李克强作出批示指出，希望弘扬传统，聚焦前沿，全面提升核工业竞争优势，推动核电装备"走出去"，确保核安全万无一失，为把中国建成核工业强国而继续奋斗。
· 2月12日，秦山核电厂扩建项目（方家山核电工程）2号机组投入商运。至此，秦山核电基地9台机组全部建成投产。
· 4月15日，国务院总理李克强主持召开国务院常务会议，决定核准建设"华龙一号"三代核电技术示范机组。
· 5月7日，中国自主三代核电技术"华龙一号"首堆示范工程——福建福清核电厂5号机组——核岛筏基浇筑第一罐混凝土，正式开工建设。
· 5月14日，国务院副总理张高丽主持召开出口核电堆型安全相关问题座谈会，会议明确"首推'华龙一号'堆型出口"。
· 6月10日，中国核能电力股份有限公司在上交所成功挂牌上市，股票简称"中国核电"，中国核电成为A股第一家纯核电上市企业。
· 6月15日，国务院总理李克强到中国核电工程公司考察。总理说，你们为我撑腰，我去国际舞台为你们扬名。
· 7月1日，十二届全国人大常委会第十五次会议通过《中华人民共和国国家安全法》。首次将核政策写入法律。
· 7月15日，国家核电技术公司与中国电力投资集团公司宣布重组为国家电力投资集团公司（国家电投）。
· 8月20日，中国向巴基斯坦出口的"华龙一号"海外首堆工程——巴基斯坦卡拉奇核电厂2号机组——第一罐混凝土浇筑仪式在卡拉奇核电项目现场举行。
· 10月16日，福清核电2号机组正式投入商业运行。
· 10月21日，在国家主席习近平和英国首相卡梅伦的见证下，中广核与法国电力公司在伦敦签署英国新建核电项目战略投资协议。
· 12月17日，中国首套自主研发的核电软件包和一体化软件集成平台在北京发布，标志着中国已具备成套核电技术独立出口的能力。
· 12月22日，中国三代自主核电品牌"华龙一号"全球示范工程第二台机组——福清核电6号机组——核岛筏基浇筑第一罐混凝土，正式开工建设。
· 12月24日，采用中国三代自主核电品牌"华龙一号"技术的广西防城港核电厂3号机组核岛筏基浇筑第一罐混凝土，正式开工建设。

· 12 月 27 日，田湾核电厂 5 号机组核岛伐基浇筑第一罐混凝土，标志着田湾核电厂扩建工程 5、6 号机组开工建设。

· 12 月 30 日，中核集团和中国广核集团共同投资，设立华龙国际核电技术有限公司。

2016 · 1 月 27 日，国务院新闻办公室发表《中国的核应急》白皮书。

· 1 月 28 日，用于“华龙一号”核电厂的 CF3 系列燃料组件完成首个燃料循环的堆内辐照考验，标志着“华龙一号”CF 系列燃料组件获得突破性进展。

· 3 月 17 日，由中核集团和中广核集团有限公司共同出资的华龙国际核电技术有限公司正式揭牌成立。

· 3 月 31 日—4 月 1 日，第四届核安全峰会在华盛顿举行，国家主席习近平出席了 4 月 1 日的会议并发表题为《加强国际核安全体系，推进全球核安全治理》的重要讲话。

· 4 月 22 日，中核集团 ACP100 通过国际原子能机构反应堆通用设计审查，ACP100 成为世界首个通过 IAEA 安全审查的小堆技术。

· 4 月 27 日，国家核电 CAP1400 通过国际原子能机构通用反应堆安全评审，评价报告认为，CAP1400 初步安全分析报告总体上达到了国际原子能机构安全法规标准的最新要求。

· 6 月 6 日，中国核能建设股份有限公司正式登陆上海证券交易所，股票简称“中国核建”。

· 7 月 13 日，中国广核集团宣布，中国首个具有自主知识产权的核级数字化仪控系统（DCS）平台——和睦系统——正式通过 IAEA 独立审评。7 月 21 日，福建宁德核电工程 4 号机组具备商业运行条件。至此，福建宁德核电厂 4 台机组全部建成投产。

· 8 月 12 日，海南昌江核电厂 2 号机组正式投入商业运行。

· 8 月 15 日，全球首条工业规模的高温气冷堆燃料元件生产线在中核北方核燃料元件有限公司建成投产。

· 9 月 19 日，辽宁红沿河一期核电工程 4 号机组具备商业运行条件。

· 9 月 29 日，中国广核集团与法国电力集团在伦敦正式签署了英国新建核电项目一揽子合作协议。

· 10 月 1 日，广西防城港核电一期工程 2 号机组具备商业运行条件。

· 11 月 19 日，由中核控制系统工程有限公司开发的、具有完全自主知识产权的安全级数字化仪控系统（DCS）平台——NicSys 8000N——通过 IAEA 独立工程评审，成为国内首个获得国际权威机构认可的基于 FPGA 技术的核电安全级 DCS 平台。

· 12 月 23 日，广西防城港核电厂 4 号机组核岛筏基浇筑第一罐混凝土，正式开工建设。

2017 · 1 月 5 日，国家电力投资集团公司在国家核电技术公司召开新闻发布会宣布，中国具有完全自主知识产权的 NuPAC 平台通过中国国家核安全局和美国核管理委员会（NRC）许可，成为全球首个通过中美政府核安全监管机构行政许可的核电厂反应堆保护系统平台。

· 2 月 28 日，国务院批复原则同意《核安全与放射性污染防治“十三五”规划及 2025 年远景目标》（国函〔2017〕29 号）。

· 3 月 15 日，广东阳江核电厂 4 号机组投入商业运行。

· 5 月 26 日，国务院总理李克强对“华龙一号”首堆福清核电 5 号机组建设工作作出重要批示：强调中国自主研发的三代核电“华龙一号”是推进实施中国制造 2025 的标志性工程，福清核电 5 号机组作为“华龙一号”全球首堆，实现核岛穹顶吊装意义重大。

· 6 月 16 日，国内首条 AP1000 核电燃料元件生产线正式投产。

· 9 月 1 日，《中华人民共和国核安全法》经第十二届全国人民代表大会常务委员会第二十九次会议通过，自 2018 年 1 月 1 日起正式实施。

· 9 月 8 日，中国出口巴基斯坦的恰希玛核电 4 号机组竣工，标志着恰希玛核电一期工程 4 台机组全面建成。

· 9 月 17 日，福建福清核电一期工程 4 号机组具备商业运行条件。

· 11 月 21 日，中核集团与巴基斯坦原委会签署恰希玛核电 5 号机组商务合同，将在巴基斯坦建设第三台“华龙一号”百万千瓦级核电机组。

· 11 月 29 日，“核电安全管理提升年”专项行动总结交流会在京召开。“核电安全管理提升年”专项行动为期一年，由国家发展改革委、国家能源局、环境保护部、国家国防科技工业局联合组织开展。

2018 · 1 月 9 日，国家主席习近平与正在对中国进行国事访问的法国总统马克龙，在北京人民大会堂共同为广东台山核电厂 1 号机组成为 EPR（European Pressurized Reactor）全球首堆工程揭牌。在中法两国元首见证下，中国国家原子能机构与法国原子能与替代能源委员会（CEA）签署《中法后处理合作意向书》；中核集团与法国新阿海珐集团签署相关协议备忘录，与法国法马通公司签署全球战略合作协议；中广核集团与法国原子能与替代能源委员会（CEA）签订核研发技术领域合作协议。

· 1 月 15—16 日，国家能源局组织专家对大型先进压水堆核电站重大专项“CAP1400 非能动堆芯冷却系统性能试验和验证研究”课题进行正式验收。2018 年共有 18 个重大专项课题通过能源局组织的验收。

· 1 月 22 日，国家能源局发布《国家能源局综合司关于开展核电重大专项科研设施及验证平台开放共享试点工作的通知》。1 月 31 日，经国务院批准，中国核工业集团有限公司与中国核工业建设集团有限公司实施重组，中国核工业建设集团有限公司整体无偿划转进入中国核工业集团有限公司，不再作为国务院国资委直接监管企业。

· 2 月 15 日，江苏田湾核电厂 3 号机组具备商业运行条件。12 月 22 日，4 号机组具备商运条件。

- 3月1日，东方电气与法国法马通公司签订英国欣克利角C项目两台机组支撑的供货合同。
- 4月4日，哈电重装承制的卡拉奇3号机组蒸汽发生器顺利发货，完成“华龙一号”海外首堆的全部蒸汽发生器供货。
- 4月10日，由中国核动力研究设计院研发设计、上海第一机床厂有限公司承制的“华龙一号”全球首堆福清核电厂5号机组堆内构件在上海临港发运。
- 5月17日，哈电集团佳电股份、上海鼓风机厂承制的世界首台（套）高温气冷堆核电厂示范工程主氦风机设备出厂试验完成。
- 5月22日，国家发展改革委、国家能源局、生态环境部、国防科工局等四部门联合印发《关于进一步加强核电运行安全管理的指导意见》。
- 6月8日，在两国元首习近平、普京的见证下，中国国家原子能机构与俄罗斯国家原子能集团签署《中俄示范快堆合作政府间协议》，国家能源局与俄罗斯国家原子能集团签署《中俄合作建设田湾核电站7、8号机组的议定书》《中俄合作系列建设徐大堡核电站机组的议定书》。在此期间，中核集团与俄罗斯国家原子能集团签署《田湾核电站7、8号机组框架合同》《徐大堡核电站框架合同》《中国示范快堆设备供应及服务采购框架合同》。
- 6月27日，国家原子能机构、商务部、外交部、海关总署联合发布《核出口管制清单》修订公告，自2018年10月1日起施行。
- 7月12日，广东阳江核电厂5号机组具备商运条件。
- 7月23日，国务院办公厅印发《关于加强核电标准化工作的指导意见》，部署进一步加强中国核电标准化工作。
- 9月12日，哈电集团哈尔滨电气装备有限公司承制的首台国产化AP1000机型核主泵完成全部产品试验，试验数据满足相关要求。
- 9月21日，浙江三门核电厂1号机组具备商运条件，成为全球首台具备商运条件的AP1000三代核电机组。11月5日，2号机组具备商运条件。
- 10月19日，《中华人民共和国原子能法（征求意见稿）》公开向全社会征求意见。
- 10月22日，山东海阳核电厂1号机组具备商运条件，成为全球第二台具备商运条件的AP1000三代核电机组。
- 10月30日，国家发展改革委、国家能源局发布《清洁能源消纳行动计划（2018—2020）》。
- 10月31日，哈电集团（秦皇岛）重型装备有限公司承制的国家科技重大专项高温气冷堆核电站示范工程——华能石岛湾核电站——首台蒸汽发生器通过出厂验收。
- 11月24日，中国首个自主研发的满足三代核电要求的锆合金材料——CF3核燃料组件N36锆合金材料——首批批量化产品成功下线通过验收。
- 12月9日，第五届中国工业大奖发布会在北京举行。中国核电工程有限公司荣获第五届中国工业大奖，中国同辐股份有限公司“利用核电重水堆生产钴-60 技术研发及产业化工程”项目荣膺中国工业大奖提名奖。由北京广利核系统工程有限公司代表中广核申报的核级 DCS 平台和睦系统研发及产业化应用项目荣获第五届中国工业大奖，成为核电仪控领域首个获得该殊荣的项目。

- 12 月 13 日，广东台山核电厂 1 号机组具备商运条件，成为全球首台具备商运条件的 EPR 三代核电机组。
- 12 月 20 日，生态环境部发布《乏燃料后处理设施安全要求（试行）》。
- 12 月 22 日，田湾核电 4 号机组具备商业运行条件。

2019
- 1 月 9 日，山东海阳核电厂 2 号机组具备商运条件。至此，中国建设的 AP1000 三代核电自主化依托项目 4 台机组全部建成。
- 2 月 21 日，世界核电运营者协会（WANO）会员大会全票通过“上海中心项目”，标志着 WANO 上海中心正式落户上海。
- 3 月 20 日，国家发展改革委发布《关于三代核电首批项目试行上网电价的通知》。
- 3 月 25 日，在国家主席习近平和法国总统马克龙共同见证下，中国国家原子能机构与法国原子能和替代能源委员会签署第十三个和平利用核能合作协议书。
- 4 月 3 日，中核北方燃料元件有限公司 AP1000 首批国产化燃料组件通过出厂验收。
- 4 月 11—15 日，中国与阿根廷签署了《中华人民共和国国家能源局与阿根廷共和国国财政部关于和平利用核能领域投资合作的合作意向》。
- 4 月 16 日，由清华大学核能与新能源技术研究院、哈尔滨电气集团有限公司、上海电气集团股份有限公司联合研制的高温气冷堆示范电站的首台主氦风机通过验收。
- 6 月 5 日，在国家主席习近平和俄罗斯总统普京共同见证下，中核集团与俄罗斯国家原子能公司在莫斯科签署《徐大堡 3、4 号机组总合同》。
- 6 月 11 日，国家能源局印发《大型先进压水堆及高温气冷堆核电站科技重大专项实施管理办法》等四项制度。
- 6 月 12 日，生态环境部发布《民用核安全设备焊接人员资格管理规定》。
- 6 月 13 日，生态环境部发布《民用核安全设备无损检验人员资格管理规定》。
- 7 月 11 日，国家能源局印发《核电站运行性能指标（试行）》。
- 7 月 22 日，中国国家能源局与阿联酋能源和工业部在北京签署《中国国家能源局和阿联酋能源和工业部关于和平利用核能合作的谅解备忘录》。
- 7 月 24 日，广东阳江核电厂 6 号机组具备商运条件。
- 7 月 31 日，由上海电气集团股份有限公司研制的 CAP1400 湿绕组主泵样机顺利完成全部鉴定试验项目，通过专家鉴定。
- 8 月 26 日，生态环境部发布《核动力厂、研究堆、核燃料循环设施安全许可证程序规定》。
- 9 月 3 日，国务院发表《中国的核安全》白皮书。这是中国首部核安全白皮书。

·9 月 7 日，台山核电厂 2 号机组具备商业运行条件。

·9 月 30 日，中核集团牵头的中法联合体与 ITER 组织正式签订了国际热核聚变实验堆主机安装一号合同（TAC1）。这是中国企业在欧洲市场中竞标的最大核能工程项目合同，也是中国核能单位首次以工程总承包形式成功参与国际大科学工程项目。

·10 月 16 日，采用“华龙一号”技术的福建漳州核电厂 1 号机组核岛筏基浇筑第一罐混凝土，正式开工建设。

·10 月 27 日，中核集团研制的具有自主知识产权的 CF3 燃料组件最后 8 组装入秦山二期 1 号机组，标志着中国全面掌握高性能核燃料研制技术。

·11 月 4 日，由中国核能行业协会评选并首次推荐的福清核电 3、4 号机组工程荣获国家优质工程金奖、辽宁红沿河核电一期工程 3、4 号机组荣获国家优质工程奖。

·11 月 25 日，国家能源局印发《关于进一步规范核电站消防设计和验收审批有关工作的通知》。

·12 月 26 日，采用“华龙一号”技术的广东太平岭核电厂 1 号机组核岛筏基浇筑第一罐混凝土，正式开工建设。

·12 月 30 日，《国家发展改革委关于做好 2020 年电力中长期合同签订工作的通知》（发改运行〔2019〕1982 号）印发，鼓励水电、风电、太阳能发电、核电等清洁能源发电机组替代常规火电机组发电。

附　录

附录A　中国核电机组一览表（截至2019年年底）

项目名称	机组	堆型	装机容量（万千瓦）	开工时间	商运时间
浙江秦山一期核电厂	—	CNP300	31	1985年3月20日	1994年4月1日
广东大亚湾核电厂	1号	M310	98.4	1987年8月7日	1994年2月1日
	2号	M310	98.4	1988年4月7日	1994年5月6日
浙江秦山二期核电厂	1号	CNP600	65	1996年6月2日	2002年4月15日
	2号	CNP600	65	1997年4月1日	2004年5月3日
广东岭澳核电厂	1号	M310	99	1997年5月15日	2002年5月28日
	2号	M310	99	1997年11月28日	2003年1月8日
浙江秦山三期核电厂	1号	CANDU－6重水堆	72.8	1998年6月8日	2002年12月31日
	2号	CANDU－6重水堆	72.8	1998年9月25日	2003年7月24日
江苏田湾核电厂	1号	VVER－1000	106	1999年10月20日	2007年5月17日
	2号	VVER－1000	106	2000年9月20日	2007年8月16日
广东岭澳核电厂	3号	CPR1000	108.6	2005年12月15日	2010年9月15日
	4号	CPR1000	108.6	2006年6月15日	2011年8月7日
浙江秦山二期核电厂	3号	CNP600	66	2006年4月28日	2010年10月5日
	4号	CNP600	66	2007年1月28日	2011年12月30日
辽宁红沿河核电厂	1号	CPR1000	111.8	2007年8月18日	2013年6月6日
	2号	CPR1000	111.8	2008年3月28日	2014年5月13日
	3号	CPR1000	111.8	2009年3月7日	2015年8月16日
	4号	CPR1000	111.8	2009年8月15日	2016年9月19日
福建宁德核电厂	1号	CPR1000	108.9	2008年2月18日	2013年4月15日
	2号	CPR1000	108.9	2008年11月12日	2014年5月4日

续表

项目名称	机组	堆型	装机容量（万千瓦）	开工时间	商运时间
福建宁德核电厂	3号	CPR1000	108.9	2010年1月8日	2015年6月10日
	4号	CPR1000	108.9	2010年9月29日	2016年7月21日
福建福清核电厂	1号	M310改进型	108.9	2008年11月21日	2014年11月22日
	2号	M310改进型	108.9	2009年6月17日	2015年10月16日
	3号	M310改进型	108.9	2010年12月31日	2016年10月24日
	4号	M310改进型	108.9	2012年11月17日	2017年9月17日
广东阳江核电厂	1号	CPR1000	108.6	2008年12月16日	2014年3月25日
	2号	CPR1000	108.6	2009年6月4日	2015年6月5日
	3号	CPR1000+	108.6	2010年11月15日	2016年1月1日
	4号	CPR1000+	108.6	2012年11月17日	2017年3月15日
	5号	ACPR1000	108.6	2013年9月18日	2018年7月12日
	6号	ACPR1000	108.6	2013年12月23日	2019年7月24日
浙江方家山核电厂	1号	M310改进型	108	2008年12月26日	2014年12月15日
	2号	M310改进型	108	2009年7月17日	2015年2月12日
浙江三门核电厂	1号	AP1000	125	2009年4月19日	2018年9月21日
	2号	AP1000	125	2009年12月15日	2018年11月5日
山东海阳核电厂	1号	AP1000	125	2009年9月24日	2018年10月22日
	2号	AP1000	125	2010年6月20日	2019年1月9日
广东台山核电厂	1号	EPR	175	2009年11月18日	2018年12月13日
	2号	EPR	175	2010年4月15日	2019年9月7日
海南昌江核电厂	1号	CNP650	65	2010年4月25日	2015年12月25日
	2号	CNP650	65	2010年11月21日	2016年8月12日
广西防城港核电厂	1号	CPR1000	108	2010年7月30日	2016年1月1日
	2号	CPR1000	108	2010年12月23日	2016年10月1日
山东石岛湾核电厂		高温气冷堆	21.1	2012年12月9日	在建
江苏田湾核电厂	3号	VVER-1000	112.6	2012年12月27日	2018年2月15日
	4号	VVER-1000	112.6	2013年9月27日	2018年12月22日

续表

项目名称	机组	堆型	装机容量（万千瓦）	开工时间	商运时间
辽宁红沿河核电厂	5 号	ACPR1000	111.8	2015 年 3 月 29 日	在建
	6 号	ACPR1000	111.8	2015 年 7 月 24 日	在建
福建福清核电厂	5 号	华龙一号	116.1	2015 年 5 月 7 日	在建
	6 号	华龙一号	116.1	2015 年 12 月 22 日	在建
广西防城港核电厂	3 号	华龙一号	118	2015 年 12 月 24 日	在建
	4 号	华龙一号	118	2016 年 12 月 23 日	在建
江苏田湾核电厂	5 号	M310 改进型	111.8	2015 年 12 月 27 日	在建
	6 号	M310 改进型	111.8	2016 年 9 月 7 日	在建
山东荣成核电厂	1 号	国和一号 CAP1400	153.4	—	—
	2 号	国和一号 CAP1400	153.4	—	—
福建漳州核电厂	1 号	华龙一号	121.2	2019 年 10 月 16 日	在建
	2 号	华龙一号	121.2	—	—
广东太平岭核电厂	1 号	华龙一号	120	2019 年 12 月 26 日	在建
	2 号	华龙一号	120	—	—
台湾金山核电厂	1 号	BWR	63.6	1972 年 6 月	1978 年 12 月（已于 2018 年 12 月永久关停）
	2 号	BWR	63.6	1973 年 12 月	1979 年 7 月（已于 2019 年 7 月永久关停）
台湾国圣核电厂	1 号	BWR	102	1975 年 11 月	1981 年 12 月
	2 号	BWR	102	1976 年 3 月	1983 年 3 月
台湾马鞍山核电厂	1 号	PWR	95.6	1978 年 8 月	1984 年 7 月
	2 号	PWR	95.6	1979 年 2 月	1985 年 5 月
台湾龙门核电厂	1 号	ABWR	135	1999 年 3 月	—
	2 号	ABWR	135	1999 年 3 月	—

附录B　中国核电企业变化总览图

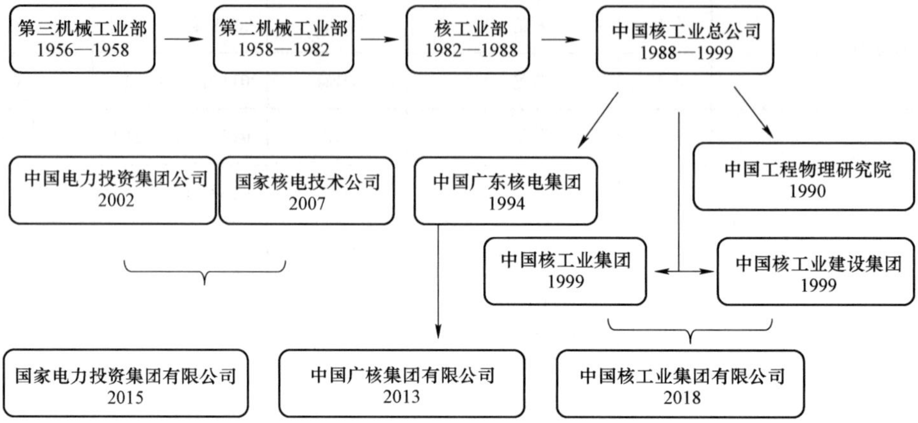

附录C　中国核电管理与监管部门变化总览图

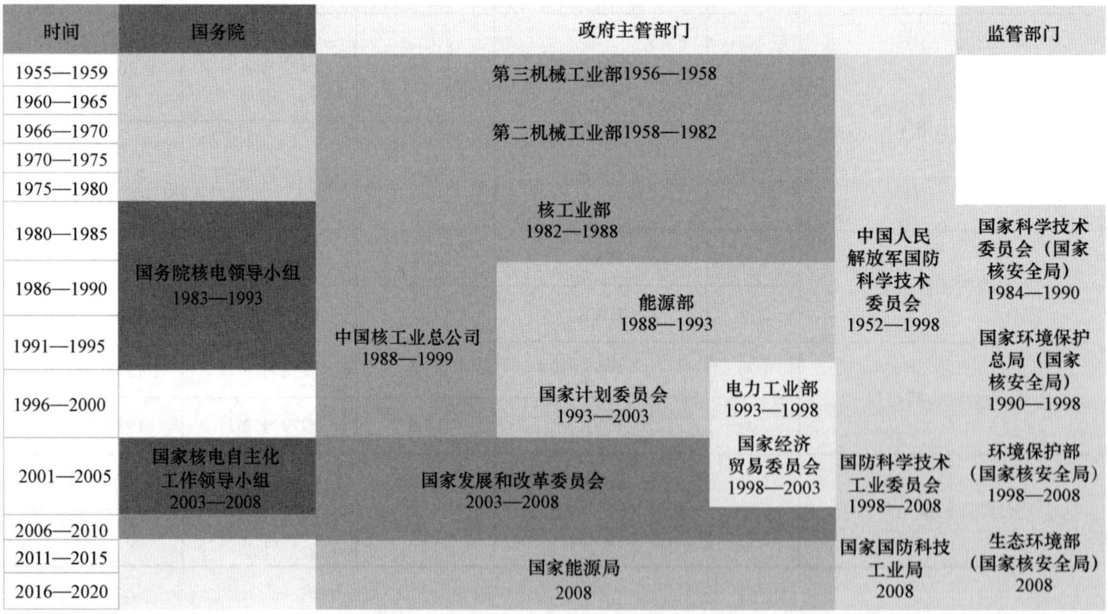

索　引

E

F

G

H

J

K

L

M

N

O

P

Q

R

S

T

W

X

Y

参 考 文 献

[1]《中国电力百科全书》编辑委员会，《中国电力百科全书》编辑部．中国电力百科全书　核能发电卷［M］．北京：中国电力出版社，2014.

[2] 李鹏．李鹏核电日记（上、下册）［M］．北京：新华出版社，2004.

[3] 范必．决策与参考 3　中国能源政策研究［M］．北京：中国言实出版社，2013.

[4] 汤紫德．核电在中国［M］．南京：江苏人民出版社，2012.

[5] 大亚湾核电运营管理有限责任公司．核电专业化运营［M］．北京：中国原子能出版社，2009.

[6] 中国核学会．中国核学会成立 40 周年图文纪念集［M］．北京：中国原子能出版社，2020.

[7] 王寿君．中国核工业集团公司发展史［M］．北京：中国原子能出版社，2018.

[8] 中国核能行业协会．中国核能行业智库丛书［M］．北京：中国原子能出版社，2018.

[9] 中国核能行业协会．中国核能发展蓝皮书 2017［M］．北京：社会科学文献出版社，2018.

[10] 中国核能行业协会．中国核能发展蓝皮书 2018［M］．北京：社会科学文献出版社，2019.

[11] 中国核能行业协会．中国核能发展蓝皮书 2019［M］．北京：社会科学文献出版社，2020.

[12] 中国核能行业协会．中国核能发展蓝皮书 2020［M］．北京：社会科学文献出版社，2021.

[13] 中国核能行业协会．中国核能年鉴 2009［M］．北京：中国原子能出版社，2010.

[14] 中国核能行业协会．中国核能年鉴 2010［M］．北京：中国原子能出版社，2011.

[15] 中国核能行业协会．中国核能年鉴 2011［M］．北京：中国原子能出版社，2012.

[16] 中国核能行业协会．中国核能年鉴 2012［M］．北京：中国原子能出版社，2013.

[17] 中国核能行业协会．中国核能年鉴 2013［M］．北京：中国原子能出版社，2014.

[18] 中国核能行业协会．中国核能年鉴 2014［M］．北京：中国原子能出版社，2015.

[19] 中国核能行业协会．中国核能年鉴 2015［M］．北京：中国原子能出版社，2016.

[20] 中国核能行业协会．中国核能年鉴 2016［M］．北京：中国原子能出版社，2017.

[21] 中国核能行业协会．中国核能年鉴 2017［M］．北京：中国原子能出版社，2018.

[22] 中国核能行业协会．中国核能年鉴 2018［M］．北京：中国原子能出版社，2019.

[23] 中国核能行业协会．中国核能年鉴 2019［M］．北京：中国原子能出版社，2020.

[24] 朱兴梓．中国核电装备制造［M］．北京：中国电力出版社，2013.

[25] 中共中央党史和文献研究院．中华人民共和国大事记（1949 年 10 月—2019 年 9 月）［M］．北京：人民出版社，2019.

[26] 李觉，等．当代中国的核工业［M］．北京：中国社会科学出版社，1987.

[27] 王寿君．中国核工业集团公司发展史（1955—2015 年）［M］．北京：中国原子能出版社，2018.

[28]《中国电力年鉴》编辑委员会．中国电力年鉴 1993［M］．北京：中国电力出版社，1995.

[29]《中国电力年鉴》编辑委员会. 中国电力年鉴 1994 [M]. 北京：中国电力出版社，1994.
[30]《中国电力年鉴》编辑委员会. 中国电力年鉴 1995 [M]. 北京：中国电力出版社，1996.
[31]《中国电力年鉴》编辑委员会. 中国电力年鉴 1996 [M]. 北京：中国电力出版社，1997.
[32]《中国电力年鉴》编辑委员会. 中国电力年鉴 1997 [M]. 北京：中国电力出版社，1998.
[33]《中国电力年鉴》编辑委员会. 中国电力年鉴 1998 [M]. 北京：中国电力出版社，1999.
[34]《中国电力年鉴》编辑委员会. 中国电力年鉴 1999 [M]. 北京：中国电力出版社，2000.
[35]《中国电力年鉴》编辑委员会. 中国电力年鉴 2000 [M]. 北京：中国电力出版社，2001.
[36]《中国电力年鉴》编辑委员会. 中国电力年鉴 2001 [M]. 北京：中国电力出版社，2002.
[37]《中国电力年鉴》编辑委员会. 中国电力年鉴 2002 [M]. 北京：中国电力出版社，2003.
[38]《中国电力年鉴》编辑委员会. 中国电力年鉴 2003 [M]. 北京：中国电力出版社，2004.
[39]《中国电力年鉴》编辑委员会. 中国电力年鉴 2004 [M]. 北京：中国电力出版社，2005.
[40]《中国电力年鉴》编辑委员会. 中国电力年鉴 2005 [M]. 北京：中国电力出版社，2006.
[41]《中国电力年鉴》编辑委员会. 中国电力年鉴 2006 [M]. 北京：中国电力出版社，2007.
[42]《中国电力年鉴》编辑委员会. 中国电力年鉴 2007 [M]. 北京：中国电力出版社，2008.
[43]《中国电力年鉴》编辑委员会. 中国电力年鉴 2008 [M]. 北京：中国电力出版社，2009.
[44]《中国电力年鉴》编辑委员会. 中国电力年鉴 2009 [M]. 北京：中国电力出版社，2010.
[45]《中国电力年鉴》编辑委员会. 中国电力年鉴 2010 [M]. 北京：中国电力出版社，2011.
[46]《中国电力年鉴》编辑委员会. 中国电力年鉴 2011 [M]. 北京：中国电力出版社，2012.
[47]《中国电力年鉴》编辑委员会. 中国电力年鉴 2012 [M]. 北京：中国电力出版社，2013.
[48]《中国电力年鉴》编辑委员会. 中国电力年鉴 2013 [M]. 北京：中国电力出版社，2014.
[49]《中国电力年鉴》编辑委员会. 中国电力年鉴 2014 [M]. 北京：中国电力出版社，2015.
[50]《中国电力年鉴》编辑委员会. 中国电力年鉴 2015 [M]. 北京：中国电力出版社，2016.
[51]《中国电力年鉴》编辑委员会. 中国电力年鉴 2016 [M]. 北京：中国电力出版社，2017.
[52]《中国电力年鉴》编辑委员会. 中国电力年鉴 2017 [M]. 北京：中国电力出版社，2018.
[53]《中国电力年鉴》编辑委员会. 中国电力年鉴 2018 [M]. 北京：中国电力出版社，2019.
[54]《中国电力年鉴》编辑委员会. 中国电力年鉴 2019 [M]. 北京：中国电力出版社，2020.
[55]《江苏省电力工业史》编委会. 中华人民共和国电力工业史　江苏卷 [M]. 北京：中国电力出版社，2004.
[56]《山东省电力工业史》编委会. 中华人民共和国电力工业史　山东卷 [M]. 北京：中国电力出版社，2003.
[57]《上海市电力工业史》编委会. 中华人民共和国电力工业史　上海卷 [M]. 北京：中国电力出版社，2003.
[58]《广东省电力工业史》编委会. 中华人民共和国电力工业史　广东卷 [M]. 北京：中国电力出版社，2003.
[59]《浙江省电力工业志》编纂委员会. 浙江省电力工业志 [M]. 北京：水利电力出版社，1995.

供稿人名单

原　勇　夏雯婷　王　爽　周　欣

时振刚　王　逊　郝　明　冷秀斌

洪　兴　蒋　术

《中国电力工业史　核能发电卷》

主要编辑出版人员

责任编辑　马淑范　莫冰莹　杨　扬

设计负责　李东梅

封面设计　王红柳

正文设计　赵姗姗

责任校对　黄　蓓　常燕昆　王海南

责任印制　邹树群　杨晓东　单　玲